人力资源管理 与社会保障探索

李丽 刘婷 赵明◎合著

中国出版集团 现代出版社

图书在版编目（CIP）数据

人力资源管理与社会保障探索 / 李丽，刘婷，赵明
著 . -- 北京：现代出版社，2024.2
ISBN 978-7-5231-0783-6

Ⅰ.①人… Ⅱ.①李… ②刘… ③赵… Ⅲ.①人力资
源管理-研究②社会保障-研究 Ⅳ.①F243②C913.7

中国国家版本馆 CIP 数据核字（2024）第 051327 号

著 者	李 丽 刘 婷 赵 明
责任编辑	刘 刚

出 版 人	乔先彪
出版发行	现代出版社
地 址	北京市朝阳区安外安华里 504 号
邮政编码	10011
电 话	(010)64267325
传 真	(010)64245264
网 址	www. 1980xd. com
电子邮箱	xiandai@ vip. sina. com
印 刷	三河市九洲财鑫印刷有限公司
开 本	889mm × 1194mm 1/16
印 张	25.25
字 数	585 千字
版 次	2025年2月第1版 2025年2月第1次印刷
书 号	ISBN 978-7-5231-0783-6
定 价	118.00 元

前　言

随着知识经济和经济全球化的迅速发展，人力资源管理已成为企业关键的管理职能，人力资源的有效开发与利用能够帮助企业赢得可持续发展的竞争优势，这一点已经成为人们的共识。因此，加强人力资源的管理工作，充分调动企业员工的积极性、主动性、创造性，发挥人力资源的潜能，已成为企业管理的中心任务。现代人力资源管理以"人"为核心，视人为"资本"，把人作为第一资源加以开发，既重视以事择人，也重视为人设事，让员工积极主动地、创造性地开展工作，属"服务中心"，管理出发点是"着眼于人"，考虑人的个性、需求的差异，又考虑客观环境对人的影响，用权变的观点开展工作，从而达到人力资源合理配置、人与事的系统优化，使企业取得最佳的经济和社会效益，起着维持一个组织竞争优势的作用。

社会保障作为现代社会不可或缺的民生保障机制以及不可替代的基本制度安排，起到化解国民生活风险、协调社会利益、促进社会和谐发展、维护社会稳定的重要作用。社会保障制度事关每个公民的切身利益，健全完善的社会保障制度也是支撑高质量经济发展与和谐社会发展必不可少的条件。

本书深入浅出地对人力资源管理与社会保障进行分析，适合人力资源与社会保障工作者及对此感兴趣的读者阅读。本书对人力资源管理基础知识、人力资源规划与工作分析做了详细的介绍，让读者对人力资源有了初步的认识；对养老保险制度、企业年金与职业年金、医疗保险系统与范围等内容进行了深入的分析，让读者对社会保障保险方面有进一步的了解；着重强调了职业生涯规划与劳动关系管理优化，理论与实践相结合的方式。希望本书能够给从事相关行业的读者们带来一些有益的参考和借鉴。本书在写作的过程中参考了大量的文献资料，不能一一列出，在此向参考文献的作者表示崇高的敬意。由于作者水平有限，书中难免存在很多不足之处，恳请各位专家和读者，能够提出宝贵意见，以便进一步改正，使之更加完善。

目　录

第一章　人力资源管理基础知识 …………………………………………… 1

　　第一节　人力资源管理概述 ……………………………………………… 1

　　第二节　人力资源管理的理论基础 …………………………………… 17

第二章　养老保险制度 ……………………………………………………… 31

　　第一节　养老保险理论基础与制度 …………………………………… 31

　　第二节　职工基本养老保险 …………………………………………… 38

　　第三节　居民基本养老保险 …………………………………………… 44

　　第四节　城乡养老保险制度衔接 ……………………………………… 57

第三章　机关养老保险 ……………………………………………………… 61

　　第一节　机关事业单位工作人员养老保险 …………………………… 61

　　第二节　机关事业单位养老保险制度改革措施 ……………………… 73

第四章　社会保障运行机制与构成 ………………………………………… 84

　　第一节　社会保障的理论基础 ………………………………………… 84

　　第二节　社会保障的运行机制 ………………………………………… 89

　　第三节　社会保障的基本界定与构成 ……………………………… 104

第五章　企业年金与职业年金 …………………………………………… 118

　　第一节　企业年金概述 ……………………………………………… 118

　　第二节　企业年金在养老保险体系中的定位与作用 ……………… 122

　　第三节　企业年金基金账户管理 …………………………………… 126

　　第四节　职业年金概述 ……………………………………………… 134

　　第五节　机关事业单位职业年金制度的思考 ……………………… 141

第六章　医疗保险系统与范围 …………………………………………… 146

　　第一节　医疗保险系统 ……………………………………… 146

　　第二节　医疗保险费用控制 ………………………………… 164

　　第三节　医疗保险范围和医疗保险管理 …………………… 171

第七章　生育、失业与工伤保险 ……………………………………… 179

　　第一节　生育保险 …………………………………………… 179

　　第二节　失业保险 …………………………………………… 187

　　第三节　工伤保险 …………………………………………… 199

第八章　人力资源规划与工作分析 …………………………………… 212

　　第一节　人力资源规划概述 ………………………………… 212

　　第二节　人力资源供需平衡与编制实施 …………………… 216

　　第三节　人力资源工作分析 ………………………………… 224

第九章　人力资源服务体系 …………………………………………… 241

　　第一节　人力资源服务本质 ………………………………… 241

　　第二节　推动人力资源服务的转变 ………………………… 253

　　第三节　人力资源管理服务系统构建 ……………………… 265

第十章　人才培训开发与员工激励 …………………………………… 273

　　第一节　人才培训与开发 …………………………………… 273

　　第二节　员工激励 …………………………………………… 292

第十一章　绩效管理与薪酬管理 ……………………………………… 305

　　第一节　绩效管理 …………………………………………… 305

　　第二节　薪酬管理 …………………………………………… 321

第十二章　职业生涯规划与劳动关系管理优化 ……………………… 345

　　第一节　职业生涯规划管理优化 …………………………… 345

　　第二节　劳动关系管理优化 ………………………………… 360

第十三章　社会保障与社会服务 ……………………………………… 376

　　第一节　社会保障与社会组织 ……………………………… 376

　　第二节　社会弱势群体的保护 ……………………………… 383

　　第三节　社会边缘群体的保护 ……………………………… 388

参考文献 ………………………………………………………………… 395

第一章 人力资源管理基础知识

第一节　人力资源管理概述

一、人力资源的概念与特征

（一）人力资源的概念

人力资源是资源的一种，是以人为载体的资源，是存在于人体中以体能、知识、技能、能力、个性行为特征倾向等为具体表现的经济资源。目前对于人力资源概念的理解有两种倾向：一是倾向于能力或素质，认为人力资源是存在于人体中的生产能力或身心素质；二是解倾向于人口，认为对于国家、社会或企业，人力资源是推动其发展的具有体力和智力劳动能力的人口的总称。这两种理解有其共同的一面，即都强调了人力资源与人不可分割，还有人力资源的价值在于能力或素质，因此我们更倾向于第一种理解。

人力资源是指能够推动社会和经济发展的，能为社会创造物质财富和精神财富的体力劳动者和脑力劳动者的能力，即处在劳动年龄的已直接投入建设和尚未投入建设的人口的能力总和。

人力资源是活的资源，这里定义的人力资源排除了不能推动社会发展、不能为社会创造财富的那一部分人。人力资源的丰富与否不能等同于人口资源和劳动力资源的丰富与否。

人力资源有量和质两个方面的内容。人力资源的数量可从微观和宏观两个角度来定义。微观的数量是指企业现在员工（包括雇用的适龄员工和年老员工，但不包括即将离开的员工）以及潜在员工（欲从企业外部招聘的员工）两部分。宏观的数量是指一个国家或地区现实的人力资源数量和潜在的人力资源数量，前者包括适龄就业人口、未成年就业人口、老年就业人口，后者包括失业人口、暂时不能参加社会劳动的人口和其他人口。

人力资源的质量是指人力资源所具有的体力、智力、知识、技能水平以及劳动者的劳动态度。它受先天遗传、营养、环境教育和训练等因素的影响，通常可以用健康卫生指标、教育和训练状况、劳动者的技能等级指标和劳动态度指标来衡量。人力资源的质量是由劳动者的素质决定的，劳动者的素质包括体能素质和智能素质。

（二）相关概念

与人力资源相关的概念有人口资源、劳动力资源、人才资源、天才资源、人力资本等，这些词语经常出现在人力资源管理实践与理论研究中，正确理解并区分这些概念有助于规范人力资源的管理。

1. 人口资源

人口资源是指一个国家或地区具有的人口数量的总称。人口资源主要表明数量，它是一个最基本的底数，犹如一个高大建筑的地基，一切人才皆产生于这个最基本的资源中。

2. 劳动力资源

劳动力资源是指一个国家或地区具有的劳动力人口的总称。劳动力资源包含于人口资源中，是人口资源中拥有劳动能力的那一部分人，通常是18岁~60岁的人口群体，这一人口群体必须具备从事体力劳动或脑力劳动的能力，它偏重的是数量概念。

3. 人才资源

"人才"这一概念并不是一个在理论上十分规范的范畴，目前有很多不同的解释。通俗地说，有一技之长的人都可以叫作人才，其核心含义是：一个国家或地区具有较强战略能力、管理能力、研究能力、创造能力和专门技术能力的人们的总称，他们应能组织、影响、帮助他人共同创造物质财富和精神财富，应能在其所组织的团队和所研究的工作中产生辐射效应。人才具有七个方面的特征：在企业中属于少数，一般可用"二八定律"划定；具有高度创造能力和工作能力；善于运用能力、高标准地完成组织分配的工作任务；是组织和人力资源管理者所期望、寻求的人；可以激励他人工作热情、创造力的人，可以为公司带来大量稳定、长期业务的人；有突出贡献（为企业创造更多的财富与价值）、组织和管理者不愿意失去的人；对组织目标实现负有最重要责任的人。

从人才资源的概念与特征看，人才资源是人力资源的一部分，是最重要、最核心的一部分，两者是包含与被包含的关系。它必须是人力资源中较杰出、较优秀的那一部分，能影响和帮助其他人群共同创造财富，表明的是一个国家或地区所拥有的人才质量，应能较客观地反映一个民族的素质和这一民族可能拥有的前途。这一部分人是各民族最重视的一部分人，也是世界各国所瞩目的。

4. 天才资源

天才资源指在某一个领域具有异于他人特殊的开拓能力、发明创造能力或能攀登某一领域高峰的特殊人群。天才资源通常不指某一些通才，而是指在某一领域具有特殊才华的人，他们在自己的这一领域具有十分独特的创造发明力，通常能在这一领域起领先作用，并具有攀登顶峰的能力。如果他们有崇高的目标指引，会为人类作划时代的贡献。天才资源不可多得，但必须具备健康的心理和崇高的目标，否则，也可能对人类生存和发展产生不利的影响，甚至给人类生存和发展带来毁灭性的打击。

5. 人力资本

人力资本这一提法更多地出现在经济学研究领域中，而人力资源则更多地出现在管理学研究领域之中。人力资本是指存在于人体之中，后天获得的具有经济价值的知识、技术、能力和健康等质量因素。可以从三个方面来理解这一概念：首先，人力资本是附着在人这种载体上的各种综合因素的集合，而不是载体本身，它是靠后天的投入获得的，可以带来经济价值；其次，人力资本与物质资本具有共性，表现为人力资本的形成和维持需要花费成本，投入生产领域可以带来的财富增长，并且也具有稀缺性；最后，人力资本又具有自己的特点，如人力资本与其载体的不可分离性、人力资本在使用过程中的增值性、人力资本的异质性等。

人力资源与人力资本有三个区别：一是与社会价值的关系不同，人力资本和社会价值是因果关系，而人力资源和社会价值是由果溯因的关系；二是两者研究问题的角度和关注的重点不同，人力资本关注的重点是收益问题，人力资源关注的重点是产出问题；三是两者的计量形式不同，人力资源是一个存量概念，人力资本是一个兼有存量和流量的概念。编者认为人力资本和人力资源在价值创造过程中所起的作用是相同的，不同是因为出现在不同的领域中，人力资本常出现在经济学中，而人力资源则常出现在管理学中。

（三）人力资源的特征

人力资源作为经济资源的一种，具有与一般经济资源共同的特征，主要有：第一，物质性，一定的人力资源必然表现为一定数量的人口；第二，可用性，通过人力资源的使用可带来价值的增值；第三，有限性，人力资源在一定的条件下形成，其载体具有生物的有限性。但人力资源作为一种特殊的经济资源，有着不同于其他经济资源的特征。

1. 附着性

从人力资源的概念知道，人力资源是凝结于人体之中质量因素的总和，必须依附于一定数量的人口之上，虽然人力资源不等同于人口本身，却不可脱离人这一载体。这就决定了人力资源所有权天然私有的特性，使得人力资源管理成为一门独特的管理学科，人力资源的开发与使用必须通过对人的激励与控制才能实现。

2. 能动性

人力资源的能动性是指人在生产过程中居于主导地位，在生产关系中人是最活跃的因素，具有主观能动性，同时具有不断被开发的潜力。人力资源的能动性包括以下几个方面：人具有意识，知道活动的目的，因此人可以有效地对自身活动做出选择，调整自身与外界环境的关系；人在生产活动中处于主体地位，是支配其他资源的主导因素；人力资源具有自我开发性，在生产过程中，人一方面损耗自身，而更重要的一方面是通过合理的行为得到补偿、更新和发展，非人力资源不具有这种特性；人力资源在活动过程中是可以被激励的，即通过激发人的工作能力和工作动机提高工作效率；选择职业，人作为人力资源的载体可以自主择业，选择职业是人力资源主动与物质资源结合的过程。

3. 双重性

人力资源既具有生产性，又有消费性。人力资源的生产性是指人力资源是物质财富的创造者，而且人力资源的利用需要一定条件，必须与自然资源相结合，有相应的活动条件和足够的空间、时间，才能加以利用。人力资源的消费性是指人力资源的保持与维持需要消耗一定的物质财富。生产性和消费性是相辅相成的。生产性能够创造物质财富，为人类或组织的生存和发展提供条件；消费性则能够维持人力资源和保障人力资源的发展。同时消费性也是人力资源本身生产和再生产的条件。消费性能够维持人的生计、满足需要、提供教育与培训。相比而言，生产性必须大于消费性，这样组织和社会才能获益。

4. 时效性

人力资源的时效性来自内、外两个方面。内因是指人力资源的载体人的生命所具有的周期性，只有当人处于成年时期并投入社会生产活动中，才能对其开发利用，发挥人力资源的作用，当人未成年或年老，或因其他原因退出劳动领域时，就不能称其为人力资源了。外因是指人力资源所表现出来的知识、技能等要素相对于环境和时间来讲是有时效性的，如果不及时更新就难以满足外部条件变化的要求；另外，人力资源如果长期不用，就会荒废和退化。人的知识技能如果得不到使用和发挥，就可能会过时，或者导致人的积极性消退，造成心理压力。

5. 社会性

人力资源不同于其他经济资源的一个显著特征就是其社会性，具体表现在未来收益目标的多样性和外部效应的社会性两方面。对于其他资源来讲，其具有纯粹的自然属性并不需要精神激励的手段，而人是社会的人，人力资源效能的发挥受其载体的个人偏好影响，除了追求经济利益之外，还要追求包括社会地位、声誉、精神享受以及自我价值实现等多重目标，在追求这些目标的过程中，其效能的发挥不仅会带来生产力的提高和社会经济的发展，而且会产生许多社会性的外部效应，如人的素质的提高会提高社会文明程度、保护并改善自然环境等。

二、人力资源管理的概念与特征

人力资源管理有宏观层面的管理和微观层面的管理之分，宏观层面的人力资源管理是从社会经济的范围来定义的，微观层面的人力资源管理是从具体经济组织的角度来定义的，这里的人力资源管理是指后者。

（一）人力资源管理的概念

管理是在特定的环境下，对组织所拥有的各种资源进行计划、组织、领导和控制，保证以有效的方式实现组织既定目标的过程。人力资源管理是组织各项管理中的一种，因此也服从于这个概念，所以简单地说，人力资源管理就是组织在特定的环境中对组织的人力资源进行计划、组织、领导和控制，以有效的方式保证从人力资源的角度实现组织既定目标的过程。更具体地来表达，人力资源管理是现代人事管理，是对人力资源的取得、开发、保持和利用等方面所进行的计划、组织、指挥和控制的活动。它是研究组织中人与人关系的调整、人与事的配合，以充分开发人力资源，挖掘人的潜力，调动人的积极性，提高工作效率，实现组织目标的理论、方法、工具和技术。

（二）人力资源管理的特征

1. 现代人力资源管理与传统人事管理

人力资源管理是从传统的人事管理中演变进化而来的，因而两者有一定的联系，主要表现在三个方面：第一，人力资源管理继承了传统人事管理中的部分内容，构成现代人力资源管理的战术性部分，如人员的甄选与调配、人事信息的记录、薪酬管理等；第二，在组织中，人力资源管理部门与传统人事管理部门都是负责与人事信息相关管理工作的职能部门；第三，传统人事管理中基于生产企业的生产现场管理是现代人力资源管理理论产生的基础。在我国现阶段，不应完全照搬跨国企业的先进人力资源管理模式，而应结合国情注意运用传统人事管理中较为基础的成果。

我国的各种经济组织在 20 世纪末纷纷把人事部门改名叫作人力资源管理部门，但其管理职能的实质变化绝不是简单的改名所能实现的，传统的人事管理与现代人力资源管理有着本质的区别。

总体来说，现代人力资源管理与传统人事管理有以下区别：

（1）现代人力资源管理与传统人事管理产生的时代背景不同

传统人事管理是随着社会工业化的出现与发展应运而生的。在 20 世纪初，人事管理部门开始出现，并经历了由简单到复杂的发展过程。在社会工业化发展的初期，有关对人的管理实质上与对物质资源的管理并无差别。在相当长一段时期里，虽然社会经济不断发展、科学技术不断进步，人事管理的基本功能和作用并没有太大的变化，只是在分工上比原来更为精细，组织、实施更为严密而已。而人力资源管理是在社会工业化迅猛发展、科学技术高度发展、人文精神日益高涨、竞争与合作加强，特别是社会经济有了质的飞跃的历史条件下产生和发展起来的。一般认为，人力资源管理是在 20 世纪 70 年代以后开始出现的。由传统人事管理转变为现代人力资源管理，这一变化在对人与物质资源认识方面的表现是：人不再是物质资源的附属物，或者说，人被认为是不同于物质的一种特殊资源。总之，社会、经济、科学技术发展的不同状况决定了传统人事管理和现代人力资源管理的重要区别。

（2）现代人力资源管理与传统人事管理对人的认识是不同的

人事管理将人的劳动看作是一种在组织生产过程中的消耗或成本。也就是说，生产的成本包括物质成本，还包括人的成本。这种认识看似很合理，但是这种认识是把人简单等同于物质资源，即在观念上认为人与物质资源没有区别。因此，传统人事管理主要关注如何降低人力成本，正确地选拔人，提高人员的使用效率和生产率，避免人力成本的增加。现代人力资源管理把人看作"人力资本"，这种资本通过有效的管理和开发可以创造更高的价值，能够为组织带来长期的利益，即人力资本是能够增值的资本。这种认识与传统人事管理对人的认识的根本区别在于：传统人事管理将人视为被动地适应生产的一种因素，现代人力资源管理则将人视为主动地改造物质世界，推动生产发展，创造物质财富、精神财富和价值的活性资本，它是可以增值的。

（3）现代人力资源管理与传统人事管理的基本职能有所不同

传统人事管理的职能基本上是具体的事务性工作，如招聘、选拔、考核、人员流动、薪酬、福利待遇、人事档案等方面的管理，人事规章制度的贯彻执行等。总体来说，传统人事管理职能是具体的、技术性的事务管理职能。现代人力资源管理的职能则相当的不同，它是一项比较复杂的社会系统工程。现代人力资源管理既有战略性的管理职能，如规划、控制、预测、长期开发、绩效管理、培训策略等；又有技术性的管理职能，如选拔、考核评价、薪酬管理、人员流动管理；等等。总体来说，现代人力资源管理的职能具有较强的系统性、战略性和时间的远程性，其管理的视野比传统人事管理要广阔得多。

（4）现代人力资源管理与传统人事管理在组织中的地位有本质区别

传统人事管理由于其内容的事务性和战术性所限，在组织中很难涉及全局性、战略性的问题，因而经常会被视作不需要特定的专业技术特长、纯粹的服务性工作，前七喜公司的总裁就曾说过，人事经理常被人看作笑容可掬、脾气和善的人，其工作是为大家组织活动和谋取一些福利。而现代人力资源管理更具有战略性、系统性和未来性，它从行政的事务性的员工控制工作转变为以组织战略为导向、围绕人力资源展开的一系列包括规划、开发、激励和考评等流程化的管理过程，目的是提高组织的竞争力。现代人力资源管理从单纯的业务管理、技术性管理活动的框架中脱离出来，根据组织的战略目标而相应地制定人力资源的规划与战略，成为组织战略与策略管理中具有决定意义的内容。这种转变的主要特征是人力资源部门的主管出现在组织的高层领导中，并有人出任组织的最高领导。

2. 现代人力资源管理的特征

正是由于现代人力资源管理不同于传统的人事管理，才使得现代人力资源管理在组织中发挥着越来越大的作用，其特征可以归结如下：

（1）人本特征

人力资源管理采取人本取向，始终贯彻员工是组织的宝贵财富，强调对人的关心、爱护，把人真正作为资源加以保护、利用和开发。

（2）专业性与实践性

人力资源管理是组织最重要的管理职能之一，具有较高的专业性，从小公司的多面手到大公司的人力资源专家及高层人力资源领导，都有着很细的专业分工和深入的专业知识。人力资源管理是组织管理的基本实践活动，是旨在实现组织目标的主要活动，表现其高度的应用性。

（3）双赢性与互惠性

人力资源管理采取互惠取向，强调管理应该是获取组织绩效和员工满意感与成长的双重结果，强调组织和员工之间的共同利益，并重视发掘员工更大的主动性和责任感。

（4）战略性与全面性

人力资源管理聚焦于组织管理中为组织创造财富、创造竞争优势的人员管理，即以员工为基础，以知识型员工为中心和导向，是在组织最高层进行的一种决策性、战略性管理。人力资源管理是对于全部人员的全面活动包括招聘、任用、培训、发展的全过程的管理。只要有人参与的活动，就要进行人力资源管理。

（5）理论基础的学科交叉性

人力资源管理采取科学取向，重视跨学科的理论基础和指导，包括管理学、心理学、经济学、法学、社会学等多个学科，因此现代人力资源管理对其专业人员的专业素质提出了更高的要求。

（6）系统性和整体性

人力资源管理采取系统取向、强调整体地对待人和组织，兼顾组织的技术系统和社会的心理系统；强调运作的整体性，一方面是人力资源管理各项职能之间具有一致性，另一方面是与组织中其他战略相配合，支持整个组织的战略和管理。

三、人力资源管理的重要性

随着所谓的"知识经济"时代的到来，人力资源管理因其与人的因素存在内在的密切联系其重要性日渐突出。应该看到，企业管理已经从强调对物的管理转向强调对人的管理，这是竞争加剧的结果。一方面，这是管理领域的扩大；另一方面，这也是管理环节的提前，因为物是劳动的产物。人力资源管理的重要性可以体现在以下几个方面。

（一）人力资源管理对组织中所有的管理人员都是重要的

这是因为人力资源管理能够帮助组织中的管理人员达到以下目的：用人得当，即事得其人；降低员工的流动率；使员工努力工作；进行有效率的面试以节省时间；使员工认为自己的薪酬公平合理；对员工进行充足的训练，以提高各个部门的效能；使组织不会因为就业机会等方面的歧视行为受到控告；保障工作环境的安全，遵守国家的法律；使组织内部的员工都得到平等的待遇，避免员工的抱怨；等等。这些都是组织中各个部门所有经理人员普遍的愿望。其实无论是正在学习财务管理、市场营销管理或者生产管理的同学，还是学习人力资源管理的同学，将来有很多人会在自己的专业领域内承担管理责任，届时他们需要制定关于员工招聘、薪酬政策、绩效考核、员工晋升和人员调配等人力资源管理方面的决策，其实这一点也适用于那些非经济管理类的同学。即使是那些将来不承担管理责任的员工，纯粹作为组织中人力资源管理活动的调整对象，也需要学习人力资源管理方面的知识，因为只有这样，他们才有能力对组织的人力资源管理政策做出自己的评价，并在此基础上提出有利于自己事业发展和待遇提高的建议。

（二）组织的经理人员要通过别人来实现自己的工作目标

这就使人力资源管理同其他类别的管理相比显得特别重要。我们经常发现许多企业在规划、组织和控制等方面做得都很好，但是，就是因为用人失当或者无法激励员工，最终没有获得理想的成绩。相反，虽然有些企业的经理人员在规划、组织和控制等方面做得一般，但是，就是因为他们用人得当，并且经常激励、评估和培养这些人才，最终使企业获得成功。

（三）人力资源管理能够提高员工的工作绩效

应用人力资源管理的观念与技术改善员工的行为，是提高员工绩效的重要途径。劳动力宏观配置的目标是劳动力数量上的充分利用，微观配置的目标是事得其人，而人力资源管理的目标是人尽其才。所以可以认为，人力资源管理是劳动力资源配置合理化和优化的第三个层次。

（四）人力资源管理是现代社会经济生活的迫切需要

现在，员工的素质越来越高，大大超过了实际的需要。所以，越来越多的员工觉得自己大材小用。在这种情况下，如何激励这些自感屈才的员工就变得特别重要。而且，人们的价值观念已经发生了明显的变化，传统的"职业道德"教育的作用已经微乎其微。随着财富的增加和生活水平的提高，越来越多的人要求把职业质量和生活质量进一步统一起来，员工需要的不仅是工作本身以及工作带来的收入，还有各种心理满足，而且，随着经济的发展，这种非货币的需要会越来越强烈。因此，企业的经理人员必须借助于人力资源管理的观念和技术寻求激励员工的新途径。另外，保护员工利益的立法也将使越来越多的企业经理人员稍不小心就会被诉诸法律。所以，经理人员面临的决策约束越来越严格，这也需要企业经理人员重视人力资源管理。

（五）人是组织生存发展并始终保持竞争力的特殊资源

人力资源的特点表明，人力资源是组织拥有的特殊资源，也是组织获取和保持竞争力的重要资源。随着组织对人力资源的利用和开发，组织管理层的决策越来越多地受到人力资源管理的约束，人力资源管理正在逐渐被纳入组织的战备规划之中，成为组织竞争力至关重要的因素。心理学第一定律认为，每个人都是不同的，每个人总是在生理或心理上存在着与其他人有所不同的地方，这是人力资源区别于其他形式经济资源的重要特点。在企业等各种组织中，只有清楚地识别每个员工与众不同之处，并在此基础上合理地任用，才可能使每位员工充分发挥潜能，组织也才可能因此而获得最大的效益。

四、人力资源管理的基本原理

（一）系统优化原理

系统优化原理是指人力资源系统经过组织、协调、运行、控制，使其整体功能获得最优绩效的过程。

系统优化原理包含下述几个方面的内容。

第一，系统的整体功能不等于部分功能的代数和。

第二，系统的整体功能必须大于部分功能的代数和。

系统论的创造者、美籍学者贝塔朗斯菲最早提出的系统观点，其核心就是整体大于部分之和。人力资源系统通常可能遇到的情况有下述三种：1+1>2；1+1=2；1+1<2。

第一种情况符合系统优化原理，整体功能大于部分功能之和；第二种情况属于整体功能与部分功能之和相等的情况；第三种情况是人才的内耗、摩擦，使彼此的能力相互抵消，严重的还会出现小于零的负效应，即企业亏损、公司倒闭，或企业内人员矛盾重重、互相拆台。所以系统优化原理要求系统内各部分相互协调，使整体功能大于部分功能之和。

第三，系统的整体功能必须在大于部分功能之和的各值中取最优。

第四，系统的内部消耗必须达到最低。

第五，系统内的人员必须身心健康、奋发向上、关系和谐。

第六，系统的竞争能力、转向能力最强。

系统优化原理就是指人的群体功效达到最优，它是人力资源管理理论中最重要的原理。人力资源系统面对的要素是人，管理者也是人，人具有复杂性、可变性和社会性。因此，要达到人的群体功效最优，必须提倡理解，反对内耗。

（二）激励强化原理

激励强化原理是指企业的高层管理者根据企业的发展目标，确定企业人员的行为准则，并对遵守这些行为准则和对企业作出贡献的人们给予奖励和激励，使他们能保持旺盛的精力，继续遵守企业的行为准则，努力为企业作出更大的贡献。

另外，企业根据人们需求的变化，激励逐步往个性化方向发展。企业根据不同层次、不同性格员工的不同需求，采用多样化、个性化的激励方式，以达到激励员工完成组织目标的目的。

人们的需求包含以下几个方面：一份能够胜任的工作，合理的薪酬，职业的安全，有品牌的企业的一员，有发展空间，获得信任和认可，公正而有能力的领导，融洽的同事关系，等等。

（三）弹性冗余原理

1. 弹性冗余原理的描述

弹性冗余原理是指人力资源部门在聘任、使用、解雇、辞退、晋升等过程中要留有充分的余地，使人力资源部门在整体运行过程中有弹性，当某一决策发生偏差时，留有纠偏和重新决策的可能。

2. 弹性冗余原理包含的内容

①确定人员编制时，应留有一定的余地，虚位以待贤才，使企业有吸纳贤才的空间和能力。

②人才使用要适度有弹性。这里包括劳动强度、劳动时间、工作定额等都要适度，使员工能保持旺盛的精力为企业工作。

③企业目标的确定要有弹性，经过努力无法达到目标就会使员工丧失信心。

④解雇或辞退员工时，一定要事先做好充分的调查，要核实所有的细节，留有充分的余地，使被辞退的员工心服口服，对其余的员工又能起到教育和警示作用。

⑤员工晋升要有弹性，不成熟的人才可以暂缓晋升。晋升应坚持公开、公平、公正的原则，最好将岗位竞聘、全面考核、留有余地的方式作为晋升的策略。

弹性冗余原理既包括大系统的弹性——全局弹性，小系统的弹性——局部弹性，也包括个人、家庭的弹性，以及个人对业余时间的安排要有弹性，家庭对成员的约束要有弹性等。

"弹性"一词借用于弹簧的"弹性"。"弹性"通常有一个"弹性度"，超过这个"度"，弹簧的弹性就要丧失。弹簧就成了一根"钢丝"，再也弹不回去了。

3. 积极弹性和消极弹性

所谓积极弹性，是指在一定弹性冗余度内，使职工保持身心健康，对工作愉快胜任，留有余地，以利再战。所谓消极弹性，是指无所作为、消极怠工，或怕苦怕累、贪图安逸、无所成就的消极保命哲学。

积极弹性和消极弹性的区别有下述四点：

①积极弹性主张生命要有一定的紧张感，主张人生的真谛在于工作和奉献。消极弹性主张人生要安逸，追求无所事事和厌倦工作。

②积极弹性主张一定的冗余度是为了更健康、更有效率地工作。休息是为了工作，弹性是为了人生的节奏和多彩的生活。消极弹性则主张逃避劳动，好逸恶劳，没有工作目标。

③积极弹性主张人与人的理解，愿意在必要时加倍努力工作，帮助团体和他人渡过难关。消极弹性则忽视他人的需要，本质上是利己主义。

④积极弹性主张"张弛"的合理性和科学性，主张在群体的弹性之外，积极地安排个人的生活，使之张弛有度。消极弹性则无论在群体和个体的行为里，都缺少合理性和科学性，有意或无意地损害了群体和家庭的合理行为。

（四）互补增值原理

1. 互补增值原理的描述

互补增值原理是指通过团队成员的气质、性格、知识、专业、能力、性别、年龄等各因素之间的长处相互补充，从而扬长避短，使整个团队的战斗力更强，达到互补增值效应。互补增值原理要求我们在组建任何一支团队时均要注意成员的能力、知识、专业等各方面的结构和配置。

2. 互补增值原理的注意事项

必须注意的几个问题：互补增值原理与其他原理不同，如选择不准，不但不能达到互补，反而会引起能力、精力的内耗，使整体工作受到很大的影响。概括起来，有这么几点必须引起注意：

①选择互补的一组人必须有共同的理想、事业和追求。古语说，道不同不相为谋。如果彼此的追求背道而驰，那任何的互补都无济于事。

②在注意知识、能力、气质、技能等互补时，尤其要注意合作者的道德品质，注意其品行和修养。性格、气质可以各异且互补，但如果道德品质不好，要阴谋、放暗箭，互补原理就无法成立。

③互补增值原理最重要的是"增值"，因此要求合作者诚意待人，对周围的合作者必须能理解、多友爱，彼此的心互相沟通、劲往一处使。否则，消极怠工、冷眼旁观、等着看别人的笑话，则无法达到增值效果。

④互补增值原理要追求动态的平衡，要允许人才的流动、人才的相互选择和人才的重新组合，允许人才的更新和人才彼此职位的变换。因为互补是一种理想组合的追求，是在动态中求平衡、求完美。

如果一组人才组合永远固定不变，则达不到理想的互补增值效果。

（五）利益相容原理

1. 利益冲突的定义

利益冲突通常在一个系统内由两个群体或若干个个体间产生。当系统中一方（群体或个体）的利益影响另一方（群体或个体）的利益时，双方就产生了利益冲突。利益冲突通常有如下几种情况：系统中一方的利益影响了对方的物质利益；系统中一方的利益影响了另一方的安全和健康；系统中一方的利益影响了另一方的发展；系统中一方的利益影响了另一方的权利。

2. 利益相容原理的描述

利益相容原理是指当双方利益发生冲突时，寻求一种方案，该方案在原来的基础上，经过适当的修改、让步、补充或者提出另一个方案，使双方均能接受，从而获得相容，称为利益相容原理。

利益相容原理揭示了矛盾统一规律的内容：某种方案可能导致人们之间的互相冲突，彼此对立，但经过若干修改和让步后，又能彼此理解，相容于一个统一体中。

3. 利益相容原理包含以下几点内容

①利益冲突的各方，可能因处理不好而导致对抗性矛盾难以调和，也可能因处理得当而获得相容。

②利益相容必须有一方或多方的让步、谅解和宽容。

③利益相容必须是矛盾的各方都到场进行协商以求得解决。如在一方未到场的情况下其余各方获得妥协，那么，由于未到场一方的意见就可能重新导致冲突。

④利益相容原理要求原则性和灵活性的统一。如果没有原则性，则相容就毫无意义；如果没有灵活性，原则性就难以获得坚持。

五、人力资源管理在组织中的实现

人力资源管理是现代组织管理的重要组成部分，其各项功能的实现也必须依托于一定形式的组织，而且其日常工作更多地体现在组织中人力资源管理部门或人力资源管理人员的工作中。

（一）人力资源管理的任务与作业活动

1. 人力资源管理的任务

人力资源管理的基本任务在于为组织发展提供人力资源上的保证，包括以下六个方面：①通过计划、组织、调配、招聘等方式，保证一定数量和质量的劳动力和专业人才，满足企业发展的需要。②通过各种方式和途径，有计划地加强对现有员工的培训，不断提高他们的劳动技能和业务水平。③结合每个员工的职业生涯发展目标，对员工进行选拔、使用、考核和奖惩，尽量发挥每个人的作用。④协调劳动关系。运用各种手段，对管理者与被管理者、员工与雇主、员工与员工之间的关系进行协调，避免不必要的冲突和矛盾。同时，要考虑到员工的利益，保障员工的个人权益不受侵犯，保证劳动法的合理实施。⑤对员工的劳动给予报酬。通过工作分析和制定岗位说明书，明确每个岗位的功能和职责，对承担这些职责的人的工作及时给予评价和报酬。⑥管理人员的成长。管理人员的培训和开发是现代人力资源管理的重要内容之一，要保证任何部门、任何位置的负责人随时都有能胜任的人来接任。

2. 人力资源管理的主要活动

人力资源管理的主要活动又称为人力资源管理的各项职能，是指组织中人力资源职能管理人员所从事的具体工作环节。不同规模的组织所涉及的活动略有区别，尤其是在人力资源管理部门岗位设置和人员分工上有很大的不同，但从最全面的角度来看，人力资源管理的主要活动有以下几个方面。

（1）人力资源规划

这一过程是从最初的所谓人力规划基础上发展起来的。人力资源规划的宗旨是，将组织对员工数量和质量的需求与人力资源的有效供给相协调。需求方面源于公司运作的现状与预测，供给方面则涉及内部与外部的有效人力资源量。内部供给是近年来组织合理化目标的体现，涉及现有劳动力及其待发挥潜力；外部供给取决于组织外的人员数，受人口趋势、教育发展以及劳动力市场竞争力等多种因素影响。规划活动将概括出有关组织的人力需求，并为下列活动，如人员选拔、培训与奖励，提供所需信息。

（2）人员招聘

招聘之前，要做工作分析。在此过程中，要对某一岗位的员工职责做仔细分析，并做出岗位描述，然后确定应聘该岗位的候选人应具备的能力。应根据对应聘人员的吸引程度选择最合适的招聘方式，如报纸广告、职业介绍所、人才交流会等。

（3）人员选拔

人员选拔有多种方法，如求职申请表、面试、测试和评价中心等，可用于从应聘人员中选择最佳候选人。通常是第一步筛选后保留条件较合适者，应聘者较少时这一步骤就不必要了。做选择决定时需要一些辅助手段，即理想候选人标准。

（4）绩效评估

这是一种根据设定目标评价员工业绩的方法，但并未被广泛接受。人事人员往往只参与制定程序，而过程的管理则通常留待部门经理去完成。一般是在有关人员填写一系列表格，使有关部门对其最近一次面试以来（通常为一年）的业绩有一个较好了解后，安排面试。业绩可以用事先设定的指标量化，其结果可用做对员工进行培训，或在某些情况下，作为表彰奖励的依据。

（5）培训

这一过程关系到建立何种培训体系，哪些员工可以参加培训等问题。培训种类多样，从在职培训到由组织外机构提供的脱产学习和培训课程，当组织对核心员工在公司内的发展有所规划时，培训与发展的关系就显而易见了，这种情况下管理人员总是努力使公司需要与个人事业发展相协调。

（6）报酬与奖惩

这项工作的范围很广，包括工资级别和水平的确定、福利与其他待遇的制定、奖励和惩罚的标准与实施，以及工资（如岗位工资、计件工资或绩效工资等）和各种补贴的测算方法。

（7）劳动关系

涉及这一部分的环节包括与员工签订劳动协议或雇用合同，处理员工与公司或员工之间可能出现的纠纷，制定员工的权利和义务，按照劳动法处理各类员工问题，制定员工投诉制度。人事主管还要针对与雇用立法有关的事项提出意见，并应熟知与法律条款适用性有关的实际问题。

（8）员工沟通与参与

通过召开会议等形式将有关信息传达给员工，安排一定的方式使员工能对公司决策有所贡献（如提出建议方案）。在特定环境中，协商也可归入此类活动。目前，越来越多的公司采用团队式的管理方式，像质量小组，这样，员工有机会参与到与其工作相关的决策活动中。

（9）人事档案记录

员工的人事记录通常由人事部门集中管理，这些记录中包括最初的应聘材料，和后续工作中添加的反映员工资历、成绩和潜力的资料。员工档案是人事决策的一项重要依据。随着计算机的普及，许多公司采用了人力资源管理信息系统，用计算机来管理人事档案资料。

这里需要指出的是，一个组织的人力资源管理活动是由人力资源管理专业人员（包括人事经理或主管）和各业务主管（部门经理）同时完成的。实际情况下，特别是对大机构而言，人事活动经常包含以上所列的多种形式。例如，生产部门经理需要招聘一位工人，他首先要确定需要什么样的人，提出具体要求，然后各班组长或工段长协商，看是否可以从本部门解决，若能解决，则将人员变动报人力资源部门，如果不能解决，就需要与人力资源经理或负责人进行协商，看公司其他部门是否有合适人选，或者从公司外部招聘，这就需要综合考虑该职位的实际需要、内部人员补充情况、填补空缺所需成本等。若最终决定从外部招聘，人事主管将在以下方面为生产经理提供支持，如起草岗位职责说明、广告招聘信息，对面试过程提出建议。聘用合同一般应由人事主管签发。这个例子说明人事活动中高层经理的参与情况。有些机构中，特别是对较低职位人员的聘用，人事主管的直接介入较少，可能只涉及招聘广告和签发合同。

（二）人力资源管理活动的关系

人力资源管理的各项活动之间不是彼此割裂、孤立存在的，而是相互联系、相互影响，共同形成了一个有机的系统。

1. 以工作分析与评价为基础

在这个职能系统中，工作分析和工作评价是一个平台，其他各项职能的实施基本上都要以此为基础。人力资源规划中，预测组织所需的人力资源数量和质量时，基本的依据就是职位的工作职责、工作量和任职资格，而这些正是工作分析的结果——职位说明书的主要内容；预测组织内部的人力资源供给时，要用到各职位可调动或晋升的信息，这也是职位说明书中的内容。进行计划招聘时，发布的招聘信息可以说就是一个简单的职位说明书，而录用甄选的标准则主要来自于职位说明书中的任职资格要求。绩效管理和薪酬管理与工作分析和工作评价的关系更加直接。绩效管理中，员工的绩效考核指标可以说是完全根据职位的工作职责来确定的；而薪酬管理中，员工工资等级的确定，依据的信息主要就是职位说明书的内容。在培训开发过程中，培训需求的确定也要以职位说明书对业务知识、工作能力和工作态度的要求为依据，简单地说，将员工的现实情况和这些要求进行比较，两者的差距就是要培训的内容。

2. 以绩效管理为核心

绩效管理在整个系统中居于核心的地位，其他职能或多或少都要与它发生联系。预测组织内部的人力资源供给时，需要对现有员工的工作业绩、工作能力等做出评价，而这些都属于绩效考核的内容。计划招聘也与绩效考核有关，我们可以对来自不同渠道的员工的绩效进行比较，从中得出经验性的结论，从而实现招聘渠道的优化。录用甄选和绩效管理之间则存在着一种互动的关系。一方面，我们可以依据绩效考核的结果来提高甄选过程的有效性；另一方面，甄选结果也会影响到员工的绩效，有效的甄选结果将有助于员工实现良好的绩效。前面已经提到，将员工的现实情况与职位说明书的要求进行比较后就可以确定培训的内容，那么员工的现实情况又如何得到呢？这就要借助绩效考核了，因此培训开发和绩效管理之间存在着一定的关系，此外，培训开发对员工提高绩效也是有帮助的。目前，大部分企业在设计薪酬体系时，都将员工的工资分为固定工资和浮动工资两部分，固定工资主要依据工资等级来支付，浮动工资则与员工的绩效水平相联系，因此绩效考核的结果会对员工的工资产生重要的影响，这就在绩效管理和薪酬管理之间建立了一种直接的联系。通过员工关系管理，建立一种融洽的氛围，这将有助于促进员工更加努力地工作，进而有助于实现绩效的提升。

3. 其他活动相互联系

人力资源管理的其他活动之间同样也存在着密切关系。录用甄选要在招聘的基础上进行，没有人来应聘就无法进行甄选；而招聘计划的制订则要依据人力资源规划，招聘什么样的员工、招聘多少员工，这些都是人力资源规划的结果；培训开发也要受到甄选结果的影响，如果甄选的效果不好，员工无法满足职位的要求，那么对新员工培训的任务就要加重，反之，新员工的培训任务就比较轻。员工关系管理的目标是提高员工的组织承诺度，而培训开发和薪酬管理则是达成这一目标的重要手段。培训开发和薪酬管理之间也有联系，员工薪酬的内容，除了工资、福利等货币报酬外，还包括各种形式的非货币报酬，而培训就是其中的一种重要形式，因此，从广义上来讲，培训开发成了报酬的一个组成部分。

第二节　人力资源管理的理论基础

一、人性假设理论

人性问题是管理心理学的重要研究领域，因为制定什么样的管理制度、采用什么样的管理方法、建立什么样的组织结构，都与如何看待人性有关。每一个管理决策或每一项管理措施的背后，都必然有某些关于人性本质及人性行为的假设。因此，人性假设理论是人力资源管理的主要理论基础之一，是企业进行人力资源管理的出发点和依据。

（一）X 理论与 Y 理论

1. X 理论

麦格雷戈把传统的管理观点叫作 X 理论。X 模式有以下 6 个特点：①多数人天生是好逸恶劳的，工作对他们而言是一种负担，工作毫无享受可言。只要有机会，他们就会尽可能地偷懒，逃避工作。②大多数人都没有雄心壮志，没有自己为之奋斗的大目标，也不喜欢负什么责任，而宁可让别人领导。他们缺乏自信心，把个人的安全看得很重要。③大多数人的个人目标与组织目标都是相互矛盾的，为了达到组织目标必须靠外力严加管制。必须用强迫、指挥、控制并用处罚、威胁等手段，使他们做出适当的努力去实现组织的目标。④大多数人都是缺乏理智的，不能克制自己，只凭自己的感觉行事，很容易受别人影响。而且容易安于现状。⑤大多数人都是为了满足基本的生理需要和安全需要而工作的，所以他们将选择那些在经济上获利最大的事去做，而且他们只能看到眼前的利益，看不到长远的利益。⑥人群大致分为两类，多数人符合上述假设，少数人能克制自己，这部分少数人应当负起管理的责任。

基于上述人性假设，应采取的管理措施可归纳为以下三点：

第一，管理工作的重点是提高生产率、完成生产任务，而对于人的感情和道义上应负的责任，则是无关的。简单地说，就是重视完成任务，而不考虑人的感情。按照这种观点，管理就是进行计划、组织、经营、指导和监督。这种管理方式叫作任务管理。第二，管理工作只是少数人的事，与广大工人群众无关。工人的主要任务是听从管理者的指挥，但由于其必须在强迫和控制之下才肯工作，所以在管理上要求由分权化管理恢复到集权化管理。第三，在奖励制度方面，主要用金钱来刺激工人生产的积极性，同时对消极怠工者采用严厉的惩罚措施。通俗些说，就是采取"胡萝卜加大棒"的政策。

2. Y 理论

实践证明，以 X 理论为前提的管理模式造成人才创造性和奉献精神的不断下降、员工对工作绩效的毫不关心等不良后果，日益使人怀疑 X 理论是建立在错误因果概念的基础上的。因此，与 X 理论消极的人性观点相对照，Y 理论的主要内容是：①一般人都是勤奋的，并不是天性就不喜欢工作的，工作中体力和脑力的消耗就像游戏和休息一样自然。对有的人来说，工作可能是一种满足，因而自愿去执行；而对另外一些人来说，也可能是一种处罚，因而只要可能就想逃避。到底怎样，要看环境而定。②外部控制、惩罚和威胁并不是能够使人们为组织目标奋斗的唯一手段；没有人喜欢外来控制和惩罚，外来的控制和惩罚，并不是促使人们为实现组织的目标而努力的唯一方法。它甚至对人是一种威胁和阻碍，并阻挡了人前进的脚步。③人的自我实现要求和组织要求之间是没有矛盾的。如果给人提供适当的机会，就能将个人目标和组织目标统一起来，使得承担目标的程度与他们成绩联系的报酬大小成比例，这时个人的积极性就大得多了。④人类不仅是经济人，还是社会人，人在追求不断满足的同时，不仅学会了接受职责，而且还学会了主动承担职责。一般而言，每个人不仅能够承担责任，而且会主动寻求承担责任。逃避责任、缺乏抱负以及强调安全感，通常是经验的结果，而不是人的本性。人总希望自己在工作中取得成就及成功。⑤大多数人都有一种实现自我、发挥自己潜能的欲望，这样在解决组织的困难问题时，就会发挥较高的想象力、聪明才智和创造性，都充满活力。在现代工业生活中，一般人的智力潜能只是部分地得到了发挥。只要管理者给他们一定的条件和环境，对他们进行激励，他们就会发挥很大的作用。⑥激励人们的最好办法是满足他们的成就感、自尊感和自我实现感等高层次的需求；而且，激励在每一个阶梯上都起作用。

Y 理论的各项人性假设，是对传统的管理思想和行为习惯的挑战。这种假设必然会导致下述几种管理思想、原则和措施。第一，任何组织绩效的低落都应归于管理的不利。在组织的舞台上，人与人之间的合作倘使有所限制的话，绝非人类本性所致，而是由于管理阶层的能力不足，未能充分挖掘和利用人力资源的潜力。第二，人是依靠自己的主动性和自我督导去工作的，因而在管理上要由集权化管理恢复到参与管理。在管理制度上给予工人更多的自主权，给员工更多的信任、实行自我控制，让工人参与管理和决策，并共同分享权利。第三，组织的基本原则是融合原则。即创造一种环境，使组织中的成员在该环境下，既能达成各成员的个人目标，又能实现组织的目标。管理者的重要任务是创造一个使人得以发挥才能的工作环境，发挥出职工的潜力，并对员工进行合理的引导，使职工在为实现组织的目标贡献力量时，也能达到自己的目标。

3. 超 Y 理论

这一理论对人性的假设是：人们到组织中工作的需要和动机是多种多样的，但主要的需要是取得胜任感。胜任感是指组织成员成功地掌握了周围的环境，其中包括所面对的任务而积累起来的满意感；取得胜任感的动机尽管人人都有，但不同的人可用不同的方式来实现，这取决于这种需要与其他需要之间的相互作用；组织目标与个人目标的一致易于导致胜任感，而胜任感即使实现了也仍会有激励作用；所有人都需要感到胜任，但由于人的个体差异的存在，因而用什么样的方式取得胜任感是不同的。

基于超 Y 理论的人性假设，在管理中应采用如下原则或措施：①X 理论和 Y 理论都既非一无是处，也非普遍适用，应针对不同情况，将任务、组织、人员作最佳的配合，以激励人员取得有效的工作成绩。②既要使组织的模式适合工作任务，又要使任务适合工作人员，以及使员工适合组织。③管理人员可能采取的最佳的组织管理方法，就是整顿组织使之适合任务性质与人员。

（二）四种人性假设理论

1. "经济人"假设

"经济人"假设包括如下基本观点：职工基本上都是受经济性刺激物激励的，不管是什么事，只要向他们提供最大的经济利益，他们就会去干；由于经济刺激在组织的控制之下，所以职工在组织中的地位是被动的，他们的行为是受组织控制的；感情是非理性的，必须加以防范，否则会干扰人们理性地权衡自己的利益；组织能够而且必须按照控制人们感情的方式来设计，特别是那些无法预计的品质。

2. "社会人"假设

"社会人"假设又称"社交人"假设，这种假设认为，人的最大需要是社会性需要，人在组织中的社交动机，如想被自己的同事接受和喜爱等，远比对经济性刺激物需要的动机更加强烈。只有满足人的社会性需要，才能有最大的激励作用。

"社会人"假设可概括为如下几点：社交需要是人类行为的基本激励因素，而人际关系则是形成人们身份感的基本因素；从工业革命中延续过来的机械化，使工作丧失了许多内在的意义，这些丧失的意义现在必须从工作中的社交关系里寻找回来；与管理部门所采用的奖酬和控制的反应比起来，职工更容易对同级同事所组成的群体的社交因素做出反应；职工对管理部门的反应能达到什么程度，取决于管理者对下级的归属需要、被人接受的需要以及身份感的需要能满足到什么程度。

3. "自我实现人"假设

"自我实现人"假设的基本内容是：当人们的最基本需要得到满足时，就会转而致力于较高层次的需要，寻求自身潜能的发挥和自我价值的实现；一般人都是勤奋的，他们会自主地培养自己的专长和能力，并以较大的灵活性去适应环境；人主要还是靠自己来激励和控制自己的，外部的刺激和控制可能会使人降低到较不成熟的状态；现代工业条件下，一般人的潜力只利用了一部分，如果给予适当的机会，职工们会自愿地把个人目标与组织的目标结合为一体。

4. "复杂人"假设

"复杂人"假设的基本内容是：人的需要是多种多样的，而且这些需要随着人的发展和生活条件的变化而发生变化，每个人的需要都各不相同，需要的层次也因人而异。人在同一时间内有各种需要和动机，它们会发生相互作用并结合为统一的整体，形成错综复杂的动机模式。例如，两个人都想得到高额奖金，但他们的动机可能很不相同。一个可能是要改善家庭的生活条件，另一个可能把高额奖金看成是达到技术熟练的标志。人在组织中的工作和生活条件是不断变化的，因此会不断产生新的需要和动机。这就是说，在人生活的某一特定时期，动机模式的形成是内部需要和外界环境相互作用的结果；一个人在不同单位或同一单位的不同部门工作，会产生不同的需要。

二、组织设计理论

组织就是"由人组成的，具有明确目的和系统性结构的实体"。在这个意义上，组织是一种社会实体或社会机构。在上面的定义中，所谓"系统性结构"，实质上是组织内部部门之间或组织成员之间由于劳动分工而引致的相互的权力—责任关系。因此，在管理学意义上，我们也可以将组织视为一种权—责角色结构。

（一）组织结构

组织结构是指组织内部分工协作的基本形式或框架。组织结构对组织行为具有长期性和关键性影响。它反映了：第一，关于个人和部门一系列正式的任务安排（即工作在各个部门与组织成员之间是如何分配的）；第二，正式的报告关系（即谁向谁负责），包括权力链、决策责任、权力分层的数量（管理层次）以及管理人员的控制范围（管理幅度）；第三，组织的内部协调机制。组织结构为保证跨部门合作提供了一种体系设计，一个企业的结构反映了企业通常是如何解决信息和协调问题的。在这个意义上，我们可以将组织结构定义为一个企业组织任务、安排人员完成任务，以及促使企业信息流动的一般的和持久的方式。

组织结构描述了组织的框架体系。我们可以从三个方面来描述组织结构的基本特征。

1. 复杂性

指组织的分化程度。一个组织劳动分工越细密，纵向的等级层次就越多；组织单位的地理分布越广泛，则协调人员活动就越困难。我们使用复杂性这一术语来描述这一特征。

2. 正规化

指组织依靠规则、程序来引导和控制员工行为的程度。有些组织仅以很少的规章制度来控制员工行为，而另一组织虽然规模较小，却有着各种各样的规定指示员工可以做什么或不可以做什么。一个组织使用的规章制度或条例越多，其组织结构就越具正规化。

3. 集权化

描述了决策制定权在组织内的分布情况。在一些组织中，决策是高度集中的，问题自下而上传递给高级管理人员，由他们选择合适的行动方案。而在另外一些组织中，其决策制定权则授予下层人员，这被称为分权化。

（二）组织设计

组织设计关注的是如何建立或改变一个组织的组织结构（包括组织机构和职位系统），使之能更有效地实现组织的既定目标。组织设计涉及对组织内的层次、部门和职权进行合理的划分。具体而言，即根据组织目标，对实现目标所必需的各项业务活动加以区分和归类，把性质相近或联系紧密的工作进行归并，组建相应的职能部门进行专业化管理，并根据适度的管理幅度来确定组织管理层次，包括组织内横向管理部门的设置和纵向管理层次的划分。其基本原则主要包括如下五条。

1. 劳动分工或专业化

完成一项工作包含多个环节或内容时，管理者就需要考虑怎样在员工中分配工作任务。传统认为劳动分工是提高劳动生产率的一个取之不尽的源泉，而且也可以提高管理者对工作任务的控制能力。在 20 世纪初期和更早的时期，这一结论毫无疑问是正确的，因为当时专业化还没有得到普遍推广。但物极必反，随着劳动分工日益细密，在某一点上劳动分工所带来的非经济性将开始超过专业化的经济优势。这种非经济性表现为员工精神和生理上的厌倦、疲劳、压力，从而导致经常的旷工，甚至较高的离职流动率，导致低生产率、劣质品率上升，等等。另一方面的问题是，劳动分工势必增强管理协调的难度，对协调众多员工的工作活动提出更高要求，尤其是对于独立性和专业性很强的工作。

现代的观点主张不仅要考虑经济成本和效益，也要考虑员工心理上的成本和效益；强调通过扩大，而不是缩小工作活动的范围来提高生产率。例如，给予员工多种工作去做，允许他们完成一项完整而全面的任务，或者将他们组合到一个工作团队中。现代的观点虽然与劳动分工的思想相违背，但从总体上说，劳动分工思想仍在当今许多组织中具有生命力，并且具有较好的效果。我们应该认识到它为某些类型工作所提供的经济性，与此同时，我们也要看到它的不足之处。

2. 指挥链

指挥链是一条权力链，它表明组织中的人是如何相互联系的，表明谁向谁报告。指挥链涉及两个原理。

（1）统一指挥

古典学者们强调统一指挥原则，主张每个下属应当而且只能向一个上级主管直接负责，不能向两个或者更多的上司汇报工作。否则，下属可能要面对来自多个主管的相互冲突或优先处理的要求。

（2）阶梯原理

这一原理强调从事不同工作和任务的人，其权力和责任应该是有区别的。组织中所有人都应该清楚地知道自己该向谁汇报，以及自上而下的、逐层的管理层次。

统一指挥涉及谁对谁拥有权力，阶梯原理则涉及职责的范围。因此，指挥链是决定权力、职责和联系的正式渠道。

3. 管理跨度

一个管理者能够有效地指挥多少个下属？这是一个管理跨度问题。所谓管理跨度，就是向上级主管汇报工作员工的数量。这一问题之所以重要，是因为它决定了组织的层次和管理人员的数目。

组织层次是一个权变因素。随着管理者在组织中职位的提高，需要处理许多非结构性问题，这样高层经理的管理跨度要比中层管理者的小，而中层管理者的管理跨度又比基层监督人员的小。

现在越来越多的组织正努力扩大管理跨度。管理跨度日益根据权变因素的变化向上调整，从而导致组织结构的扁平化趋势。影响管理跨度的权变因素包括：下属业务活动经验的丰富程度；下属工作任务的相似性；任务的复杂性或确定性；下属工作地点的相近性，使用标准程序的程度；组织管理信息系统的先进程度；组织文化的凝聚力；管理者的管理能力与管理风格等。

4. 职权与职责

职权视为管理职位所固有的发布命令和希望命令得到执行的一种权力。在古典学者们看来，职权是将组织紧密结合起来的黏合剂。职权可以向下委让给下属管理人员，授予他们一定的权力，同时规定他们在限定的范围内行使这种权力。

每一管理职位都具有某种特定的、内在的权力，任职者可以从该职位的等级或头衔中获得这种权力。因此，职权与组织内的一定职位相关，而与担任者的个人特征无关。"国王死了，国王万岁"，就说明了这个道理。不管国王是谁，都具有国王职位所固有的权力。只要被辞退掉有权的职位，不论是谁，离职者就不再享有该职位的任何权力。职权仍保留在该职位中，并给予新的任职者。

授权的时候，我们应该授予相称的职责。换言之，一个人得到某种权力，他也就承担一种相应的责任。职权本质上是管理者行使其职责的一种工具。

5. 部门化

随着组织规模的扩大，管理者为了保证有效的工作协调和对工作活动的有效控制，就必须将一组组特定的工作合并起来，从而形成一系列的部门。我们将这个过程称为部门化。部门是指组织中主管人员为完成规定的任务有权管辖的一个特定的领域。部门化或部门划分的目的，在于确定组织中各项任务的分配与责任的归属，以求分工合理、职责分明，从而有效地达到组织的目标。一种最常见的部门划分方法是按履行的职能组合工作活动，称为"职能部门化"。这种方法将特定的、互相有联系的工作活动划分到同一个部门。在每一个部门里，员工拥有相似的技能、专长和可以利用的资源。

三、激励理论

激励是心理学的一个术语，是指管理者通过某种内部和外部的刺激，激发人的动机，使人产生内在的动力，从而调动其积极性、主动性和创造性，使其朝向预定目标前进的一种管理活动。通过激励，能够激活人的潜能，产生更高的绩效。

（一）内容型激励理论

1. 需要层次理论

马斯洛的需要层次理论可以说奠定了激励理论不可动摇的基础。马斯洛分析了人的各种需要，并将它们从低到高归纳为五大类：生理需要、安全需要、社会需要、尊重需要和自我实现需要。

马斯洛的需要层次理论归纳起来主要有如下观点：

①五种需要像阶梯一样从低到高，按层次逐级递升，但这种次序不是完全固定的，也有例外的情况。

②需要的发展遵循"满足—激活律"。一般来说，某一层次的需要相对满足了，就会向更高一层次发展，追求更高一层次的需要就成为驱使行为的动力。相应地，获得基本满足的需要就不再是激励力量。

③需要的强弱受"剥夺—主宰律"的影响。即某一需要被剥夺得越多、越缺乏，这个需要就越突出、越强烈。

④五种需要可以分为高低两级，其中的生理需要、安全需要和社会需要都属于低一级需要，这些需要通过外部条件就可以满足；而尊重需要和自我实现需要则属于高级需要，它们只有通过内部因素才能满足，而且，一个人对尊重和自我实现的需要是无止境的。

⑤同一时期，一个人可能同时存在几种需要，任何一种需要都不会因为更高层次需要的发展而消失。但每一时期总有一种需要占支配地位，对行为起决定作用。这种占支配地位的需要称为优势需要或主导性需要。

马斯洛的贡献是毋庸置疑的，他的理论肯定了激励的基础是人的需要，他分析了人的各种需要，并指出不同的人或同一个人在不同阶段的需要有主次之分，而且在排除了环境和条件等干扰因素之后，这五类需要在具体的个体身上，一般来说，确实有一个从基本的生理需要到高级的自我实现需要的上升过程。但是，我们无法证明每个人的需要都能清晰地划分为这五个层次，更不能证明需要的满足是逐层递增的，即不能证明人只有满足了较低层次的需要才会追求更高层次的需要。该理论忽略了人心理的复杂性和需要的多样性，忽略了特定的环境和条件等干扰因素对人的影响，否则就无法理解"不吃嗟来之食"和"不为五斗米折腰"的气节了。

2. ERG 理论

ERG 理论试图克服需要层次理论的不足，它将人的需要分为生存需要（Existence）、关系需要（Relatedness）和成长需要（Growth）三类。它并不强调需要的层次划分，也不认同当低一层次的需要得到满足后，人们就必然会追求高一层次的需要。它认为一种需要在得到满足之后，该需要所引起的紧张不仅不会彻底消除，而且还很有可能更加强烈。它还提出当追求高层次需要受挫之后会转向追求低层次需要的"挫折—退化"理论。但 ERG 理论没能解决需要层次理论的根本问题，而且 ERG 理论对需要的解释也没能超出马斯洛需要层次理论的范围。

3. 三种需要理论

人有三个主要的动机或需要：成就需要、权力需要和归属需要。成就需要看重的是成功本身的成就感而不是成功后的回报，权力需要更关心得到尊重和对他人的影响力，归属需要更关注相互理解和相互体察的关系。三种需要理论忽略了人的其他需要，事实上这三种需要经常同时存在于同一个个体身上，三种需要之间有很强的相关性，很难完全割裂开。

4. 双因素理论

双因素理论认为：保健因素，如工资、公司政策、工作环境、工作关系、工作安全等对应的是不满意或没有不满意；激励因素，如提升的机会、个人成长的机会、认可、责任、成就等对应的是满意或没有满意。

以上的激励理论实际上都是在马斯洛需要层次理论的基础上进行的，虽然它们都力图克服马斯洛需要层次理论的不足，但并没有本质上的超越，它们始终无法解决一个共同的问题：它们都认为激励的基础和前提是人的需要和动机，但是却无法确认人的具体需要，尤其是无法确认最有激励力的需要（最主要的需要）。既然它们无法向人们提供确认主要需要和行为动机的方法，这些理论的实用价值就受到了极大的限制。

（二）行为改造理论

行为改造理论是从分析外部环境入手来研究如何改造并转化人的行为。包括强化理论、归因理论等。

1. 强化理论

强化理论认为人的行为后果对人的后续行为会产生影响。如果某种行为得到肯定和奖励（正强化），这种行为的动因会被加强，相同的行为会重复出现；如果某种行为受到批评、否定甚至惩罚（负强化），相同的行为重复出现的可能性就会很小；如果某种行为既得不到肯定和奖励，也没受到批评和惩罚，而是完全被忽视（零强化），则激情会消退，动力也会消失。

2. 归因理论

归因理论最早是由海德提出的，它是指人们通过对行为的因果推论来改变自我感觉、自我认知，并改变自己的行为。对于成功和失败的行为，人们通常都会分析成功和失败的原因。一般来说，人们将成功或失败归结为以下四种原因：个人的努力程度、个人能力的大小、工作任务本身的难易程度、个人运气与机会的好坏程度。不同的归因对主体的自我效能感和对后续行为的影响是非常大的。如果归因于个人的努力程度，努力会得到继续（成功）或加强（失败）；如果归因于个人能力的大小，自信心会增强（成功）或丧失（失败），但也可能会加强学习，提高自己的能力；如果归因于工作任务本身的难易程度或运气与机会，成功了成功感不强，失败了推卸责任，因为非自己所能掌控，所以对个人努力程度的影响不会太大，但有时会影响自信心。

（三）过程型激励理论

过程型激励理论注重动机与行为之间的心理过程。包括弗洛姆的期望理论和亚当斯的公平理论。

1. 期望理论

期望理论通过考察人们的努力行为与其所获得的最终奖酬之间的因果关系，来说明激励的过程。这一理论认为，当人们有需要，又有达到目标的可能，其积极性才高。人们对工作积极性的高低，取决于他对这种工作能满足其需要的程度及实现可能性大小的评价。

必须把握如下三种关系：其一，努力与绩效的关系；其二，绩效与奖赏的关系；其三，奖赏与满足个人需要的关系。

只有当人们预期到某种行为能给个人带来有吸引力的结果时，个体才会采取这一特定的行为。有效激励必须处理好这三者之间的关系。首先是努力与绩效之间的关系，人只有预期努力能够取得相应的绩效才会去做出努力，如果在努力与绩效之间根本没有联系，即使付出了努力也不可能取得预期的绩效，人们就会失去信心、缺乏动力，甚至会自暴自弃。同时努力与绩效之间还有一个匹配的问题，花费很大的努力只能取得很低的绩效时，或者取得绩效的难度太大，个体预期超出个人的承受力，也不可能有激励力；但是如果太容易，根本不需要做太多的努力就可以达到，缺乏挑战性，不能给主体带来成就感，绩效本身也就没有了吸引力。其次是绩效与奖赏之间的关系，人的行动是有目的的，对目的的满足实际上就是对努力的奖赏，也是对个人价值的肯定和认可。行动之前对奖赏的预期是行动的重要动因和动力，行动之后奖赏的兑现可以使主体体验到成功的喜悦和被认可的满足。最后是奖赏与个人目标之间的关系，奖赏应该是个体所期待的或对个体有吸引力的，或者说奖赏应该与个人的目标一致或相关。

2. 公平理论

公平理论认为：报酬对积极性的影响不仅来自绝对报酬（即实际收入），还来自相对报酬（即与他人或自己以往相比较的相对收入）。人们总是自觉不自觉地拿自己与他人进行比较，判断自己的付出和所得与他人的付出和所得，衡量自己是否得到了公平的待遇；人们还会经常以自己目前的付出和所得与自己过去的付出和所得进行比较，判断自己的状况是得到不断改善还是今不如昔。这种比较的结果对人的态度和行为的影响是非常大的。如果感觉得到合理和公平的待遇，就会心理平衡、心情舒畅、工作热情高涨；否则会导致心理失衡，轻则发牢骚、消极怠工或减少投入，重则泄怨气、中伤他人或恶意破坏，有的则是自暴自弃或以阿Q精神安慰。

四、人力资本理论

（一）人力资本配置论

人力资本形成之后，它作为一种生产要素，就存在"配置"问题。配置是指一个经济社会或经济主体在既定的经济体制下，对所拥有的资源（或要素）在产出过程中进行的合理分配或安排。人力资本的配置包括部门（或产业）配置、区域配置和技术配置等内容。假定人力资本的形成是均衡的，并处于完全竞争市场之中，则人力资本的供需双方能自由选择、人力资本会自由流动，直至经济达到均衡状态，即前两种配置可在市场中自然完成。至于人力资本的技术配置，是指按照生产（或劳务）的性质和配比的物质资本的技术特征来分配人力资本，简单地说，就是"人尽其才"。可见，这种配置可转换为人力资本与物质资本的配比—契约均衡。人力资本配置的目的是其效用最大化，即人力资本效率。无论物质资本配置还是人力资本配置，说明其是否最优的一个通用理论仍是新古典经济学的资源配置理论。

然而，人力资本的最显著特点，是不能把人和他所拥有的知识、技术、健康、价值观等相分离，人体是人力资本的自然载体，一切智慧和才能都依附于活生生的人而存在；加之人们不能直接量化一个人所拥有的人力资本数量和质量，因而它难以被测量。由于人力资本相对物质资本的这种非独立性和价值难测性等特征，单纯用一般均衡理论解释人力资本的配置，就显得单薄和不彻底。现代信息理论、委托—代理理论、约束和激励机制设计理论等则成为解释它的有力工具。

用信息理论可以度量人力资本的"知识和能力"，从而使"人尽其才"，即人力资本的信号传递问题。人力资本配置信号传递的早期模型是斯宾塞建立的。在其模型中，劳动力市场中存在着雇员能力的信息不对称，即雇主不知道雇员的真实能力，雇员自己知道。雇主只有通过信号传递机制才能大致了解雇员的知识和能力。在该模型中他证明了雇员的受教育程度可以一个信号向雇主传递雇员的知识和能力水平，从而实现了分离均衡。在这种情况下，选择低教育程度的雇员的能力低，其得到的也是较低的工资；选择高教育程度的雇员的能力高，其获得的则是高工资。该模型的现实意义是：指出教育（如文凭等）可用来传递人力资本存量多寡的信号，从而使它作为人力资本配置的基础依据。

由于知识、潜在能力与实际能力不等价，需要转化，并且这种"转化"又有程度的高低之分，而教育信号只能大致反映前者，因此需要另一种信号来揭示后者。

人力资本配置，实质上是两个所有者之间的契约关系，即现代经济学中的委托人和代理人的关系。其核心内容是委托人在与代理人订立合约时，选择哪些"条款"（信号）才能获得代理人的主要信息（如道德水准、潜在能力等私人信息）；签订合约后，用什么样的约束、激励机制将代理人的行为诱导到委托人希望的轨道：努力工作，从而解决"如何使位置上的人不偷懒"的问题。这又牵涉到劳动者的劳动努力程度、劳动行为和劳动质量等问题，最终归结为劳动绩效的高低问题。

（二）人力资本产权论

人力资本产权是人力资本理论的一个重要研究方向。界定人力资本产权，首先要清楚两个重要概念：产权及人力资本产权的含义。全面地看，产权的含义有五个层次。第一，产权是某个行为主体对某个经济物品、某种稀缺资源或某种可交易对象物的一种排他性权利，即财产权。第二，就某一种财产而言，产权不是单项权利，而是一组（束）权利，包括对财产的所有权、使用权、收益权及处置权等。第三，产权是有主体的，而且有相应的权能及利益，可称为利益主体。对财产的各项权利和职能都是通过利益主体来实现的。产权的利益主体既包括产权的归属主体，也包括产权的各种权利在分解条件下的承担者。产权主体不是单一的，而是多元的。第四，产权是有限的，即产权的外部影响使得产权必须有一个界限。第五，产权是被法律认可的行为关系，即产权主体要通过行使财产权利和职能的行为来实现自身的权力和利益。这种行为既体现产权主体的意志和相应的行为能力，同时也是产权主体获得利益的根据和保障。

人力资本就其本质而言是体现在劳动者身上的智力、知识、经验、技能和健康状况等。如果说劳动者本身是有形资源，那么体现在劳动者身上的智力、知识、经验、技能和健康状况等就是无形资源。因此，可对人力资本产权做如下定义：人力资本产权是指对劳动者在社会化大生产中所体现出的无形资源的所有、使用、收益及处置等权利。

与物质资本产权一样，人力资本产权也是一组权利，包括对人力资本的所有权、使用权、收益权及处置权等。但人力资本和物质资本之间的不同特点，决定了人力资本产权也具有一定的特征：

第一，人力资本产权所涵盖的所有权，只能作用于依附在劳动者身上的无形资源，而不能作用于劳动者本人；对人力资本的处置权，也是对这些无形资源的处置权，而不是对劳动者即人力资本承载者本人的处置权。

第二，人力资本产权主体是多元的，而人力资本承载者本人是人力资本必然的所有者之一。这是由人力资本投资主体多元化以及人力资本承载者是人力资本"天然"投资者所决定的。

第三，并非所有的人力资本投资者都追求对人力资本的产权，如社会或政府对人力资本进行的投资更注重人力资本的社会效益和整体经济效益，着眼于全民素质的提高，属于福利性质的投资；而家庭对于人力资本进行的投资，其"应获"产权自然转移给人力资本承载者本人，至于人力资本承载者对其家庭的贡献则属于道德及相关法律规定的范畴。目前，人力资本产权界定的矛盾主要集中在人力资本承载者与从事功利性质投资的人力资本所有者之间。所谓对人力资本进行功利性质的投资，是指以直接获取经济效益或社会效益为目的的投资，其投资者包括个人、企业和其他社会团体。

第四，人力资本产权的任何主体所拥有的人力资本产权呈现非完整性，换言之，人力资本产权的任何主体不能拥有完整的人力资本产权。对于非人力资本承载者本人的其他产权主体来说，不可能占有人力资本的智力、健康状况等。对人力资本的使用权还需要人力资本承载者的积极配合，否则其所有权的实现将遇到极大的障碍。对于人力资本承载者本人来说，虽然是人力资本的必然所有者，但其对人力资本的收益权、使用权、处置权必然要受到相关产权主体的制约，譬如使用权，人力资本承载者未经相关产权主体的许可，利用自己的知识、经验、技能为其他主体及自己谋取利益，则要遭受相关产权主体的抵制，甚至惩罚。

第五，人力资本承载者的意志和行为对人力资本产权的实现及效能发挥着决定性作用。人力资本效能的发挥受人力资本承载者本人的主观能动性及积极性的影响，没有人力资本承载者意志和行为的支撑，人力资本的效能无从发挥，任何人力资本产权也就失去了意义。

第六，人力资本产权不可继承性。人力资本任何产权包括所有权、使用权、收益权及处置权将随着人力资本承载者劳动能力的丧失、退休及死亡而失去意义或灭失。

第二章 养老保险制度

第一节 养老保险理论基础与制度

一、养老保险理论基础

自古以来，"老有所养"既是每一个人在瞻望自己未来时的一种美好期盼，也是整个人类社会的一种美好理想。在传统的农业社会时代，养老都是在家庭成员内部进行的。只有进入工业社会后，由于生产方式和生活方式的社会化，使得养老问题由家庭内部问题日益演变为社会问题，社会化的养老制度则成为化解这一社会问题的当然选择；而随着人口老龄化进程的加快和家庭养老保障功能的持续弱化，"老有所养"才从一种美好的社会理想转化为"养老保险"这样一种普遍化的社会制度安排。

（一）养老保险的内涵和特征

养老保险虽然是世界各国广泛建立的一种社会保险制度，但由于各国养老保险政策及实践内容的不同，对养老保险内涵的界定也不尽相同。一般而言，养老保险又称养老社会保险、老年保险或年金保险，指国家通过立法强制建立养老基金，参保人在达到法定退休年龄或因年老丧失劳动能力后，从中领取养老金以保障自己基本生活的一种社会保险制度。养老保险作为社会保险的主要项目，对于仍处于劳动岗位的劳动者能让他们消除后顾之忧，对于已经退休的劳动者则可以保障其基本生活。所以，养老保险既具有社会保险的一般特征，也具有明显的个性特征，这些个性特征主要表现如下。

1. 需求普遍

年老是一种相对可预测的人生风险，也是每个人都会遇到的人生风险。虽然不同的人由于能力、经历和家庭条件不同，对年老收入锐减、身体衰弱的承受能力不同，但随着家庭规模的缩小、保障功能的弱化，任何人都不能保证自己老年没有风险。因此，随着人口老龄化进程的加快，养老保险成为社会成员最普遍的需求。

2. 地位特殊

年老风险的普遍性决定了这种风险影响的广泛性，也决定了这种风险应该得到普遍重视，在人均寿命不断延长的情况下尤其如此。同时，养老保险关系一般从劳动者走向工作岗位开始建立，而后伴随着每个劳动者的一生。劳动者从事劳动期间一般要履行法定的缴费义务，劳动者退休后则可以依法享有领取养老金的权利。这就决定了养老保险是最重要的社会保险项目，并在各国社会保险体系中占有举足轻重的地位。目前，世界各国养老保险的支出规模均占其社会保险支出规模的一半以上，从一个侧面印证了养老保险在社会保险体系中的特殊地位。

3. 长期积累

养老保险通常都是劳动者在劳动期间参加，达到退休年龄退出劳动岗位后领取养老金，直至退休者死亡为止，有的养老保险还惠及劳动者供养的家属，其领取时间更长。这样养老保险就具有缴费及领取养老金时间长的特性（一般为十几年或几十年不等），这种长期积累性是养老保险的固有特性。

4. 管理复杂

养老保险管理的复杂性，不仅在于长期积累带来了制度设计与管理的难度，而且由于基金规模庞大，基金保值增值的压力繁重。因此，需要有专门的机构和人员来进行基金运营。此外，完整的养老保险制度不仅包括保障个人基本生活的基本养老保险，还包括保障个人较高生活水平的补充养老保险及商业养老保险，这也进一步增强了养老保险管理的复杂性。

（二）养老保险的基本模式

现代社会保险制度至今已有一百多年的历史，由于养老风险的普遍性、复杂性以及各国国情的差异性都决定了养老保险模式的多样性。但这并不影响我们按照一定的标准对养老保险的责任承担、财务管理和待遇给付等模式进行归类。

1. 养老保险的责任承担模式

根据养老保险的责任承担机制，养老保险可以划分为政府责任型、责任共担型、个人承担型和混合责任型等四种模式。

（1）政府责任模式

在这种模式下，雇主与个人承担社会保险的纳税义务，政府通过预算来为国民提供年金或养老金，并对养老保险实行直接管理和严格监督。这种模式属于普遍性的制度安排，有利于实现养老保险待遇的普遍性与公平性，但可能随着人口老龄化加剧带来财政负担。福利国家多实行国民年金保险制度，属于这种模式；部分国家对基础养老保险实行这种模式；曾实行于社会主义国家的国家保险制度也可纳入这种模式。

（2）责任共担模式

在这种模式下，基于责任共担原则，由政府、雇主、劳动者个人等多方共同分担养老保险责任，体现了社会互济性及劳动者权利与义务的统一，有利于风险分散、财务稳定和制度的持续发展。这种模式属于选择性制度安排，主要适用于工资劳动者，难以覆盖全民。这是养老保险发展的主流模式，实践中既有政府、雇主和个人三方共担型，也有雇主与个人双方分担型。

（3）个人责任模式

在这种责任模式下，政府与雇主均不承担缴费义务，完全由劳动者个人缴费，强调自我负责，能够提高储蓄率刺激经济发展，但缺乏互助共济和风险分散功能，难以体现公平性。智利自20世纪80年代后推行的养老金私营化改革是典型代表。

（4）混合责任模式

在这种模式下，政府负责基础养老保险，同时建立责任共担及个人负责的多层次养老保险体系。这种模式有利于吸收各种责任承担模式的优点，避免其不足。中国进行的养老保险制度改革体现了这种特性，这也是目前世界多数国家养老保险制度改革的基本方向。

2. 养老保险的财务管理模式

养老保险是社会保险体系中最大的开支项目，养老保险制度的财政状况是否良好，很大程度上决定了整个社会保险体系的财政状况是否良好。因此，世界各国对养老保险的财务管理模式都给予高度重视。概括起来，养老保险的财务管理模式一般包括资金筹集、费用缴纳、基金运营三个方面，见表2-1。

表 2-1   养老保险财务管理模式比较表

筹资模式	缴费模式	基金运营	主要特征
现收现付式（亦称非基金式、纳税式、统筹分摊式）	待遇确定模式 Defined Benefit	社会统筹模式	优点：（1）以支定收，体现养老负担的代际转移；（2）高度社会化，最大限度发挥社会保险的互助共济和风险分散功能；（3）维持短期内的横向收支平衡，一般没有或很少有结余 缺点：养老保险费（税）率波动较大，不能准确体现劳动者的权利义务关系，难以应对人口老龄化危机
完全积累式（亦称基金式、总平均保险费式、预提分摊式）	缴费确定模式 Defined Contribution	个人账户模式	优点：（1）以收定支，体现劳动者权利义务的统一；（2）综合考虑社会经济因素，确定费率标准；（3）维持长期内的纵向收支平衡，费率稳定，能够积累起养老保险基金，预防人口老龄化的冲击 缺点：（1）固定的费率难以适应经济的发展变化；（2）基金贬值风险与增值压力同时并存；（3）无积累的国家采用这种模式会造成巨大的转制成本
部分积累式（亦称部分基金式、混合式、阶梯式）	现收现付模式和完全积累模式的整合	社会统筹与个人账户结合式	优点：（1）分阶段以收定支，略有结余，费率具有弹性；（2）社会统筹部分现收现付与个人账户部分完全积累同时并存；（3）既满足一定时期内的养老基金支出，又有一定的资金积累，基金保值增值压力不太大 缺点：运行时间不长，效果有待检验，机制有待完善

3. 养老保险的待遇给付模式

按照养老金的给付标准是否与享有者工作期间的收入水平有关，可将养老保险分为普遍保险模式与收入关联模式。普遍保险模式对所有老年居民都提供统一均等的养老保险金，养老金标准的高低与老年人是否为工资劳动者、退休前工资高低、职业是否稳定等几乎没有关系，但与领取养老金时的平均消费水平有关。这种模式存在的基石是政府财政的有力支持，保障程度一般限于基本生活水平。收入关联模式主要保障工资劳动者，养老保险的缴费额度与给付标准都与劳动者退休前的工资水平呈正相关。这种模式下养老保险费的缴纳一般采用责任共担的模式。

（三）养老保险的主要内容

养老保险制度主要内容包括制度的覆盖范围、享受条件与待遇水平，养老保险的基金来源、筹集和运营，养老保险的监管机制等方面。

1. 养老保险的覆盖范围、享受条件与待遇水平

养老保险的覆盖范围是指法定的适用对象和适用人群。虽然养老保险是针对工资劳动者的一项社会制度，但在有的国家其覆盖范围已扩展为全体国民，如英国、瑞典等福利国家；而大多数国家养老保险的覆盖范围还限于工资劳动者，如德国、美国等。一般而言，养老保险覆盖范围的大小直接与各国的经济发展水平相关，同时该国的人口类型、人口政策、职业结构、历史文化传统等因素也影响着其覆盖水平。

养老保险的享受条件是指法定的享受养老保险金必须满足的资格条件。其中年龄条件，即达到法定的退休年龄是核心条件之一。

养老保险的待遇水平受一个国家或地区的经济社会发展水平限制，也取决于该国或地区最低生活费用和工作年限等具体因素。国际各国确定养老保险金待遇水平的方式大致可以归纳为两大类：一是收入所得基准，强调工龄或服务期限的长短、缴费工资的多少，强调被保险人对社会的贡献，养老保险金所得以过去的工资水平为基础，实际上是退休者在职时工资的延长；二是生活费用基准，是衡量养老金水平的主要标志。总体而言，各国的基本养老保险均是保障劳动者老年期间的基本生活水平。

2. 养老保险的基金来源、筹集与运营

基金来源就是养老金的费用分担问题，这是养老保险制度建立和发展的基础。从世界各国养老保险的制度安排来看，费用分担的方式不外乎四种：一是由雇主、雇员和国家三方共担；二是由雇主和雇员双方分担；三是由雇主和国家分担；四是完全由雇员个人承担。总体来说，第一种方式资金来源渠道多，保险系数大，因此为多数国家普遍采用。但即便采用同一分担方式的国家，费用分担的具体比例也会因国情不同而有相当的差异。

基金筹集，如前所述主要有现收现付、完全积累和部分积累三种方式。各国的选择通常与本国的具体国情相关。从欧洲各国的实践来看，一般都起始于完全积累式，但随着时代的变迁逐渐向现收现付式演变，后又因人口老龄化与养老金支付的压力，开始采取部分积累式。由于在人口老龄化冲击下，现收现付式的养老保险模式面临严峻的挑战，从而在全球范围内掀起养老保险制度改革，改革的大方向是建立积累式的养老保险基金。在基金制的条件下，规模庞大的养老保险基金保值增值的压力沉重，养老保险基金的安全有效运营日益成为养老保险制度健康运行的必要条件。

在养老保险基金管理方面，有些国家由各种独立性机构或基金会负责，管理机构通常由被保险人、雇主和政府三方组成的理事会领导，有些国家的养老保险业务则由政府一个部门直接管理。如法国的管理机构为全国养老金保险基金会，由法国卫生和社会保障部监管；德国的管理机构为联邦薪金雇员保险局，由德国联邦劳动和社会事务部监管。

在强制性完全积累式养老保险模式下，养老保险基金的投资运营主要有三种方式：一是由投资公司分散管理，如智利；二是由公共机构集中管理和投资，如新加坡和马来西亚；三是强制性职业养老金，通常要求建立缴费确定型个人积累账户，如澳大利亚和瑞士。在现收现付式的养老保险模式下，养老保险基金的投资运营主要采取社会保障信托基金的方式。

3. 养老保险的监管机制

监管机制对于养老保险制度的健康运行至关重要。从世界各国的实践情况来看，养老保险的监管方式主要有三种：

（1）政府部门直接管理

这种方式又可细分为两种：一是集权式，如英国、日本，相对来说更强调集权化，管理统一化程度较高；二是分权式，如加拿大、美国和瑞士，地方机构在管理中起着重要作用。

（2）政府监督下的自治机构管理

如新加坡的中央公积金局、德国的各保险协会、瑞典的就业委员会等管理养老保险，政府部门则承担主要的监督责任。

（3）政府监督下的私营基金公司管理

如智利就是由个人年金基金管理公司管理个人资本化账户，政府责任是从保护雇员利益出发进行审慎监管，并在必要时对受益人提供最低养老金担保。

（四）养老保险制度的建立与改革

我国基本养老保险体系主要由职工基本养老保险制度、公务员（含参照公务员法管理的工作人员）养老保险制度、新型农村社会养老保险制度、城镇居民社会养老保险制度组成，随着四项制度的逐步建立和不断完善，最终将形成全面覆盖所有国民的基本养老保险制度体系。

1. 城乡居民养老保险制度的整合

在全国范围内启动建立个人缴费、政府补贴相结合的城镇居民养老保险制度的试点，试点工作按照"保基本、广覆盖、有弹性、可持续"的基本原则，实行社会统筹和个人账户相结合，与家庭养老、社会救助、社会福利等其他社会保障政策相配套，基本目标是保障城镇居民老年基本生活。国务院于 21 世纪 10 年代发布《关于建立统一的城乡居民基本养老保险制度的意见》，决定在总结新型农村社会养老保险（简称新农保）和城镇居民社会养老保险（简称城居保）试点经验的基础上，国务院决定，将新农保和城居保两项制度合并实施，在全国范围内建立统一的城乡居民基本养老保险制度。

2. 职工与居民养老保险制度的衔接

参加职保缴费年限满 15 年（含依据有关规定延长缴费年限）的，可以申请从新农保或城居保转入职保；职保缴费年限不足 15 年的，可以申请从职保转入新农保或城居保。

3. 机关事业单位养老保险制度并轨改革

明确机关事业单位养老保险制度并轨改革的基本思路是"一个统一、五个同步"："一个统一"是指党政机关、事业单位建立与企业相同基本养老保险制度，实行单位和个人缴费，改革退休费计发办法，从制度和机制上化解"双轨制"矛盾；"五个同步"是指机关与事业单位同步改革、职业年金与基本养老保险制度同步建立、养老保险制度改革与完善工资制度同步推进、待遇调整机制与计发办法同步改革、改革在全国范围同步实施。

（五）养老保险制度的改革与探索

1. 城镇职工养老保险制度的改革与转型

中国养老保险制度的改革开始于 20 世纪 80 年代。在 20 世纪 80 年代，中国养老保险领域发生的影响全国的重大变革实际上主要有两次：一是 20 世纪 80 年代初原劳动部提出了全民所有制单位养老保险费用实行社会统筹的试点，统筹范围从县、市开始逐步扩大到省、自治区和直辖市；二是 20 世纪 80 年代中期国务院发布《国营企业实行劳动合同制暂行规定》，规定劳动合同制工人实行养老保险制度，退休养老基金的来源由企业和劳动合同制个人缴纳，企业缴费为合同制工人工资总额的 15% 左右，合同制工人缴费为不超过本人标准工资的 3%，由此首开劳动者个人缴纳养老保险费之先例。

国务院于 21 世纪初颁布了《关于完善企业职工基本养老保险制度的决定》，对"已近定型"的企业职工基本养老保险制度做了进一步完善。

首先，扩大基本养老保险覆盖范围，统一城镇个体工商户和灵活就业人员参保缴费政策，规定城镇各类企业职工、个体工商户和灵活就业人员都要参加企业职工基本养老保险，其缴费基数为当地上年度在岗职工平均工资，缴费比例为 20%，其中 8% 计入个人账户，退休后按企业职工基本养老金计发办法发放基本养老金。

其次，缩小个人账户规模，逐步做实个人账户，规定从 21 世纪中期起，个人账户的规模统一由本人缴费工资的 11% 调整为 8%，全部由个人缴费形成，单位缴费不再划入个人账户。

再次，改革基本养老金计发办法，规定新的基本养老金计发办法为：退休时的基础养老金月标准以当地上年度在岗职工月平均工资和本人指数化月平均缴费工资的平均值为基数，缴费每满 1 年发给 1%；个人账户养老金月标准为个人账户储存额除以计发月数，计发月数根据职工退休时城镇人口平均预期寿命、本人退休年龄、利息等因素确定。按照这种办法，参保人员缴费每多 1 年，养老金就增发 1 个百分点，上不封顶，有利于形成"多工作、多缴费、多得养老金"的激励约束机制，这样也更符合退休人员平均余命的实际情况。

最后，建立基本养老金的正常调整机制，要求根据职工工资和物价变动等情况，国务院适时调整企业退休人员基本养老金水平，调整幅度为省、自治区、直辖市当地企业在岗职工平均工资年增长率的一定比例，各地根据本地实际情况提出具体调整方案，从而确保了参保人员退休后能够分享经济社会发展的成果。

统一企业职工基本养老保险制度是中国城镇职工养老保险制度改革过程中至关重要的一步。首先，这次改革在制度设计上广泛吸收、综合借鉴了各地具体实施办法的优点和长处，有利于当时各地实行的各种实施办法与统一制度的衔接和并轨。其次，这次改革在多年艰苦探索和实践的基础上为新老制度的转型并轨做出了制度上的安排，即：老人（新制度实施前已退休的人员）实行老制度；新人（新制度实施后参加工作的人员）完全实施新制度；而对于中人（新制度实施前参加工作的在职人员），则在计发基础养老金和个人账户养老金的基础上，增加一项过渡性养老金，作为新老制度转轨的过渡安排。

2. 机关事业单位养老保险制度的改革与探索

新中国成立后，国家逐步建立了机关、事业单位工作人员的退休养老制度，以后随着国民经济发展和实际工作需要，对这一制度进行了不断完善。

第二节　职工基本养老保险

《中华人民共和国社会保险法》虽然已将基本养老保险覆盖到全体国民，但职业性养老保险，即与劳动关系相关联的职工养老保险，仍然是中国基本养老保险制度体系的主体内容。根据《中华人民共和国社会保险法》的规定，职工应当参加基本养老保险，无雇工的个体工商户、未在用人单位参加基本养老保险的非全日制从业人员以及其他灵活就业人员可以参加基本养老保险。因此，职工基本养老保险的覆盖对象主要包括职工和灵活就业人员两个方面。职工与用人单位之间存在比较规范和稳定的劳动关系，所以参加基本养老保险是强制性的要求，而灵活就业人员的劳动关系通常都是不规范和不稳定的，所以参加基本养老保险是选择性的安排。

一、制度模式与基金筹集

《中华人民共和国社会保险法》明确规定：基本养老保险实行社会统筹与个人账户相结合；基本养老保险基金由用人单位和个人缴费以及政府补贴等组成。因此，我国职工基本养老保险的基本模式被称为"统账结合"模式，即分别设立社会统筹基金和个人账户基金。根据现行政策，我国基本养老保险筹资方式采取征费制，基本养老保险资金主要来源于企业缴费与劳动者个人缴费，企业缴费全部计入社会统筹账户，个人缴费全部计入个人账户。

所谓"统筹基金"，就是在一定的范围内，统一筹划社会保险基金的征缴、管理和使用；每个统筹区各自负责本区域社会保险基金的平衡，结余主要归本统筹区支配和使用，缺口一般都需要本级政府和本级财政填补。基本养老保险统筹基金是指由养老保险管理机构在一定范围内统一征集、统一管理、统一调剂使用的养老保险基金。《中华人民共和国社会保险法》规定：基本养老保险基金逐步实行全国统筹，其他社会保险基金逐步实行省级统筹，具体时间、步骤由国务院规定。依据《中华人民共和国社会保险法》的规定及现行的养老保险政策，我国基本养老保险统筹基金主要来自于四个部分：一是用人单位为其职工缴纳的全部基本养老保险费（以下简称单位缴费）；二是城镇个体工商户等灵活就业人员缴费的一部分；三是政府公共财政补贴；四是结余资金产生的利息或运营收益。

（一）单位缴费

《中华人民共和国社会保险法》规定：用人单位应当按照国家规定的本单位职工工资总额的比例缴纳基本养老保险费，计入基本养老保险统筹基金。按照我国现行政策，企业缴费的比例一般不得超过企业工资总额的20%，具体比例由省、自治区、直辖市政府确定，少数省、自治区、直辖市离退休人数较多、养老保险负担过重，确需超过企业工资总额20%的，需要报人力资源和社会保障部、财政部审批。企业缴费全部计入社会统筹基金。

（二）城镇个体工商户等灵活就业人员缴费的一部分

《中华人民共和国社会保险法》规定：无雇工的个体工商户、未在用人单位参加基本养老保险的非全日制从业人员以及其他灵活就业人员参加基本养老保险的，应当按照国家规定缴纳基本养老保险费，分别记入基本养老保险统筹基金和个人账户。按照我国现行政策，我国城镇个体工商户和灵活就业人员缴费基数为当地上年度在岗职工平均工资，缴费比例为20%，其中8%计入个人账户，其余部分计入社会统筹账户。

（三）政府公共财政补贴

《中华人民共和国社会保险法》规定：国有企业、事业单位职工参加基本养老保险前，视同缴费年限期间应当缴纳的基本养老保险费由政府承担；基本养老保险基金出现支付不足时，政府给予补贴。因此，我国政府公共财政对于职工基本养老保险基金的补贴主要存在两种情况：一是国有企业、事业单位职工参加基本养老保险前"视同缴费年限"期间（视同缴费年限是我国城镇职工基本养老保险制度改革中出现的一个专业术语，指职工全部工作年限中，其实际缴费年限之前的按国家规定计算的连续工龄。这一术语适用于基本养老保险制度实施前参加工作、实施后退休的人员）的基本养老保险费；二是基本养老保险基金支付不足时的政府补贴。

二、个人账户管理

个人账户既是职工参加基本养老保险及其缴费情况的记录凭证，也是职工在符合国家规定的退休条件并办理了退休手续后领取基本养老金的主要依据。已经参加基本养老保险的职工每人都拥有一个终身不变的个人账户。个人账户内容包括两个方面：一是个人账户基本信息，包括姓名、性别、出生年月、社会保障号码、参加工作时间、社会保险编号、建户人、建户时间、工作单位变更情况、社会保险关系变更情况；二是个人缴费记录信息，包括首次缴费时间、缴费年限与视同缴费年限、个人缴费工资基数、当年缴费月数、当年记账利息、个人账户累计储存额等。

（一）个人账户的建立

个人账户的建立由职工劳动关系所在单位到当地社会保险经办机构办理，该单位应按照各级社会保险经办机构的要求建立、健全参保职工的基础资料，到当地社会保险经办机构办理基本养老保险参保手续，并按要求填报《参加基本养老保险单位登记表》《参加基本养老保险人员缴费情况表》和《参加基本养老保险人员变化情况表》；由工资发放单位向社会保险经办机构提供个人工资收入等基础数据。社会保险经办机构根据单位申报情况将数据输入计算机管理，同时相应建立参保单位缴费台账、职工基本养老保险个人账户，并根据《参加基本养老保险人员变化情况表》，相应核定调整单位和职工个人缴费工资基数。个人账户建立时间从各地按社会统筹与个人账户相结合的原则，建立个人账户时开始；之后新参加工作的人员，从参加工作当月起建立个人账户。用人单位应从招工之月起，为职工缴纳基本养老保险费（试用期也应缴纳），建立基本养老保险个人账户，直到解除或终止劳动合同。用人单位未按规定与职工签订劳动合同的，只要存在事实劳动关系，也同样应为职工建立基本养老保险个人账户。

（二）个人账户的记账

《中华人民共和国社会保险法》规定：职工应当按照国家规定的本人工资的比例缴纳基本养老保险费，计入个人账户；无雇工的个体工商户、未在用人单位参加基本养老保险的非全日制从业人员以及其他灵活就业人员参加基本养老保险的，应当按照国家规定缴纳基本养老保险费，分别计入基本养老保险统筹基金和个人账户。由此可见，个人账户的记账包括两种情况：一是有用人单位的职工，个人缴费全部计入个人账户；二是无雇工的个体工商户、未在用人单位参加基本养老保险的非全日制从业人员以及其他灵活就业人员的缴费的一部分计入个人账户。

（三）个人账户的支取

个人账户主要用于向符合享受基本养老金条件的参保人支付个人账户养老金，所以《中华人民共和国社会保险法》明确规定"个人账户不得提前支取"。职工基本养老保险个人账户不得提前支取；个人在达到法定的领取基本养老金条件前离境定居的，其个人账户予以保留，达到法定领取条件时，按照国家规定享受相应的养老保险待遇，其中丧失中华人民共和国国籍的，可以在其离境时或者离境后书面申请终止职工基本养老保险关系，社会保险经办机构收到申请后，应当书面告知其保留个人账户的权利以及终止职工基本养老保险关系的后果，经本人书面确认后，终止其职工基本养老保险关系，并将个人账户储存额一次性支付给本人。

（四）个人账户的继承

职工基本养老保险个人账户具有强制储蓄性质，是属于个人所有的。《中华人民共和国社会保险法》明确规定：个人死亡的，个人账户余额可以继承。人力资源和社会保障部规定：参加职工基本养老保险的个人死亡后，其个人账户中的余额可以全部依法继承。因此，职工在职期间死亡、在离退休前死亡或者在离退休后死亡，其基本养老保险个人账户储存额尚未领取或未领取完时可以继承，继承额为其死亡时个人账户中的全部储存额。继承额一次性支付给死亡者生前指定的受益人或法定继承人。个人账户的其余部分，并入社会统筹基金。个人账户处理完后，应停止缴费或支付记录，予以封存。具体的继承顺序，依照《中华人民共和国继承法》的相关规定执行。如确实没有合法继承者，基本养老保险个人账户的余额部分并入基本养老保险社会统筹基金中使用。

三、养老保险待遇给付

根据《中华人民共和国社会保险法》的规定，我国职工基本养老保险待遇主要包括三大部分。所需资金均从基本养老保险基金中支付：基本养老金。丧葬补助金和遗属抚恤金：参加基本养老保险的个人因病或者非因工死亡的，其遗属可以领取丧葬补助金和抚恤金。由于失业保险、工伤保险都有关于丧葬补助金的规定，故《中华人民共和国社会保险法》规定：个人死亡同时符合领取基本养老保险丧葬补助金、工伤保险丧葬补助金和失业保险丧葬补助金条件的，其遗属只能选择领取其中的一项。病残津贴：在未达到法定退休年龄时因病或者非因工致残完全丧失劳动能力的，可以领取病残津贴。其中，基本养老金是最主要的养老保险待遇项目，下面详细介绍一下基本养老金的待遇给付问题。

（一）基本养老金的享受条件

《中华人民共和国社会保险法》规定：参加基本养老保险的个人，达到法定退休年龄时累计缴费满15年的，按月领取基本养老金。因此，享受基本养老金待遇的条件主要有两个：一是达到法定退休年龄；二是累计缴费满15年。

1. 法定退休年龄

我国现阶段关于国家机关、事业单位和企业工作人员正常退休的年龄条件，根据规定：男工人和干部年满60周岁，女工人年满50周岁、干部满55周岁，连续工龄满10年者，可以享受退休待遇。可见，我国目前法定的正常退休年龄为男满60周岁，女工人满50周岁、女干部满55周岁。

2. 累计缴费满15年

《中华人民共和国社会保险法》同时规定：参加基本养老保险的个人，达到法定退休年龄时累计缴费不足15年的，可以缴费至满15年，按月领取基本养老金；也可以转入新型农村社会养老保险或者城镇居民社会养老保险，按照国务院规定享受相应的养老保险待遇。

（二）基本养老金的构成

根据《中华人民共和国社会保险法》的规定，基本养老金由统筹养老金和个人账户养老金组成，基本养老金的水平要根据个人累计缴费年限、缴费工资、当地职工平均工资、个人账户金额、城镇人口平均预期寿命等因素确定。同时，国家建立"基本养老金正常调整机制"，根据"职工平均工资增长、物价上涨情况"，适时提高基本养老保险待遇水平。

统筹养老金，亦称基础养老金，计算办法是"以当地上年度在岗职工月平均工资和本人指数化月平均缴费工资的平均值为基数，缴费每满 1 年发给 1%"；个人账户养老金的计发办法为"个人账户储存额除以计发月数"，计发月数根据"职工退休时城镇人口平均预期寿命、本人退休年龄、利息"等因素确定。

（三）基本养老待遇领取地的确定

第一，基本养老保险关系在户籍所在地的，由户籍所在地负责办理待遇领取手续，享受基本养老保险待遇。

第二，基本养老保险关系不在户籍所在地，而在其基本养老保险关系所在地累计缴费年限满 10 年的，在该地办理待遇领取手续，享受当地基本养老保险待遇。

第三，基本养老保险关系不在户籍所在地，且在其基本养老保险关系所在地累计缴费年限不满 10 年的，将其基本养老保险关系转回上一个缴费年限满 10 年的原参保地办理待遇领取手续，享受基本养老保险待遇。

第四，基本养老保险关系不在户籍所在地，且在每个参保地的累计缴费年限均不满 10 年的，将其基本养老保险关系及相应资金归集到户籍所在地，由户籍所在地按规定办理待遇领取手续，享受基本养老保险待遇。

四、职工基本养老保险关系的转续

首先，参保人员在新就业地按规定建立基本养老保险关系和缴费后，由用人单位或参保人员向新参保地社保经办机构提出基本养老保险关系转移接续的书面申请。其次，新参保地社保经办机构在 15 个工作日内，审核转移接续申请，对符合本办法规定条件的，向参保人员原基本养老保险关系所在地的社保经办机构发出同意接收函，并提供相关信息，对不符合转移接续条件的，向申请单位或参保人员作出书面说明。再次，原基本养老保险关系所在地社保经办机构在接到同意接收函的 15 个工作日内，办理好转移接续的各项手续。最后，新参保地社保经办机构在收到参保人员原基本养老保险关系所在地社保经办机构转移的基本养老保险关系和资金后，应在 15 个工作日内办结有关手续，并将确认情况及时通知用人单位或参保人员。

参保人员男性年满 50 周岁和女性年满 40 周岁，跨省级行政区流动就业的，应在原参保地继续保留基本养老保险关系，同时在新参保地建立临时基本养老保险缴费账户，记录单位和个人全部缴费。参保人员再次跨省流动就业或在新参保地达到待遇领取条件时，将临时基本养老保险缴费账户中的全部缴费本息，转移归集到原参保地或待遇领取地。但经县级以上党委组织部门、人力资源社会保障行政部门批准调动，且与调入单位建立劳动关系并缴纳基本养老保险费的，不受以上年龄规定限制，应在调入地及时办理基本养老保险关系转移接续手续。

农民工中断就业或返乡没有继续缴费的，由原参保地社保经办机构保留其基本养老保险关系，保存其全部参保缴费记录及个人账户，个人账户储存额继续按规定计息。农民工返回城镇就业并继续参保缴费的，无论其回到原参保地就业还是到其他城镇就业，均按前述规定累计计算其缴费年限，合并计算其个人账户储存额，符合待遇领取条件的，与城镇职工同样享受基本养老保险待遇；农民工不再返回城镇就业的，其在城镇参保缴费记录及个人账户全部有效，并根据农民工的实际情况，或在其达到规定领取条件时享受城镇职工基本养老保险待遇，或转入新型农村社会养老保险。

第三节　居民基本养老保险

21 世纪 10 年代，国务院发布《关于建立统一的城乡居民基本养老保险制度的意见》（以下简称《意见》），决定将新型农村社会养老保险和城镇居民社会养老保险两项制度合并实施，人力资源社会保障部发布《关于印发城乡居民基本养老保险经办规程的通知》，根据《城乡居民基本养老保险经办规程》（以下简称《经办规程》）的规定，城乡居民养老保险经办工作包括参保登记、保险费收缴、基金申请和划拨、个人账户管理、待遇支付、保险关系注销、保险关系转移接续、基金管理、档案管理、统计管理、待遇领取资格核对（即资格认证）、内控稽核、宣传咨询、举报受理等环节。

一、制度模式与基金管理

城乡居民基本养老保险实行社会统筹与个人账户相结合的制度模式，采用个人缴费、集体补助、政府补贴相结合的资金筹集渠道，建立基础养老金和个人账户养老金相结合的待遇支付机制。

（一）基金筹集

城乡居民养老保险基金由个人缴费、集体补助、政府补贴构成。

1. 个人缴费

参加城乡居民养老保险的人员应当按规定缴纳养老保险费。缴费标准目前设为每年100 元、200 元、300 元、400 元、500 元、600 元、700 元、800 元、900 元、1000 元、1500 元、2000 元 12 个档次。省（区、市）人民政府可以根据实际情况增设缴费档次，最高缴费档次标准原则上不超过当地灵活就业人员参加职工基本养老保险的年缴费额，并报人力资源社会保障部备案。人力资源社会保障部会同财政部依据城乡居民收入增长等情况适时调整缴费档次标准。参保人自主选择档次缴费，多缴多得。

2. 集体补助

有条件的村集体经济组织应当对参保人缴费给予补助，补助标准由村民委员会召开村民会议民主确定，鼓励有条件的社区将集体补助纳入社区公益事业资金筹集范围。鼓励其他社会经济组织、公益慈善组织、个人为参保人缴费提供资助。补助、资助金额不超过当地设定的最高缴费档次标准。

3. 政府补贴

政府对符合领取城乡居民养老保险待遇条件的参保人全额支付基础养老金，其中，中央财政对中西部地区按中央确定的基础养老金标准给予全额补助，对东部地区给予 50%的补助。地方人民政府应当对参保人缴费给予补贴：对选择最低档次标准缴费的，补贴标准不低于每人每年 30 元；对选择较高档次标准缴费的，适当增加补贴金额；对选择 500 元及以上档次标准缴费的，补贴标准不低于每人每年 60 元，具体标准和办法由省（区、市）人民政府确定。对重度残疾人等缴费困难群体，地方人民政府为其代缴部分或全部最低标准的养老保险费。

（二）保险费收缴

居民养老保险个人缴费实行银行预存代扣制，县社保机构委托合作金融机构办理养老保险费扣缴业务。城乡居民养老保险费实行按年度（自然年度）缴纳，县社保机构结合本地实际确定集中缴费期，根据参保人员选定的缴费档次进行保费收缴。对于在集中缴费期内未能完成缴费的参保人员，应指导其及时办理缴费手续。有条件的地区也可采取由参保人员到金融机构直接进行选档缴费、允许年内多次缴费等形式组织本地区的保费收缴工作。对于暂不具备通过金融机构进行养老保险费扣缴条件的地区，可暂由县社保机构、乡镇（街道）事务所会同金融机构进行收费，并为参保人员开具财政部门统一印制的社会保险费专用收据。采用人工收取保费方式的地区，乡镇（街道）事务所和村（居）协办员应按当地规定时限将保费存入收入户。

1. 缴费档次选择与金额预存

参保人员应自主选择缴费档次，确定缴费金额，于当地规定的缴费期内，将当年的养老保险费足额存入社会保障卡的银行账户或银行存折（卡）。参保人员若须调整缴费金额，应在进行当年缴费前办理缴费档次变更登记手续，当年未变更缴费档次的，按上年度选定的缴费档次进行扣款，当年已经完成缴费后变更的缴费档次将在下一年度扣款时生效。对于达到领取待遇年龄的参保人员，到龄当年可以缴纳本年度的养老保险费。

2. 缴费金额代扣

县社保机构通过城乡居民养老保险信息系统定期生成扣款明细信息，并将信息传递至金融机构。金融机构根据县社保机构提供的扣款明细信息从参保人员银行账户上足额划扣养老保险费（不足额不扣款）。金融机构在扣款后的 3 个工作日内将养老保险费转入收入户，并将扣款结果信息和资金到账凭证反馈至县社保机构。有条件的地区可实现金融机构与城乡居民养老保险信息系统接口实时传输扣款结果信息。

3. 扣款金额核对

县社保机构应根据金融机构反馈的扣款结果信息和资金到账凭证核对扣款明细信息与实际到账金额是否一致。核对无误后，将扣款金额计入个人账户。县社保机构应按月打印《城乡居民基本养老保险个人缴费收入汇总表》（两联），并与金融机构当月出具的所有个人缴费资金到账凭证进行核对，确保核对无误。

4. 未缴费提醒

县社保机构应及时提示乡镇（街道）事务所将未缴费人员名单反馈给村（居）协办员，村（居）协办员负责对参保人员进行缴费提醒。县社保机构每年年底前应通过信息系统生成下一年度到达待遇领取年龄人员名单。乡镇（街道）事务所和村（居）协办员应提前通知需要补缴的人员办理补缴手续。

5. 缴费补助或资助

村（社区）集体和其他社会经济组织、公益慈善组织、个人对参保人员缴费给予补助或资助的，应向乡镇（街道）事务所提交《城乡居民基本养老保险补助/资助申报表》（以下简称《补助申报表》）。乡镇（街道）事务所初审无误后，将《补助申报表》录入信息系统，并按规定时限将《补助申报表》上报县社保机构。县社保机构复核无误后，打印《城乡居民基本养老保险补助/资助缴费通知单》，通过乡镇（街道）事务所发放给村（社区）集体或相关组织（个人），通知其在规定时限内将补助或资助金额存入县社保机构在金融机构开设的收入户。金融机构在收到款项的 3 个工作日内，将资金到账凭证反馈至县社保机构。县社保机构收到到账凭证后，应及时将到账凭证与信息系统中的补助（资助）明细信息进行核对，核对无误后，对信息进行确认，将补助（资助）金额计入个人账户。

6. 保险费补缴

新型农村社会养老保险或城镇居民社会养老保险制度实施时，距领取年龄不足 15 年的参保人员，应按规定逐年缴费，并可补缴至满 15 年。对距领取年龄超过 15 年的参保人员，应按年缴费，累计缴费不少于 15 年。对于没有按规定逐年缴费的，可补缴中断年度的缴费部分，但不享受相应的缴费补贴。补缴养老保险费人员应及时到村（居）委会办理补缴手续，填写《补缴城乡居民基本养老保险费申请表》（以下简称《补缴表》），并将需补缴的保险费存入社会保障卡的银行账户或银行存折（卡）。村（居）协办员应在规定时限内将《补缴表》上报至乡镇（街道）事务所。乡镇（街道）事务所应对参保人员的补缴资格进行审核，审核无误后，将补缴信息录入信息系统，按规定时限将有关材料上报县社保机构。县社保机构复核无误后，通过信息系统生成补缴扣款明细清单，传递至金融机构。县社保机构核对无误后，为参保人员记录个人账户，并按月打印《城乡居民基本养老保险补缴汇总表》，与金融机构当月出具的所有补缴资金到账凭证进行核对，确保核对无误。

（三）基金管理

1. 基金专户

城乡居民养老保险基金收入户、支出户、财政专户应在县人力资源社会保障部门、财政部门共同认定的金融机构开设。收入户用于归集城乡居民养老保险基金，暂存该账户的利息收入及其他收入，除向财政专户划转基金外，不得发生其他支付业务，实行月末零余额管理。支出户用于支付和转出城乡居民养老保险基金，除接收财政专户拨入的基金及该账户的利息收入外，不得发生其他收入业务。支出户应预留 1 到 2 个月的周转资金，确保城乡居民养老保险待遇按时足额发放。

2. 基金预算与决算

每年四季度，社保机构应按基金管理层级编制下一年度城乡居民养老保险基金预算草案，该预算草案经同级人力资源社会保障部门审核汇总，财政部门审核后，由财政部门和人力资源社会保障部门联合报本级政府审批，并报上一级财政部门和人力资源社会保障部门。各级社保机构应按照规定时限报送每季度的预算执行情况和分析报告。县社保机构编制及调整基金预算的情况，应及时报上级社保机构。

年度终了后，社保机构应按基金管理层级进行基金决算。社保机构应根据规定的表式、时间和要求编制年度基金财务报告，并在下一年第一季度内经同级人力资源社会保障部门汇总、财政部门审核后，由财政部门和人力资源社会保障部门联合报本地人民政府审批，批准后的年度基金财务报告同时作为基金决算报告。

3. 财政补助资金的结算和申请

每年年初，县社保机构应根据当地城乡居民养老保险实际参保人口数以及其中60周岁以上参保人口数和缴费补贴标准、基础养老金补贴标准等情况，据实填写《城乡居民基本养老保险补助资金结算申报表》，经同级人力资源社会保障部门会同财政部门审核后，上报至市地社保机构，经市地人力资源社会保障部门和财政部门汇总审核后，由市地社保机构上报至省社保机构，省社保机构向省人力资源社会保障部门和财政部门提出结算上年度补助资金并申请补足本年度补助资金。

省财政部门根据各区市财政和人力资源社会保障部门报送的申请报告，按照各县上年度城乡居民养老保险实际符合补助条件的参保人数，市、县财政资金到位情况等，据实结算上年度省（含中央）财政应补助资金。社保机构应协调县财政部门及时将财政补助资金划拨至财政专户，相关单据提交社保机构记账。社保机构应按月与财政部门、金融机构对账，确保补助金额准确无误，及时足额下拨。

二、参保范围与个人账户

年满16周岁（不含在校学生），非国家机关和事业单位工作人员及不属于职工基本养老保险制度覆盖范围的城乡居民，可以在户籍地参加城乡居民养老保险。国家为每个参保人员建立终身记录的养老保险个人账户，个人缴费、地方人民政府对参保人的缴费补贴、集体补助及其他社会经济组织、公益慈善组织、个人对参保人的缴费资助，全部计入个人账户。个人账户储存额按国家规定计息。参保人死亡，个人账户资金余额可以依法继承。《经办规程》规定了个人账户的具体管理办法。

（一）个人账户记录项目

县社保机构应为每位参保人员建立个人账户。个人账户记录项目应包括：个人基本信息、缴费信息、养老金支付信息、个人账户储存额信息、转移接续信息、终止注销信息等。

（二）个人账户记账办法

个人账户用于记录个人缴费、补助、资助、地方政府补贴、其他补助及利息。参保人员缴纳的养老保险费作为"个人缴费"计入；村（社区）集体和其他社会经济组织、公益慈善组织、个人对参保人员缴纳养老保险费的补助或资助作为"补助（资助）"计入；地方各级财政对参保人员的缴费补助以及对重度残疾人等困难群体代缴的保费以"政府补贴"名义计入。参保人员个人缴费额到账后，县社保机构将个人缴费额和政府对个人缴费的补贴同时计入个人账户。政府对个人缴费的补贴未按时到账产生的利息差，由地方政府补足。个人账户储存额只能用于个人账户养老金支付，除办理注销登记的情况外，不得提前支取或挪作他用。

（三）个人账户计息办法

个人缴费、补助、资助按到账时间记账，从次月开始计息。个人账户储存额应按国家规定计息，目前参考中国人民银行公布的当年1月1日金融机构人民币一年期存款利率计息。若中国人民银行在年内调整一年期存款利率，个人账户储存额计息标准不变。城乡居民养老保险基金存入各商业银行的活期存款按3个月整存整取定期存款利率计息，执行优惠利率。每年的1月1日至12月31日为一个结息年度，社保机构应于一个结息年度结束后对上年度的个人账户储存额进行结息。

（四）个人账户明细查询

参保人员可到县社保机构、乡镇（街道）事务所打印《城乡居民基本养老保险个人账户明细表》。社保机构应当每年至少一次将参保人员个人权益记录单内容告知本人。同时，社保机构可通过政府网站、手机短信或电子邮件方式将个人账户记账明细、个人权益记录等相关信息提供给参保人员。

（五）个人账户记录异议处理

参保人员对个人账户记录有异议的，可向社保机构提出核查申请，并提供相关证明材料。社保机构应及时受理并进行核实。经审核，确需调整的，应由县社保机构及时处理并将更改的信息录入信息系统。信息系统应保留处理前的记录，同时，县社保机构应及时将处理结果告知参保人员。

三、养老保险待遇支付

基础养老金由中央确定最低标准，建立基础养老金最低标准正常调整机制，根据经济发展和物价变动等情况，适时调整全国基础养老金最低标准。地方人民政府可以根据实际情况适当提高基础养老金标准；对长期缴费的，可适当加发基础养老金，提高和加发部分的资金由地方人民政府支出。个人账户养老金的月计发标准，目前为个人账户全部储存额除以 139（与现行职工基本养老保险个人账户养老金计发月数相同）。《经办规程》规定了具体支付办法：参保人员从符合待遇领取条件的次月起开始享受城乡居民养老保险待遇。乡镇（街道）事务所按月通过信息系统查询生成下月到达领取待遇年龄参保人员的《城乡居民基本养老保险待遇领取通知表》（以下简称《通知表》），交村（居）协办员通知参保人员办理领取养老金手续或补缴手续。

（一）待遇领取手续及材料审核

参保人员应携带户口簿、居民身份证原件和复印件等材料，到户口所在地村（居）委会办理待遇领取手续，在《通知表》上签字、签章或留指纹确认。村（居）协办员负责检查参保人员提供的材料是否齐全，并于每月规定时限内将相关材料一并上报乡镇（街道）事务所。参保人员也可直接到乡镇（街道）事务所或县社保机构办理待遇领取手续。乡镇（街道）事务所应审核参保人员的年龄、缴费等情况，并将符合待遇领取条件人员的相关材料上报县社保机构。

县社保机构应对有关材料进行复核，按有关规定进行疑似重复领取待遇数据比对，确认未领取职工基本养老保险待遇及政府规定的离退休费、退职生活费等养老保障待遇后，为参保人员核定城乡居民养老保险待遇，计算养老金领取金额，生成《城乡居民基本养老保险待遇核定表》。对不符合待遇领取条件的参保人员，县社保机构应通过乡镇（街道）事务所和村（居）协办员告知其原因。

（二）待遇实行社会化发放

县社保机构应根据领取城乡居民养老保险待遇、个人账户资金支付等情况，通过信息系统按月生成《城乡居民基本养老保险基金支付审批表》，送县财政部门申请资金。待县财政部门将城乡居民养老保险基金划转到支出户后，县社保机构应在养老金发放前 3 个工作日内将发放资金从支出户划拨至金融机构，并将待遇支付明细清单提供给金融机构，金融机构应及时将支付金额划入待遇领取人员银行账户，并于 3 个工作日内，向县社保机构反馈资金支付情况明细和支付回执凭证。有条件的地区可通过金融机构与城乡居民养老保险信息系统接口实时传输资金支付情况明细。

县社保机构应对金融机构反馈的资金支付情况明细和支付回执凭证进行核对，核对无误后，在信息系统中进行支付确认处理，并相应扣减待遇领取人员的个人账户记录额。发放不成功的，县社保机构应及时会同金融机构查找原因，及时解决，并进行再次发放。县社保机构应按月打印《城乡居民基本养老保险基金支付汇总表》，并与金融机构当月出具的所有支付回执凭证进行核对，确保核对无误。

（三）待遇标准异议处理与待遇资格核查

待遇领取人员对待遇领取标准有异议的，可提出重新核定申请。县社保机构应对待遇领取标准重新进行核定，并将核定结果书面反馈待遇领取人员，确需调整的，经待遇领取人员签字、签章或留指纹确认后修改信息系统记录，系统保留处理前的记录。县社保机构每年应至少对城乡居民养老保险待遇领取人员进行一次资格核对，定期向享受待遇人员发放资格核对通知，规定核对时间和方式以及要求提供的相关证明资料。没有通过资格核对的，社保机构应对其进行暂停发放处理，待其补办有关手续后，从暂停发放之月起补发并续发养老保险待遇。

四、养老保险待遇领取条件

参加城乡居民养老保险的个人，年满60周岁、累计缴费满15年，且未领取国家规定的基本养老保障待遇的，可以按月领取城乡居民养老保险待遇。新农保或城居保制度实施时已年满60周岁，在《意见》印发之日前未领取国家规定的基本养老保障待遇的，不用缴费，自《意见》实施之月起，可以按月领取城乡居民养老保险基础养老金；距规定领取年龄不足15年的，应逐年缴费，也允许补缴，累计缴费不超过15年；距规定领取年龄超过15年的，应按年缴费，累计缴费不少于15年。城乡居民养老保险待遇领取人员死亡的，从次月起停止支付其养老金。有条件的地方人民政府可以结合本地实际探索建立丧葬补助金制度。社会保险经办机构应每年对城乡居民养老保险待遇领取人员进行核对；村（居）民委员会要协助社会保险经办机构开展工作，在行政村（社区）范围内对参保人待遇领取资格进行公示，并与职工基本养老保险待遇等领取记录进行比对，确保不重、不漏、不错。《经办规程》针对几种特殊情形的待遇领取条件和办法做出进一步的明确规定。

（一）待遇领取人员服刑的

待遇领取人员在领取养老金期间服刑的，县社保机构停止为其发放养老保险待遇。待服刑期满后，由本人提出待遇领取申请，社保机构于其服刑期满后的次月为其继续发放养老保险待遇，停发期间的待遇不予补发。

（二）待遇领取人员死亡的

待遇领取人员自死亡次月起停止发放养老保险待遇。村（居）协办员应于每月初将上月死亡人员名单通过乡镇（街道）事务所上报至县社保机构。县社保机构对死亡人员进行暂停发放处理，待死亡人员指定受益人或法定继承人办理注销登记手续后，对死亡人员进行养老保险关系注销。待遇领取人员死亡后被冒领的养老金应按照规定予以追回，追回后，县社保机构方可为其指定受益人或法定继承人办理个人账户资金余额和丧葬补助金（仅限于探索建立丧葬补助金制度的地区）等支付手续。

五、经办机构与登记管理

（一）经办机构

根据《经办规程》的规定，城乡居民养老保险经办业务由社会保险经办机构（以下简称社保机构）、乡镇（街道）劳动保障事务所（以下简称乡镇（街道）事务所）等具体经办，行政村（居）民委员会协办人员（以下简称村（居）协办员）协助办理，实行属地化管理。

1. 省级及市级社保经办机构的职责

省、自治区、直辖市、新疆生产建设兵团（以下简称省）和市地社保机构负责组织指导和监督考核本地区各级社保机构开展城乡居民养老保险经办管理服务工作，配合财政部门做好财政补助资金的结算和划拨工作；依据本规程制定本地区城乡居民养老保险业务经办管理办法；参与制定本地区城乡居民养老保险基金财务管理办法和基金会计核算办法实施细则；制定本地区城乡居民养老保险内控和稽核制度，并组织开展内控和稽核工作；规范、督导保险费收缴、养老金发放和社会化管理服务工作；编制、汇总、上报本级城乡居民养老保险基金预决算、财务和统计报表；参与城乡居民养老保险信息化建设和管理工作，负责城乡居民养老保险个人权益记录管理和数据应用分析工作；负责本地区全民登记管理；组织开展人员培训等工作。

2. 县级社保经办机构的职责

县（市、区、旗，以下简称县）社保机构负责城乡居民养老保险的参保登记、保险费收缴、基金申请与划拨、基金管理、个人账户建立与管理、待遇核定与支付、保险关系注销、保险关系转移接续、待遇领取资格核对、制发卡证、内控管理、档案管理、个人权益记录管理、数据应用分析以及咨询、查询和举报受理，编制、上报本级城乡居民养老保险基金预决算、财务和统计报表，并对乡镇（街道）事务所的业务经办工作进行指导、监督和考核（地市级直接经办城乡居民养老保险业务的参照执行，下同）。

3. 乡镇（街道）劳动保障事务所的职责

乡镇（街道）事务所负责参保资源的调查和管理，对参保人员的参保资格、基本信息、缴费信息、待遇领取资格及关系转移资格等进行初审，将有关信息录入信息系统，并负责受理咨询、查询举报、政策宣传、情况公示等工作。

4. 村（居）协办员的职责

村（居）协办员具体负责城乡居民养老保险参保登记、缴费档次选定与变更、待遇领取、保险关系注销、保险关系转移接续等业务环节所需材料的收集与上报，负责向参保人员发放有关材料，提醒参保人员按时缴费，通知参保人员办理补缴和待遇领取手续，并协助做好政策宣传与解释、待遇领取资格核对、摸底调查、居民基本信息采集、情况公示等工作。

（二）登记管理

根据《经办规程》的规定，居民基本养老保险登记包括参保登记、变更登记与注销登记三种情形。

1. 参保登记

（1）登记手续

符合城乡居民养老保险参保条件的城乡居民，需携带户口簿和居民身份证原件及复印件（重度残疾人等困难群体应同时提供相关证明材料原件和复印件），到户籍所在地村（居）委会提出参保申请，选择缴费档次，填写《城乡居民基本养老保险参保登记表》（以下简称《参保表》）。居民本人也可携带相关材料直接到乡镇（街道）事务所或县社保机构办理参保登记手续。

（2）登记审核

村（居）协办员负责检查登记人员的相关材料是否齐全，在符合条件的《参保表》上签字、加盖村（居）委会公章，并将《参保表》、户口簿和居民身份证复印件以及其他相关材料，按规定时限一并上报乡镇（街道）事务所。乡镇（街道）事务所负责对登记人员的相关材料进行初审，无误后及时将参保登记信息录入城乡居民养老保险信息系统，在《参保表》上签字、加盖公章，并按规定时限将《参保表》、户口簿和居民身份证复印件以及其他相关材料一并上报县社保机构。县社保机构应对登记人员的相关信息进行复核，可与公安、民政、计生、城镇职工养老保险等信息库进行信息比对，复核无误后，通过信息系统对登记信息进行确认，在《参保表》上签字、加盖公章，并及时将有关材料归档备案。

2. 变更登记

变更登记的主要内容包括：姓名、公民身份号码、缴费档次、银行账号、特殊参保群体类型、性别、民族、居住地址、联系电话、户籍性质、户籍所在地址等。以上内容之一发生变更时，参保人员需办理变更登记手续。

（1）变更手续

参保人员应及时携带身份证及相关证件、材料的原件和复印件到村（居）委会申请办理变更登记手续，填写《城乡居民基本养老保险变更登记表》（以下简称《变更表》）。村（居）协办员按规定时限将相关材料及《变更表》上报乡镇（街道）事务所。参保人员本人也可到乡镇（街道）事务所或县社保机构直接办理变更登记手续。

（2）变更审核

乡镇（街道）事务所初审无误后，将变更信息及时录入信息系统，在《变更表》上签字，加盖公章，并按规定时限将相关材料及《变更表》上报县社保机构。县社保机构复核无误后，对信息系统中的变更登记信息进行确认，在《变更表》上签字，加盖公章，并将有关材料归档备案。姓名、公民身份号码等发生变更的人员，当地人力资源社会保障部门同步换发社会保障卡。

3. 注销登记

参保人员出现死亡、出国（境）定居、保险关系转出或已享受城镇职工基本养老保险、机关事业单位养老保险等其他社会养老保障待遇的，应终止其城乡居民养老保险关系，并进行注销登记。

（1）因死亡而注销

参保人员死亡的，村（居）协办员应通知其指定受益人或法定继承人在其死亡后及时办理注销登记手续。其指定受益人或法定继承人应在规定时限内到村（居）委会提出注销登记申请，填写《城乡居民基本养老保险注销登记表》（以下简称《注销表》），并提供以下材料：①医院出具的参保人员死亡证明，或民政部门出具的火化证明（非火化区除外），或公安部门出具的户籍注销证明；人员失踪宣告死亡的，应提供司法部门出具的宣告死亡证明。②指定受益人或法定继承人的户口簿、居民身份证原件和复印件，能够确定其继承权的法律文书、公证文书或公安机关及乡镇（街道）、村（居）委会等部门出具的有关证明材料等。③参保人员个人账户余额无法通过原银行账户支取的，指定受益人或法定继承人还需提供指定金融机构的其他账户信息。

（2）因出国（境）定居而注销

参保人员出国（境）定居并丧失国籍的，应携带本人户口簿、居民身份证原件和复印件，以及出国（境）定居证明材料，到村（居）委会提出注销登记申请，填写《注销表》。

（3）因享受其他社会养老保障待遇而注销

参保人员已享受城镇职工基本养老保险等其他社会养老保障待遇的，应携带本人户口簿、居民身份证原件和复印件，以及其他社会养老保险待遇领取证明材料，到村（居）委会提出注销登记申请，填写《注销表》。

（4）注销审核

村（居）协办员应按规定时限将《注销表》及有关证明材料上报乡镇（街道）事务所。乡镇（街道）事务所初审无误后，将注销登记信息录入信息系统，并按规定时限将上述材料上报县社保机构。县社保机构复核无误后，结算其个人账户资金余额（建立丧葬补助制度的地区，对符合丧葬补助领取条件的，应同时计算丧葬补助金额），按照本规程第二十八条有关规定，将个人账户资金余额（及丧葬补助金）支付给参保人员（或指定受益人、法定继承人），支付成功后，对注销信息进行确认，终止其城乡居民养老保险关系，在《注销表》上签字，加盖公章，并及时将有关材料归档备案。

六、居民基本养老保险关系转接

参加城乡居民养老保险的人员，在缴费期间户籍迁移、需要跨地区转移城乡居民养老保险关系的，可在迁入地申请转移养老保险关系，一次性转移个人账户全部储存额，并按迁入地规定继续参保缴费，缴费年限累计计算；已经按规定领取城乡居民养老保险待遇的，无论户籍是否迁移，其养老保险关系不转移。《经办规程》分三种情形对关系转接办法做出了明确规定：其一，参保人员在缴费期间跨省、市地、县转移的，转出地县社保机构应将其城乡居民养老保险关系和个人账户储存额一次性转入新参保地，由新参保地为其办理参保缴费手续。同时，转出地社保机构应当按照规定保留原有记录备查。其二，在本县范围内迁移户籍的参保人员，不需要转移城乡居民养老保险关系，应直接办理户籍地址变更登记手续。其三，参保人员已经按规定领取城乡居民养老保险待遇的，无论户籍是否迁移，其养老保险关系不转移，继续在原参保地领取待遇，待遇领取资格核对工作由户籍迁入地社保机构协助完成。下面，详细介绍参保人员在缴费期间跨省、市、县转移关系的办理流程。

（一）转入申请

参保人员须持户籍关系转移证明以及居民身份证、户口簿原件和复印件等材料，到转入地村（居）委会提出申请，填写《参保表》和《城乡居民基本养老保险关系转入申请表》（以下简称《转入表》）。

（二）转入审核

村（居）协办员负责检查其提供的材料是否齐全，并按规定时限将《参保表》和《转入表》及有关材料上报乡镇（街道）事务所。转入地乡镇（街道）事务所审核无误后，应按规定时限将《参保表》和《转入表》及有关材料上报县社保机构。转入地县社保机构复核无误后，应按规定时限向转出地县社保机构寄送《城乡居民基本养老保险关系转入接收函》（以下简称《接收函》）和户籍关系转移证明等相关材料的复印件。

（三）转出核实

转出地县社保机构接到《接收函》和相关材料后，应对申请转移人员相关信息进行核实，符合转移规定的，应及时通过信息系统为参保人员进行结息处理，打印《城乡居民养老保险关系转出审批表》（以下简称《审批表》），并按照有关规定于次月通过金融机构将参保人员个人账户储存额一次性划拨至转入地县社保机构指定的银行账户，将《审批表》寄送转入地县社保机构，并终止申请转移人员的城乡居民养老保险关系。

（四）转入确认

转入地县社保机构收到《审批表》，确认转入的个人账户储存额足额到账后，应及时进行实收处理，将参保、转移信息录入信息系统，为转入人员建立、记录个人账户，并通过乡镇（街道）事务所或村（居）委会告知转入人员。已经在转出地完成当年度缴费的人员，在转入地不再缴纳当年保费。

第四节　城乡养老保险制度衔接

一、城乡居民养老保险转入城镇职工养老保险的衔接

（一）基本条件

参加城镇职工养老保险和城乡居民养老保险人员，达到城镇职工养老保险法定退休年龄后，城镇职工养老保险缴费年限满15年（含延长缴费至15年）的，可以申请从城乡居民养老保险转入城镇职工养老保险，按照城镇职工养老保险办法计发相应待遇。

（二）个人账户与缴费年限的处理

参保人员从城乡居民养老保险转入城镇职工养老保险的，城乡居民养老保险个人账户全部储存额并入城镇职工养老保险个人账户，城乡居民养老保险缴费年限不合并计算或折算为城镇职工养老保险缴费年限。

（三）转入申请地的确定与办理程序

参保人员从城乡居民养老保险转入城镇职工养老保险的，社保经办机构需先按《国务院办公厅关于转发人力资源社会保障部、财政部城镇企业职工基本养老保险关系跨省转移接续暂行办法的通知》等有关规定，确定城镇职工养老保险待遇领取地，并将城镇职工养老保险的养老保险关系归集至待遇领取地。然后，参保人员再向城镇职工养老保险待遇领取地（即城镇职工养老保险关系归集地）提出申请办理制度衔接手续，由城镇职工养老保险待遇领取地负责归集参保人员城镇职工养老保险关系，告知参保人员办理相关手续，并为其开具包含各参保地缴费年限的《城镇职工基本养老保险参保缴费凭证》（简称《参保缴费凭证》）。具体办理流程如下。

1. 申请及资料的提交

参保人员向城镇职工养老保险待遇领取地社保机构提出转入申请，填写《城乡养老保险制度衔接申请表》（以下简称《申请表》），出示社会保障卡或居民身份证并提交复印件。参保人员户籍地与城镇职工养老保险待遇领取地为不同统筹地区的，可就近向户籍地负责城乡居民养老保险的社保机构提出申请，填写《申请表》，出示社会保障卡或居民身

份证，并提交复印件。户籍地负责城乡居民养老保险的社保机构应及时将相关材料传送给其城镇职工养老保险待遇领取地社保机构。

2. 审核与发联系函

城镇职工养老保险待遇领取地社保机构受理并审核《申请表》及相关资料，对符合制度衔接办法规定条件的，应在 15 个工作日内，向参保人员城乡居民养老保险关系所在地社保机构发出《城乡养老保险制度衔接联系函》（以下简称《联系函》）。不符合制度衔接办法规定条件的，应向参保人员作出说明。

3. 居民险关系地的手续办理

城乡居民养老保险关系所在地社保机构在收到《联系函》之日起的 15 个工作日内办结以下手续：核对参保人员有关信息并生成《城乡居民基本养老保险信息表》，传送给城镇职工养老保险待遇领取地社保机构；办理基金划转手续；终止参保人员在本地的城乡居民养老保险关系。

4. 职工险待遇地的手续办理

城镇职工养老保险待遇领取地社保机构在收到《城乡居民基本养老保险信息表》和转移基金后的 15 个工作日内办结以下手续：核对《城乡居民基本养老保险信息表》及转移基金额；录入参保人员城乡居民养老保险相关信息；确定重复缴费时段及金额，按规定将城乡居民养老保险重复缴费时段相应个人缴费和集体补助（含社会资助，下同）予以清退；合并记录参保人员个人账户；将办结情况告知参保人员。

二、城镇职工养老保险转入城乡居民养老保险的衔接

（一）基本条件

城镇职工养老保险缴费年限不足 15 年的，可以申请从城镇职工养老保险转入城乡居民养老保险，待达到城乡居民养老保险规定的领取条件时，按照城乡居民养老保险办法计发相应待遇。

（二）个人账户与缴费年限的处理

参保人员从城镇职工养老保险转入城乡居民养老保险的，城镇职工养老保险个人账户全部储存额并入城乡居民养老保险个人账户，参加城镇职工养老保险的缴费年限合并计算为城乡居民养老保险的缴费年限。

（三）转入申请地的确定与办理程序

从城镇职工养老保险转入城乡居民养老保险的，社保经办机构应首先按照《国务院办公厅关于转发人力资源社会保障部、财政部城镇企业职工基本养老保险关系跨省转移接续暂行办法的通知》等有关规定，确定城镇职工养老保险待遇领取地，由城镇职工养老保险待遇领取地（即城镇职工养老保险关系归集地）负责归集参保人员城镇职工养老保险关系，告知参保人员办理相关手续，并为其开具包含各参保地缴费年限的《城镇职工基本养老保险参保缴费凭证》，参保人员须向城乡居民养老保险待遇领取地提出衔接申请。具体办理流程如下。

1. 申请及资料的提交

参保人员向城乡居民养老保险待遇领取地社保机构提出申请，填写《申请表》，出示社会保障卡或居民身份证并提交复印件，提供城镇职工养老保险关系归集地开具的《参保缴费凭证》。

2. 审核及发联系函

城乡居民养老保险待遇领取地社保机构受理并审核《申请表》及相关资料，对符合制度衔接办法规定条件的，应在 15 个工作日内，向城镇职工养老保险关系归集地社保机构发出《联系函》。对不符合制度衔接办法规定条件的，应向参保人员作出说明。

3. 职工险关系地的手续办理

城镇职工养老保险关系归集地社保机构收到《联系函》之日起的 15 个工作日内，办结以下手续：生成《城镇职工基本养老保险信息表》，传送给城乡居民养老保险待遇领取地社保机构；办理基金划转手续；终止参保人员在本地的城镇职工养老保险关系。

4. 居民险关系地的手续办理

城乡居民养老保险关系所在地社保机构在收到《城镇职工基本养老保险信息表》和转移基金后的 15 个工作日内办结以下手续：核对《城镇职工基本养老保险信息表》及转移基金额；录入参保人员城镇职工养老保险相关信息；确定重复缴费时段及金额，按规定予以清退；合并记录参保人员个人账户；将办结情况告知参保人员。

三、重复参保的处理办法

《暂行办法》规定，参保人员若在同一年度内同时参加城镇职工养老保险和城乡居民养老保险的，其重复缴费时段（按月计算，下同）只计算城镇职工养老保险缴费年限，由转入地社保经办机构将城乡居民养老保险重复缴费时段相应个人缴费和集体补助退还本人。《衔接规程》规定了具体的办理程序：

第一，进行信息比对，确定重复缴费时段。重复时段为城乡居民养老保险各年度与城镇职工养老保险重复缴费的月数。

第二，确定重复缴费清退金额，生成并打印《城乡养老保险重复缴费清退表》。重复缴费清退金额计算方法：年度重复缴费清退金额＝（年度个人缴费本金+年度集体补助本金）/12×重复缴费月数；清退总额＝各年度重复缴费清退金额之和。

第三，将重复缴费清退金额退还参保人员，并将有关情况通知本人。

四、重复领取待遇的处理办法

《暂行办法》规定，参保人员不得同时领取城镇职工养老保险和城乡居民养老保险待遇。对于同时领取城镇职工养老保险和城乡居民养老保险待遇的，终止并解除城乡居民养老保险关系，除政府补贴外的个人账户余额退还本人，已领取的城乡居民养老保险基础养老金应予以退还；本人不予退还的，由社会保险经办机构负责从城乡居民养老保险个人账户余额或者城镇职工养老保险基本养老金中抵扣。《衔接规程》明确了具体的操作办法。

（一）居民基础养老金的退还

参保人员同时领取城镇职工养老保险和城乡居民养老保险待遇的，由城乡居民养老保险待遇领取地社保机构负责终止其城乡居民养老保险关系，核定重复领取的城乡居民养老保险基础养老金金额，通知参保人员退还。参保人员退还后，将其城乡居民养老保险个人账户余额（扣除政府补贴，下同）退还本人。

（二）居民基础养老金的抵扣

参保人员不退还重复领取的城乡居民养老保险基础养老金的，城乡居民养老保险待遇领取地社保机构从其城乡居民养老保险个人账户余额中抵扣，抵扣后的个人账户余额退还本人。

（三）居民基础养老金的协助抵扣

参保人员个人账户余额不足抵扣的，城乡居民养老保险待遇领取地社保机构向其领取城镇职工养老保险待遇的社保机构发送《重复领取养老保险待遇协助抵扣通知单》，通知其协助抵扣。参保人员城镇职工养老保险待遇领取地社保机构完成抵扣后，应将协助抵扣款项全额划转至城乡居民养老保险待遇地社保机构指定银行账户，同时传送《重复领取养老保险待遇协助抵扣回执》。

第三章 机关养老保险

第一节 机关事业单位工作人员养老保险

一、改革范围与登记管理

（一）改革范围

机关事业单位养老保险制度改革适用于按照公务员法管理的单位、参照公务员法管理的机关（单位）、事业单位及其编制内的工作人员。对于目前划分为生产经营类，但尚未转企改制到位的事业单位，已参加企业职工基本养老保险的仍继续参加；尚未参加的，暂参加机关事业单位基本养老保险，待其转企改制到位后，按有关规定纳入企业职工基本养老保险范围。要严格按照机关事业单位编制管理规定确定参保人员范围，编制外人员应依法参加企业职工基本养老保险；对于编制管理不规范的单位，要先按照有关规定进行清理规范，待明确工作人员身份后再纳入相应的养老保险制度。

（二）经办机构

机关事业单位基本养老保险业务实行属地化管理，由县级及以上社保经办机构负责办理。在京中央国家机关事业单位基本养老保险业务由人力资源社会保障部社会保险事业管理中心负责经办，京外的中央国家机关事业单位基本养老保险业务由属地社保经办机构负责经办。

各省（自治区、直辖市）、新疆生产建设兵团（以下简称省级）社保经办机构负责制定本地区机关事业单位基本养老保险业务经办管理办法、内控和稽核制度；会同财政部门制定本地区机关事业单位基本养老保险基金财务管理办法和会计核算办法实施细则；负责组织实施机关事业单位基本养老保险省级统筹工作；实行省级基金调剂制度的，编制机关事业单位基本养老保险基金调剂计划；参与机关事业单位基本养老保险信息系统建设和管理。

省级和地（市、州，以下简称地级）社保经办机构负责组织指导和监督考核本地区各级社保经办机构开展机关事业单位基本养老保险经办管理服务工作；做好基金管理、财政补助资金的结算和划拨；编制、汇总、上报本地区机关事业单位基本养老保险基金预决算、财务和统计报表；负责机关事业单位基本养老保险个人权益记录管理和数据应用分析；组织开展宣传和人员培训等工作。

县（市、区、旗，以下简称县级）社保经办机构负责机关事业单位基本养老保险参保登记、申报核定、保险费征收、个人账户管理、关系转移、待遇核定与支付、基金管理；编制上报本级基金预、决算，财务和统计报表；数据应用分析；领取待遇资格认证；个人权益记录管理；审计稽核与内控管理；档案管理；咨询、查询和举报受理等工作。地级及以上社保经办机构直接经办机关事业单位基本养老保险业务的参照执行。

（三）登记管理

机关事业单位养老保险登记管理内容包括机关事业单位登记、登记证管理、工作人员登记。

1. 机关事业单位登记

（1）参保登记

用人单位应自成立之日起 30 日内向社保经办机构申请办理参保登记，填报《社会保险登记表》，并提供以下证件和资料：有关职能部门批准单位成立的文件；《组织机构代码证》（副本）；事业单位还须提供《事业单位法人登记证书》（副本）；参照《公务员法》管理的单位还需提供参照《公务员法》管理相关文件；单位法定代表人（负责人）的任职文件和身份证；省级社保经办机构规定的其他证件、资料。社保经办机构审核用人单位报送的参保登记资料，对符合条件的，在 15 日内为用人单位办理参保登记手续，确定社会保险登记编号，建立社会保险登记档案资料，登记用人单位基本信息，向用人单位核发《社会保险登记证》。对资料不全或不符合规定的，应一次性告知用人单位需要补充和更正的资料或不予受理的理由。

（2）变更登记

参保单位名称、地址、法定代表人（负责人）、机构类型、组织机构代码、主管部门、隶属关系、开户银行账号、参加险种以及法律法规规定的社会保险其他登记事项发生变更时，应当在登记事项变更之日起 30 日内，向社保经办机构申请办理变更登记，填报《机关事业单位基本养老保险参保单位信息变更申报表》，并提供以下证件和资料：与变更登记事项对应的相关资料；《社会保险登记证》；省级社保经办机构规定的其他证件、资料。社保经办机构审核参保单位报送的变更登记申请资料，对符合条件的，在 15 日内为参保单位办理变更登记手续。变更内容涉及《社会保险登记证》登记事项的，收回参保单位原《社会保险登记证》，按变更后的内容重新核发《社会保险登记证》。对资料不全或不符合规定的，应一次性告知参保单位需要补充和更正的资料或不予受理的理由。

（3）注销登记

参保单位因发生撤销、解散、合并、改制、成建制转出等情形，依法终止社会保险缴费义务的，应自有关部门批准之日起 30 日内，向社保经办机构申请办理注销社会保险登记，填报《申报表》，并提供以下证件和资料：注销社会保险登记申请；《社会保险登记证》；批准撤销、解散、合并、改制的法律义书文件或有关职能部门批准成建制转出的文件；省级社保经办机构规定的其他证件、资料。社保经办机构审核参保单位报送的注销登记申请资料，参保单位有欠缴社会保险费的，社保经办机构应告知参保单位缴清应缴纳的社会保险费、利息、滞纳金等后，对符合条件的，在 15 日内为参保单位办理注销登记手续，收回《社会保险登记证》。对资料不全或不符合规定的，应一次性告知参保单位需要补充和更正的资料或不予受理的理由。

2. 登记证管理

（1）登记证的验换

社保经办机构对已核发的《社会保险登记证》实行定期验证和换证制度。参保单位应按年填报《社会保险登记证验证表》，并提供以下证件和资料：《社会保险登记证》；《组织机构代码证》（副本）；事业单位还需提供《事业单位法人登记证书》（副本）；省级社保经办机构规定的其他证件、资料。社保经办机构审核参保单位报送的验证登记申请资料，核查社会保险登记事项、社会保险费缴纳情况等内容。对符合条件的，及时为参保单位办理验证手续，在《社会保险登记证》和《社会保险登记证验证表》上加盖"社会保险登记证审核专用章"；对资料不全的，应一次性告知参保单位需要补充的资料。《社会保险登记证》有效期 4 年。有效期满，社保经办机构应为参保单位更换。

（2）登记证的补办

参保单位遗失《社会保险登记证》的，应及时向社保经办机构申请补办，填报《机关事业单位基本养老保险参保单位信息变更申报表》，并提供以下证件和资料：《组织机构代码证》（副本）；事业单位还需提供《事业单位法人登记证书》（副本）；省级社保经办机构规定的其他证件、资料。社保经办机构审核参保单位报送的补证登记申请资料，对符合条件的，应在 15 日内为参保单位办理补证手续，重新核发《社会保险登记证》。对资料不全或不符合规定的，应一次性告知参保单位需要补充和更正的资料或不予受理的理由。

3. 工作人员登记

（1）参保登记

社保经办机构为参保单位核发《社会保险登记证》后，参保单位向社保经办机构申报办理人员参保登记手续，填报《机关事业单位工作人员基本信息表》，并提供以下证件和资料：工作人员有效身份证件（复印件）；县级及以上党委组织部门、人力资源和社会保障行政部门正式录用通知书、调令、任职文件或事业单位聘用合同等；省级社保经办机构规定的其他证件、资料。社保经办机构审核参保单位报送的人员参保登记资料，对符合条件的，录入人员参保登记信息，建立全国统一的个人社会保障号码（即公民身份号码），进行人员参保登记处理并为其建立个人账户，对资料不全或不符合规定的，应一次性告知参保单位需要补充和更正的资料或不予受理的理由。属于涉及国家安全、保密等特殊人群的，可采用专门方式采集相关信息，并作特殊标记。

（2）变更登记

参保人员登记信息发生变化时，参保单位应当在 30 日内，向社保经办机构申请办理参保人员信息变更登记业务，填报《参保人员信息变更表》，并提供以下证件和资料：参保人员有效身份证件或社会保障卡；变更姓名、公民身份号码等关键基础信息的，需提供公安部门证明；变更出生日期、参加工作时间、视同缴费年限等特殊信息的，需提供本人档案及相关部门审批认定手续；省级社保经办机构规定的其他证件、资料。社保经办机构审核参保单位报送的参保人员信息变更申请资料，对符合条件的，进行参保人员信息变更。对资料不全或不符合规定的，应一次性告知参保单位需要补充和更正的资料或不予受理的理由。

（3）终止登记

对参保人员死亡、达到法定退休年龄前丧失中华人民共和国国籍等原因终止养老保险关系的，参保单位向社保经办机构申请办理参保人员养老保险关系终止业务，填报《参保人员业务申报表》，并提供以下证件和资料：参保人员死亡的，需提供社会保障卡、居民死亡医学证明书或其他死亡证明材料；丧失中华人民共和国国籍的，需提供定居国护照等相关资料；省级社保经办机构规定的其他证件、资料。社保经办机构审核参保单位报送的参保人员终止登记申请资料，对符合条件的，录入参保人员终止登记信息，进行人员参保终止处理。

二、基金征缴与管理

机关事业单位工作人员养老保险与职工基本养老保险一样，采取统账结合的制度模式。基本养老保险费由单位和个人共同负担。机关事业单位及其工作人员应按规定及时足额缴纳养老保险费。各级社会保险征缴机构应切实加强基金征缴，做到应收尽收。

（一）基金征缴

单位缴纳基本养老保险费（以下简称"单位缴费"）的比例为本单位工资总额的20%，个人缴纳基本养老保险费（以下简称"个人缴费"）的比例为本人缴费工资的8%，由单位代扣。本单位工资总额为参加机关事业单位养老保险工作人员的个人缴费工资基数之和。机关单位（含参公管理的单位）工作人员的个人缴费工资基数包括：本人上年度工资收入中的基本工资、国家统一的津贴补贴（艰苦边远地区津贴、西藏特贴、特区津贴、警衔津贴、海关津贴等国家统一规定纳入原退休费基数的项目）、规范后的津贴补贴（地区附加津贴）、年终一次性奖金；事业单位工作人员的个人缴费工资基数包括：本人上年度工资收入中的基本工资、国家统一的津贴补贴（艰苦边远地区津贴、西藏特贴、特区津贴等国家统一规定纳入原退休费计发基数的项目）、绩效工资。其余项目暂不纳入个人缴费工资基数。参保人员月缴费基数按照本人上年度月平均工资核定；新设立单位和参保单位新增的工作人员按照本人起薪当月的月工资核定。本人上年度月平均工资或起薪当月的月工资低于上年度全省在岗职工月平均工资60%的，按60%核定；超过300%的，按300%核定。单位月缴费基数为参保人员月缴费基数之和。在上年度全省在岗职工月平均工资公布前，参保人员缴费基数暂按上年度月缴费基数执行。待上年度全省在岗职工月平均工资公布后，据实重新核定月缴费基数，并结算差额。

1. 缴费申报

参保单位应每年统计上年度本单位及参保人员的工资总额，向社保经办机构申报《工资总额申报表》。新设立的单位及新进工作人员的单位，应在办理社会保险登记或申报人员变更的同时，一并申报工作人员起薪当月的工资。参保单位按规定申报工资总额后，社保经办机构应及时进行审核，对审核合格的，建立参保单位及参保人员缴费申报档案资料及数据信息，生成参保单位及参保人员缴费基数核定数据。对资料不全或不符合规定的，应一次性告知参保单位需要补充和更正的资料或重新申报。社保经办机构审核时，参保单位未按规定申报的，社保经办机构暂按上年度核定缴费基数的110%核定，参保单位补办申报手续后，重新核定并结算差额。

在一个缴费年度内，参保单位初次申报后，其余月份应申报人员增减、缴费基数变更等规定事项的变动情况；无变动的，可以不申报。参保单位因新招录、调入、单位合并等原因增加人员或因工作调动、辞职、死亡等原因减少人员，应从起薪或停薪之月办理人员增加或减少。参保单位应及时填报《参保人员业务申报表》，并提供以下证件和资料：有关部门出具的相关手续；省级社保机构规定的其他证件、资料。社保经办机构审核参保单位报送的人员增减资料，对符合条件的，办理人员增减手续，调整缴费基数并记录社会保险档案资料和数据信息。对资料不全或不符合规定的，应一次性告知参保单位需要补充更正的资料或不予受理的理由。

因参保单位申报或根据人民法院、人事仲裁、社保稽核等部门的相关文书和意见，需变更缴费基数或缴费月数的，参保单位向社保经办机构申报办理，填报《参保人员业务申报表》，并提供以下资料：变更人员对应的工资记录；相关部门出具的文书和意见；省级社保经办机构规定的其他证件、资料。社保经办机构审核参保单位报送的申请资料，对符合条件的，为其办理基本养老保险费补收手续，并记录相关信息，打印补缴通知。对资料不全或不符合规定的，应一次告知参保单位需要补充和更正的资料或不予受理的理由。

因参保单位多缴、误缴基本养老保险费需退还的，参保单位向社保经办机构申报办理，填报《参保人员业务申报表》，并提供以下证件和资料：缴费凭证等相关资料；省级社保机构规定的其他证件、资料。社保经办机构审核参保单位报送的申请资料，对符合条件的，为其办理基本养老保险费退还手续，并记录相关信息，打印退费凭证。对资料不全或不符合规定的，应一次告知参保单位需要补充和更正的资料或不予受理的理由。

2. 费用征缴

社保经办机构负责征收基本养老保险费。社保经办机构应与参保单位和银行签订委托扣款协议，采取银行代扣方式进行征收；参保单位也可按照政策规定的其他方式缴纳。社保经办机构根据参保单位申报的人员增减变化情况，及时办理基本养老保险关系建立、中断、恢复、转移、终止、缴费基数调整等业务，按月生成《机关事业单位基本养老保险费征缴通知单》，交参保单位；同时生成基本养老保险费征缴明细。实行银行代扣方式征收的，征缴明细按照社保经办机构与银行协商一致的格式传递给银行办理养老保险费征收业务。

参保单位和参保人员应按时足额缴纳基本养老保险费，参保人员个人应缴纳的基本养老保险费，由所在单位代扣代缴。社保经办机构对银行反馈的基本养老保险费当月到账明细进行核对，无误后进行财务到账处理；及时据实登记应缴、实缴、当期欠费等，生成征收台账。参保单位因不可抗力无力缴纳养老保险费的，应提出书面申请，经省级社会保险行政部门批准后，可以暂缓缴纳一定期限的养老保险费，期限不超过 1 年，暂缓缴费期间免收滞纳金。到期后，参保单位必须全额补缴欠缴的养老保险费。参保单位欠缴养老保险费的，应按照《中华人民共和国社会保险法》和《社会保险费申报缴纳管理规定》有关规定缴清欠费。

（二）基金管理

根据国家要求，各地区积极创造条件实行省级统筹，确实难以一步到位实现省级统筹的，基金可暂不归集到省级，建立省级基金调剂制度，所需资金由省级财政预算安排。全省（市、区）要制定和执行统一的机关事业单位基本养老保险制度和政策，统一基本养老保险缴费比例和缴费基数，统一基本养老金计发办法、统筹项目和标准以及基本养老金调整办法，统一编制和实施基本养老保险基金预算，明确省、地（市）、县各级政府的责任。各地区要按照国家统一制定的业务经办流程和信息管理系统建设要求，统一基本养老保险业务经办规程和管理制度，统一建设信息管理系统，实现省级集中管理数据资源。

根据《经办规程》的规定，机关事业单位基本养老保险基金按照管理层级，单独建账、独立核算，纳入社会保障基金财政专户，实行收支两条线管理，专款专用，任何部门、单位和个人均不得挤占挪用。机关事业单位基本养老保险基金按照社会保险财务、会计制度相关规定及管理层级设立收入户、支出户、财政专户。社保经办机构定期将收入户资金缴存财政专户。实行省级基金调剂制度的，上解的省级调剂金由下级社保经办机构支出户上解至省级社保经办机构收入户。基金收入包括养老保险费收入、利息收入、财政补贴收入、转移收入、上级补助收入、下级上解收入、其他收入等。基金支出包括养老保险待遇支出、转移支出、补助下级支出、上解上级支出、其他支出等。社保经办机构编制下一年度基金预算草案，预算草案经省级人力资源社会保障部门审核汇总，财政部门审核后，列入省级人民政府预算，报省级人民代表大会审议。实行省级调剂金制度的，基金预算编制程序由各省自行制定。省级社保经办机构每年年终进行基金决算。

三、个人账户管理

个人账户包括个人基本信息、缴费信息和支付信息、转移接续信息、终止注销信息等内容。社保经办机构应为参保人员建立个人账户，用于记录个人缴费及利息等社会保险权益。个人账户储存额只用于工作人员养老，不得提前支取。参保人员存在两个及以上个人账户的，其原个人账户储存额部分，应与现个人账户合并计算。存在重复缴费的，由现参保地社保经办机构与本人协商确定保留其中一个基本养老保险关系和个人账户，同时其他关系予以清理，个人账户储存额退还本人，相应的个人缴费年限不重复计算。参保人员对个人账户记录的信息有异议时，参保单位可凭相关资料向社保经办机构申请核查。社保经办机构核实后，对确需调整的，按规定程序审批后予以修改，保留调整前的记录，记录调查信息，将调整结果通知参保单位。

（一）个人账户记账

参保单位和参保人员按时足额缴费的，社保经办机构按月记入个人账户。参保单位或参保人员未按时足额缴费，视为欠缴，暂不记入个人账户，待参保单位补齐欠缴本息后，按补缴时段补计入个人账户。对按月领取基本养老金的退休人员，根据本人退休时个人账户养老金，按月冲减个人账户储存额。待遇调整增加的基本养老金，按本人退休时月个人账户养老金占月基本养老金的比例计算个人账户应支付金额，按月冲减个人账户储存额。个人账户记账参照职工基本养老保险个人账户的记账办法。

（二）个人账户计息

个人账户储存额每年按照国家统一公布的记账利率计算利息，免征利息税。每年的 1 月 1 日至 12 月 31 日为一个结息年度，社保经办机构应于一个结息年度结束后根据上年度个人账户记账额及个人账户储存额，计算个人账户利息，并计入个人账户。记账利率由国家确定并公布。参保人员办理退休或一次性领取个人账户储存额时，社保经办机构应对其个人账户储存额进行即时计息结转，以后每年按规定对退休人员个人账户支付养老金后的余额部分进行计息结转。办理跨统筹区、跨制度范围转移手续的参保人员，转出地社保经办机构在关系转出当年不计息结转，转入地社保经办机构从关系转入当年起计息。当年个人记账利率公布前，发生待遇支付的，个人账户储存额按照公布的上一年度记账利率计算利息，当年个人账户记账利率公布后，不再重新核定。

（三）个人账户封存

社保经办机构对中断缴费的个人账户应进行封存，中断缴费期间按规定计息。社保经办机构对恢复缴费的参保人员个人账户记录进行恢复，中断缴费前后个人账户储存额合并计算。

（四）个人账户清退

参保人员死亡的，个人账户余额可以依法继承。办理参保人员终止登记手续后，参保单位可代参保人员或继承人向社保经办机构申领个人账户储存额（退休人员为个人账户余额）。社保经办机构完成支付手续后，终止参保人员基本养老保险关系。

（五）个人账户转移

参保人员养老保险关系发生跨统筹区、跨制度范围转移时，转出地社保经办机构在基金转出后，终止参保人员个人账户，转入地社保经办机构在转入基金到账后，为转入人员记录个人账户。

四、基本养老待遇核定与计发

待遇核定主要包括参保人员退休待遇申报核定、待遇调整核定、遗属待遇支付核定、病残津贴支付核定、个人账户一次性支付核定等内容。基本养老待遇的计发遵照"新人新制度、老人老办法、中人逐步过渡"的原则。基本养老金、病残津贴等按月支付的待遇由社保经办机构委托银行实行社会化发放；个人账户一次性支付和丧葬补助金、抚恤金等一次性支付待遇可委托参保单位发放，或委托银行实行社会化发放。

（一）待遇核定

1. 基本养老金的核定

参保人员符合退休条件的，参保单位向社保经办机构申报办理退休人员待遇核定，填报《参保人员养老保险待遇申领表》，并提供以下证件和资料：参保人员有效身份证件或社会保障卡；按现行人事管理权限审批的退休相关材料；省级社保经办机构规定的其他证件、资料。社保经办机构应及时对申报资料进行审核，对符合条件的，根据退休审批认定的参保人员出生时间、参加工作时间、视同缴费年限、退休类别以及实际缴费情况等计算退休人员的基本养老金，在过渡期内，应按规定进行新老待遇计发办法对比，确定养老保险待遇水平，及时记录退休人员信息，打印《参保人员基本养老金计发表》，交参保单位。对资料不全或不符合规定的，应一次性告知参保单位需要补充和更正的资料或不予受理的理由。参保单位应当将核定结果告知参保人员。

2. 病残津贴的核定

参保单位应在参保人员符合国家政策规定的病残津贴领取条件时向社保经办机构申报办理病残津贴领取手续，填报《机关事业单位基本养老保险参保人员养老保险待遇申领表》，并提供以下证件和资料：参保人员有效身份证件或社会保障卡；按现行人事管理权限审批的相关材料；省级社保经办机构规定的其他证件、资料。社保经办机构应及时对申报资料进行审核，对符合领取病残津贴条件的，计算申报人员的病残津贴，核定金额，并及时记录数据信息，打印机关事业单位工作人员病残津贴计发表单，交参保单位。对资料不全或不符合规定的，应一次性告知参保单位需要补充和更正的资料或不予受理的理由。参保单位应当将核定结果告知参保人员。

3. 丧葬补助金与抚恤金的核定

参保人员因病或非因工死亡后，参保单位向社保经办机构申请办理领取丧葬补助金、抚恤金手续，填报《参保人员一次性支付申报表》，并提供以下证件和资料：参保人员社会保障卡、居民死亡医学证明书或其他死亡证明材料；指定受益人或法定继承人有效身份证件、与参保人员关系证明；省级社保经办机构规定的其他证件、资料。社保经办机构应及时对申报资料进行审核，对符合条件的，计算丧葬补助金、抚恤金，核定金额，打印《参保人员丧抚费核定表》，交参保单位。对资料不全或不符合规定的，应一次性告知参保单位需要补充和更正的资料或不予受理的理由。

4. 个人账户一次性支付的核定

办理参保人员终止登记手续后，参保单位向社保经办机构申请办理个人账户一次性支付手续，填报《参保人员一次性支付申报表》，并提供以下证件和资料：参保人员死亡的，需提供社会保障卡和居民死亡医学证明书或其他死亡证明材料；指定受益人或法定继承人有效身份证件/与参保人员关系证明；参保人员丧失中华人民共和国国籍的，需提供定居国护照等相关资料；省级社保机构规定的其他证件、资料。社保经办机构应及时对申报资料进行审核。对符合条件的，计算并核定个人账户一次性支付金额，打印《个人账户一次性支付核定表》，交参保单位，并及时记录支付信息，终止基本养老保险关系。对资料不全或不符合规定的，应一次告知参保单位或参保人员本人（指定受益人或法定继承人）需要补充和更正的资料或不予受理的理由。参保单位应当将核定结果告知领取人。参保单位或参保人员本人（或指定受益人、法定继承人）对社保经办机构核定的待遇支付标准有异议，可在 60 个工作日内向社保经办机构提出重新核定申请。社保经办机构应予以受理复核，并在 15 日内告知其复核结果。对复核后确须调整的，应重新核定并保留复核及修改记录。

（二）待遇资格认证

社保经办机构每年对退休人员开展基本养老金领取资格认证工作。社保经办机构在核发待遇时，主动告知退休人员应每年参加资格认证。社保经办机构要与公安、卫计、民政部门及殡葬管理机构、街道（乡镇）、社区（村）、退休人员原工作单位等建立工作联系机制，全面掌握退休人员待遇领取资格的变化情况。退休人员领取养老金资格认证可通过社保经办机构直接组织，依托街道、社区劳动就业和社会保障平台以及原工作单位协助等方式进行。退休人员因年老体弱或患病，本人不能办理资格认证的，由本人或委托他人提出申请，社保经办机构可派人上门办理。异地居住的退休人员由参保地社保经办机构委托居住地社保经办机构进行异地协助认证。出境定居的退休人员，通过我国驻该居住国的使领馆申办健在证明或领事认证，居住地尚未与我国建交的，由我国驻该国有关机构或有关代管使领馆办理健在证明或领事认证。

社保经办机构应通过资格认证工作，不断完善退休人员信息管理，对发生变更的及时予以调整并根据资格认证结果进行如下处理：（1）退休人员在规定期限内通过资格认证且符合养老保险待遇领取资格的，继续发放养老保险待遇。（2）退休人员在规定期限内未认证的，社保经办机构应暂停发放基本养老金。退休人员重新通过资格认证后，从次月恢复发放并补发暂停发放月份的基本养老金。（3）退休人员失踪、被判刑、死亡等不符合领取资格的，社保经办机构应暂停或终止发放基本养老金，对多发的养老金应予以追回。

五、关系转移接续

参保人员符合以下条件的，应办理基本养老保险关系转移接续：在机关事业单位之间流动的；在机关事业单位和企业（含个体工商户和灵活就业人员）之间流动的；因辞职辞退等原因离开机关事业单位的。县级以上社会保险经办机构负责机关事业单位基本养老保险关系和职业年金的转移接续业务经办。参保人员在同一统筹范围内机关事业单位之间流动的，只转移基本养老保险关系，不转移基本养老保险基金。省（自治区、直辖市）内机关事业单位基本养老保险关系转移接续经办规程由各省（自治区、直辖市）制定。转出地和转入地社会保险经办机构通过全国基本养老保险关系跨省转移接续系统，进行基本养老保险关系和职业年金转移接续信息交换。

（一）在机关事业单位之间跨省流动及从机关事业单位流动到企业的转接

1. 出具参保缴费凭证

参保人员转移接续前，参保单位或参保人员到基本养老保险关系所在地（以下简称"转出地"）社会保险经办机构申请开具《养老保险参保缴费凭证》（以下简称《参保缴费凭证》）。转出地社会保险经办机构核对相关信息后，出具《参保缴费凭证》，并告知转移接续条件。

2. 转移接续申请

参保人员新就业单位或本人向新参保地（以下简称"转入地"）社会保险经办机构

提出转移接续申请并出示《参保缴费凭证》，填写《养老保险关系转移接续申请表》。如参保人员在离开转出地时未开具《参保缴费凭证》，由转入地社会保险经办机构与转出地社会保险经办机构联系补办。

3. 发联系函

转入地社会保险经办机构对符合转移接续条件的，应在受理之日起 15 个工作日内生成《基本养老保险关系转移接续联系函》，并向参保人员转出地社会保险经办机构发出。

4. 转出基本养老保险信息表和基金

转出地社会保险经办机构在收到《基本养老保险关系转移接续联系函》之日起 15 个工作日内完成以下手续：①核对有关信息并生成《基本养老保险关系转移接续信息表》；机关事业单位之间转移接续的，转出地社会保险经办机构应将缴费工资基数、相应年度在岗职工平均工资等记录在《基本养老保险关系转移接续信息表附表》。②办理基本养老保险基金划转手续。其中：个人缴费部分按计入本人个人账户的全部储存额计算转移。单位缴费部分以本人改革后各年度实际缴费工资为基数，按 12% 的总和转移；参保缴费不足 1 年的，按实际缴费月数计算转移。当发生两次及以上转移的，原从企业职工基本养老保险转入的单位缴费部分和个人账户储存额随同转移。③将《基本养老保险关系转移接续信息表》和《基本养老保险关系转移接续信息表附表》传送给转入地社会保险经办机构。④终止参保人员在本地的基本养老保险关系。

5. 基本养老保险关系转入

转入地社会保险经办机构收到《基本养老保险关系转移接续信息表》和转移基金，在信息、资金匹配一致后 15 个工作日内办结以下接续手续：①核对《基本养老保险关系转移接续信息表》及转移基金额。②将转移基金额按规定分别计入统筹基金和参保人员个人账户。③根据《基本养老保险关系转移接续信息表》及参保单位或参保人员提供的材料，补充完善相关信息；机关事业单位之间转移接续的，根据《基本养老保险关系转移接续信息表附表》按照就高不就低的原则核实参保人员的实际缴费指数。④将办结情况告知新参保单位或参保人员。

（二）非正常情况下离开机关事业单位的转接

参保人员因辞职、辞退、未按规定程序离职、开除、判刑等原因离开机关事业单位的，应将基本养老保险关系转移至户籍所在地企业职工社会保险经办机构，按以下流程办理转接手续：

第一，原参保单位提交《机关事业单位辞职辞退等人员基本养老保险关系转移申请表》，并提供相关资料。

第二，转出地社会保险经办机构在收到《机关事业单位辞职辞退等人员基本养老保险关系转移申请表》之日起15个工作日内完成以下手续：核对有关信息并生成《基本养老保险信息表》；办理基本养老保险基金划转手续，转移基金额按规定计算；将《基本养老保险信息表》传送给转入地社会保险经办机构；终止参保人员在本地的基本养老保险关系并将办结情况告知原参保单位。

第三，基本养老保险关系转入。转入地社会保险经办机构收到《基本养老保险信息表》和转移基金，在信息、资金匹配一致后15个工作日内办结以下接续手续：核对《基本养老保险信息表》及转移基金额；将转移基金额按规定分别计入统筹基金和参保人员个人账户；根据《基本养老保险信息表》及相关资料，补充完善相关信息；将办结情况告知参保人员或原参保单位。

（三）欠费及重复参保情况下的转续

1. 参保人员转移接续基本养老保险关系前本人欠缴基本养老保险费的

由本人向原基本养老保险关系所在地补缴个人欠费后再办理基本养老保险关系转移接续手续，同时原参保所在地社会保险经办机构负责转出包括参保人员原欠缴年份的单位缴费部分；本人不补缴个人欠费的，社会保险经办机构也应及时办理基本养老保险关系和基金转出的各项手续，其欠缴基本养老保险费的时间不计算缴费年限，个人欠费的时间不转移基金，之后不再办理补缴欠费。

2. 参保人员同时存续基本养老保险关系或重复缴纳基本养老保险费的

转入地社会保险经办机构应按"先转后清"的原则，在参保人员确认保留相应时段缴费并提供退款账号后，办理基本养老保险关系清理和个人账户储存额退还手续。

第二节　机关事业单位养老保险制度改革措施

一、改革目标

目前，我国基本建立起覆盖城乡居民的社会保障体系。在对社会保障体系的论述中，"坚持全覆盖、保基本、多层次、可持续方针，以增强公平性、适应流动性、保证可持续性为重点"已经成为我国社会保障体系建设的主要目标和基本指导原则。在该目标和原则指导下，我国机关事业单位养老保险的目标是逐步建立独立于机关事业单位、资金来源多渠道、保障方式多层次、管理服务社会化的养老保险体系。

独立于机关事业单位之外是指在行政隶属关系上，机关事业单位养老保险制度是独立于机关事业单位本身的，不是机关事业单位的一个组成部分，养老保险成为"社会保险"而不是"单位保险"。该目标有利于摆脱计划经济下"单位保险"的弊端，真正建立具有社会属性的社会保险。

资金来源多渠道主要是指养老保险缴费既有来自单位部分的缴费，也有来自个人部分的缴费。对于机关单位，单位部分缴费主要来自财政预算；对于事业单位，单位部分缴费来源方式较为多样化，除了财政预算以外，其他渠道的收入可以用来缴费。资金来源多渠道主要针对改革前机关工作人员不需要缴纳养老保险费、退休时养老金直接从财政支付的问题。资金来源多渠道、单位和个人共同缴纳养老保险费有利于体现单位和个人共担养老保险费用，有利于机关事业单位养老保险制度的可持续发展。

保障方式多层次主要是指建立多层次养老保险制度，即除了基本养老保险制度，还要建立机关事业单位职业年金。基本养老保险制度主要功能是实现保基本的目标，体现制度的统一性原则；职业年金是在基本养老保险的基础上提供补充养老待遇，体现职业特点和差异性。由于基本养老保险和职业年金具有不同的风险特征，建立多层次养老保险制度也是分散风险的主要举措。

管理服务社会化是指机关事业单位养老保险的缴费、资金管理、账户管理和待遇发放等环节都要采取社会化的方式，使得这些管理服务环节完全独立于原单位。这一目标和独立于机关事业单位之外的这一目标是相一致的。只有实现管理服务社会化，机关事业单位养老保险才能够真正实现独立。机关事业单位养老保险管理服务社会化既有利于原单位摆脱社会保险管理的沉重负担，也有利于社会保险管理服务的专业化和便利化。而我国城镇职工基本养老保险经过 20 多年的发展，管理服务社会化的目标基本实现。在这方面，机关事业单位养老保险改革必然要向城镇职工养老保险制度看齐。

二、改革原则

在制定好机关事业单位养老保险改革的目标之后，为了细化改革措施，还需要总结和提炼改革的基本原则。一方面，这些基本原则是对改革目标的细化和具体化；另一方面，这些基本原则也是对具体改革措施的指导。因此，改革原则在改革目标和改革措施之间具有承上启下的作用。机关事业单位养老保险改革的基本原则应该包括以下几个方面。

第一是公平与效率相结合原则。机关事业单位养老保险改革既体现国民收入再分配更加注重公平的要求，又体现工作人员之间贡献大小差别，建立待遇与缴费挂钩机制，多缴多得、长缴多得，提高单位和职工参保缴费的积极性。这里的"公平"原则本质上是要求注重再分配效果，或者称为"再分配公平"，主要是指高收入人群向低收入人群再分配。具体而言，那些在工作期间工资收入比较高的群体，在领取养老金时待遇水平可以低一些；而那些在工作期间工资收入比较低的群体，在领取养老金时待遇水平可以高一些。通过这种再分配机制来实现公平原则，该原则的落实主要依靠基本养老保险的统筹账户来实现。效率原则也可以称为"精算公平"，即待遇与缴费挂钩，多缴多得、长缴多得，以增强激励性。基本养老保险中的个人账户和职业年金都采取的是 DC 型制度模式，精算公平程度最高，能够较好地落实效率原则。因此，处理好公平与效率的关系，落实到养老保险制度的设计上，就是处理好基本养老保险统筹账户与基本养老保险个人账户、职业年金之间的关系。

第二是权利与义务相对应原则。机关事业单位工作人员要按照国家规定切实履行缴费义务，享受相应的养老保险待遇，形成责任共担、统筹互济的养老保险筹资和分配机制。养老保险是基于缴费的一种社会保障制度，缴费是其最基本的特征，只有履行了缴费义务，才能够享受相对应的待遇。因此，这和社会救助和普享型社会养老金不一样。由于此前我国事业单位养老保险改革推进速度不一样，很多事业单位已经参加了养老保险，而也有很多事业单位并没有参加养老保险，无须缴纳养老保险费，这和机关单位非常类似，因此导致我国机关事业单位养老保险制度缺乏统一性。因此，这次改革明确了权利和义务相对应的原则，所有机关事业单位都需要缴纳养老保险费。

第三是保障水平与经济发展水平相适应原则。机关事业单位养老保险要立足社会主义初级阶段基本国情，合理确定基本养老保险筹资和待遇水平，切实保障退休人员基本生活，促进基本养老保险制度可持续发展。机关事业单位养老保险的待遇水平既不能落入"贫困陷阱"，无法保障退休人员基本生活水平；也不能落入"福利陷阱"，出现福利赶超现象，待遇水平远远超过经济发展所能承担的范围。这两种情况都不能实现养老保险制度的可持续发展，因为待遇水平过低无法获得参保者的认同，而待遇水平过高必然导致财务状况恶化，最终导致制度崩溃，无法实现长期发展。

第四是改革前和改革后待遇水平相衔接原则。机关事业单位养老保险制度应该立足增量改革，实现平稳过渡。对改革前已退休人员，保持现有待遇并参加今后的待遇调整；对改革后参加工作的人员，通过建立新机制，实现待遇的合理衔接；对改革前参加工作、改革后退休的人员，通过实行过渡性措施，保持待遇水平不降低。这种改革前后待遇水平相衔接的做法是我国大部分改革政策采取的一种做法，具有较强的合理性，能够被各方所认同，有利于推动改革平稳推进。

第五是解决突出矛盾与保证可持续发展相促进的原则。机关事业单位养老保险改革要统筹规划、合理安排、量力而行，准确把握改革的节奏和力度，先行解决目前城镇职工基本养老保险制度不统一的突出矛盾，再结合养老保险顶层设计，坚持精算平衡，逐步完善相关制度和政策。我国改革政策的出台和具体的改革措施往往遵循先急后缓、先易后难的原则，这使得改革震动较小、改革成本较低、改革推动较快。当然，这也存在缺点，诸如缺乏统筹协调和顶层设计，改革难点长期缺乏突破。因此，在机关事业单位养老保险改革过程中，就需要处理好轻重缓急的问题、处理好短期需求和长期矛盾的问题、处理好短期矛盾和长期机制的问题。

三、改革措施

根据逐步建立起独立于单位之外、资金来源多渠道、保障方式多层次、管理服务社会化的社会保险体系这一目标，中国机关事业单位社保改革的总体思路是机关事业单位参加全国统一的职工基本养老保险制度，在此基础上建立补充养老保险，大力发展职业年金，以满足机关事业单位职工不同需求。因此，机关事业单位养老保险制度改革的核心工作有两个，一是统一参加城镇职工基本养老保险，二是建立职业年金制度。把机关事业单位工作人员纳入统一的基本社会保险制度、实行社会化管理是大势所趋，民心所向。建立统一的社会保险制度，有利于实现社会化保险，有利于建立全国统一的人力资源市场，有利于机关事业单位机构改革，有利于缩小职工退休待遇差距，长期内有利于减轻政府财政负担，同时也有利于保护机关事业单位工作人员的合法权益，解除其后顾之忧，促进社会和谐。

（一）中国机关事业单位基本养老保险制度改革措施

中国机关事业单位基本养老保险制度应该和城镇职工基本养老保险制度在缴费、待遇计发、基金管理、经办管理方面实现制度统一。两者的统一不仅要在体现制度参数上实现统一，而且在资金管理方面也要真正实现融合。和城镇职工基本养老保险一样，机关事业单位基本养老保险采取社会统筹和个人账户相结合的制度模式。

1. 已经取得的改革进展

在缴费方面实现统一，基本养老保险费由单位和个人共同负担。单位缴纳基本养老保险费（以下简称"单位缴费"）的比例为本单位工资总额的20%，个人缴纳基本养老保险费（以下简称"个人缴费"）的比例为本人缴费工资的8%，由单位代扣。按本人缴费工资 8%的数额建立基本养老保险个人账户，全部由个人缴费形成。个人工资超过当地上年度在岗职工平均工资 300%以上的部分，不计入个人缴费工资基数；低于当地上年度在岗职工平均工资 60%的，按当地在岗职工平均工资的 60%计算个人缴费工资基数。个人账户储存额只用于工作人员养老，不得提前支取，每年按照国家统一公布的记账利率计算利息，免征利息税。参保人员死亡的，个人账户余额可以依法继承。

在待遇计发方面实现统一，改革后参加工作、个人缴费年限累计满 15 年的人员，退休后按月发给基本养老金。基本养老金由基础养老金和个人账户养老金组成。退休时的基础养老金月标准以当地上年度在岗职工月平均工资和本人指数化月平均缴费工资的平均值为基数，缴费每满 1 年发给 1%。个人账户养老金月标准为个人账户储存额除以计发月数，计发月数根据本人退休时城镇人口平均预期寿命、本人退休年龄、利息等因素确定。

在待遇计发过渡衔接方面，改革前参加工作、改革后退休且缴费年限（含视同缴费年限，下同）累计满 15 年的人员，按照合理衔接、平稳过渡的原则，在发给基础养老金和个人账户养老金的基础上，再依据视同缴费年限长短发给过渡性养老金。对于改革后达到退休年龄但个人缴费年限累计不满 15 年的人员，其基本养老保险关系处理和基本养老金计发比照《实施〈中华人民共和国社会保险法〉若干规定》执行。对于改革前已经退休的人员，继续按照国家规定的原待遇标准发放基本养老金，同时执行基本养老金调整办法。机关事业单位离休人员仍按照国家统一规定发给离休费，并调整相关待遇。

在待遇调整方面实现统一，建立基本养老金正常调整机制。根据职工工资增长和物价变动等情况，统筹安排机关事业单位和企业退休人员的基本养老金调整，逐步建立兼顾各类人员的养老保险待遇正常调整机制，分享经济社会发展成果，保障退休人员基本生活。待遇调整与物价挂钩能够保持绝对购买力不变，而和工资增长率挂钩，能够保持相对购买力（替代率）不变。因此，养老金的调整应该综合考虑工资增长率和物价变动情况。

在基金管理方面加强规范化管理，加强基金管理和监督。建立健全基本养老保险基金省级统筹；暂不具备条件的，可先实行省级基金调剂制度，明确各级人民政府征收、管理和支付的责任。机关事业单位基本养老保险基金单独建账，与企业职工基本养老保险基金分别管理使用。基金实行严格的预算管理，纳入社会保障基金财政专户，实行收支两条线管理，专款专用。依法加强基金监管，确保基金安全。

在养老保险关系转移接续方面，参保人员在同一统筹范围内的机关事业单位之间流动，只转移养老保险关系，不转移基金。参保人员跨统筹范围流动或在机关事业单位与企业之间流动，在转移养老保险关系的同时，基本养老保险个人账户储存额随同转移，并以本人改革后各年度实际缴费工资为基数，按 12%的总和转移基金，参保缴费不足 1 年的，按实际缴费月数计算转移基金。转移后基本养老保险缴费年限（含视同缴费年限）、个人账户储存额累计计算。由于机关事业单位基本养老保险基金单独建账，对于机关事业单位与企业之间流动仍然存在较多障碍，流动成本较高，因此应该加快机关事业单位基本养老保险基金和企业职工基本养老保险基金的融合，扩大统筹范围，争取早日实现只需转移养老保险关系而不需要转移基金。

2. 还需要改进和细化的地方

在目前已经取得的改革进展基础之上，机关事业单位养老保险改革还需要在以下两个方面改进和细化。一是对于那些改革前参加工作、改革后退休且缴费年限（含视同缴费年限，下同）累计满15年的人员，还需要制定更加具体详细的过渡养老金方案。由于这部分人群缴费已经累计满15年，因此养老金包括两部分：基础养老金和个人账户养老金。基础养老金计发办法以退休上年度全省在岗职工月平均工资和本人指数化月平均缴费工资的平均值作为基数，乘以累计缴费年限（含视同缴费年限），再乘以1%。个人账户养老金等于个人账户积累额除以计发月数。这一计算办法存在两个问题：其一是本人指数化月平均缴费工资的确定；其二是个人账户积累额存在的问题。在改革前，由于很多机关事业单位人员没有缴纳养老保险费，因此难以确定个人平均缴费工资，为了计算简化，很多地方以在岗职工月平均工资作为个人平均缴费工资，由于机关事业单位人员学历高、职级高、工资高，因此该办法会低估其指数化月平均缴费工资。此外，由于个人账户积累时间短，个人账户积累额也相对较少。因此，需要制定过渡养老金办法，以弥补这些人群养老金过低的问题。

二是要创造条件，逐步使得机关事业单位基本养老保险基金和企业职工基本养老基金进行合并。在改革初期，机关事业单位基本养老保险基金单独建账，与企业职工基本养老保险基金分别管理使用具有一定的合理性。从历史数据上看，由于机关事业单位养老保险基金比低于企业职工，而前者的制度抚养比又高于后者，这两个指标意味着机关事业单位养老保险财务状况比企业职工的要差一些。如果在改革之初立即将两个基金合并，短期内可能会对企业职工养老保险基金造成冲击。虽然这种冲击长期来看不会影响养老保险制度的可持续性，但是考虑社会舆论影响等外在因素，改革之初机关事业单位养老保险单独建账也具有一定的合理性。

但是长期来看，机关事业单位养老保险单独建账、基金分别管理使用也存在诸多弊端。一是进一步加重的碎片化问题。目前，我国基本养老保险尚未实现全国统筹，绝大部分是市县统筹，养老保险基金沉淀在上千个统筹单位当中，既不利于全国统筹调剂，也不利于保值增值，而且为基金损耗，甚至违法违规挪用基金等情况打开了方便之门。因此，这次机关事业单位养老保险改革不应该进一步加剧这种碎片化问题，而是创造条件尽可能减少碎片化，提高统筹层次。二是不利于客观显示基本养老保险真实的财务状况。这次改革采取单独建账、基金分别管理使用的办法，表面上不会对企业职工基本养老保险基金造成冲击，但是这两类基金的财务状况没有发生任何改变，财务状况的客观事实并没有发生变化。这种做法并不能改善基金的财务状况，而且也没有客观真实反映其财务状况，甚至在某种程度上隐藏了其真实的财务状况。因此，长期来看，对整个基本养老保险制度的可持续发展都是不利的。三是不利于劳动力在机关事业单位和企业之间流动。虽然机关事业单位养老保险在制度参数上和企业职工实现了统一，但是由于基金没有统一管理，一旦发生机关事业单位人员和企业人员之间的流动，除了改变参保关系外，还需要转移资金，人为地增加了管理工作量，造成了劳动力流动的障碍。因此在改革平稳过渡后，机关事业单位养老保险基金应该和企业职工基本养老保险统一建账、统一管理使用基金，使两类制度实现真正的统一。

除此之外，应该结合机关事业单位养老保险改革的契机，尽快完善城镇企业职工基本养老保险制度。此次改革之后，机关事业单位基本养老保险和城镇企业职工基本养老保险在制度参数上已经实现了统一，只是在基金管理上还没有实现合并管理。下一步改革的重点应该是逐步实现两个基金的融合，真正解决基本养老保险面临的紧迫而重大的问题。首先，应该提高基本养老保险基金的统筹层次，在真正实现省级统筹的基础上逐步实现全国统筹。提高统筹层次对增强基金抗风险能力、提升基金使用效率、便利劳动力流动、保障流动职工权益等方面发挥着重要作用。其次，扩大个人账户规模、采取名义账户制改革。从理论基础、国际经验和实践经验等三个方面都可以发现采取名义账户制改革具有现实可行性，有利于增强参保积极性，有利于基本养老保险长期可持续发展。再次，逐步提高退休年龄。目前我国女职工50周岁退休，女干部55周岁退休，男职工60周岁退休，目前我国职工平均退休年龄偏低，实际上的平均退休年龄只有54周岁。这一标准是在20世纪50年代制定的标准，目前该标准已经远远不能适应我国社会保障制度发展的实际情况和我国人均预期寿命的实际情况。为此，应该采取逐步推进、平稳过渡的办法延迟退休年龄，并且建立调整退休年龄的动态机制，实现退休年龄逐步适应预期寿命的机制。最后，完善多层次养老保险制度，在基本养老保险、职业年金和企业年金的基础上，大力发展第三支柱个人养老保险。

（二）中国机关事业单位职业年金的改革措施

在统一参加城镇职工基本养老保险的基础之上，建立机关事业单位职业年金，既是建立多层次养老保障的需要，也是顺利推动机关事业单位养老保险改革、保持改革前后待遇水平平稳过渡的需要，能够更好地满足机关事业单位职工的差异化需求。

1. 已经取得的改革进展

（1）职业年金缴费比例

职业年金所需费用由单位和工作人员个人共同承担。单位缴纳职业年金费用的比例为本单位工资总额的8%，个人缴费比例为本人缴费工资的4%，由单位代扣。单位和个人缴费基数与机关事业单位工作人员基本养老保险缴费基数一致。根据经济社会发展状况，国家适时调整单位和个人职业年金缴费比例。单位和个人合计缴费比例为12%，该比例一方面不会加重单位和个人缴费负担，另一方面考虑投资收益，该缴费比例能够保障职工退休后获得满意的替代率。

（2）职业年金账户管理方式

职业年金基金采用个人账户方式管理，个人缴费实行实账积累。对财政全额供款的单位，单位缴费根据单位提供的信息采取记账方式，每年按照国家统一公布的记账利率计算利息，工作人员退休前，本人职业年金账户的累计储存额由同级财政拨付资金记实；对非财政全额供款的单位，单位缴费实行实账积累。实账积累形成的职业年金基金，实行市场化投资运营，按实际收益计息。

职业年金基金投资管理应当遵循谨慎、分散风险的原则，保证职业年金基金的安全性、收益性和流动性。职业年金基金的具体投资管理办法由人力资源社会保障部、财政部会同有关部门另行制定。

在单位缴费方面，财政全额供款和非财政全额供款方面存在较大差异。前者的单位缴费根据单位提供的信息采取记账方式，后者的单位缴费实行实账积累。这意味着对于全额财政拨款单位，建立职业年金并不会立即增加单位的缴费压力，但是这只是把压力推到了未来，实际上并没有消除单位的缴费压力。而且，由于财政全额拨款单位和非财政全额供款单位缴费不同，这也会阻碍劳动力流动，人为提高劳动力流动成本。

（3）职业年金领取办法

符合下列条件之一的可以领取职业年金：①工作人员在达到国家规定的退休条件并依法办理退休手续后，由本人选择按月领取职业年金待遇的方式。可一次性用于购买商业养老保险产品，依据保险契约领取待遇并享受相应的继承权；可选择按照本人退休时对应的计发月数计发职业年金月待遇标准，发完为止，同时职业年金个人账户余额享有继承权。本人选择任一领取方式后不再更改。②出国（境）定居人员的职业年金个人账户资金，可根据本人要求一次性支付给本人。③工作人员在职期间死亡的，其职业年金个人账户余额可以继承。未达到上述职业年金领取条件之一的，不得从个人账户中提前提取资金。

2. 还需要改进和细化的地方

第一，尽快统一职业年金和企业年金的名称，统一称为职业养老金，实现统一的监管制度。在中国语境中，职业年金专指机关事业单位职工第二支柱的补充养老保险，而企业年金专指企业职工第二支柱的补充养老保险。从名称上，职业年金和企业年金仍然以身份职业作为划分标志，这和我国社会保险改革发展的趋势相违背。近20年来，我国社会保险改革的大趋势是弱化身份特征，强调公民权益平等。此前基于身份特征的社会保险制度逐步被替代为更加强调公平、平等的社会保险制度。例如，此前分别建立的新型农村养老保险和城镇居民养老保险，现在统一称为城乡居民养老保险制度。此前出现的城镇职工、公务员、事业单位职工养老保险，甚至曾经酝酿的农民工养老保险，这些基于身份特征的养老保险制度逐步统一为职工养老保险制度。因此，在第二支柱补充养老保险方面也不应该基于身份不同而采取不同的名称，可以将机关事业单位和企业第二支柱补充养老保险统称为职业养老金，为了区别两类制度，针对机关事业单位的可以称为公共部门职业养老金，针对企业的可以称为私人部门职业养老金。之所以把年金改为养老金，是为了更准确地区分年金和养老金的概念。年金是指每隔一定相等的时期，收到或付出的相同数量的收入流，一般专指保险公司等金融机构提供的年金保险产品。养老金是对退休收入的统称，可以是年金产品，也可以是一次性给付，也可以是按计划的给付，或者是这三者的某种混合。在统一名称之后，在制度运行过程中，应该接受统一的监管制度，更有利于机关事业单位职业年金健康发展。

第二，对于财政全额供款的单位，单位缴费部分应该尽快计实，和非财政全额供款单位一样，实行实账积累制度。财政全额供款单位中的单位缴费部分采取记账制，短期内有利于减轻财政压力，推动改革尽快启动。但是，长期来看，这种做法隐藏较大风险，增加制度管理成本，不利于劳动力流动。除此之外，由于制度不统一，实账积累和虚账记账并存，导致收益率存在较大差异，形成新的不公平，为将来新一轮改革埋下隐患。例如，一些东部发达省份已经规定对于财政全额供款单位的单位缴费部分采取实账积累制。这样的结果会导致一些省份采取实账积累制，另一些省份采取虚账制，制度不统一，不仅增加了经办难度，而且导致各个地区职业年金收益率存在较大差异。长期来看，实行实账积累制的投资回报率会超过虚账制的记账利率。如果政府采取较低的记账利率，会导致参保职工不满；如果政府在压力之下采取较高记账利率，又会增加财政负担，使得政府陷入进退两难的境地。将来，为了解决两者公平性的问题，不得不进行二次改革。为此，应该尽快将单位缴费部分的记账改为实账积累。

第三，机关事业单位职业年金的发展需要获得税收优惠的支持，特别是采取年金方式领取的应该给予更大程度的税收优惠。根据国家规定，个人根据国家有关政策规定缴付的年金个人缴费部分，在不超过本人缴费工资计税基数的4%标准内的部分，暂从个人当期的应纳税所得额中扣除；单位缴费部分在计入个人账户时，个人暂不缴纳个人所得税。该文件还规定年金基金投资运营收益分配计入个人账户时，个人暂不缴纳个人所得税，但是在领取阶段缴纳个人所得税。年金产品是一个长期的支付流，能够较好地应对长寿风险。因此，对于那些将账户积累额直接一次性购买年金产品的个人，可以免征所得税，当领取年金时，可以适当减半征收个人所得税。这样，通过税收优惠的形式鼓励退休人员购买年金产品，以更好地应对长寿风险。

第四，机关事业单位职业年金的制度设计应该反映事业单位的职业特点，具有自身特色。根据《职业年金基金管理暂行办法》，职业年金基金采取集中委托投资运营的方式管理，其中，中央在京国家机关及所属事业单位职业年金基金由中央国家机关养老保险管理中心集中行使委托职责，各地机关事业单位职业年金基金由省级社会保险经办机构集中行使委托职责。代理人可以建立一个或多个职业年金计划。考虑到事业单位的多样性，可以适当采取更加灵活的委托管理模式。例如，根据事业单位职工教育水平较高、专业技术人员丰富的特点，受托模式可以采取理事会受托模式，也可以采取法人受托模式。理事会受托模式是指举办职业年金计划的单位和参加该计划的职工将职业年金基金的管理权和相关事务委托给单位内部年金理事会，由其行使处置和管理职业年金基金的相关职责。一般而言，职业年金理事会由单位代表和职工代表等人员组成，也可以聘请单位以外的专业人员参加，其中职工代表不少于三分之一。理事会应当配备一定数量的专职工作人员。职业年金理事会中的职工代表和单位以外的专业人员由职工大会、职工代表大会或者其他形式民主选举产生。单位代表由单位方聘任。理事任期由职业年金理事会章程规定，但每届任期不得超过三年。理事任期届满，连选可以连任。另外，还可以根据行业特点建立行业集合计划，在计划类型、缴费水平、待遇水平、便携性方面具有更多的灵活性和行业特点。

第五，细化职业年金基金投资管理办法，适当提高股票投资比例，引入合格默认投资工具。中国职业年金基金实行完全积累，因此投资运营是一个关键环节。据测算，在缴费收入和投资收入相同的情况下，如果投资收益率从4%增加到5%，意味着投资收入增加25%，或者缴费负担下降25%，故职业年金投资运营的意义重大。根据《职业年金基金管理暂行办法》，职业年金投资股票、股票基金、混合基金、股票型养老金产品的比例，合计不得高于投资组合委托投资资产净值的30%。考虑到职业年金投资的长期性，可以适当提高股票投资比例，特别是针对那些距离退休时间还较长的群体。提高股票投资的比例应该遵循循序渐进的原则，在初期可以提高到40%，最终提高到50%至60%左右。为了更好地平衡职业年金的风险和收益，应该引入合格默认投资工具，大力推广目标日期基金或者生命周期基金。鼓励员工根据年龄选择一个最接近退休日期的基金，在初期可以增加股票权益类投资，随着退休日期的临近，逐步减少股票投资，增加固定收益类投资，使得投资风险、收益和退休年龄之间实现最优匹配。总之，职业基金投资管理应当遵循谨慎、分散风险的原则，充分考虑职业年金基金财产的安全性、收益性和流动性。

第六，机关事业单位职业年金应该完善内部治理结构、保持信息透明。事业单位职业年金的资产安全和适当的投资回报率对保障退休职工生活、促进职业年金发展至关重要。完善的内部治理结构是实现这一目标的基本条件。首先，保障事业单位职业年金资产的独立性，这是建立良好治理结构的前提。其次，合理设置分权构架、提高信息披露程度、增强管理决策透明度是建立良好治理结构的重要内容。在理事会受托模式下，理事会成员的组成应该具有广泛的代表性。在法人受托模式下，代理人、受托人、账户管理人和投资管理人应该各司其职，分权制衡，相互配合。最后，相关利益群体的广泛参与是建立良好治理结构的重要保障。事业单位职业年金的决策机构应该具有广泛的代表性，使得不同群体能够充分表达意见和利益，为不同群体提供争取利益的合法平台。只有这样才能保证职业年金管理制度、投资政策的一致性和长期性，为保障参保人权益奠定制度基础。

第四章　社会保障运行机制与构成

第一节　社会保障的理论基础

一、社会保障的社会学理论

社会学关注的是社会公正与社会和谐问题，社会学家正是基于这一视角来观察并研究社会发展进程中的问题的，通过一些社会学家的努力使得社会保障理论得以不断发展，成为支撑社会保障的理论基础。

20世纪40年代以来，福利国家成为西欧社会的时代精神和基本制度，福利已经成为西欧社会中占主导地位的国家功能。什么是福利国家？福利国家是一种国家制度，它强调国家应该承担满足国民基本的教育、医疗、经济和社会安全需求的责任。这种制度把福利看作国家的最主要特征，强调国家要为国民的福利负责，国家必须具备基本的福利功能并为实现其目的而发挥作用。因而，福利国家的出现成为20世纪最重要的社会福利现象。

二、社会保障的经济学理论

社会保障制度安排其实是一种社会价值的选择，而经济学中的选择理论则充当着社会保障制度安排的理论基础。经济学对社会保障第二个特别重要的基础性贡献在于为社会保障理论与政策实践的发展提供了具体的理论方法。这里简单介绍经济学中对于国家干预与自由竞争选择的三种自由主义经济学理论。

（一）自由主义时期的社会保障理论

亚当·斯密（Adam Smith）崇尚经济自由，他认为只有在自由竞争的条件下，才能使财富的创造最有效率、最大化，才能满足个人对幸福的追求，并且使之与社会幸福相协调。在他看来，经济学关心的是个人幸福，而道德哲学关心的是人类幸福，两者并不矛盾。他认为市场机制是一只"看不见的手"，它在合理地配置资源。他认为"用不着法律干涉个人的利益关系与情欲，自然会导致人们把社会的资本尽可能按照最适合全社会利害关系的比例，分配到国内一切不同的用途"。每个人只要不违反"正义的法律"，都应给予"完全自由"，让他们选择"自己的方法"，"追求自己的利益"，以其"劳动及资本"同任何人任何阶级进行自由竞争，通过"看不见的手"来推动个体利益和社会福利的共同增长，进而实现社会福利水平的提高。这样，无须政府监督，就可以自发地实现增进国民财富的目的。

（二）凯恩斯主义的社会保障理论

20 世纪 20 年代末至 30 年代，资本主义国家的经济大危机使得原来占统治地位、以市场自由经营为中心内容的新古典经济学说顿时衰落。在此背景下，凯恩斯主义应运而生。凯恩斯主义是以英国资产阶级经济学家凯恩斯的经济学说为基础、主张通过国家干预经济和有效需求管理来实现充分就业和经济增长的理论体系。

针对"有效需求不足"为痼疾的"病根"，凯恩斯主义从考察决定生产、就业和收入的因素入手，提出有效需求原理以及消费倾向、资本边际效率和流动性偏好三个基本心理规律，进而分析消费与投资两个方面有效需求不足的内在结构。在凯恩斯理论体系中，对社会保障影响最深的是有效需求理论及其政策主张。凯恩斯主义提出的国家干预不是对市场机制的完全否定，而是对市场机制缺陷的弥补和修正。他们主张通过累进税和社会福利等办法重新调节国民收入的分配，通过财政转移支付，对失业者、贫困者给予救济，从而刺激总需求。在凯恩斯主义的国家干预思想中，社会保障占有相当重要的地位。在他们看来，国家出面建立社会保障制度主要基于两点原因：一是提高消费倾向；二是稳定宏观经济，社会保障的"自动稳定器"作用可以"熨平"经济波动。但凯恩斯主义所关心的问题是维持社会再生产的连续性，实施的一系列社会福利措施只是为了刺激需求和保护生产，以实现充分就业，其政策并非出于对民众福利的真正关心，因此，在此基础上建立的社会保障制度是一种充分强调个人责任、国家承担有限责任的社会保障制度，提供的社会保障仅是"有限保障"。

（三）新自由主义的社会保障理论

新自由主义的有关社会保障理论是在 20 世纪中后期兴起的一种强调个人的自由和责任，反对国家干预经济的主张。货币学派是一个反对凯恩斯主义的新自由主义学派，以制止通货膨胀和反对国家干预为主旨。让低收入者依据各自的收入得到政府向其补贴的不同的负所得税。这种帮助穷人的方法之所以被称为"负所得税",主要是强调它与现行的所得税之间在概念和方法上的一致性。负所得税就是政府界定出一个最低收入线,收入高于这条线的人,高出部分按照一定比例向政府交税。低于这条线的人,差额部分按一定比例从政府得到补贴。

实行负所得税,可以达到以下福利目标:第一,它可以使公共基金集中用于穷人。它帮助人们就是因为他们是穷人,而不论他们是因为年老、残疾,还是因为失业或其他什么原因。第二,它将贫穷的人当作认真负责的人来对待,而不是当作无能的、受国家保护的人来对待。第三,它使穷人有自助的能力。另外,负所得税使公共基金集中用于穷人,可以减少耗费,能避免那些代价高昂的福利机构的介入,避免这些官僚机构滥用社会保障资金。

三、社会保障的政治学理论

政治学关注的核心领域是国家与社会、民主与法制、人权与主权、政党与政权、政府与市场、决策与行政、发展与稳定。在这些核心领域中,几乎均与社会保障有着密切的联系。下面介绍国家和政党有关社会保障的政治学理论。

(一) 政治需要的社会保障理论

政治学研究的最重要目的无疑是社会控制,无论采取的是威权强制还是其他教化人民的策略,都是为了达到政治意识形态的统一和行为规范的一致,因此,从传统社会到现代社会,社会保障均与政治存在密不可分的关系。一方面,政治需要社会保障作为实现目标的工具和手段,离开了社会保障的维系,政治的目的将难以实现;另一方面,社会保障的发展也需要政治的推动,并对政治产生相当的影响。从中国古代的救荒救灾到英国济贫制度的建立,再到英国福利国家的建议,均隐含着政治的需要与政治目标,因此,可以得出这一基本结论——政治与社会保障是相互需要的,在一定的条件下,政治决定社会保障的发展,而社会保障也可能影响政治。

在古代专制政治下,国家机构为政权独裁者垄断,人民毫无发言权,社会保障完全取决于统治者的意愿,社会保障成为统治者的恩赐。在统治者开明的时候,社会保障措施可能会发生一定的效力;反之,在社会动荡的年代,社会保障就没法发挥基本的稳定社会的功能。这是一种被动式的保障,其目的是巩固和维持社会秩序,内容局限于低层次的救济,它的运行是人治而非制度化,它的效果取决于统治者的意愿,因此,在这种政治下不具备现代社会保障所需要的条件,从而也不可能真正产生现代社会保障制度所产生的效果。在民主政治的条件下,社会保障制度的发展则取决于多数国民的意愿。西方国家的民主政治是议会政治，议员与总统需要经过竞选程序并发布自己的政见，赢得选民的选票方能当选；在中国，则是实行人民代表大会制度，人民代表由各地区选举产生，国家主席及政府总理由全国人民代表大会选举产生。因此，民主政治能使人民通过自己选举出来的代表或代表自己团体利益的政党集团来影响立法与政策的制定，国民的社会保障权益很自然地会上升到法律的层次并受到法律保护。承认政治对社会保障的需要与影响，并不意味着社会保障是为政治服务的，因为作为社会成员的安全保障机制，社会保障的根本目标应当只能是保障社会成员的协调发展和整个社会的发展进步。因此，应该避免社会保障被政治家当作工具来运用，这是政治的悲哀，也是社会保障的悲哀。

（二）政党政治的社会保障理论

政党政治是政治学研究的核心范畴之一。政治对社会保障的影响，表面上是通过立法机关与行政组织来进行的，但实质上却是政党、各利益集团乃至政治家互相角力和操纵的结果。因为民主政治的最大特色就在于政党政治及各种利益集团的推动，因此，政党对社会保障的看法客观上对社会保障制度的发展起很大的推动作用。

四、社会保障的伦理学理论

社会保障是生产社会化的产物，是经济发展到一定时期的产物，但并非相同的经济发展水平一定会产生相同的社会保障。任何一国的社会保障制度生成的背后都有着复杂的经济、政治、社会和文化伦理等方面的原因，其中文化伦理方面的原因属于深层次的、起着决定性和基础性作用的因素，但为短期的、表面的经济、政治和社会等方面因素所掩盖。

（一）公平与效率的抉择

公平与效率的抉择是一个古老的问题，同时也是一个充满争议的问题。有关公平与效率的取舍是社会保障制度设计中永远无法回避的原则性问题。公平与效率的抉择通常被认为是经济学的研究范畴，但它绝不是一个单纯的经济学问题，在社会学和伦理学研究中也有其研究的主题

公平作为人类共同追求的永恒的价值思想，并不仅仅存在于社会收入的分配中，而是涉及社会生活的多个方面。所谓公平是一个多维度的概念，但它基本上是关联互动中的人们对其社会状况的心理预期和价值判断。从共时性关联角度讲，公平包括了经济公平、政治公平、社会公平等；从历时性关联角度讲，公平包括起点公平、过程公平和结果公平。由于社会保障在形式上是通过收入再分配的方式来实施的，因此，研究者通常将社会保障

的公平问题局限在经济公平方面。但是，社会保障的决策和实施过程并非一个单纯的、简单的经济过程，而是一个充满矛盾的、复杂的政治过程和社会过程，因此，我们研究社会保障的公平问题就不能局限于经济公平，而应当同时研究其政治公平和社会公平问题。

效率是经济学的一个核心概念，是指通过资源的有效配置和利用，达到福利最大化。宏观意义上的效率可分为三个阶段：第一阶段是资源最优配置的效率，通常用"帕累托效率"或"帕累托标准"来描述；第二阶段是可持续的综合效率，仍体现了人类对效率的追求，但增加了生态、环境对效率的制约条件，丰富了效率的内涵；第三阶段是网络经济的效率，也称"后工业效率"，指通信和计算机的网络化使传统效率发生了质的飞跃。这里所谓的效率标准，即"帕累托标准"，不仅是一个经济学标准，而且是一个伦理学标准。从伦理学上看，"帕累托标准"本质上是一个个人主义和自由主义的价值观。因为按照福利经济学的两条基本定律，每一个竞争的配置都是帕累托最优；每一个帕累托最优的配置都是建立在禀赋商品某种分配基础上的竞争配置。因此，竞争性的市场机制能够实现"帕累托最优"，而主张竞争性的市场所暗含的价值判断正是个人主义和自由主义伦理。

从伦理学的视角看，社会保障中的公平与效率的抉择实际上就是社会民主主义价值观和个人主义价值观之间的抉择。在社会民主主义价值观占统治地位的国家，其社会保障制度的设计和实施中会强调公平原则；而在个人主义价值观占统治地位的国家，其社会保障制度则会采纳效率优先的原则。

（二）互惠与团结的基准点

社会保障是一种制度化的社会"互惠"行为，这一互惠行为的稳定实施依赖于参与者在道德上的认识和共识。那么，在社会交往中哪些参与者之间会达成互惠的道德认同呢？社会保障的传统实践是以一个有确定界限的塑造空间为前提的，不仅社会政策的成本，而且社会政策的收益都在这个塑造空间内表现出来。这一塑造空间可以小到一个村庄，大到整个现代民族国家。资本主义的市场经济，只有当其不断产生的风险和日益扩大的经济不平等及其消极后果始终被置于某种道德经济的联系中时，才显示出合法性，这种道德经济确保全体国民在普遍的互惠关系的意义上共享这一个经济形势的各种好处。这里强调的是"道德经济"的重要性，但是一个私人资本主义的市场经济社会究竟如何才能产生道德经济呢？对于这个问题，现代社群主义者可能会求助于"民族精神"，而新自由主义者则会求助于"法治国家"。无论基于哪种解释，当代福利国家的成功实践促使社群主义者和新自由主义者均采纳了民族国家的"道德经济"的假设。由此可见，社会保障关系的建立和正常发挥功能是基于这样一种占主导地位的信念，即相信确实存在着普遍的互惠关系，因此，归根结底所有参加者都能以自己的方式从这种制度安排中受益。但是，这样的制度化互惠观念首先涉及的是一个从政治上定义的"国家"。国家的功能尤其在于通过建立和控制自己的边界，保证普遍化的对互惠关系的期待覆盖有确定界限、原则上可以预见的地域，在这个地域中，可以实行协调一致的经济和社会政策。此外，由于共同的传统和教育部门的努力，该地域的居民显示出高度的文化同质性，能对重要的规范性观念达成共识。因此，互助意愿的主要前提条件便产生了，这些前提条件通过相应的"民族国家意识"而被进一步强化（民族精神观念）。

"团结"一词源于拉丁文，含有"坚定的、持久的、可靠的、可信赖的"等含义。因此，对团结的要求实质上包含着对其他人的可靠性的要求，对他们承认现存的规范和随之产生的义务的要求，对他们的合作意愿及其致力于共同利益的要求。在团结以这种实践意义存在的场合，它就起到社会调控的作用。它激励人们设身处地地为他人着想，并相应地在平衡自身利益与他人利益的基础上采取行动。团结始终把"自己人"包括在内，而在现代社会究竟谁是"自己人"呢？这个问题实际上涉及了所谓的"团结的基准点"，即团结互助的人际范围边界。按照"机械团结"的概念，团结是建立在社会中个人之间的同质性基础上的一种社会联系，它产生和存在的基础是"集体精神"。而新自由主义者把"集体精神"视为团结的结果。团结的"集体精神"来自于主导社会保障实践的互助和互惠思想：人们相互认同，认识到大家都有可能遭遇风险损失，因此应该针对这种可能性共担风险。但是，与其说这种"集体精神"是制度形成的原因，不如说它是制度运行的结果。通过社会保障将风险共担行为制度化，就可以强化人们的共享与社区价值观念，这样全民项目就建立在广泛共享的多重合法性基础上，这些基础包括人们的公正观念，因为人们通过互助与互惠思想被融入共同的社会公民权利中。

第二节 社会保障的运行机制

一、社会保障的运行与实施

（一）运行机制的一般理论

考虑到社会保障法制、管理、实施与监控都是社会保障宏观运行机制中的重要环节，阐述社会保障运行机制的一般理论需要将上述诸环节视为一个整体。

1. 运行机制的公理

作为系统工程，社会保障的宏观运行机制应当符合下列公理：

（1）整体性公理

整体性公理即社会保障运行的诸环节、诸要素及所采用的手段与方法必须是一个有机的整体，而不是简单的、机械的集合，它也由多个要素和系统组成，但各要素和系统仅仅作为整体的一个特定部分而存在，并且在整体系统中才能发挥出应有的作用。如社会保障项目的实施离不开法制的规范与约束，反之，法制的规范与约束若不能得到贯彻实施便如同一纸空文；等等。

（2）层次性公理

层次性公理即社会保障的运行具有多层次性，如从法制规范到具体实施，从中央到地方，从政府到民间；等等，每一层次都有其特定的任务和运行范围。任何违背层次性规律的做法，都会损害整个社会保障制度的正常运行和健康发展。

（3）稳定性公理

稳定性公理即社会保障运行机制应当具有结构稳定性，运行过程中相关要素的组合及其相互作用的形式和相互联系的规则是既定且不可紊乱的。一旦相关要素的组合等发生紊乱，则必然导致社会保障运行过程中的特定秩序发生混乱，进而出现摩擦与对抗并损害社会保障制度的正常发展。如社会保障制度在实施过程中，必须实现区域服务定点稳定、实施内容稳定和服务对象稳定。

（4）协调性公理

协调性公理即社会保障运行机制中的诸要素应当相互协调，如果不能协调，就可能因相关要素的反作用力导致运行过程的非正常现象。如法规、政策的规范违背了社会保障制度实施过程中的民意，或社会保障制度在运行过程中违背了法规、政策的规范，或不服从政府的管理，等等，均会对社会保障造成直接的、严重的后果。

2. 运行机制的目标与宏观结构

从社会保障制度可持续发展的角度出发，社会保障宏观运行机制的构建目标应当是科学、合理、高效与协调。具体而言，这一目标又包括以下四个子目标：

（1）社会保障运行机制必须科学、合理

一方面，在构建社会保障运行机制时，应当使运行机制中的各系统、各层级的构架既能够满足社会保障正常运行的需要，又能够实现相互制衡、相互推进的目标；另一方面，运行机制的构建既要避免因对旧的运行机制的摒弃而产生巨大的社会震荡，又必须实现对传统运行机制的创新，即能够适应社会保障制度持续发展的内在要求。换言之，在尽可能减少震荡的同时促使社会保障运行机制走向科学化、合理化。

（2）社会保障运行机制必须实现一体化

社会保障运行机制应当坚持立法、管理与实施等相互分离又相互制约的原则，但在分离与制约的同时还应当实现运行机制一体化，即运行机制中的各系统能够共同构成一个紧密相关、协调运转的大系统。在这个大系统中，各系统具有相对独立性，但这种独立性只是分工负责、明确职责的需要，它们的目标完全一致，只不过手段有别，在运行中是一个不可分割的整体，任何一方离开了另外一方，都将导致整个社会保障体系不能正常运行。因此，社会保障运行机制中的诸环节应当既是分工明确，又是不可分割的整体。

（3）社会保障运行机制必须高效、经济、灵敏

社会保障运动机制包括：一是必须追求高效率，即能够做到法制规范具体、管理政令畅通、实施环节简单、实施效果良好；二是必须符合经济原则，即杜绝由于运行机构的庞大或非正常而导致对社会保障基金的侵蚀，以及运行环节中的缺漏导致的基金流失，尽可能地做到维护社会保障基金的安全并实现保值增值；三是整个运行机制应当反应灵敏，能够对运行中的非正常状态迅速做出反应，并及时采取有效的措施来防止、控制非正常事件的发生。

（4）社会保障运行机制各系统必须协调运转

根据构建社会保障运行机制的总体目标，社会保障运行机制由四个相互协调的系统组成，其中，法制系统是实施社会保障的客观依据，管理系统是实施社会保障的责任主体，实施系统是实施社会保障的执行主体，监督系统是实施社会保障的基本保证。

社会保障运行机制的宏观构架有着如下特色：

其一，分层负责。它客观上可分为以下三个层次：第一层次或最高层次是法制系统，它是社会保障运行过程中的管理系统、实施系统和监督系统的共同依据，是规范性层次。第二层次是管理系统和监督系统，其中前者依照法律的规定在自己的职责范围内对各种社会保障实施机构及其实施内容履行管理之责，同时接受监督系统的监督；后者依据法律的规定履行对社会保障管理系统与实施系统的监督职责，其中重点是对实施系统的监督，它可以概括为管理与监督层次。第三层次是社会保障的实施系统，它依据法律规定具体组织实施各种社会保障事务，同时接受管理系统的管理与监督系统的监督，是具体实施层次。上述三个层次分工不同，但目标一致，它们共同推进社会保障项目的实施。

其二，系统运行。在社会保障运行机制中，法制系统、管理系统、实施系统和监督系统共同构成一个有机结合的整体，不仅缺乏任何一个系统都会导致整个社会保障运行陷入非正常状态，而且任何一个系统的非正常也会导致整个运行系统的非正常。例如，没有相

对独立的法制系统，社会保障制度的运行会失去操作的客观依据；没有相对独立的管理系统，社会保障的实施会陷入混乱之中；没有相对独立的实施系统，社会保障的运行将陷入政事不分、职责紊乱的局面；没有健全的监督系统，社会保障运行过程中的非正常状态将得不到及时的发现和纠正。因此，社会保障制度的运行是上述四个系统作为一个不可或缺的整体系统的运行，每个系统都应该在运行中保持正常状态并在整体系统中发挥作用。

其三，双向制约。中国传统的社会保障运行机制只具有单向制约性，即政府制定法规政策，然后由政府部门或企业、机关、事业单位执行。而合理的社会保障运行机制，其四个系统之间都存在着双向的或相互的制约性，如法制系统对其他三个系统均起着规范与制约作用，其他系统的运行不能违背法制系统的规范，但其他系统在运行中若发现法制系统的不足又可以推动法制系统的修订与完善；管理系统行使对实施系统的管理职权，但又须接受法制系统的约束和监督系统的监督；实施系统依法实施各种具体的社会保障事务，却需要同时接受管理系统、监督系统的管理与监督；监督系统接受法制系统的约束，不能介入具体的社会保障管理与实施，但可以行使对管理、实施系统的监督权。

（二）实施系统

社会保障项目的实施，是整个社会保障制度运行过程的核心环节，这一环节既要接受社会保障法规制度和政府管理机关的约束，又直接面向各社会保障项目覆盖范围内的全体社会成员，还需要接受各方的监督。因此，构建高效、合理的社会保障实施系统，往往是社会保障制度能否最终获得预期效果的关键。现阶段在国际范围内对社会保障争议最大的问题，除政府责任大小与水平高低外，就是社会保障的实施系统，而事实上前两个问题又都在一定程度上需要通过实施系统才能准确反映出来，如对社会保障是采取官营或公营方式，还是民营或私营化，即是最引人注目的，因为它关系到政府责任的体现与国民个人的风险问题。

1. 构建原则

（1）官民结合

在世界上只有由政府负责的社会保障制度，而没有包办一切社会保障事务的政府。我们可以考察各国社会保障制度的实施状况，即使是那些由政府负责的高福利国家，由非官方系统承担有关社会保障事务的具体经办任务也是正常现象，即使是在传统模式的社会主义国家，政府采用的是国家保险制度，但许多具体的社会保障事务依然需要通过非官方组织来承办。如中国在计划经济时代虽然由国家充当保障全民福利的责任主体，实施过程却是由众多的企业、乡村基层组织经办绝大多数社会保障事务，官方系统仅有民政、卫生等少数政府职能部门承担着救灾救济、军人抚恤、公费医疗等社会保障实施责任，且依然需要依靠基层组织才能顺利实施。在此，企业与乡村基层组织，即使是国有企业与政府直接控制的乡村基层组织，在性质上显然也不能等同于政府。在市场经济条件下，政府通常以追求效率为目标，"小政府、大社会"被认为是一种理想的社会格局，从而使得让民间承担更多、更大的社会责任与社会事务成为一种优良的选择。

（2）统放有度

在社会保障体系中，有些社会保障项目是必须统一实施才能确保其实施效果的，政府对此不能推卸自己的责任，而是应当作为直接责任主体，按照统一机构、统一内容、统一标准、统一时间的要求来实施。而另一些不需统一实施也能实现其保障效果的项目，则可以在法律、法规、政策的原则规范下放开实施。如在社会保险制度中，养老保险、失业保险等不仅需要强制统一实施，而且需要实现全国统一化，医疗保险则可以放开由地方负责实施并在医疗服务环节让医疗机构相互竞争；制度安排中的社会救助事务必须由官方或公营机构统一实施，而非制度安排的社会救助事务却应当完全放手由各社团机构或慈善组织按照自主、自治的原则来实施。

（3）追求效率

社会保障以创造和维护社会公平为基本宗旨，但在实施过程中同样需要特别关注效率，不考虑效率的社会保障制度不仅是不可持续发展的社会保障制度，而且会产生严重的不良后果。因此，社会保障实施系统的构建，必须充分考虑运行成本的大小和运行效率的高低，防止实施成本过大而侵蚀社会保障基金或给政府财政带来新的压力，同时还必须杜绝实施过程中的官僚主义和渎职行为。以较低的运行成本争取尽可能高的运行效率，应当成为构建社会保障实施系统的基本原则和评价其良性与否的重要指标。

2. 实施机构

作为社会保障项目的具体执行者，社会保障实施机构依照社会保障法律制度和相关社会政策的规范，承担着经办各种社会保障事务的职责。在一个健全的社会里，担负社会保障项目实施任务的往往既有官方系统的官营机构与公营机构，也有非官方系统的民营机构，还有一些介于官方系统与非官方系统之间的半自治机构，它们的合理组合是社会保障实施系统高效运作的基本条件。

（1）官营或公营机构

传统意义上的社会保障，通常是由政府充当直接责任主体，也是由官营或公营机构负责实施的，迄今许多国家的社会保障事务仍然依靠官营或公营系统来组织实施。它主要有两种形式：一是政府社会保障管理部门直接经办有关社会保障事务，一般表现为上管下办模式；二是在政府社会保障管理部门之外另行设置独立的社会保障实施系统专门经办有关社会保障事务，一般表现为管办分离模式。例如，英国的社会保障制度就主要是通过独立的官营系统来实施的，它由在政府社会保障主要管理部门社会保障部之外另行设立了6个相对独立的实施系统来完成，其中，待遇发放机构是最大的实施系统，它通过设置地区局、分局、分区办事处等几个层次，成网状布点遍布全国，依法审核国民申请并发放20多项社会保障待遇；基金收缴机构专门负责征收社会保障费用，其内部机构设置与待遇发放机构大体一致。

（2）民营机构

民营机构介入社会保障的方式有两种：一是接受政府委托经办有关社会保障事务；二是自主组织实施有关社会保障事务。第一种方式是纯粹的经办机构，它完全按委托机构——社会保障管理机构的意志行事，如银行代发养老金时就没有自作主张的权利。第二种方式则与政府不存在管理与被管理的关系，而是作为社会中坚力量，以独立法人的地位开展有关社会保障工作，属于自管自办型，当然，政府职能部门往往可能起监督作用。在社会保障领域，民营机构介入较多的是社会福利事务（如各国民办的养老院、公益医院、康复服务中心，等等），社会救助与社会保险领域亦有民营机构介入，它们多是提供相关的福利或公益服务，提供现金与实物援助的较少。一般而言，民营机构多以具备独立法人资格的社会公益事业团体面孔出现，慈善团体是比较典型的自治性社会保障实施机构。

（3）半官方机构

除官方系统与民营系统外，在社会保障领域，许多国家实际上还活跃着一部分既具有部分官方色彩又具有民营特征双重身份的实施机构，它们与政府或政府职能部门保持着特殊的关系，或由法律、法规等赋予其部分官方职能，但在业务范围内又完全独立自主地开展社会保障工作。在中国，中国残疾人联合会即是一个半官方组织，它虽然未被纳入各级政府序列之中，却接受政府的财政拨款，其主要负责人一般被视同政府工作人员任命；红十字会虽然在国际上是一个非政府组织，但中国红十字会却与卫生部门密切相关，并接受政府的拨款，在必要时承担政府的某些使命；中国青少年发展基金会则是另一种半官方性质的实施机构，它依靠社会捐献来实施公益慈善事业，却与中国执政党领导下的共青团组织密不可分，其各种活动依靠共青团组织来推动

上述三类机构构成一个整体，但是孰轻孰重不能简单断言，而是需要根据社会保障项目的性质和从有利于提高运行效率的角度来加以选择和组合，在选择与组合的过程中，国情因素往往是值得着重考虑的，而民意调查亦有着与效率评估相等的重要性。

（三）项目实施

社会保障项目的实施，是最终落实国家社会保障政策和实现国民社会保障权益的环节，它作为一个工作过程，直接面对着城乡居民家庭和亿万国民。对国民而言，享受社会保障权益的直接表现就是在社会保障项目实施过程中能够获得法律、法规与政策规定的社会保障待遇，因此，特别强调项目在实施过程中规范操作、有序运行和公开化。

1. 实施社会保障项目需要具备的基本条件

它包括：一是完备的法制规范。因为在项目实施过程中，除民营机构自主开办的社会性保障事务外，属于国家制度安排范畴内的社会保障项目，其具体内容均是由相应法律来规范的，社会保障实施机构扮演的应当且只能是社会保障法律制度执行者的角色从而要求有完备的法律制度作为可供操作的具体依据。二是合理的管理体制。实施机构实施社会保障项目虽然以相关法律制度为依据，但实践中却往往表现为根据管理系统的具体要求运行，不合理的管理体制必然带来实施系统的低效率运行，合理的管理体制则可以有效地提升实施系统的效率。三是监督条件。需要有独立的监督系统来促使实施机构正常运行，并纠察其偏差与失误。四是垄断经办。社会保障属于公共领域，它原则上不适用市场机制，尽管某些项目或其实施过程中的某个环节可以通过引进市场竞争机制来达到提高效率的目的，但绝大多数社会保障项目要求垄断经办，以保障待遇提供者与受益对象之间的关系长期稳定化、公开化，因此，属于制度安排范畴的社会保障项目的实施均只能采取强制实施、专门机构垄断经办的办法，即使是民营社会性保障事业，亦需要接受政府的统筹规划，以避免因分布不合理及无谓的竞争而导致付出不必要的代价。

2. 实施社会保障项目的基本程序

按程序办事是实施社会保障项目的基本要求，而程序公正又是其基础，因此，任何社会保障项目的实施，均需要由管理者事先制定出规范的程序，实施机构必须不折不扣地按程序操作。不过，不同社会保障项目的实施程序是有区别的。社会保险项目的实施，一般包括如下程序：一是检查规定范围内的单位与劳动者是否已全部参加了社会保险；二是征收并检查用人单位和劳动者个人应当缴纳的社会保险费；三是记录并保存参保单位和受保劳动者的有关情况，作为支付相应社会保险待遇的依据；四是审核受保者对社会保险待遇提出的申请；五是根据规定的条件和确定的标准，支付相应的社会保险待遇，或委托社会机构如银行等发放。民营机构实施社会保障项目的程序包括：一是筹集可供开展社会保障项目的资金；二是接受并审查有需要者的申请；三是在调查核实的基础上确定受助对象；四是提供服务援助或款物援助。

3. 实施社会保障项目的手段

实施手段的科学与否，直接决定着社会保障实施系统的效率。除强制实施手段外，尤其需要注重吸收现代科技成果，如运用电子计算机管理社会保障资料尤其是受益对象资料，实行社会保障号码制，建立灵敏的信息反馈系统等，均已成为必要的手段。即使是在项目实施过程的某些具体环节，亦应尽可能地采取方便居民的服务手段等。

二、社会保障的监控机制

（一）建立监控机制的必要性

各国的发展进程表明，追求没有公平的效率会自取灭亡，追求没有效率的公平也必然失败；同样，各国的社会保障制度发展进程也表明，建立健全的监控机制会促进社会保障的良性发展，而缺乏有效监控的社会保障制度必然会偏离其预定的轨道。因此，社会保障宏观关系的正确处理，社会保障制度的良性运行，均需要建立起相应的监控机制。

1. 社会成员的社会保障权益维护的需要

社会保障是法定制度，是社会成员享有的法定权益，但在各项社会保障制度的具体实施中，各种因素的影响可能导致社会成员的权益受到损害。如一些企业或用人单位不惜虚报职工工资水平报表，以便通过账面工资数低于职工的实际工资数的方式，换取少缴社会保险费的实惠；再如社会保障机构中可能存在的官僚主义或不负责任的行为，导致需要社会帮助的社会成员得不到社会保障制度的帮助；等等。这些都无疑会使社会成员的合法权益受到损害。对此，就需要有权威的、健全的社会保障监控机制，并通过其监督、纠察，使社会成员的合法权益得到维护。

2. 社会保障运行中的非正常状态调试的需要

一方面，社会保障在运行中可能出现非正常状态，尤其是在传统社会保障制度未消失、新的制度又未确立的转轨时期，更容易出现非正常状态。例如，一些地方不断出现随便调用社会保险基金并导致部分基金流失的事件，就是社会保险运行非正常的显著表现；一些企业不按规定缴纳社会保险费，灾害救助和贫困救助中的平均主义、优亲厚友现象，均是非正常状态；政府部门擅自越权干预法定的社会保障行为，也是非正常状态；等等。这种情况与社会保障的基本原则是相背离的，也是与社会保障追求公平而不是平均主义、是机会均等而不是待遇差别、是个人权利而不是少数人施惠行动的目标相背离的。另一方面，上述非正常状态仅仅依靠社会保障管理系统或实施系统又是很难纠正的，因为自我纠正既要受到当事者权威不足的局限，又特别需要有高度自觉的负责精神，而这两点却是管理系统与实施系统无法完全做到的。因此，只有在管理系统与实施系统之外，再建立起健全、权威的监控机制，才能真正纠正社会保障运行中的非正常状态，并确保整个社会保障制度的运行正常化、良性化。

3. 社会保障运行中的潜伏危机防范的需要

一般而言，社会保障的发展要受到多种因素的制约，现阶段的正常化往往不能代表未来发展阶段就一定正常化，这一点不难从许多工业化国家社会保障制度的历史与现实对照中得出结论。如作为社会保障最主要的开支项目的养老保险支出规模，除要受到经济发展水平和通货膨胀等因素的影响外，还必然受到人口老龄化和预期寿命的影响，后者的影响甚至更久远、更起作用。如果平时只按常规考察社会保障制度的运行，一旦人口老龄化到来，就可能因养老金储备的不足而陷入困境；再如失业对社会保障的影响也很大，如果缺乏必要的预测、警告机制，大规模的失业现象将不仅使社会保障陷入困境，而且会涉及整个社会经济的正常发展；等等。因此，从宏观或长远的角度出发，社会保障的运行需要有专业化的预警监控机制，这既是一些发达国家以往的深刻教训，也是社会保障制度发展的内在要求。

（二）监控机制的运行原则

建立社会保障监控机制的目的，是确保社会保障制度实现良性运行与可持续发展。社会保障监控机构的健全，将促使整个社会保障制度得到健康、正常的发展，即使实施过程中有失误，也会得到及时的纠正，从而不会造成整个运行机制的紊乱与危机的发生；但社会保障监控机构的非正常运行，如越权行事或形同虚设等，则必然无助于整个运行过程的正常化，有时甚至会起反作用，助长社会保障制度的非正常运行。因此，社会保障监控机制的运行应当遵循以下原则。

1. 依法运行

建立监控机制，不是要介入社会保障制度管理或实施过程中的具体事务，而是通过定期或不定期的检查来行使监控职责，这种职责的设定，通常由国家的社会保障法律制度或其他相关法律制度规范，即社会保障监控机构承担什么样的职责不是由监控机构自身决定的，而是由法律制度决定的。因此，在监控系统的运行中，必须依法行使监督职能，它包括两层含义：一是社会保障监控机构只能在法律规范的范围内行使职权，而不能越权行事；二是社会保障监控机构必须行使法律制度赋予的职责，而不能不负责任。越权行事会破坏社会保障运行机制的正常秩序，不负责任同样会使社会保障运行陷入非正常状态而难以自拔。因此，依法运行是社会保障监控机构运行中的首要原则。

2. 运行有序，行为规范

运行有序，行为规范包括：一是社会保障监控机构需要按照一定的程序办事；二是不同的社会保障监控机构在行使监控权的同时，需要严格按照各自的职责规范运行；三是在发现社会保障管理或实施中的问题时，需要严格按照规范的手段进行监察和纠正；四是与社会保障管理系统、实施系统配合协调。运行有序、行为规范是社会保障监控机制运行正常化的基本前提条件。

3. 多重化与权威化

由于社会保障内容庞杂、涉及面极广，从国内外的社会保障制度发展实践来看，任何国家都不可能由一个机构来行使监控职责，因此，构建多重化的监控机制是社会保障制度的内在要求；同时，对社会保障制度的运行进行监控的目的是保证社会保障制度的运行正常、纠察失误、预警危机，这就需要监控机构具有权威性。多重化是促使社会保障监控机制结构严密的需要，权威化则是促使社会保障监控机制行为有效化的需要。

4. 日常监控与预警监控相结合

监控机构通常将自己的职责界定为具体事务的日常监控，这使其重要性打了很大的折扣，因为工业化国家的实践证明，一些监控部门尽管对纠正社会保障日常运行中的个别失误有功，却也对社会保障制度中、长期运行中形成的积重难返的危机负有不可推脱的责任。如人口老龄化带来的养老保险金支付高峰、失业规模扩大化带来的影响，等等，就往往不能被社会保障监控机构及时注意并提前预警，致使危机发生时往往措手不及。因此，社会保障监控机制不仅要注重日常的、微观的监督，而且应当将长期性的、宏观性的预警监控纳入自己的职责范围。日常监控与预警监控相结合，应当成为社会保障监控机制运行的一项新的准则。

（三）监督系统

对社会保障运行的监控，是通过具有监督权力的监督系统来实施的，一般包括行政监督系统、专门监督系统、司法监督系统和社会监督系统，各系统均根据法律赋予的特定职责行使不同的监控权力，并严格按照自己的职责分工分别运行。

1. 行政监督系统

它是指政府序列中有关职能部门根据其管理职能，代表国家对社会保障制度的运行进行监督。在实践中，行政监督系统通常以日常监督方式为主，即将监督社会保障事务纳入自己的本职工作范畴，并按照本部门的工作程序、工作手段行使监督权。行政监督系统实际上包括社会保障主管部门的监督和非主管部门的监督。在中国，行政监督系统的监督机构包括：

（1）人力资源和社会保障部门

人力资源和社会保障部门作为中国社会保险事务的主管部门，它主要依据《劳动法》《中华人民共和国社会保险法》及配套法规，并通过内部设置的基金监察机构等行使自己的监督权力。其监督的内容包括用人单位是否依法缴纳社会保险费，有无违背最低工资保障线的规定，社会保险机构的运行是否正常，社会保险基金是否安全，社会保险机构有无损害企业或劳动者的正当权益等。

（2）民政部门

民政部门是中国社会福利事务、社会救济事务和军人保障事务等的主管部门，主要依据国家有关社会福利、社会救济、军人保障等方面的法律、法规，对上述保障项目的实施行使监督权。它监督的内容主要是上述保障事务的财政拨款、待遇发放等是否符合法制与政策规定，民营公益事业团体与慈善团体的运行是否规范，等等。

（3）财政部门

财政部门是政府的综合管理部门，它不仅承担着向社会保障机构拨款的直接责任，而且主管着全国的财务会计工作。因此，除了做好自身的社会保障财务管理工作外，还应当对各社会保障管理机构、实施机构行使财务监督权。监督的内容主要包括社会保障收支的年度预算执行情况，中、长期计划执行情况，财政性社会保障基金的使用情况，社会保险基金的使用情况，民营保障事业基金的使用情况。财政部门主要通过对社会保险基金财政专户的监督和对社会保障机构财务会计报表的审核及平时审查来行使监督权。

（4）审计部门

审计部门是财经法纪的维护者，它与社会保障机构不存在直接的关系，仅仅是依法行使审计监督的权力，这使其更加具有超脱性。审计监督的内容主要是社会保障机构是否遵守了社会保障法律制度，其职责是使国家、企业、社会成员个人的利益都能够得到公正的维护。

2. 专门监督系统

由于行政监督主要是从政府的角度来监察、督促社会保障运行正常化，而社会保障涉及国家（政府）、企业和社会成员个人的切身利益，社会保险基金更是劳动者拥有的共同的后备基金，民营保障事业基金也是捐献者用于援助社会弱者的基金，从而需要有官民结合的或民间的专门监督系统。如在社会保险领域就必须建立起由政府代表、缴费单位代表、劳动者个人代表等组成的专门监督委员会，定期审查社会保险基金的收支及运行情况，反映非官方的意见，以便使各方的利益都能够得到维护；在民营保障事业领域，亦应有民间的监督机制，以便确保捐献者的捐献真正用于社会弱者。专门监督系统除了维护有关各方的权益和确保捐献者的意愿得到实现外，还应当与政府部门密切配合，开展宏观预警监督活动。专门监督系统的建设与发展，需要引起国家的高度重视，并应当走向规范化、制度化、健全化。

3. 司法监督系统

行政监督与专门监督能够纠正社会保障运行过程中的失误，但对于一些超越其监督范围的问题却缺乏相应的权威性，如社会成员与社会保障机构之间的争议、社会保障工作人员的严重违法行为等，就需要有司法部门，包括法院、检察院等在内的有力监督。有的国家或地区还建立有专门的社会保障法院或法庭来处理社会保障方面的法律诉讼事件。因此，不论是独立的社会保障司法系统，还是国家设立的综合的司法系统，都承担着对社会保障制度运行的特殊监督职责。国家在不断完善社会保障法律制度建设的条件下，应当强化司法系统对社会保障运行的司法监督。

4. 社会监督系统

社会监督系统是非官方的、非专门的，是上述监督系统之外的其他方面的监督，它符合普通民众的需求与意愿，属于群众性、社会性、非强制性监督系统。社会保障制度的运行需要社会监督，这是基于垄断性的社会保障机构会存在官僚主义和不负责任的态度，并可能导致社会保障运行的低效率甚至是严重的浪费现象，这是令工业化国家头痛的问题，也是包括中国在内的各发展中国家面临的客观问题。因此，重视社会监督系统的建设，充分发挥其作用，同样是促使社会保障制度正常运行和健康发展的保证。在社会监督方面，主要有以下几个方面：

一是工会组织监督。从理论上讲，工会组织既非法定的社会保障管理部门，也非法定的社会保障监督部门，而是一个代表工人利益、反映工人意愿的群众组织，它作为最有实力的劳动者群体利益的代表，对社会保障制度及其运行产生着巨大影响。因此，工会作为职工利益的代表，通常自觉监督各种社会保障制度的实施，以现行的社会保障法律制度为依据，以维护职工利益为最高宗旨。而社会保障系统需要高度重视工会的监督作用，并主动接受工会组织的监督，以便不断改进工作。

二是企业团体监督。企业是当代社会保障制度中的主要义务责任主体，具有自己的独特利益，亦通过企业团体组织来监督社会保障制度的运行过程，维护企业自身利益。在此，企业团体组织不仅可以通过派代表加入专门的监督系统并发挥其应有的作用（如海南省总商会、海口市小汽车出租公司协会的负责人参加海南省社会保险基金监事会），还可以将监督社会保障制度的运行纳入自己的工作范围。

三是社会舆论监督。电视、报刊、广播等各种大众化的社会传媒，都可以通过自身的优势来监督社会保障制度的运行，如揭露社会保障运行中的非正常事件、抨击社会保障机构或工作人员的官僚主义、反映社会成员在社会保障方面的呼声、发表理论家在社会保障方面的争鸣文章，等等，都能够起到维护社会保障制度正常运行的作用。

三、社会保障的预警防范

（一）预警系统的运行

科学、灵敏的社会保障预警系统包括：设置合理的社会保障预警指标，建立迅捷的信息资料收集与传导机制，开展人口老龄化、失业规模、社会保障支出的中、长期趋势预测，定期发布社会保障运行情况的有关信息等。需要指出的是，社会保障制度的危机在很大程度上是财务危机，这一特点决定了社会保障预警系统的设置，主要是用来预测并防止社会保障制度在运行过程中发生财务危机的，通过这种预防机制亦可避免社会保障财务危机可能导致的连带性的社会、经济、政治危机。

社会保障预警系统的运行结构，从广泛收集社会保障运行情况及与之密切相关的资料开始，经过综合性的分析总结，得出相应的结论。如果社会保障运行正常，则不存在预警问题；如果存在或潜伏着非正常现象，则需要及时做出预警信息反馈，国家应当对此做出积极反应，并采取有效的预防或控制措施，以促使社会保障制度恢复和维持正常运行。

对社会保障运行进行预警监督的意义在于，能够通过有关现实资料的总结分析，及时发现并预测其可能出现的危机，以便国家能够及时采取有效的预防措施，避免危机发生并造成积重难返。因此，预警监督作为社会保障监控机制的重要组成部分，实质上并非是对社会保障运行过程日常的、微观的或基层的监督，而是对社会保障制度运行进行的中、长期宏观监控。

（二）指标的设置

与社会保障日常监督不同的是，社会保障预警系统是通过量化资料的分析及其结论来发挥作用的。因此，如何保证监测指标的科学与合理，是完成对社会保障制度运行中、长期监控任务的关键。从社会保障制度在国内外的发展实践来看，能够影响社会保障制度运行的重要因素不仅包括社会保障自身的指标，也包括与社会保障收支状况密切相关的社会、经济发展指标，如国内生产总值、人口老龄化指标、失业率指标等，其中最重要的预警指标包括社会保障水平、国家财政支出比、养老保险基金支出等。

1. 社会保障水平

该指标是指一个国家或地区用于社会保障方面的总支出占其国内生产总值的比重。根据工业化国家社会保障制度在 20 世纪 50 年代以来的发展实践，当该指标在 20% 以内时，社会保障对整个社会、经济的发展起很好的促进作用，当该指标超过 20% 时，即国内生产总值中的 20% 以上被用于社会保障待遇支出时，即会影响到国民经济的发展（如经济增长速度减慢等），并成为社会负担，比重愈高，影响愈大。因此，社会保障制度应当将追求总的社会保障水平适度化确定为发展目标。

采用社会保障水平指标，在近期是为了衡量社会保障的发达程度，在长期则是起预警作用，即保障水平在现有的发展情况下，经过若干年以后将是什么样的水平，会对社会经济及社会保障制度自身产生什么影响。20% 应当成为中国社会保障水平的预警线。需要强调的是，对社会保障的统计指标应当体系化、规范化，因此，应当科学设计并尽快完善社会保障统计指标体系，这是使用社会保障水平指标评价社会保障发展问题的重要前提。

2. 国家财政支出比

从国外的发展实践来看，凡是社会保障发展对国家经济造成不利影响的，原因不仅在于社会保障水平偏高，更在于社会保障支出受现收现付制实施方式和将社会保险收支直接纳入国家财政范畴的影响，最直接的表现就是政府财政压力的不断加大。例如，在法国，社会保险收支形成的巨额赤字就是令政府十分头痛的问题；而新加坡因实行自成体系、自我平衡的公积金制度，却不存在政府财政压力的问题。我们不能说法国的社会保障水平一定比新加坡的保障水平高，但前者已经日益严重地影响到经济、社会的发展，后者却一直被新加坡政府视为有助于经济增长的重要因素。因此，对社会保障运行状态的监督，还需要通过对国家财政支出中的社会保障支出比来考察。

一般而言，国家财政收入用于社会保障方面的支出应当有"度"。这个"度"如果适度，必定会取得社会保障与经济发展相得益彰的效果；偏高会影响到国家的宏观调控能力并影响经济增长；偏低则可能造成社会保障不足并导致社会问题趋向严重化。国家财政中的社会保障支出比受两个因素的影响：一是该国是否将社会保险收支纳入国家财政范畴；二是是否以政府为完全责任主体。如果将社会保险等收支直接纳入国家财政收支，那么财政支出中的社会保障支出所占比重必定极大，反之则小；如果以政府为完全责任主体，则国家财政中的社会保障支出所占比重必大，反之亦小。

3. 养老保险基金支出

在各国的社会保障制度中，社会保险支出是最主要的支出类别，许多国家的社会保险支出甚至占全部社会保障支出的 80% 以上；而养老保险支出则是最大的社会保障支出项目。

从世界各国社会保障的发展历程来看，社会保障制度的成败在很大程度上取决于社会养老保险的成败，社会保障的所谓财政危机在根本上亦取决于养老保险的收支规模。因此，养老保险支出指标显然是社会保障预警指标体系中最重要的指标之一。在这个方面，必须充分考虑人口老龄化趋势、人均预期寿命、物价发展水平等多项因素，它们是直接导致养老保险金增长的基本构成要素。养老保险的预警指标主要应当包括三个方面：

一是养老保险费征缴比。该指标是指实际征缴的养老保险费占一个国家或一个地区或一个行业的职工工资总额的比率，它反映着劳动者代际的养老负担转移情况。在国际上，公认的养老保险费征缴比警戒线是 24%，极限为 29%

二是养老保险基金收支比，即养老保险基金支出与收入之比。当该指标小于 1 时，基金会有结余；当该指标大于 1 时，则会出现基金亏空。养老保险是积累性保障项目，由于费率是根据当时的情况确定的，且需要保持一段时期的稳定，所征收的保险费是否能够满足覆盖范围内全体人员的支出需求在事先往往是无法完全肯定的，因为年龄结构、社会经济发展水平乃至政治方面的因素等，均可以影响到养老保险基金的收支平衡。因此，无论是从整体，还是从个体角度出发，养老保险基金收支年度平衡均非追求目标，各国政府需要做到和实现的应当是周期平衡目标，即在一个发展周期内，实现养老保险基金收支的平衡。

三是养老保险金保值率与通货膨胀率。养老保险的长期积累性决定了其存在着潜在的贬值风险，而退休者的生活却需要保障，根据物价水平和经济发展程度不断提高养老金的支付标准是各国养老保险发展的共同规律。然而，如果积累的养老保险基金不能保值，则必定给社会、经济的发展带来风险。因此，要避免或控制这种风险出现，就必须确保养老保险基金实现保值增值。当养老保险基金运营收益率等于通货膨胀率时，意味着基金仅实现了保值；当养老保险基金运营收益率低于通货膨胀率时，则意味着在贬值。因此，养老保险基金保值率的警戒线即是收益率等于通货膨胀率。

（三）资料与信息的发布

要准确评价社会保障的发展水平是否适度、社会保障运行是否正常，并对其进行预警，必须以准确、完整的统计资料为依据。

1. 预警资料的获取

从资料的来源渠道看，官方资料通常被视为可靠资料，故政府职能部门通常是获取社会保障预警所需资料的主要来源渠道，其中，综合国情国力（如主要的经济、社会发展指标等）资料来源于官方统计部门，国家财政实力资料来源于政府财政部门，社会保障收支资料来源于社会保障主管部门，人口与劳动力资源资料来源于人口主管部门与劳动主管部门等；同时，还需要进行地区调查和行业调查，以获取更为详细的资料，并用典型的个案分析作为宏观分析的基础。因此，承担社会保障预警职责的机构不仅需要与社会保障管理机构及实施机构保持密切联系，也要与各有关政府部门保持密切联系，在实践中以政府部门的宏观统计资料为主要依据，以地区、行业调查或抽样调查为辅助依据。

2. 信息及其发布

预警资料的准确与否，直接决定着预警信息的准确与否。因此，必须首先确定规范的社会保障统计指标体系，并保持与其他相关指标体系相协调；同时，各有关政府部门尤其是官方统计部门的统计资料必须保证高质量。在现有资料的基础上，结合社会经济等方面的发展趋势，并参照国际上的经验教训，即能够从宏观上对社会保障发展做出较为准确的中、长期估计。从管理角度出发，对社会保障预警信息适宜采用归口管理原则，因为预警的目的是提醒社会保障部门（包括管理部门与实施机构），督促国家采取有效的防范措施，从而宜由统计监测机构和省级以上的社会保障顾问或咨询机构来承担预警信息发布的职责。

第三节　社会保障的基本界定与构成

一、社会保障的基本界定

社会保障是一个发展的概念，不同阶段、不同的国家和地区对于社会保障有着不同的认识。因此，准确定义社会保障不是一件容易的事情，不过我们还是可以从人们的共性认识中发现社会保障的本质特征和基本内容。

（一）社会保障的含义和特征

社会保障是指国家立法实施的，通过国民收入的再分配，对社会成员因遭遇"生老病死残"、失业以及灾害等各类风险而无法维持其基本生活而给予物质帮助的一种基本社会制度。

社会保障的特征：

第一，社会保障的责任主体是政府。社会保障与国家的产生和发展密切相关，是防范社会风险、维护社会稳定的重要手段。政府作为社会保障制度的责任主体，承担着对社会成员进行保护的主要职责。

第二，社会保障的目标是满足公民的基本生活需要。社会保障是为社会成员的基本生活权利提供保护，主要通过为社会成员提供基本生活保障以避免其因遭遇"生老病死残"、失业以及灾害等风险而无法维持其基本生活，进而通过保障社会成员基本生活调节社会关系，保持社会稳定。因此，社会保障不会根据不同个体的需求提供多层次、高水平的保障，而只是面对所有社会成员的一项"保基本"的重要的社会制度。

第三，社会保障的建立和实施依据国家立法，具有强制性。现代社会保障制度的建立和运行离不开国家立法和行政手段。公民享受社会保障的权利与国家提供社会保障的责任需由相关法律加以规定；社会保障项目、内容、标准、形式等均需由相关法律法规加以明确；社会保障管理机构的职责和程序也需相关法律制度加以规范。总之，国家立法和行政措施是社会保障得以有效运行的重要条件。

第四，社会保障的资金来源是对国民收入再分配形成的社会基金。社会保障的资金既有个人缴纳的部分，也有来自政府和企业的部分，是通过对国民收入的分配和再分配方式，多方面筹集的资金，对遭遇各种风险的社会成员提供基本生活保障，保障社会公平。

第五，社会保障本质上也是一种风险处理机制。社会保障不是针对某一个人的风险，而是国家对全体社会成员承担的社会责任，解决的是社会成员总体的风险，是国家和政府处理社会成员的"生老病死残"、失业以及灾害等风险的一种公共风险管理机制。

总之，社会保障是民生安全网、社会稳定器，与人民幸福安康息息相关，关系到国家的长治久安。

（二）社会保障的基本原则

在社会保障制度的建立和发展过程中应遵循一些基本准则。

1. 公平性原则

保证社会公平、维护社会稳定是社会保障制度安排的基本出发点，也是社会保障政策实践的基本归宿。社会保障制度安排中的公平性原则，主要体现在以下几个方面：一是保障范围的公平性，不会对保障对象的性别、职业、民族、地位等方面的身份有所限制；二是保障待遇的公平性，即社会保障一般只为国民提供基本生活保障，超过基本生活保障的需求通常不能从社会保障的途径获得解决；三是保障过程的公平性，社会保障为社会成员解除了许多后顾之忧，维护着社会保障参与社会竞争的起点与过程公平，通过资金的筹集和保障待遇的给付，又缩小着社会成员发展结果的不公平。

2. 强制性原则

社会保障的强制性原则，旨在切实保障社会成员的收入安全与基本生活。一方面，社会保障资金的筹集涉及国家、企业及其他法人团体与个人的权利、义务及经济利益，必须以法律作保证，并在政府的严格监控下完成；另一方面，作为一种社会稳定与利益调整机制，有关各方的权利、义务必须由法律明确规范，并要求严格依法办事。社会保障以立法规范为前提，以政府干预为条件，法律的硬约束与政府的强势干预是社会保障制度强制性的具体体现。

3. 福利性和互济性原则

对社会成员个人而言，其在社会保障方面的支出要小于在社会保障方面的收入，即所得大于所费，也即具有福利性。福利性原则强调的是社会成员在社会保障方面的交易成本低于所获得的保障待遇，社会保障旨在增进社会成员的总体福利水平。本质上社会保障是对市场机制缺陷的弥补。与福利性同等重要的是互济性，它既是社会保障制度赖以生存和发展的基础，也是增进整个社会协调发展的重要条件，两者互为条件、互相促进。

4. 普遍性与选择性原则

普遍性原则强调使全体社会成员均能享受相应的社会保障与福利；选择性原则意在根据国家财政承受能力和受保障者的经济收入状况及对社会保障的需求程度，有区别地安排社会保障的项目、对象范围、筹资方式和待遇水平等。客观而论，普遍性原则和选择性原则在很多国家其实是相伴而行的，即在社会救济与社会福利方面可能遵循普遍性原则，而在社会保险方面却遵循选择性原则；或在城镇实行普遍性原则，而在乡村实行选择性的社会保障。因此，在肯定普遍性原则并尽可能推进社会保障公平性的同时，不能把以上两个原则对立起来，而是应当承认发展中国家按照选择性原则或普遍性与选择性相结合的原则来建立社会保障的合理性与过渡性。

5. 多样性原则

社会保障的多样性原则包括：一是社会保障制度安排模式应多样化，以便适应不同社会群体并满足其需求；二是社会保障项目结构应多样化，不能指望一种项目来涵盖社会保障制度的全部内容；三是水平结构应多样化，即不同的社会保障项目需要在待遇水平上体现出差异，如失业保险待遇需要高于社会救济待遇。

社会保障制度建设中除了遵循以上原则之外，还要遵循其他原则，如责任分担原则、与社会经济发展相适应的原则等。

（三）社会保障的主要功能

社会保障制度之所以受到世界各国的重视，发展社会保障事业之所以成为各国政府的基本施政方针，是因为社会保障具有其他社会制度无法比拟的功能。

1. 社会稳定功能

社会保障通过预先防范和即时化解风险来发挥稳定功能，被称为"民生安全网""社会稳定器"或"减震器"。

通过建立社会保障制度，国家从法律上、经济上为社会成员的基本生活提供相应保障。一方面，能使社会成员产生一种安全感，对未来生活有良好的心理预期，安居乐业；另一方面，能在一定程度上缩小贫富差距，缓解社会矛盾，创造公平、合理的社会环境，从而维系着社会秩序的稳定和社会的健康发展。

2. 调节功能

社会保障的调节功能表现在政治、经济和社会发展等多个领域。

政治上，可以调节不同利益集团之间的关系。现代社会保障在西方工业化国家之所以成为党派斗争和政党政治的核心议题，正是社会保障巨大政治功能的体现。

经济上，可以调节公平与效率之间的关系、调节国民收入的分配与再分配、调节国民经济的发展。具体而言，调节公平与效率是指社会保障要保持适度的水平和可持续发展。调节国民收入分配与再分配意味着通过社会保障资金的征集和待遇给付，在不同的受保障对象之间横向调节收入分配，在高收入和低收入阶层之间实现纵向调节分配。调节国民经济的发展主要表现在两个方面。一方面，社会保障资金的筹集、储存和分配，直接调节着国民储蓄与投资，并随着基金的融通而对相关产业经济的发展格局产生直接调节作用；另一方面，社会保障还是经济发展周期之间的蓄水池。当经济增长时，失业率下降，社会保障收入增加而支出减少，社会保障基金规模随之扩大，减少了社会需求的急剧膨胀，最终有助于平衡社会总供给和总需求；当经济衰退时，失业率提高，由于失业者不再缴纳社保费等而导致社会保障基金收入减少，而失业者及经济衰退带来的收入下降的低收入阶层的扩大会导致对社会保障待遇的要求增加，使社会保障基金支出规模扩大，从而在一定程度上具有唤起有效需求、增加国民购买力的功能，最终有助于经济复苏。

在社会发展方面，可以调节社会不同阶层之间的关系。社会保障可以调节富人和穷人、劳动者和退休者、就业者和失业者、健康者和疾患者、幸运者和不幸者等之间的利益关系，社会的非公正和非公平性在一定程度上会得以缓解。

3. 促进发展功能

社会保障制度在产生初期主要发挥稳定与调节功能，发展到现在已明显具备了促进发展的功能，体现在社会、经济等领域。

在社会领域的促进发展功能包括：一是能够促进社会成员之间及其与整个社会的协调发展，使社会生活实现良性循环；二是能够促进遭受特殊事件的社会成员重新认识发展变化中的环境，适应社会生活的发展变化；三是能够促进社会成员物质与精神生活水平的提高，使其努力工作；四是能够促进政府相关社会政策的实施，如教育福利有助于义务教育普及等；五是可以促进社会文明的发展进步。

在经济领域，社会保障通过营造稳定的社会环境促进着经济的发展，同时通过社会保障基金的运营直接促进着某些产业的发展。此外，社会保障对劳动力再生产的保障与劳动力市场的维系，又促进着劳动力资源的高效配置和生产效率的提高。因此，社会保障对市场经济除了维系、润滑作用外，还有促进作用。

4. 互助功能

社会保障资金来源于包括税收、缴费、捐献等多种渠道，又被支付给受保障者和有需要者，这是一种风险分散或共担机制，而风险共担本身即以互助为基石。同时，社会保障中的社会福利与社会服务通常以社区为基础，以社会成员之间互相提供劳务为主要表现形态，体现了互惠互助。

二、社会保障的基本构成

（一）社会保险

1. 社会保险的含义和主要作用

社会保险是国家立法强制实施的，当有工资收入的劳动者在暂时或永久丧失劳动能力，或虽有劳动能力却因失去工作而丧失生活来源时，给予一定程度的损失补偿或提供收入以保证其基本生活的一种社会保障制度。社会保险本质上是一种风险分散制度。社会保险包括的风险主要有因年老、疾病、工伤、残疾、生育、死亡、失业等风险引起的经济损失、收入中断或减少等。

社会保险是社会保障制度中的核心部分，对社会经济生活影响的广度和深度超过其他制度，主要表现在：

（1）社会保险的社会作用

社会风险酿成的后果一般远远超出个人及其家庭的抵抗能力与储备，因此，社会保险通过在社会层面建立风险保障机制，化解社会风险，构筑了一个社会安全网；利用企业、个人缴费以及财政支持所积累的社会保险基金，向劳动者提供各种形式的帮助，防止劳动者因各种社会性风险而陷入贫困。同时，通过法律强制和再分配机制，实现社会成员之间的转移支付，降低收入差别的程度，缩小贫富差距，修正市场失灵。

（2）社会保险对家庭与个人的作用

社会保险对个人和家庭而言，首要的作用是保障其基本生活的稳定。劳动者的个体风险在很大程度上代表一个家庭的风险，劳动者陷入困境会让一个靠其支撑的家庭同时陷入困境。个人风险转化为社会风险后，家庭与个人生活的稳定就不再是单个的问题，而会扩展为整个社会需要共同面对的社会问题。社会保险通过国家的强制行为，以立法的形式进行国民收入的再次分配，使每个社会成员都能分享到国家发展所带来的成果，对一些暂时或永久丧失劳动能力的劳动者给予制度上的保障，帮助其渡过难关，进而稳定其家庭及个人的生活。免除劳动者的后顾之忧，不仅是经济发展和社会稳定的需要，更是国家和政府义不容辞的责任。

同时，社会保险对劳动者及其家庭基本生活需求的保障，不仅维护了社会公平，也维护了个人和家庭的生存尊严。

2. 社会保险的基本构成

（1）基本养老保险

基本养老保险是国家根据一定的法律和法规，为解决劳动者在达到国家规定的解除劳动义务的劳动年龄界限，或因年老丧失劳动能力退出劳动岗位后的基本生活而建立的一种社会保险制度。基本养老保险的目的是保障老年人的基本生活需求，为其提供稳定可靠的生活来源。

我国的基本养老保险实行社会统筹与个人账户相结合的筹资机制。基本养老保险基金由用人单位和个人缴费及政府补贴等组成。基本养老金由统筹养老金和个人账户养老金组成。基本养老金根据个人累计缴费年限、缴费工资、当地职工平均工资、个人账户金额、城镇人口平均预期寿命等因素确定。

目前，我国的基本养老保险体系由企业职工基本养老保险、城乡居民基本养老保险制度共同构成。其中，企业职工基本养老保险的覆盖人群主要是企业职工，并涵盖"无雇工的个体工商户、未在用人单位参加基本养老保险的非全日制从业人员以及其他灵活就业人员"。城乡居民基本养老保险则是根据《国务院关于建立统一的城乡居民基本养老保险制度的意见》，在合并新型农村社会养老保险和城镇居民社会养老保险的基础上建立的，涵盖年满16周岁（不含在校学生），非国家机关和事业单位工作人员及不属于职工基本养老保险制度覆盖范围的城乡居民。

（2）基本医疗保险

基本医疗保险制度是社会保障体系的重要组成部分，是由政府制定、用人单位和职工共同参加的一种社会保险制度。目前，我国的基本医疗保险体系由城镇职工基本医疗保险、城乡居民基本医疗保险和城乡居民大病医疗保险共同构成。

其中，城镇职工基本医疗保险的参保对象主要是城镇职工，并涵盖了无雇工的个体工商户、未在用人单位参加城镇职工基本医疗保险的非全日制从业人员以及其他灵活就业人员。

城乡居民基本医疗保险则是在整合城镇居民基本医疗保险和新型农村合作医疗两项制度的基础上形成的统一的城乡居民基本医疗保险制度，覆盖范围包括现有城镇居民医保和新农合所有应参保（合）人员，即覆盖除职工基本医疗保险应参保人员以外的其他所有城乡居民。

城乡居民大病医疗保险简称大病保险，是在基本医疗保险的基础上对城乡居民因患大病发生的高额医疗费用给予报销的政策，是基本医疗保障制度的拓展、延伸和有益补充。其主要目的就是减轻人民群众大病医疗费用负担，解决因病致贫、因病返贫问题。

（3）工伤保险

工伤也称职业伤害，指劳动者在生产劳动的过程中所发生的或与之相关的人身伤害，包括事故伤残和职业病及因这两种情况所造成的死亡。

工伤保险也称职业伤害保险，是指国家和社会对于在生产、工作中遭受意外事故和职业病伤害的劳动者提供医疗服务、生活保障、经济补偿、医疗和职业康复，为因上述两种情况导致死亡职工的家属提供遗属抚恤等物质帮助的一种社会保险制度。

工伤保险主要解决的是用人单位的工伤风险。职工因工作原因受到事故伤害或者患职业病，且经工伤认定的，享受工伤保险待遇；其中，经劳动能力鉴定丧失劳动能力的，享受伤残待遇。

根据我国《工伤保险条例》，中华人民共和国境内的企业、事业单位、社会团体、民办非企业单位、基金会、律师事务所、会计师事务所等组织和有雇工的个体工商户等用人单位作为"参保人"参加工伤保险，为本单位全部职工或者雇工缴纳工伤保险费，以保障因工作遭受事故伤害或者患职业病的职工获得医疗救治和经济补偿，促进工伤预防和职业康复，分散用人单位的工伤风险。

（4）失业保险

失业保险是指国家通过立法形式集中建立保险基金，对因失业而中断生活来源的劳动者在一定时期内提供基本生活保障和就业培训等以帮助其尽快就业的一种社会保险制度。

根据我国《失业保险条例》，城镇企业事业单位为其职工参保失业保险。失业保险采取的也是社会统筹的筹资模式，不同于工伤保险。失业保险费需要由用人单位和职工按照国家规定共同缴纳。

根据我国《中华人民共和国社会保险法》，可以从失业保险基金中支付的费用包括：一是失业保险金；二是失业人员应当缴纳的基本医疗保险费；三是失业人员在领取失业保险金期间死亡的，向其遗属发放的一次性丧葬补助金和抚恤金。其中，领取失业保险金的期限最长为二十四个月。失业保险金的标准，由省、自治区、直辖市人民政府确定，不得低于城市居民最低生活保障标准。

（5）生育保险

生育保险是通过国家立法规定，在劳动者因生育子女而导致劳动力暂时中断时，由国家和社会及时给予物质帮助的一项社会保险制度。与用人单位建立了劳动关系的职工，包括男职工，都属于生育保险的保障范围。

根据我国《生育保险办法》，中华人民共和国境内的国家机关、企业、事业单位、有雇工的个体经济组织以及其他社会组织等用人单位需要为其职工参加生育保险。用人单位已经缴纳生育保险费的，其职工享受生育保险待遇；职工未就业配偶按照国家规定享受生育医疗费用待遇。所需资金从生育保险基金中支付。

生育保险待遇包括生育医疗费用和生育津贴。其中，生育医疗费用包括生育的医疗费用、计划生育的医疗费用、法律法规规定的其他项目费用；生育津贴包括女职工生育享受产假、享受计划生育手术休假、法律法规规定的其他情形。

（二）社会救济

1. 社会救济的基本概念

社会救济也称社会救助，是指通过立法由政府和社会对因自然灾害或其他原因而无法维持最低生活水平的无收入和低收入的个人或家庭实行补偿的一种社会保障制度。

社会救济是最早产生的社会保障形式，随着社会、经济、文化以及政治等要素的发展，社会救济的内涵和外延也在不断变化。从历史上的慈善活动到早期的社会救济，都是临时应急措施，功能也较单一。但现代社会救济制度是社会保障制度的有机组成部分和基本手段之一，是社会进步和社会文明的重要标志，具备缓解贫困问题、维护社会稳定等功能。

一方面，缓解贫困问题是社会救济最基本和最直接的功能。社会救济通过及时地对处于贫困线之下或者最低生活标准之下的贫困群体实施救助，帮助他们解决基本的生活问题，使他们不致因此而危及生存，直接保障了贫困群体的生存条件。这种功能直接体现在对遭遇灾害、急难而难以维持生活的群体实施救助以帮助他们应对突发的急难事件，也体现在改善贫困人口的生存状况上，即社会救济可以让每一个贫困人口维持其最低生活水准，或使他们接受医疗救助以恢复健康，或使他们有条件接受教育和学习劳动技能，或扶助贫困群体自力更生，成为社会的建设力量。

另一方面，社会救济推动着社会公平和社会文明进步。在人类社会发展进程中，无论是发达国家还是发展中国家，无论是在过去还是在现在，对弱势群体的关注与援助都是人道主义与人文关怀精神的体现，是社会文明进步的象征。现代社会救济在面对社会发展进程中的社会分化和贫富冲突时，通过运用政府的公共权力与公共资源对收入分配进行适度调整，依法对低收入阶层（贫困人口与不幸者）生存权利的维护，恰恰体现了社会公平与正义的价值追求，它能够在一定程度上消除市场经济条件下效率对公平的排斥，减轻低收入与无收入社会成员的生活困难，从而起到协调社会关系、稳定社会和促进社会文明进步的作用。同时，社会救济还为劳动力再生产提供着相应的条件。在现代经济生活中，社会再生产呈现周期性的运行特征，这种周期性运行特征要求暂时处于失业状态的劳动者作为劳动力后备军进行正常的再生产，社会救济在劳动者失业保险期后仍处于失业状态、没有收入的情况下为其提供最低生活保障，为劳动力的正常再生产创造了必要的条件。

作为一种收入再分配制度，社会救济还是国家宏观调控的工具。社会救济水平的高低会对社会需求的总量和结构产生影响，成为国家调节社会需要进而调节经济运行的重要手段。因此，在现代社会，社会救济在保障社会成员最低生活需求的同时，也会部分地实现国家对生产、分配、交换与消费等的有效调节，进而对经济运行起到"自动稳定器"的作用。在这一方面具体表现为：当社会需求不足、经济衰退时，就业岗位减少，失业人口增加，低收入阶层人口会扩大，享受社会救济的人口也会自动增加，政府的社会救济金支出随之增加，进而使社会需求通过社会救济支出的增加而保持一定规模，缓和社会供求之间的矛盾，推动经济增长；反之，在社会需求膨胀，供给相对不足，经济发展过热的情况下，就业岗位会增加，失业人口随之会自动减少，从而客观上起到收缩社会需求、稳定经济发展速度的作用。

社会救济是保障社会安全的"最后一道防线"，因为社会救济的对象是社会保险这道安全网保护不了的人群——无收入和低收入的人。社会保险是需要缴费的，而无收入和低收入的人是没有能力缴费的，所以社会救济是社会保障体系的必要组成部分，在贫困现象比较普遍的社会中，发挥其扶贫济困的功能尤为必要，对社会安全和人的生存起到兜底线的作用。

2. 社会救济的基本内容

社会救济的目标是维持最低生活需要，给付标准一般低于社会保险；经费来源主要是政府财政税收拨付或特别税捐、社会团体或个人捐赠。享受救济时，一般由个人提出申请，有关机构进行调查，确定救助标准，按期或者一次给付救济金。

（1）社会救济的对象

①无劳动能力、无人赡养、完全没有生活来源的人，主要是孤儿、孤寡老人、领社会保险补贴仍不能维持最低生活的人。

②有劳动能力，也有收入，但因意外灾害降临，遭受重大财产损失、人身损伤，一时生活困难的人。这类灾害包括自然灾害和社会灾祸。自然灾害有旱灾、台风、雹灾、森林火灾、泥石流、地震、火山喷发、虫灾等。社会灾祸则是生产和生活中对人身造成严重伤害的突发事件，如车祸、矿难等。

③有收入来源，但生活水平低于国家法定最低标准的个人和家庭。包括工资收入过低，不能使每个家庭成员达到法定最低生活标准的；有失业津贴的失业者，在享受津贴期满后仍未找到工作的；有退休养老金的老人，因要供养配偶和未成年子女或是因为长期患病而入不敷出的。不少残疾人也属这类救助对象。

社会救济对象按具体的人口群体划分，又可分为儿童（确切地说，是未成年人）、老人、残疾人、失业者、病人、患难者、不幸者等。其中儿童又分为：一般儿童；特殊儿童，如残疾儿；不幸儿童，如孤儿等。

社会救济对象还可按地区划分。贫困地区，即人均收入低于最低生活水平的地区，往往被列为救济的地区。

（2）社会救济的类别

社会救济可以归结为两大类：一是贫困救济。贫困救济是指对上述那些由于多种原因生存遭到威胁、生活发生困难的人给予的救济，主要是解救贫困，保障他们享有最低生活水平。二是灾害救济。灾害救济是指对因为受到洪水、火灾、地震、台风、火山爆发等自然灾害的侵袭而失去生活保障的人员的救济。灾害救济不仅解救生活上的贫困，还包括生命救助以及灾后重建等。

国际救济、救灾工作的另一种形式是成立国际救援组织，组织大量志愿人员参加各种灾害救助。国际红十字会就是世界性的国际救援组织，在不同国家提供各种紧急的灾害救济。

三、社会福利

1. 社会福利的基本概念

社会福利有广义和狭义之分。广义的社会福利包括国家和社会举办的文化、教育事业，城市居民和职工的住房、医疗，城市和农村社区或企事业单位举办的各类公益事业。狭义的社会福利仅指由国家出资兴办的、以低费或免费形式向一部分需要特殊照顾的社会成员提供物质帮助或服务的一种社会保障制度。我国一直使用狭义的定义。

不难看出，社会福利的特点是：它不仅保障社会成员的最低生活需要，而且保证社会成员在现有生产力发展水平下能够过上正常的生活。它不仅提供一定的收入补偿，更多的是通过建立公共设施和提供服务为人们提供生活方便，解除后顾之忧，使生活得到改善；它不仅对物质生活需要给予保障，还对精神、文化方面的需要给予保障；它不仅保障个人目前的生活需要，还保障其赡养老人、培育后代的需要。总之，社会福利不仅保障个人和整个社会的生存需要，还在一定程度上保证个人和社会有发展的可能。所以，社会福利是社会保障的最高层次。

2. 社会福利的基本内容

在不同的国家，社会福利的内容不尽相同；在同一个国家的不同时期、不同发展阶段，社会福利所包括的内容也可能不相同。一般来说，按照社会福利的保障对象，可以将社会福利的内容分为老年人福利、残疾人福利、妇女儿童福利等。

（1）老年人福利

所谓老年人福利，是指国家和社会为了保障老年人生活、维护老年人健康、充实老年人精神文化生活而采取的政策措施和提供的设施、服务。老年人福利是基本养老保险的延续和提高，即在解决老年人基本物质生活需要的基础上，进一步满足老年人物质文化生活的需要，努力实现"老有所养、老有所医、老有所为、老有所学、老有所乐"的社会目标。

从老年人的生活保障出发，老年人的福利需求可以归纳为经济保障需求、健康保障需求、情感保障需求、服务保障需求及其他，这些需求需要通过相应的老年人福利制度予以满足。随着我国老龄化进程的加快，面向老年人的福利事业也得到一定程度的发展。

我国老年人福利的主要内容大致有以下三类。

一是物质生活福利。这是老年人福利事业的主要内容。在这一方面，尽管各地不一，但大体表现为建立福利院、老年公寓、敬老院等，收养没有生活保障的老年人，并扩大到对社会一般老年人的收养安置，为老年人解决生活照料、医疗保障服务以及精神上的孤独问题。

二是医疗保健服务。在这一方面，城镇享受退休待遇的老年人通常继续享受原有的医疗保障待遇，其他老年人的医疗保健问题，许多地方正在尝试相应办法，如某些地方由所在单位或社区组织老年人开展定期体检，大多数医院都有老年人挂号、看病、取药"三优先"公约等。

三是其他服务。主要是指为了满足老年人的精神文化需求的服务。在城市，政府重视支持社区建立专门的老年人休闲娱乐活动场所，如老年人活动站、老年活动中心等，为老年人提供文化、教育、娱乐、体育活动设施，对老年人提供优惠服务，还建立"老年人婚姻介绍所""老年人再就业介绍所""家政服务站"等。由于我国城乡发展长期受到二元结构的影响，加之城乡差距的客观存在，农村的老年人福利主要是侧重于社会救助性质的农村"五保"制度，国家真正意义上的乡村老年人福利事业并未得到很好的发展。

（2）残疾人福利

残疾人福利是指国家和社会对残疾的公民在年老、疾病、缺乏劳动能力及退休、失学、失业等情况下提供基本的物质帮助，并根据社会的经济、文化发展水平，给予残疾人相应的康复、医疗、教育、劳动就业、文化生活、社会环境等方面的权益保障，实现残疾人"平等、参与、共享"的目标。残疾人福利按领域来划分，一般包括残疾人生活保障、残疾预防、残疾人康复、残疾人教育、残疾人文化和社会环境；按提供的方式来划分，通常包括残疾人福利制度和残疾人福利服务，前者包括残疾人社会福利行政和残疾人福利立法，后者包括残疾人社会福利设施、残疾人社会福利服务或残疾人社会工作。具体而言，残疾人福利事业包括残疾预防、残疾人康复、残疾人教育、残疾人就业、残疾人文化体育、无障碍环境等。

（3）妇女儿童福利

妇女儿童福利是妇女福利和儿童福利的合称，是国家和社会为满足妇女、未成年人的特殊需要和维护其特殊利益而提供的照顾和福利服务。妇女儿童福利项目是根据妇女、未成年人的生理和心理特点以及可能受到的歧视和侵害而设立的，对保障和满足妇女、未成年人的特殊利益需要，促进整个社会的和谐发展，均具有重要的意义。

①妇女福利。一般来说，妇女福利主要包括以下三个方面内容：

一是特殊津贴与照顾。这部分主要是确保妇女劳动者在产前、产后使其本人及婴儿得到支持和照顾，如面向女性劳动者的生育保险制度和围绕妇女生育而提供的综合性特殊福利津贴。

二是妇女劳保福利。政府要求雇用单位提供对妇女在劳动过程中相应的保护措施并严格执行，女职工劳动保护主要是针对保障妇女合法权益，照顾妇女身心特殊需要的重要方面，也是保护社会生产力、保护妇女及下一代身体健康所采取的必要措施。

三是福利设施与福利服务。内容包括为妇女提供妇幼保健院、妇产医院；为女性服务的妇女活动中心、咨询服务中心、健美中心、妇女用品专用店等。

②儿童福利。主要是面向未满 18 周岁的未成年人提供的各种福利，主要包括以下四个方面：

一是儿童医疗保健设施和服务。例如，对儿童实行预防接种制度，积极防治儿童常见病、多发病，提供必要的卫生保健条件，做好预防疾病工作。兴办专为儿童医疗保健服务的儿童医院，或者在全科医院中设立儿科，开展儿童保健工作，定期进行儿童健康检查、预防接种，防治常见病、多发病，使儿童健康成长。上述项目一般由国家财政提供专门拨款，用以补贴。

二是儿童的活动场所和条件。国家和社会建立和完善适合未成年人文化生活需要的场所和设施，同时鼓励社会团体、企事业单位和其他社会组织、公民个人参与未成年人福利事业。在具体内容方面，主要是建立和普及托儿所、幼儿园，为婴幼儿提供良好的活动、生活条件和保育服务；建立儿童活动中心、少年之家、少年宫、少年活动站以及儿童公园、儿童乐园等儿童活动、学习场所等。

三是普及义务教育。普及义务教育用以保障每位学龄儿童享有受到教育的机会，对接受义务教育的儿童免收学费，对家庭经济困难的学生酌情减免学杂费，对贫困家庭的儿童给予教育补贴等。

四是孤残儿童福利事业。对于孤残儿童，国家和社会建立相应的福利机构集中收养，或者在财政补贴下通过家庭领养、代养、收养的方式提供保障。例如，儿童福利院是政府部门在城市举办的以孤儿为主要收养对象的社会福利事业单位，其主要任务是收养城市中无家可归、无生活来源、无法定义务抚养人的孤儿和收养自费的家庭无力看管的残疾儿童。为减轻残疾儿童的残障程度、恢复其自理生活和从事劳动的能力，建立残疾儿童康复中心，专门为残疾儿童提供门诊和家庭咨询，开展各种功能训练和医疗、教育、职业培训。

（4）优抚安置

优抚安置是由国家或政府对从事特殊工作者及其家属（如军人及其亲属）予以优待、抚恤、安置的一项社会保障制度。在我国，优抚安置的对象主要是烈士军属、复员退伍军人、残疾军人及其家属；优抚安置的内容主要包括提供抚恤金、优待金、补助金，举办军人疗养院、光荣院，安置复员退伍军人等。

优抚安置在社会保障项目中占据突出的地位，是国家优先安排的保障项目，具有其他社会保障所不同的特点：

一是保障对象是一个特殊的群体。优抚安置以军人及其家属为保障对象，国家法规、政策对此有明确的、具体的规定，从而具有严格的身份限制。

二是保障范围具有全面、综合的特点。社会优抚安置不是社会保障制度的某一个方面，而是作为整体的综合项目被包容在国家社会保障制度中。也就是说，优抚安置不像社会保险、社会福利、社会救助那样，仅是承担社会保障的某一个方面的任务，而是社会保险、社会福利、社会救助等制度的综合，从而可以肩负起对军人的全面保障责任。

三是保障措施的实施更具规范性。由于优抚安置制度有国家制定的专门法律法规明确其保障对象、保障范围、保障手段、保障标准、保障形式、管理体制等，规章制度相当健全，因而在具体实施中属于依法办事。与我国现行社会福利和社会救助乃至社会保险相比，社会优抚安置制度在实施中显然更具规范性。

四是保障待遇优厚。相对于其他保障对象而言，优抚安置对象对国家和社会的贡献和牺牲要大，因此，其保障水平和标准要普遍高于其他社会保障项目的水平和标准，这体现了国家对军人这类社会保障对象的重视和优待。

第五章　企业年金与职业年金

第一节　企业年金概述

一、企业年金制度

（一）我国企业年金制度概述

企业年金是指企业及其职工在依法参加基本养老保险的基础上，自愿建立的补充养老保险制度。这个定义包含如下几点含义：

第一，明确了企业年金是以养老为目的的补充保险制度。

第二，明确了制度建立遵循自愿原则，不具有国家基本养老保险的强制性。企业自愿建立、员工自愿参加。在规定的额度范围内，有能力可以多缴，没能力可以少缴或不缴；已经建立了年金制度的企业，在发生经营亏损等无法继续缴费的情况下，可以根据相关程序暂停缴费。

第三，明确了建立年金制度的前提条件是依法参加基本养老保险。

（二）我国企业年金制度的主要特征

1. DC 型完全积累制

企业年金基金实行完全积累制，采用个人账户方式进行管理。我国企业年金制度实行DC 型完全积累方式，即职工退休领取的企业年金水平由个人账户的缴费积累及其投资收益决定，企业年金基金的投资风险主要由职工个人承担。

不同于基本养老保险的统账结合模式，企业年金采取了缴费资金的完全积累模式，即所有的缴费都形成对应的基金，并通过市场化的投资运作来实现保值增值，不存在空账运营的情况。

根据筹资模式不同，企业年金计划可划分为待遇确定型（Defined-Benefit，DB）和缴费确定型（Defined-Contribution，DC）两种类型。

DB 型计划，是指企业年金计划委托人（企业）或企业年金计划管理人预先确定职工养老金的给付标准和给付方式，然后根据预设标准、基金投资情况等因素进行精算并逐年调整企业缴费金额，从而实现按预设标准支付养老金的计划模式。采取这种模式的养老基金投资风险主要是由企业来承担，是企业的一种长期隐性负债。我国过去现收现付的基本养老保险模式，以及当前统账结合的基本养老保险统筹基金所提供的养老金，在某种意义上均可以看作是一种 DB 模式。

DC 型计划，是指企业年金计划委托人（企业）在计划建立时先确定一个相对明确的缴费标准，企业和职工均按照预设的标准进行缴费，根据企业年金基金累计缴费及其投资收益确定养老金支付标准的计划模式。在这种计划模式下，企业不再对养老金的领取水平进行承诺，由职工本人承担企业年金基金投资的风险。

随着全球人口老龄化日益加剧，各国传统上采取的 DB 型养老金制度面临越来越大的支付压力，给建立年金的企业单位带来沉重的财务负担，因此越来越多国家的养老金制度都在逐步从原有的 DB 模式转向 DC 模式。

2. 个人账户制

个人账户制是与社会统筹相对应的养老保障制度模式，强调的是自我保障和资金积累的功能，体现了养老保障制度中对激励机制和效率的要求。实行个人账户制是将退休金支付水平与基金的缴费水平以及投资回报水平挂钩，是参保职工本人生命周期内的一种长期财务平衡机制。

企业年金作为一种采取完全积累模式的养老金制度，需要为每一个参加职工建立对应的个人账户，并且企业缴费应当按照企业年金方案规定比例计算的数额计入职工企业年金个人账户；职工个人缴费额计入本人企业年金个人账户。该账户清晰记录该职工的每一笔单位和个人缴费和增值情况，其中企业缴费的部分还应按照年金方案的规定进行相应的权益归属，并将职工退休时个人账户中所积累的基金资产总额作为计发年金待遇的依据。

在实际操作中，往往还需要建立企业公共账户，用于归集企业缴费中未归属的部分以及暂时不归属个人的专项缴费、超额缴费等，因此企业缴费并不是100%立即划入个人账户。但就制度设计的总体思路而言，企业年金制度的基础仍然是个人账户模式。

3. 信托管理模式

我国企业年金管理采用了信托管理机制，引入了受托人、账户管理人、托管人和投资管理人共四个角色。首先由委托人（企业及其职工）将其资产交给受托人管理，形成信托关系；其次是受托人与账户管理人、托管人以及投资管理人之间建立委托—代理关系。这种模式核心的特点就在于通过"钱权分离"的制度安排来保证资产的独立性。

在信托模式下，企业年金基金财产作为"信托资产"，由法规认可的受托人存入企业年金专户进行独立管理。企业年金基金财产独立于委托人以及其他任何机构、人员的固有财产或其管理的其他财产。企业及其他机构自身的债权债务纠纷甚至兼并和破产，都不影响企业年金基金的独立性，从而能够更好地保障年金基金的安全性。

4. 税收优惠

企业年金在所得税政策方面为建立计划的企业和个人均提供了相应的优惠。在企业层面，企业缴费部分的税收优惠比例为5%，即在不超过职工工资总额5%以内的年金单位缴费，可在计算企业所得税应纳税所得额时税前列支。在个人层面，对职工在不超过本人缴费工资计税基数的4%标准内的部分，准予在其当期应纳税所得额中予以扣除，并在未来领取时根据相应的税率进行延期纳税。

5. 对企业年金管理机构实行准入限制

当前我国企业年金市场管理机构采取牌照准入的监管模式。受托人、账户管理人、托管人和投资管理人在获得本行业监管部门的同意后，向人力资源社会保障部申请相应的业务资格牌照后方可开展企业年金业务。

二、企业年金基金管理运作模式

（一）企业年金基金管理当事人法律关系

企业年金基金管理当事人主要包括委托人、受托人、账户管理人、托管人、投资管理人等。根据企业年金基金管理的特点，各当事人之间的法律关系可分为委托人与受托人和受托人与账户管理人、托管人、投资管理人之间的法律关系。

1. 委托人与受托人之间的法律关系

为有效保护企业年金基金财产的独立性和安全性，维护受益人的合法权益，我国企业年金制度将企业年金基金定位为信托财产。建立企业年金的企业，应当确定企业年金受托人，受托管理企业年金。这表明我国企业年金基金不能由企业或职工自己管理，必须交由受托人管理。建立企业年金的企业及其职工将其年金财产委托给企业年金理事会或法人受托机构进行管理运作的这种行为，就是一种信托行为。委托人与受托人通过签订企业年金基金受托管理合同，设立信托法律关系。委托人将企业年金基金委托给受托人，受托人依据委托人的意愿，以自己的名义，为受益人的利益，管理、运用和处分企业年金基金。

2. 受托人与账户管理人、托管人、投资管理人之间的法律关系

受托人应当自己处理信托事务，但信托文件另有规定或者有不得已事由的，可以委托他人代为处理。这表明受托人在不能亲自管理或委托他人处理更能体现受益人的最大利益时，可以为受托财产选择能够处理账户管理、托管、投资管理事务的符合要求的代理人，由他们代为处理相关业务。

当受托人将账户管理、托管或投资管理业务委托给其他法人机构代为处理时，须与其分别签订相应的委托—代理合同，即受托人是委托人，账户管理人、托管人和投资管理人是代理人，在法律上构成委托—代理关系。以账户管理人为例，通过企业年金基金账户管理合同，账户管理人接受受托人的委托，负责企业年金基金账户的管理工作，受托人有权对账户管理人的行为进行监督。这种委托—代理关系与委托人和受托人之间的信托关系不同，因为受托人对企业年金基金财产负有全责，而账户管理人、托管人、投资管理人仅对委托合同中确定的义务和责任负责。

（二）企业年金基金管理总体流程

企业年金基金管理运作流程主要包括缴费环节、投资运营环节、待遇给付环节和信息披露报告环节。

1. 计划运作初期工作

委托人将企业年金计划信息、企业账户信息和个人账户信息告知受托人，受托人制定投资政策、进行战略资产配置以及选择企业年金基金管理机构。

2. 账户管理系统建账

账户管理人为企业年金基金建立独立的企业账户和个人账户，将企业年金计划规则和企业、职工信息导入账户管理系统，转化为符合管理要求的信息数据。

3. 企业年金缴费

账户管理人在企业年金计划规定缴费日前，根据企业年金计划生成缴费账单，企业按照企业年金方案完成缴费，账户管理人进行缴费记账。

4. 投资管理

包括企业年金基金投资交易、投资成交和投资变更管理。

5. 待遇支付

职工达到待遇领取条件，委托人向受托人提交申请，受托人通知账户管理人。账户管理人计算个人账户权益，受托人确认后向托管人下达待遇支付指令。托管人按待遇支付指

令办理资金划转手续，并将资金划转结果通知受托人和账户管理人。

6. 信息披露和报告

账户管理人、托管人和投资管理人向受托人提交管理报告；受托人向委托人提交管理报告；账户管理人向委托人提供账户信息查询；各管理机构向政府监管部门提交报告。

第二节　企业年金在养老保险体系中的定位与作用

一、企业年金在我国养老保险体系中的定位

企业年金具有如下特征：企业自愿建立，国家不强制建立或直接干预；年金缴费一般由企业和职工共同承担，或由企业全部缴费；缴费人可自主决定管理模式，如建立共同账户或为受益人建立个人账户；按照确定缴费或确定待遇原则，采用多样的、非均等的支付方式，以定期支付为主；年金管理主体多样化，企业、专业养老金管理公司、基金会等均可管理；年金投资运营商业化、市场化。以上特征表明，企业年金既不同于商业保险，也不同于基本养老保险，它们在定位上有着本质的区别。

（一）企业年金与商业保险

尽管企业年金和商业保险都遵循自愿原则，都可以看成一种延期的定期支付，但是企业年金和商业保险又存在着本质上的区别：

首先，企业年金和商业保险投资收益定位不同。企业年金是职工参与企业利润分配的一部分，是职工工资的延期支付，其投资收益全部归参与年金的职工所有。而商业保险是商业保险公司以盈利为目的的商品，投保人除分红保险之外，并不参与保险公司的利润分配，投资收益也并非全部归投保人所有。

其次，保障的对象定位不同。商业保险可以将体检不合格的人、特定年龄以上的人等排除在保险范围之外，只为身体状况良好的人提供保险，如果对象不符合保险标准要么不能投保，要么就得加收保费，在投保人的性别上也有差异。另外如果投保人对身体状况、年龄有所隐瞒还会构成保险欺诈。而企业年金是企业集体行为，只要企业愿意且有经济实力就可以建立，受益对象仅限于企业职工，不存在性别、年龄、身体状况等方面的差异。

再次，政府税收政策定位不同。企业年金是被纳入社会保障政策实施范围的，为推动企业年金的发展，政府在税收方面给予优惠，允许一定比例内的企业年金缴费在税前列

支，鼓励有条件的单位建立企业年金制度。而商业年金保险没有这样的政策优惠，其费用负担只能由参加保险的个人承担，同时商业保险公司还必须承担向国家缴纳税收的义务。

最后，管理机构定位不同。企业年金实行多元化管理，可以是企业自身成立企业年金理事会作为受托人，也可以选择符合相关资格条件的商业保险公司、基金管理公司和信托公司等。而商业保险，法律规定只能由商业寿险公司办理。

（二）企业年金和基本养老保险

企业年金与基本养老保险既有联系又有区别。其联系主要体现在两种养老保险的政策相关性和保障水平互补性上，且都是为城镇退休职工提供一定的经济保障。其区别则可以从二者的保障目的、保障覆盖范围、支付方式和发展模式不同来分析。

首先，保障目的不同。基本养老保险定位于为参保人员提供最基本的生活保障，而企业年金则是在此基础上提供补充给付，使职工退休后的收入水平不至于下降太多。

其次，保障覆盖范围不同。基本养老保险通过国家立法强制实施，制度覆盖范围内的企业和个人都必须无条件参加，待遇标准也由国家统一规定，其资金可以纳入国家财政预算体系，一旦养老金计划收支不平衡，发生支付困难，政府财政就要兜底。而企业年金则是在国家政策指导下，按照企业量力、自愿的原则，为职工提供的一种额外福利，政府不直接承担企业年金基金的投资风险。

再次，支付方式不同。改革后，我国的基本养老保险基金采用现收现付方式，通过同时生活的两代人之间横向转移，归集起来并立即支付出去，除保留很少一部分周转金外，一般不留有储备，绝大部分按一定标准支付给退休的一代人。收与支的时间间隔一般不是很长。而企业年金基金实行长期积累并进行市场化运营，收与支是在同一个人一生中不同时间进行。即其在某一时间归集起来后，要间隔较长的一段时间（有的达几十年）才开始支付出去，而且，在间隔的时间中，企业年金储备基金通过定期与不定期的缴费在不断增多，因此它是一种具有储蓄性质的长期存在的资金，因而对基金保值增值要求十分强烈。

最后，发展模式不同。我国养老保险体系应坚持以基本养老保险为主、企业年金为辅，在基本养老保险的基础上发展企业年金。其一，我国是社会主义国家，基本养老保险作为国家的公共政策，以提高社会最底层人的福利为宗旨，要求发展养老保险体系应以基本养老保险为主，企业年金为辅。其二，我国的基尼系数已经超过国际0.4的警戒标准线，也高于经济发达程度相似的世界其他国家，说明我国收入差距明显偏高。这种现状要求现阶段的首要任务应是继续扩大基本养老保险的覆盖范围，运用再分配手段缩小贫富悬殊差距。其三，我国社会养老保险名义替代率达到80%，而实际替代率为25%左右，与我国现行基本养老保险的目标替代率 58.5% 相去甚远，也要求发展养老保险体系应以基本养老保险为主，企业年金为辅。其四，发展养老保险体系又必须得到企业年金的支持。企业是社会经济的细胞，经济的增长离不开企业的发展，企业的缴费水平直接决定该企业退休员工的福利水平。因此，在我国现行的养老保险制度体系中，基本养老保险处于主导和支配地位，企业年金处于补充和辅助地位。

以上区别均印证了社会基本养老保险属于第一层次，企业年金属于第二层次，商业保险属于第三层次在定位上的本质区别。而从世界养老保险制度发展的历史线索看，公共养老金和企业年金是养老保险体系框架中互动的两个重要支柱，二者之间始终有着千丝万缕的联系，其组合不仅构成了养老保险制度建设的基本内容，而且制约着养老保险的保障水平和发展方向。因此，接下来，我们将探究企业年金定位于基本养老保险之下，属于第二层次的深层原因。

二、企业年金定位的因素

（一）企业年金的目的定位由基本养老保险的价值目标决定

"公平与效率"是人类经济生活中的一对基本矛盾，也是社会保障制度价值选择面临的重要问题。公平是现代社会制度的首要价值取向，效率则是市场经济制度的重要价值取向。对于我国多层次养老保险体系而言，基本养老保险排除职工在退休前的工作性质差异和贡献差异，将每一个社会成员高度抽象化后，确定他们退休后基本一致的待遇水平。因此，基本养老保险主要考虑的是如何通过收入再分配实现社会公平。而企业年金通过企业内部的员工差别分配，将职工年金待遇的高低与企业经济效益与个人劳动贡献直接挂钩，从而促使职工关心企业的经营，调动劳动积极性，起到吸引、留用、激励高素质人才的作用，追求的是提高企业的竞争能力和盈利能力。所以，企业年金体现出市场经济制度下企业的经营效率。基本养老保险与企业年金两者合理结合实现了公平与效率的结合，企业年金的定位则反映了"公平优先、兼顾效率"的社保基本原则。

（二）企业年金的发展定位受企业承受能力制约

在多层次的养老保险制度体系中，企业年金不仅是基本养老保险的有益补充，而且对基本养老保险具有替代功能。然而，这种替代功能的发挥受到基本养老保险工资替代率的影响，企业年金的替代水平由基本养老金替代率来确定。基本养老保险替代率越低，企业年金对基本养老保险的替代功能就越强，企业年金发展的空间也越大。反之，则空间越小。而事实上，基本养老保险替代率在我国的社会保障体制由传统的现收现付制向社会统筹与个人账户相结合转换的过程中，有很大部分已经转嫁到企业身上，企业在国际市场竞争的情况下，一方面不可能通过提高产品价格的方式转嫁给消费者，另一方面必须提高经济效益和市场竞争力，其承受能力已经相当有限。因此，在基本养老保险替代率尚受到企业承受能力限制的条件下，企业年金的发展定位必然受到制约。

（三）企业年金的规模定位受基本养老保险覆盖范围影响

基本养老保险的覆盖范围与企业年金的规模具有明显的一致性，呈正相关关系。基本养老保险的覆盖范围越大，企业年金发展的规模也越大，反之亦然。事实证明，西方发达国家养老保险覆盖范围与企业年金发展的规模具有较大的重合性，二者并行发展、此消彼长。基本养老保险有限的覆盖范围对企业年金的规模构成了较大的制约。

三、企业年金在中国养老保险体系中的作用

（一）减轻政府基本养老保险金支付压力

我国养老保险体系建立较晚，基本养老保险累积资金不足，近年来收支缺口逐年扩大，再加上社会养老保险名义替代率居高不下，即便从80%下降到60%，国家仍难以负担如此沉重的基本养老保险支付压力。因此，大力发展企业年金，能够健全社保体系，弥补名义替代率过高而实际替代率偏低带来的缺陷，提高社会整体养老金替代率水平，实现对基本养老保险的有效补充。

（二）完善我国多层次养老保险体系

建立基本养老保险制度与发展企业年金、商业保险并不矛盾。它们作为多层次养老保险体系的组成部分和共同参与者可以相互补充、相互促进。因此，发展企业年金不能等，可以让有条件的地区、企业，根据自己的实际情况，参照国际惯例和我国养老保险制度建设的方向，不失时机地、因地制宜地把企业年金制度建立起来，将有助于我国在经济起飞时期和经济体制转轨过程中逐步建立起比较完善的多层次养老保险体系。

（三）提高退休职工的生活水平

面临人口老龄化的巨大压力，我国城镇职工单纯依靠基本养老保险难以获得比较充足、体面的退休保障。由于国家基本养老保险计划的财政负担已经过重，指望政府提供全

部的较高水平的养老金不现实，也不符合养老保障体系发展的国际潮流。如果企业能为员工提供完善的企业年金计划，有效地提高员工退休后的收入，解除职工后顾之忧，将增强员工对企业的认同感和归属感。

第三节　企业年金基金账户管理

一、企业年金基金账户管理人

（一）账户管理人定义

企业年金账户管理人是指根据受托人委托，并根据受托人提供的计划规则为企业和职工建立账户、记录缴费与投资运营收益、计算待遇支付和提供信息查询等服务的专业机构。

1. 账户管理人的定位

企业年金四个管理人在企业年金运作流程中各自扮演了特定的角色，账户管理人是整个流程中的信息交互枢纽，与受益人和其他管理人关系非常密切。账户管理工作包含计划缴费分配、权益归属计算、账户资产核算、待遇审核、信息记录等职责，并向企业委托人和受益人提供账户查询服务以及参与计划资产配置职责等。

账户管理人是受益人权益的核算者，是企业人力部门的信息辅助者，是受托管理机构的配合者，是全面风险管理的参与者，也是个人客户服务产品的提供者。因此企业年金账户管理工作是企业年金规范管理的基础之一，也是联系企业年金管理流程中各个环节的纽带。

随着信息技术的发展和广泛应用，账户管理人为企业年金基金构建了日益先进的账户管理信息系统，以满足企业年金计划运作和管理的需要。基于先进的账户管理系统、科学的管理流程、健全的内部管理及风险控制制度，账户管理人能够为企业和个人提供安全、便捷、稳定、全面的个性化账户管理服务，准确地记录企业和职工的缴费情况、企业年金基金财产的增减变动情况以及企业年金的待遇支付情况，并提供企业账户和个人账户的信息查询服务。

2. 账户管理人机构类型

目前，我国的企业年金基金管理人主要由具备人力资源社会保障部授予账户管理人资格的商业银行和保险公司（包含养老金管理公司）两类金融机构担任。作为企业年金市场中的不同类型经营主体，商业银行和保险公司在扮演企业年金账户管理人的角色过程中，也呈现出不同的特点。

商业银行除了是企业年金基金托管人的不二人选之外，在企业年金账户管理上也具备其特有的优势。与保险公司相比，商业银行享有较高的社会公信力，拥有众多网点和良好的客户基础，具有天然的个人账户管理属性，能够对养老金个人账户进行无缝对接和更多金融属性的扩展。企业年金计划中账户管理人可以兼任年金计划受托人或托管人。受托+账管、托管+账管的计划管理模式，都有助于降低服务过程中的沟通成本，提升运营及服务效率，也可提高管理人的积极性。对委托人和受益人而言，可有效降低企业在选择、监督甚至更换管理人上的工作量以及潜在的管理风险。

保险公司对企业年金的管理探索起步比较早，具有先发优势，在年金制度出台之前，其主营业务团体养老保险模式就比较接近于企业年金运作的主流模式，在账户的管理模式上也比较接近，具备较为成熟的账户管理经验和较完善的账户管理平台。目前国内多数专业的养老保险公司都具备寿险公司的背景。

（二）账户管理人应具备的条件

账户管理人应当具备下列条件：

第一，经国家有关部门批准，在中国境内注册的独立法人。

第二，注册资本不少于5亿元，且在任何时候都维持不少于5亿元的净资产。

第三，具有完善的法人治理结构。

第四，取得企业年金基金从业资格的专职人员达到规定人数。

第五，具有相应的企业年金基金账户信息管理系统。

第六，具有符合要求的营业场所、安全防范设施和与企业年金基金账户管理业务有关的其他设施。

第七，具有完善的内部稽核监控制度和风险控制制度。

第八，近三年没有重大违法违规行为。

第九，国家规定的其他条件。

（三）账户管理人的职责

账户管理人应当履行下列职责：

1. 建立企业年金基金企业账户和个人账户

账户是对企业和个人信息、缴费情况、投资收益情况以及支付情况进行记录的手段和相关信息的载体，为了正确反映参与企业年金计划的企业和职工的缴费、投资、支付、转移及退出等相关情况，账户管理人就必须为参与企业年金计划的企业和职工建立账户，这是账户管理人开展账户管理有关工作的基础。账户管理人需为企业年金基金开设两类账户：企业账户和个人账户。个人账户是用来反映职工个人企业年金基金权益余额和相关收支活动的账户；而企业账户分为两类：一类是企业特别账户，是根据企业年金计划的规定而设定的用于特定目的的账户，如未归属权益账户；另一类是企业总账户，用来反映企业整体年金基金权益余额和相关的收支活动。

2. 记录企业、职工缴费以及企业年金基金投资收益

企业年金基金账户记录的重要内容是反映企业年金基金受益人应享有的基金权益，而受益人的受益金额大小主要受企业和职工缴费以及基金投资业绩的影响。因此，为了正确、及时地反映受益金额的大小，账户管理人应按规定记录企业、职工缴费以及企业年金基金投资收益（这里指投资运营收益，包括实现或未实现的资本利得和利息、红利等收入）。企业和职工个人缴费计入本人企业年金基金个人账户；根据企业年金基金财产净值和净值增长率，将投资运营收益及时计入企业年金基金企业账户和个人账户。

3. 及时与托管人核对缴费数据以及企业年金基金账户财产变化状况

作为为企业年金基金提供账户管理的服务机构，账户管理人只记录企业和个人的缴费情况和投资收益变动情况，而并不掌握真实的企业年金基金财产。为了保证账实相符，防止错误的发生，维护受益人利益，应当将其企业年金基金总括账户的缴费记录同托管人提供的缴费对账数据进行及时核对，将企业年金基金总括账户财产总值、净值等指标及其变动情况核对无误后，再登记到相关账簿，以准确反映企业年金基金账户财产变化情况。

4. 计算企业年金待遇

企业年金待遇是参与企业年金计划的职工在退出计划时应得到的待遇支付。待遇支付水平一般而言要受到职工缴费多少、缴费时间长短、投资运作的情况、是否有资格享有雇主供款部分形成的个人账户基金资产、是否有资格享受税收优惠等因素的影响，计算比较复杂。而账户管理人作为企业年金基金的账户管理服务机构，掌握了计算待遇支付的所有相关信息，因此，应由其来计算企业年金待遇。

5. 提供企业年金基金企业账户和个人账户信息查询服务

建立企业年金计划的企业和职工作为企业年金基金的委托人，同时职工作为受益人，根据《信托法》和《企业年金基金管理办法》的规定，有权对企业年金基金的运作情况进行监督。账户管理人为其提供企业年金基金运作的有关信息，是对其知情权的保障，也

是其实现监督权的一个重要方式。账户管理人直接掌握企业年金基金账户的有关信息，是最方便的。为了保护委托人和受托人知情权的有效行使，《企业年金基金管理办法》将提供企业年金基金账户信息查询服务作为账户管理人的一项法定义务固定下来。

6. 定期向受托人和有关监管部门提交企业年金基金账户管理报告

账户管理人是受受托人的委托处理企业年金基金的账户管理事务的，向受托人和有关监管部门提交有关报告、报告委托事务的处理情况，是账户管理人必须履行的职责。定期是指账户管理人应当在每季度结束后 15 日内向受托人和有关监管部门提交季度账户管理报告；并应当在年度结束后 45 日内向受托人和有关监管部门提交年度账户管理报告。接受受托人和相关监管部门的监管，并按照其要求的种类向其提交账户管理报告，是账户管理人必须履行的职责。

7. 按照国家规定保存企业年金基金账户管理档案至少 15 年

这是企业年金基金账户管理人保存资料的职责。账户管理人对其进行的企业年金基金账户管理活动应当做出记录、登记账册、编制报表以及其他反映企业年金基金账户管理业务情况的资料，便于企业职工、受托人、托管人、投资管理人、人力资源社会保障部，以及其他有关主管部门了解企业年金基金账户管理的有关信息，为管理、运作或监督决策提供依据。企业年金计划是一项长期安排，为了满足相关需要，《企业年金基金管理办法》对相关资料的保管期限作了较为严格的规定，规定其保管期限不得少于 15 年。

8. 国家规定和合同约定的其他职责

除《企业年金基金管理办法》规定的职责外，其他法律、行政法规以及人力资源社会保障部、金融监管机构和委托合同也可能对账户管理人的职责做出补充和细化规定，这些也应成为账户管理人应履行的职责。

（四）账户管理人职责终止

有下列情形之一的，账户管理人职责终止：

第一，违反与受托人合同约定的。

第二，利用企业年金基金财产为其谋取利益，或者为他人谋取不正当利益的。

第三，依法解散、被依法撤销、被依法宣告破产或者被依法接管的。

第四，被依法取消企业年金基金账户管理业务资格的。

第五，受托人有证据认为更换账户管理人符合受益人利益的。

第六，有关监管部门有充分理由和依据认为更换账户管理人符合受益人利益的。

第七，国家规定和合同约定的其他情形。

账户管理人职责终止的，受托人应当在 45 日内确定新的账户管理人。账户管理人职责终止的，应当妥善保管企业年金基金账户管理资料，在 45 日内办理完毕账户管理业务移交手续，新账户管理人应当接收并行使相应职责。

（五）企业年金基金账户管理费的收取

账户管理人与受托人签订合同约定账户管理费，《企业年金基金管理办法》规定账户管理费不高于每人每月 5 元，由建立企业年金计划的企业另行缴纳。

（六）企业年金账户管理方式

1. 个人账户管理方式设计原则

我国企业年金制度采取"个人账户"管理方式，个人账户的管理方式区别于统筹的管理方式，由企业缴费、个人缴费和投资收益共同构成。个人账户管理方式也更符合企业年金采用信托模式管理的应用需求。一方面，企业年金个人账户基金积累属于个人产权，任何单位和个人不得以任何理由侵占、挪用职工企业年金个人账户资产；另一方面，企业年金个人账户基金在退休前依法"锁定"，职工未达到国家规定的退休年龄的，不得从个人账户中提前提取资金。

2. 职工企业年金个人账户管理方式设计的目标

职工企业年金个人账户管理方式可根据年金计划规则设置进行适应性调整，在缴费规则、支付规则、权益归属、投资规则、账户分类等各方面，都可通过各种规则设计，实现如下价值目标：保证企业年金计划的合规性、公平性和效率性；更好地服从和服务于企业战略目标、人事管理政策、财务战略目标；更好地节约企业年金计划管理成本、提高企业年金基金管理绩效；方便企业和职工参与管理企业年金计划；提升年金理事会或者受托人与投资管理人、账户管理人、托管人及其他中介机构的业务协调效率。

二、企业年金基金账户管理内容

（一）企业年金账户管理运作

1. 账户管理的基本原则

账户管理人是企业年金计划中的信息流中枢，是唯一负责记录信息的功能主体。对账户管理人在记录信息的完整性、准确性和时效性上提出了很高的要求。账户管理人的监督与管理工作要从以下几个方面进行规范：

（1）受益人利益最大化原则

受益人利益最大化原则是我国信托制度的基本原则，也是企业年金管理的基本原则，同时也是账户管理系统规范时应遵守的根本原则。账户管理在系统功能设计和账户管理阶段都应始终以受益人利益最大化为基本准则，在进行投资组合变化、人员变更等行为时尽量降低交易成本。在缴费、投资收益分配等环节也要尽量维护受益人的利益。

（2）功能完整性原则

功能完整性是根据企业管理的实际需要，账户管理系统能够全面、完整覆盖企业年金应用的信息化要求，例如可满足企业在方案设计时的个性化要求，包括对于企业和员工基本信息记录的全面性，缴费要完整地记录，缴费来源和扣税情况要记录清晰；根据不同类型的缴费做出的投资情况以及投资活动形成的权益、归属的安排、每次的领取、信息的变更、投资比例的调整、账户的转出转入都要有完整的记录。

（3）准确性与时效性原则

准确性要求在账户管理过程中有完善的内控机制为保障，例如在录入阶段要设置双人录入复核的功能，确保进入账户管理系统数据的准确性；在计划规则信息发生变化时，系统应提供相应的验证，确保在变更后得到准确结果的前提下，历史数据不会受到变更的影响。另外，作为账户管理系统，纠错能力不可忽视，因此必须对每个操作步骤和流程进行实践控制，对各种信息进行及时处理。同时实效性原则也是为了实现受益人利益最大化的原则，确保缴费能够及时参与投资运作，权益能够及时计入员工的个人计划账户。

（4）客户服务的完备性原则

账户管理在企业年金运营各环节中是主要的信息提供者，需要处理大量的个人计划账户的信息查询工作和信息变更工作，这就要求系统要有完善的客户服务功能才可以满足需求。企业年金市场化运作的优势在于高效率和优质的服务，因此我们在系统规范中也必须将客户服务的完备性作为对账户管理系统的一项原则性要求。

（5）系统安全性、稳定性原则

账户管理系统的安全性包括运营场所的安全性、系统硬件的安全性、软件的安全性以及数据的安全性。对数据安全性要求建立及时的异地数据备份制度，紧急情况具有数据恢复功能。账户管理系统的稳定性要求计算机管理系统无论在正常情况还是非正常情况下，要能达到系统设计的预期精度要求，即在软、硬件环境发生故障的情况下仍能部分使用和运行，确保有时效性要求的操作仍能够继续执行。

（6）管理开放性原则

企业年金管理是长期性的工作，因此账户管理人也必须适应这种长期性的要求。要求在新的管理需求出现时，能够在不影响原有业务流程的基础上，实现对流程、团队、系统等相应的管理体制的建设和完善。为保证管理的顺畅和高效，账户管理人要具备充分的开放性，特别是在账户管理系统的对接上，需要与不同的委托人系统、受托人系统、托管系统和监管部门的监管系统实现连接，进行数据的交换，从而实现信息的有效交互。

2. 账户管理系统的介绍

账户管理人作为核心的信息中枢，庞大的数据处理量和复杂的数据处理逻辑，需要专业的账户管理系统、科学的管理流程和健全的内部管理及风险控制制度以保证安全高效地开展账户管理运营工作和个人用户服务工作。年金账户管理系统通常需要具备业务管理、系统管理、客户服务和数据接口四大基本模块。

（1）业务管理模块

业务管理模块是账户管理人使用的主要业务操作模块，主要负责计划建立及账户开立、年金计划信息、企业及个人信息、年金缴费、年金投资、收益分配、年金支付、账户调整、计划变动、计税以及相关报表的管理。

（2）系统管理模块

系统管理模块主要负责业务逻辑操作规则的管理，包括权限管理、日志管理、业务参数、业务规则等管理工作。

（3）客户服务模块

客户服务模块针对年金受益人，账户管理人通常须建立网上查询平台，以便于客户在网上查询个人账户权益变化情况并进行相关的个人信息变更。通常账户管理人也会在网站查询的基础上进一步丰富个人账户查询手段，例如呼叫中心、短信、邮件、微信等，而银行系统的账户管理人也会在 ATM、网银系统和手机银行系统中为本行持卡用户开辟年金个人账户查询通道。

（4）数据接口模块

数据接口模块主要用于提升账户管理系统的扩展性和灵活性。与受托人、托管人、投资管理人系统对接，提升信息交互的效率和准确性，或者与委托人系统对接，按委托人要求及时提供年金账户相关数据，协助委托人人力资源管理工作。

企业年金账户管理系统对设备及运行环境也有极高的要求。账户管理人需要为系统设备配置专门的场地，计算机主机、服务器、存储设备、网络都要满足监管部门的要求。

优秀的账户管理系统在满足《企业年金账户管理信息系统规范》基本要求的基础上，还应具备开放性、安全性、高效性、数据统一性、易维护性及数据可纠错等特点。

3. 账户管理人服务渠道

对于年金个人用户来说，最直接、频率最高的服务需求是账户查询。《企业年金账户管理信息系统规范》中对个人账户的查询功能提出了明确要求"系统应能及时更新数据，提供安全、有效、便捷的查询。查询信息至少包含企业年金计划信息、企业账户信息、个人账户信息及统计信息。系统可通过互联网、电话自动语音应答、传真、电子邮件和短信等不同方式，提供至少一年以内账户信息等查询服务"。

因此，账户管理人系统设计是否先进、服务渠道是否便捷、账户数据是否完整，直接关系到个人用户的使用体验。

个人账户查询的具体内容包含个人基本信息、计划信息、账户余额、缴费信息、收益信息、支付信息、账户权益变动、投资查询、计算纳税以及相关公告等内容。

另外，账户管理人还需要为企业用户开通账户查询服务，包含企业基本信息、计划信息、企业账户余额、企业缴费信息、企业账户权益变动、企业投资收益、企业账户管理报告以及企业加入年金计划员工信息等内容的查询。

银行系统账户管理人通常会根据自身特点，在基本查询渠道之外，提供更有特色的查询手段，例如提供 ATM、网银、手机银行、微信银行等渠道的查询功能。

（二）企业年金账户管理人的监督与管理

由于企业年金采用完全积累的、市场化的运作模式，因此企业年金计划具有极大的灵活性。委托人和受托人、受托人和账户管理人之间往往存在职责交叉的领域，为保证企业年金计划的连续性和完整性，需要规范账户管理功能、账户信息的内容，从而使账户管理工作具备持续性和规范性。例如，由于个人工作调动，使得有些受益人参加不止一个企业年金计划，为保证个人账户的顺利转移，确保个人记录的连续性和完整性，账户管理工作也需要得到有效的规范和约束。

账户信息是员工年金权益的依据，账户管理必须保证企业和员工基本资料和信息的准确、安全，因此必须通过规范账户管理系统和流程、加强技术防范和内部控制，来降低账户管理过程中可能出现的操作风险，保证其安全运行。

针对账户管理人的监督和管理可通过以下两方面实现：

一是监管层面，企业年金账户管理人由人力资源社会保障部授予管理资格。人力资源社会保障部会设定严格的准入制度以衡量机构是否具备企业年金账户管理人资质，衡量标准包含公司的治理情况、为开展年金账户管理业务所配置的资源、业务开展的可行性分析、业务发展的规划以及业务内控机制等。账户管理人资格有效期通常为三年。资格到期后，账户管理人需要重新申请资格的延续，人力资源社会保障部将对账户管理人资格延续申请人过去三年的治理结构变化情况、履职情况、管理人风险控制情况、系统升级情况等进行考评，并决定是否同意账户管理人资格延续。该流程从制度框架下对账户管理人进行了管理和约束。

二是年金计划管理人之间的相互监督。企业年金受托人、托管人、账户管理人和投资管理人在年金计划运作过程中不仅相互协作，同时也要履行相互监督的义务。受托人作为企业年金计划的核心管理人，对账户管理人在合同期内的工作设定监督事项和指标，并按指标考核账户管理人。例如数据处理的准确性和时效性，账户管理合同和流程备忘录约定条款的履行情况，账户管理人应当以风险事件情况、账户管理系统升级情况、管理的企业和个人账户数规模变化情况、账户管理人违规情况以及客户投诉情况等作为监督考核账户管理人的条件，该流程对账户管理人进行了动态上的监督和管理。受托人定期将账户管理人的监督指标的考核情况提供给委托人，作为委托人评价账户管理人的依据。

第四节　职业年金概述

一、建立职业年金制度的意义和作用

职业年金是机关事业单位人力资源管理的重要组成部分，职业年金制度能否顺利建立并实施，直接关系到机关事业单位工作人员的养老待遇水平，关系到机关事业单位养老保险体制改革的成败，具有重要的现实意义。

（一）职业年金制度是我国多层次养老保障体系的重要组成部分

经过多年的改革和发展，我国已经基本建立起了多种基本养老保险和补充养老保险制度。但与养老保障体系成熟的发达国家相比，在保障水平、保障范围上仍存在较大差距。建立和发展职业年金有利于完善第二支柱保障，改变我国养老保险制度在不同群体间"碎片化"的特征，缩小机关事业单位与企业的制度差异，逐步实现"并轨"，对建立和完善统一多层次的养老保险体系有重要的意义。

职业年金与企业年金齐头并进是保证机关事业单位和企业职工的养老待遇公平，建立起完整而强大的第二支柱的重要保障。同时，职业年金的建立有利于促进企业年金的发展：首先，职业年金目前是面向公务员及事业编制内的职工，对于庞大的编制外职工并未覆盖到，为了体现社会公平，对编制外员工建立企业年金计划势在必行；其次，建立职业年金后，监管部门将更加关注补充养老保险基金的运营安全和收益水平，有利于企业年金市场的健康发展；最后，机关事业单位建立职业年金，对企业具有良好的示范作用，有助于推动企业年金市场的健康发展。

（二）职业年金制度是我国养老保险制度可持续发展的重要保障

职业年金采用个人账户累积制以及市场化运作模式，在资金来源和运营收益上有着天然的优势，可以在一定程度上缓解财政压力、促进养老保险费的供需平衡，为调整基本养老保险替代率争取更大的空间；从财政单方面保障到财政与市场联合保障的转变，可有效控制系统性风险，有利于实现我国养老保险体制的可持续发展。

（三）职业年金制度是维护社会稳定发展的重要手段

建立职业年金，一方面有利于填补养老保险体制改革后可能产生的基本养老保险替代率的落差，保障公职人员的权益，减少改革阻力，促进新老制度平稳过渡和待遇水平合理衔接。另一方面也为缩小机关事业单位职工与企业职工的待遇差别奠定了制度基础，有利于体现社会保障的公平普惠原则，维护社会平稳发展。

（四）职业年金制度是促进劳动力与资本市场健康发展的重要助力

由于职业年金具有强制性、延期性、激励性等特点，有助于机关事业单位吸引和留住人才，在一定程度上增加了机关事业单位在人力资源市场的竞争力。同时建立职业年金制度有利于人才在不同体制的单位间自由流动。由于目前机关事业单位的养老保险社会化改革尚未完成，企业和机关事业单位实行完全不同的养老保险制度，使得两类人群的养老待遇无法实现转移，从客观上阻止了人员的流动。建立职业年金，可以促进机关事业单位与企业养老制度"并轨"，有利于建立更加健康、平等的劳动力市场，实现人力资源的合理配置，为经济更快更好的发展提供人才支持。

在市场经济环境下，职业年金基金的积累具有时间长和规模大的特点，能有效地为资本市场注入长期优质的资金，带来新的活力。同时由于职业年金基金对投资安全性、有效性以及资金流动性的要求，必将促使相关部门加大对资本市场的监管力度，督促机构参与者们更加积极地投入改进及研发多元化的投资产品之中，从而进一步促进资本市场更加稳定地发展和不断成熟。

二、我国职业年金制度

（一）我国职业年金制度概述

1. 职业年金定义

职业年金，是指机关事业单位及其工作人员在参加机关事业单位基本养老保险的基础上，建立的补充养老保险制度。

职业年金与企业年金同属我国第二支柱补充养老保险制度的范畴，同样采用个人账户方式管理，主要区别有两个方面：一是参加的人群不同。职业年金适用于按照《公务员法》管理的单位、参照《公务员法》管理的机关（单位）、事业单位及其编制内的工作人员。二是建立是否具有强制性。职业年金的建立具有强制性，企业年金的建立由企业及其职工自愿决定。

2. 制度模式选择

职业年金基金应当委托具有资格的投资运营机构作为投资管理人，负责职业年金基金的投资运营；应当选择具有资格的商业银行作为托管人，负责托管职业年金基金。职业年金基金必须与投资管理人和托管人的自有资产或其他资产分开管理，保证职业年金财产的独立性，不得挪作其他用途。

职业年金有关税收政策，按照国家有关法律法规和政策的相关规定执行。

职业年金的经办管理工作，由各级社会保险经办机构负责。

（二）我国职业年金制度的主要特征

1. DC 型完全积累模式

和企业年金类似，职业年金采用 DC 型完全积累模式。职工退休领取的职业年金水平由个人账户的缴费积累及其投资收益决定，职业年金基金投资风险由职工个人承担。

2. 个人账户制

职业年金采用个人账户方式管理，为每一个参加计划的职工建立个人账户。个人账户的缴费包括单位缴费和职工缴费。其中职工缴费实行实账积累，而单位缴费的积累方式与企业年金略有不同：对财政全额供款的单位，单位缴费根据单位提供的信息采取记账方式，每年按照国家统一公布的记账利率计算利息，工作人员退休前，本人职业年金账户的累计储存额由同级财政拨付资金记实；对非财政全额供款的单位，单位缴费实行实账积累。

3. 信托管理模式

职业年金的管理模式采用了与企业年金类似的信托管理模式，但与企业年金四个管理人的运营架构所不同的是，职业年金在运营分工上引入了委托人、代理人、受托人、托管人和投资管理人五个角色。其中委托人包括参加职业年金计划的机关事业单位及其工作人员，代理人包括中央国家机关养老保险管理中心和省级社会保险经办机构（省级社保局），受托人由具有企业年金受托管理资格的法人受托机构担任，托管人由具有企业年金托管人资格的商业银行担任，投资管理人由具有企业年金投资管理人资格的机构担任。

职业年金的整个制度流程设计是：委托人→代理人→受托人→托管人和投资管理人。这是一个三层法律关系：机关事业单位及职工与中央及省级经办机构的委托代理关系；代理人与受托人的信托关系；受托人与托管人、投资管理人的委托关系。

职业年金在运作上增加了一个资金归集的环节，因此与企业年金不同的是，职业年金在制度设计上引入了代理人。机关事业单位和工作人员作为委托人，并不直接委托，不与受托人签订受托管理合同，而是由中央国家机关养老保险管理中心（部社保中心）和省级社保经办机构，作为行政授权的代理人，集中委托经办管理，代表机关事业单位，行使委托人职责。代理人负责设置资金归集账户用于归集职业年金缴费，进行职业年金账户管理运营工作；同时代理人负责与受托人签署合同，并履行监督工作。

除了代理人以外，职业年金的受托人、托管人和投资管理人与企业年金的管理人履行一样的职责。受托人作为年金计划的大管家，分别与托管人和投资管理人签署合同，针对计划制订战略资产配置策略，并向管理人下达业务指令。托管人负责保管职业年金基金财产，具体职责包括账户开立、清算、交割、估值、核算、投资、监督和待遇发放等工作；投资管理人首先需要针对计划提取风险准备金，并进行职业年金资产投资运作。

4. 税收优惠

职业年金单位缴费部分计入个人账户时该职工不缴纳个税，个人缴费部分可以在个人计税基数（最高为个人工作地所在城市上一年度职工月平均工资的三倍）的4%以内从其当期应纳税所得额中扣除，年金投资运营期间的收益分配到个人账户时也暂不缴纳个人所得税，直到未来领取时根据相应的税率进行延期纳税。

5. 对职业年金管理机构实行准入限制

职业年金基金受托、托管和投资管理机构在具有相应企业年金基金管理资格的机构中选择。

三、我国职业年金基金管理模式

（一）基金管理模式

职业年金将借鉴企业年金的管理模式，采取市场化或半市场化管理模式。根据规定，中央国家机关养老保险管理中心及省级社会保险经办机构作为代理人代理委托人集中行使委托职责并负责职业年金基金账户管理业务。

1. 职业年金基金采用信托模式运营

职业年金采用信托模式进行运营管理，代理人代理委托人与受托人签订职业年金计划受托管理合同，受托人与托管人、投资管理人分别签订职业年金计划委托管理合同。职业年金计划受托和委托管理合同由受托人报人力资源社会保障部或者省、自治区、直辖市人力资源社会保障行政部门备案。

2. 职业年金的管理原则

（1）财产独立原则

职业年金基金财产独立于机关事业单位、各级社会保险经办机构、受托人、托管人、投资管理人和其他为职业年金基金管理提供服务的自然人、法人或者其他组织的固有财产及其管理的其他财产。

（2）谨慎、分散风险的投资原则

职业年金基金投资管理应当遵循谨慎、分散风险的原则，充分考虑职业年金基金财产的安全性、收益性和流动性，实行专业化管理。首先，职业年金是补充养老金，所以安全是第一位的；其次，职业年金必须具有一定的保值、增值功能；最后，职业年金应该具有一定的流动性，以应对退休人员领取或者人员在机关事业单位与企业单位间的流动。

（二）基金投资管理

1. 职业年金基金投资范围

职业年金基金财产限于境内投资，投资范围包括：银行存款，中央银行票据；国债，债券回购，信用等级在投资级以上的金融债、企业（公司）债、可转换债（含分离交易可转换债）、短期融资券和中期票据；商业银行理财产品，信托产品，基础设施债权投资计划，特定资产管理计划；证券投资基金，股票，股指期货，养老金产品等金融产品。

其中，投资商业银行理财产品、信托产品、基础设施债权投资计划、特定资产管理计划、股指期货及养老金产品，在国家有关部门另行规定之前，按照《关于扩大企业年金基金投资范围的通知》《关于企业年金养老金产品有关问题的通知》等有关规定执行。

2. 职业年金基金投资比例

每个投资组合的职业年金基金财产应当由一个投资管理人管理，职业年金基金财产以投资组合为单位按照公允价值计算应当符合下列规定：

①投资银行活期存款、中央银行票据、一年期以内（含一年）的银行定期存款、债券回购、货币市场基金、货币型养老金产品的比例，合计不得低于投资组合委托投资资产净值的5%。清算备付金、证券清算款以及一级市场证券申购资金视为流动性资产。

②投资一年期以上的银行定期存款、协议存款、国债、金融债、企业（公司）债、可转换债（含分离交易可转换债）、短期融资券、中期票据、商业银行理财产品、信托产品、基础设施债权投资计划、特定资产管理计划、债券基金、固定收益型养老金产品、混合型养老金产品的比例，合计不得高于投资组合委托投资资产净值的135%。债券正回购的资金余额在每个交易日均不得高于投资组合基金资产净值的40%。

③投资股票、股票基金、混合基金、股票型养老金产品的比例，合计不得高于投资组合委托投资资产净值的30%。职业年金基金不得直接投资于权证，但因投资股票、分离交易可转换债等投资品种而衍生获得的权证，应当在权证上市交易之日起10个交易日内卖出。

④投资商业银行理财产品、信托产品、基础设施债权投资计划、特定资产管理计划，以及商业银行理财产品型、信托产品型、基础设施债权投资计划型、特定资产管理计划型养老金产品的比例，合计不得高于投资组合委托投资资产净值的30%。其中，投资信托产品以及信托产品型养老金产品的比例，合计不得高于投资组合委托投资资产净值的10%。

投资商业银行理财产品、信托产品、基础设施债权投资计划、特定资产管理计划或商业银行理财产品型、信托产品型、基础设施债权投资计划型、特定资产管理计划型养老金产品的专门投资组合，可以不受此30%和10%规定的限制。专门投资组合应当有80%以上的非现金资产投资于投资方向确定的内容。

（三）职业年金监督体系

代理人与受托人签订职业年金计划受托管理合同，兼任账户管理人，向受托人提供职业年金基金账户管理相关信息，向机关事业单位披露职业年金管理信息，向受益人提供个人账户信息查询服务。

受托人选择、监督、更换职业年金计划托管人和投资管理人，接受代理人查询，向有关监管部门提交职业年金基金受托管理报告。

托管人监督投资管理人的投资运作，并定期向受托人报告投资监督情况，定期向有关监管部门提交职业年金基金托管报告。

投资管理人定期向受托人提交职业年金计划投资组合管理报告，定期向有关监管部门提交职业年金基金投资管理报告。

四、我国职业年金风险控制制度

与企业年金运作相似，职业年金也具有委托—代理风险、投资风险、操作风险、流动性风险这四大风险。社会保险经办机构应监督职业年金计划管理情况，建立职业年金计划风险控制机制。

（一）管理人相互制约

同一职业年金计划中，受托人与托管人、托管人与投资管理人不得为同一机构；受托人与托管人、托管人与投资管理人、投资管理人与其他投资管理人的高级管理人员和职业年金从业人员，不得相互兼任。

受托人兼任投资管理人时，应当建立风险控制制度，确保业务管理之间的独立性；设立独立的受托业务和投资业务部门，办公区域、运营管理流程和业务制度应当严格分离；直接负责的高级管理人员、受托业务和投资业务部门的从业人员不得相互兼任。同一职业年金计划中，受托人对待各投资管理人应当执行统一的标准和流程，体现公开、公平、公正原则。

（二）投资范围控制

职业年金基金对于可投资的资产范围和比例进行了严格的限制，确保投资风险可控。投资管理人管理的职业年金基金财产投资于自己管理的金融产品需经受托人同意。

（三）投资风险准备金

投资管理人从当期收取的管理费中，提取 20% 作为职业年金基金投资管理风险准备金，专项用于弥补合同到期时所管理投资组合的职业年金基金当期委托投资资产的投资亏损。余额达到投资管理人所管理投资组合基金资产净值的 10% 时可以不再提取。

当合同到期时，如所管理投资组合的职业年金基金资产净值低于当期委托投资资产，投资管理人应当用风险准备金弥补该时点的当期委托投资资产亏损，直至该投资组合风险准备金弥补完毕；如所管理投资组合的职业年金基金当期委托投资资产没有发生投资亏损或者风险准备金弥补后有剩余，风险准备金划归投资管理人所有。

职业年金基金投资管理风险准备金应当存放于投资管理人在托管人处开立的专用存款账户。托管人不得对风险准备金账户收取费用。风险准备金由投资管理人进行管理，可以投资于银行存款、国债等高流动性及低风险金融产品。风险准备金产生的投资收益，归入风险准备金。

（四）信息披露及审计制度

对于职业年金计划连续运作满三个会计年度、计划管理人职责终止等事项，代理人与受托人应当共同聘请具有证券期货相关业务资格的会计师事务所对职业年金计划进行审计，代理人、受托人、托管人、投资管理人应当配合会计师事务所对职业年金计划进行审计。

各管理人应按期向相关机构提交管理报告。

第五节 机关事业单位职业年金制度的思考

一、我国机关事业单位职业年金推行的背景

行政事业单位的养老金制度已经实行多年，在政府财政资金的支持和保障下，对维护退休人员的基本生活权益发挥了重大作用；但反观企业的养老保险制度，主要由基础及个人账户养老金、企业年金的组合存在。这种"双轨制"的养老保险制度实行多年以来，严重影响了我国社会保障的公平性，行政事业单位与企业的退休人员待遇明显不同，有失公允公平。这种现象不仅导致财政资金压力巨大，更成为劳动力合理流动的障碍，打击了企业职工的积极性和创造力，有悖于社会发展的公平公正原则，与国家提倡的和谐社会建设不相协调，不利于社会的稳定发展。为了尽快消除机关事业单位与企业养老保险制度的不同步，对机关事业单位的养老保险制度进行改革，既是顺应中国社会发展的要求，也是建立公平公正的社会保障体系的必然结果。

二、职业年金实施的必要性

中国的养老保险制度因为有了职业年金制度的"加盟"，才显得更加完善。尤其是机关事业单位与企业之间养老金的有效转换，增强了优秀人才在各个渠道的流通，保障了养老金的收益性和有效性。税收优惠作为国外职业年金成功发展的一个重要条件，对于完善

养老保险制度体系、应对越来越严重的年龄老化问题、解放政府的财政压力起着重要的作用。

（一）建立健全养老保险制度，减轻财政负担

近年来，我国机关事业单位人员人数不减反升，人口老龄化问题越来越突出，养老金支出庞大，对财政来说是一个巨大的负担。推行职业年金，相当于增加了养老储备金，能够保障退休人员的待遇不削减，既能适应未来经济的发展，又能抵消物价升高所带来的各种影响。因此，职业年金作为养老保险的一种补充，既能减轻各级政府的财政负担，又能分散养老保险的风险和责任，对于推进我国养老保险改革，完善基本养老保险制度具有重大的意义。

（二）提高员工工作的积极性，提升服务效率

作为养老金制度改革的一项新事物，职业年金被赋予很高的期望。各行政事业单位可以此为契机，根据自身的实际情况，设置不同岗位、级别的退休待遇，激励员工的创造力及工作积极性，提高服务效率和水平。

（三）缩小与企业职工的养老保险待遇，促进社会公平

在现行的养老制度下，机关事业单位员工是吃"皇粮"的，个人不用缴纳养老保险，由财政全额负担。而企业是职工个人和单位分别按比例缴纳养老保险费用，而且养老金的待遇也偏低。所以，在同工同酬的大环境下，有失公允，增加社会矛盾。机关事业单位职工与企业员工应该同等对待，不搞特殊，新的养老保险制度能缩小机关事业单位与企业之间的心理预期，缩减社会的贫富差距，这对于实现公平竞争的社会主义新社会、维护安宁的社会大环境有重要意义。

（四）吸引专业技术人才

未来社会的竞争说到底就是人才的竞争，机关事业单位作为中国重要的支柱部门，在中国的经济社会发展中起着中流砥柱的作用。因此，高水平的专业人才对于机关事业单位来说，更是渴求。但因为其特殊的福利和保险机制，如何吸引并留住人才是一个大问题。将职业年金制度引入养老保险，对员工能起到一定的激励和鼓舞的作用，但如若中途离开单位，必将会损失部分已缴年金的收益，也起到一定的约束作用。

（五）有助于机关事业单位合理避税

虽然我国现行法律法规没有明确规定职业年金的税收优惠政策，但纵观国外有成功经验的职业年金历程，都在税收优惠及激励政策方面给予了职业年金一定的"方便"，比如免征个人所得税、税前列支职业年金缴纳金额等。因此，为了减轻各机关事业单位财务状况频频吃紧的现状，为顺利实施职业年金制度开辟道路，国家在税收方面给予职业年金优惠是水到渠成的，具体包括单位缴款部分、个人缴款部分、职业年金基金在金融投资市场的收益等。

（六）保持养老保险待遇不降低

在经历了多年的调查和研究之后，基本养老保险改革终于在我国机关事业单位中开展了，然而改革后，机关事业单位职工的基本养老保险待遇却会降低，这与改革的初衷是不符的，改革的目的绝不是削减福利。这时，具有重要补充作用的职业年金便派上了用场，优势作用就显现出来了，作为对养老保险的补充，既能保证机关事业单位员工的退休工资不降低，又能减少职业年金实施中所遇到的阻力。

（七）优化资源配置

职业年金基金多数情况下会进入金融资本市场进行运转，基金由个体模式到汇总运行，跨越了时间、空间，能够以小聚多集中管理，充分利用资本市场的优势，实现资源的优化配置，达到效益的最大化。同时，职业年金基金在资本市场运作，投资范围和手段也更加多样化，避免了单一途径的投资所带来的风险和压力，保证资金的安全性。

三、职业年金的优势和劣势

建立机关事业单位职业年金，形成养老保险既有基本养老，又有职业年金的补充保险制度，对于保障机关事业单位退休人员的权益，保持退休后的收入稳定，具有重要意义。职业年金相对于其他形式的养老基金而言，既能显现资本市场专业运作管理的优势和潜力，又能将收益与风险进行很好的组合，实现价值的最大化。人力资源管理与人力资本投资的一项重大举措就是职业年金计划，对于吸引现代化人才并留住人才，加强机关事业单位的核心竞争力、发挥广大员工的创造力具有重大作用。

职业年金与个人账户养老金相比，缺点也是比较明显的：

第一，制度制定时的参与度与透明度较差，对养老金有一定的限制性，如果较早地离职，将不能拥有其养老基金的既得受益权。

第二，保障程度不同。融资水平，税收政策的优惠、资产托管与投资的有效性也会影响机关事业单位对养老金计划的实施。

第三，财务与人力资源管理功能的扩展往往被作为机关事业单位设立养老金制度的目的。机关事业单位有权力终止养老金计划，甚至改变其养老基金的形式与员工的资格条件。

四、职业年金实施过程中应关注的问题

（一）牵扯众多类型的单位，推广阻力大

在我国，行政事业单位大多承担管理职能，是公益性、非营利性的组织，单位类型不同，收入来源也不同，有些单位甚至没有任何收入，完全依靠财政供给。国家推行养老保险的职业年金制度，一个重要的原因就是减轻各级政府财政的负担，在这种情况下，势必会减少对各行政事业单位的资金扶持，办法中规定单位缴纳职业年金费用的比例为本单位工资总额的8%，由于各单位财力不同，在实际执行职业年金的过程中，可能会产生资金短缺、无钱可用的情况。面临各级财政经费压缩及行政事业单位本身收入少的矛盾，职业年金制度的推行势必问题重重，既需要兼顾社会公平，又不能忽视各方面利益。

（二）职业年金的运作

由于没有充分的经验和成果可以借鉴，加之我国的年金投资运作模式不成熟，资本市场运作不够规范，如何保证职业年金有效运作，达到增值保值的作用，维护广大退休人员的利益，是亟待解决的一个问题。国家应该出台针对职业年金运营管理的特定办法，并成立专门的监管机构进行监督检查，把风险降到最低。把职业年金提升到法律法规的高度，对《保险法》《劳动法》等法律法规进行完善。一方面，我们应明确规定职业年金的投资运作流程、投资对象、风险管控、信息披露等重要信息，在安全性上对资金进行保障；另一方面，为了实现资金的保值增值，还应当不断拓宽投资途径和投资渠道。

（三）缺少职业年金税收优惠政策

我国现行税法的一些优惠政策只是针对社会保险，没具体规定基金运作中的税收，对员工参与职业年金缴费税收的政策也无具体的规定。税收优惠政策的缺失将不利于职业年金的推行。作为缴纳养老基金的一种激励手段，可以采用税收优惠的一些措施。一方面，

允许将个人缴纳部分的保险费用在税前列支，减少各行政事业单位职工的个税缴纳，抵消一部分工资的减少额。另一方面，允许税收递延，即对职业年金的投资环节给予免税处理，纳税环节只发生在领取养老金时。另外，为了避免税收优惠政策的负面影响，应该在上限对税收优惠的金额及比例进行规定。

（四）职业年金的领取方式

职业年金的养老金可以采取两种领取方式：一次性领取和年金式领取。一次性领取这种方式，对于行政事业单位人员退休后的生活稳定作用不强，因此，管理机构应该采取适当的激励或约束机制来鼓励年金式领取，限制一次性领取，比如可以考虑给予年金式领取以税收优惠，或在一次性领取养老金时施加一定的惩罚，提高一次性领取的成本，从而鼓励采取年金式领取的方式。

将职业年金制度纳入养老保险，不仅是解决目前我国人口日益老龄化，养老成本加剧等潜在问题的重要方式，更是对企事业单位"双轨制"养老保险的破冰之举，是近年来行政事业单位改革及发展的必然结果。对维护全社会的公平与稳定，实现和谐发展起着重大的作用。但在实际推行中，职业年金制度还存在着诸多问题，需要不断地尝试与摸索。在大势所趋的情况下，既能借鉴国外好的经验，又要避免一些教训，争取走出一条有中国特色的职业年金道路。

第六章 医疗保险系统与范围

第一节 医疗保险系统

一、医疗保险系统概述

（一）医疗保险系统的含义

系统指由相互作用和相互依存的若干要素组合而成的，具有某种特定功能并处于一定环境之中的有机集合体。医疗保险系统就是社会经济系统中一个极小的子系统。用系统的观点来分析影响医疗保险活动过程的各个方面及相互的联系，是认识、建立和发展医疗保险的基础和前提。

医疗保险系统指一个以维持医疗保险的正常运转和科学管理为目的的，主要由医疗保险组织机构、参保人群、医疗服务提供方及有关政府部门构成，以规范医疗保险费用的筹集、医疗服务的提供、医疗费用的支付为功能的有机整体。

（二）医疗保险系统的构成与各方关系

1. 医疗保险系统的构成

医疗保险系统的形成是一个由简单到复杂的过程。在医疗保险系统的形成过程中，医疗保险系统中的各方（医疗服务的需方与供方和医疗保险的需方与供方）相互影响、相互作用，使医疗保险系统中供需之间的关系由简单到复杂，医疗保险体系也逐渐趋于完善。

最初医疗保险的形成有两种动因，而在不同动因下所形成的医疗保险系统又具有自身的特点，成为目前各国不同医疗保险系统及各系统中相应医疗保险模式的基础。

（1）基于医疗服务提供者的医疗保险系统

20世纪初，美国的经济大萧条导致医疗服务需求量明显下降，医疗服务提供者的经济利益受到了严重影响。一些医生或医疗机构为了保证自己的收入采取了预付方法，即向某些特定的人群预先收取一定的医疗费，被保险人患病后，可以获得免费或部分免费的医疗服务。这类保险的形成动因来自医疗服务提供者，经济利益促使他们采取这种具有医疗保险性质的行为。在这个系统中，医疗机构既是医疗服务的提供方，也是医疗保险的提供方，而医疗服务和医疗保险的需求方均为被保险人。保险人与被保险人之间是一种直接的双向经济关系，而保险人提供的是一种服务赔偿。

（2）基于医疗服务消费者的医疗保险系统

这类保险是由消费者（往往是一个行业的劳动者）组成的一种具有合作性质的组织。由参加该组织的成员出资建立基金，为患病的成员提供医疗费的帮助。在这个系统中，被保险人既是医疗服务的需求方，也是医疗保险的需求方，而医疗保险机构与医疗机构没有直接的经济关系，而是通过被保险人发生间接联系，即被保险人从医疗机构获得所需的医疗服务，并向医疗机构支付相应的费用，然后从其交保险费的医疗保险机构获得一定的补偿。

随着医学的发展和医疗活动的日益复杂，医疗费用不断上涨，这与医疗服务提供方（简称"供方"）有着密切的联系。由于医疗消费的特殊性和医疗信息的不对称性，供方能主导需方消费，医疗消费的质和量主要取决于供方，也就是供方的行为将直接影响医疗费用的高低。因此，单纯靠保险人和被保险人之间的联系来抵御疾病风险是很困难的，甚至是不可能的。解决问题的最简单办法就是把供方的行为纳入保险方的控制范围，使他们的利益全都联系在一起。这样就出现了由保险方向供方，通过一定形式，支付被保险人的医疗费用，而不是由被保险人直接向供方付费，即所谓的第三方付费。由此形成了一种三角关系的医疗保险系统，这是当今各种主要医疗保险形式的基本结构。

现代医疗保险系统的一个显著特点是实行政府干预。医疗保险作为医疗卫生事业正常运转的经费保障系统必然要受到政府更加直接和深入的干预。政府是以经济、法律、行政等手段介入医疗保险系统中的。在现代医疗保险系统中，政府处于医疗保险其他三方关系之上的领导地位，起着宏观调控的作用，形成了一种由保险方、被保险方、医疗服务提供方和政府组成的立体的三角四方关系。

2. 医疗保险系统中的各方关系

现代医疗保险系统中四个基本的构成要素，各有各的功能和特点，是密切关联、相辅相成的，任何一方的变化都会对整体产生影响。医疗费用的补偿问题是联系医疗保险系统的基本因素，因此，系统中各方关系实质上是一种经济关系，表现在四个方面：

（1）医疗保险机构与被保险人的关系

医疗保险机构与被保险人之间是一种医疗保险服务供给与消费的关系。两者的联系主要表现在保险费的收取、组织医疗服务、给付医疗费用等。影响这一关系的主要因素取决于被保险人的参保方式、保险费、医疗保险机构的费用补偿方式等。

（2）被保险人与医疗服务提供者的关系

被保险人与医疗服务提供者的关系主要表现为提供服务、选择服务与支付费用等。影响两者联系的主要因素是被保险人选择服务的自由度、需要支付的服务费用和医疗服务提供者的服务水平。

（3）医疗保险机构与医疗服务提供者的关系

医疗保险机构为了达到控制费用的目的，往往采取一些措施来约束医疗服务提供者的行为，并作为付款人通过一定的支付形式向医疗服务提供者支付被保险人的医疗费用。支付环节将医疗保险机构和医疗服务提供者直接联系起来，成为两者发生经济关系的纽带，它使医疗服务系统中原有的医患双方之间直接的经济关系消失或退居次要地位，而医疗保险机构和医疗服务提供者之间的经济关系上升到主导地位，因而医疗保险机构将医疗费用的支付作为调节医疗服务消费者和提供者之间经济关系的手段。适宜的支付方式，将会对医疗服务的合理提供及医疗资源的合理配置产生重大的影响。

因此，两者的关系主要表现为医疗保险机构确定医疗服务范围、支付医疗费用及监督医疗服务质量。影响两者联系的主要因素是医疗服务提供者的服务范围、项目的数量和医疗保险机构的支付方式。

（4）政府与医疗保险系统其他三方的关系

政府与医疗保险系统其他三方的关系主要表现为政府对医疗保险机构、被保险人、医疗服务提供者的管理与控制。影响这一关系的主要因素是政府管理和控制医疗保险的政策方式及程度等。

实行社会医疗保险的目的正是保障被保险人的基本医疗，同时通过第三方付费的方式，由医疗保险机构监督医疗服务提供者的行为，使其合理用药、合理施治，将医药费控制在合理的范围内。社会医疗保险"广覆盖、保基本"的原则注定了这是一项强制性的社会经济制度，要实行社会化管理，政府在其中的职责和作用是不言而喻的。明确各方的关系、责任和义务，规范各方的行为，对社会医疗保险的运行将起到重要的作用。

（三）医疗保险系统与社会其他系统的关系

用系统的观点考察，医疗保险系统是社会经济系统中的子系统，它必然与其他社会系统发生一定的联系，其中与两个子系统的关系最为密切，一个是医疗卫生系统，另一个是社会保障系统。

1. 医疗保险系统与医疗卫生系统的关系

医疗卫生系统是为社会人群提供预防、保健、医疗、康复等卫生服务，保护人民健康的社会子系统。社会医疗保险的特点表现为第三方付费，也就是将医疗服务提供者和患者之间双向的经济关系转换成了有医疗保险机构介入的三角关系，由医疗保险机构代替患者对医疗服务提供者进行费用补偿。因此，医疗保险可以看作医疗卫生系统的经费保障子系统，是医疗卫生工作中的一部分。特别是当社会医疗保险处于国家集中统一计划管理的情况下，卫生服务的提供和服务费用的补偿就完全融合于一个系统之中。因此，医疗保险系统与医疗卫生系统密切关联，医疗保险系统中不可缺少医疗服务的提供方，医疗卫生系统也不可没有医疗保险的财力支持、费用偿付。

医疗保险系统与医疗卫生系统虽互有重叠，但又有相对的独立性。一方面，两个系统在工作内容上有相互独立、不可替代的部分。在医疗保险系统中，除了和卫生服务打交道，还包括医疗保险资金的筹集、管理和运用等，这是医疗保险系统具有的金融保险行业的特点。在医疗卫生系统中，除了提供医疗服务外，还包括卫生防疫、妇幼保健等多方面内容，其经费来源除了医疗保险外，还包括国家财政投入、社会筹资和个人出资。另一方面，在实际运营过程中，为了形成一定的竞争态势，以提高医疗保险系统和医疗卫生系统的效率，起到相互监督、互相制衡的目的，从而维护医疗市场的效率和公平，也常常需要两个系统相对独立运行。这在实行社会医疗保险的大多数国家中是一种普遍的做法。因此，医疗保险系统与医疗卫生系统既有相互重叠的部分又有相对独立性，这同时是医疗保险运行中较难处理的一个问题。

2. 医疗保险系统与社会保障系统的关系

社会保障是解决特定社会问题的产物，它有以下目标：在国家层面，它进行国民收入再分配，保障人民群众的基本生活，实现社会公平与企业生产和劳动力再生产，推进经济体制改革，促进社会安定，是社会经济发展过程中的稳定机制。于个人而言，社会保障是维护个人生存、发展和安全的保障机制。社会保障系统包括社会保险、社会救济、社会福利与优抚安置四个子系统，每个子系统发挥着各自的功能，其中核心的是社会保险系统。社会保险系统又由医疗保险、养老保险、失业保险等构成。因此，从这个角度出发，医疗保险系统可以看作社会保障系统中提供医疗服务、维护人民健康的社会子系统。

二、医疗保险组织机构

（一）医疗保险组织机构的概念及地位

1. 医疗保险组织机构的概念

医疗保险组织机构指在医疗保险工作中，具体负责承办医疗保险费用的筹集、管理和支付等医疗保险业务的机构，即医疗保险系统中的保险方。

2. 医疗保险组织机构的地位

医疗保险组织机构在医疗保险系统中处于主导地位，主要体现在：

（1）医疗保险组织机构是医疗保险资金的控制者

在医疗保险系统中，医疗保险组织机构负责资金的筹集、管理和支付，是资金流动的控制者。比较各国社会保障基金的管理机构，大体上可以分为两类：一类是通过各自国家的政府资金管理系统对社会保障基金进行财务管理；另一类是社会保障机构拥有自己的资金管理系统。前者的典型代表是美国，该国征收的社会保障税收收入先存放于全国各地商业银行的联邦财政部门的账户中，然后转入中央银行中财政部的主要经常账户中。所有的社会保障资金管理和投资活动均由财政部部长统一控制和管理。后者的典型代表是德国，该国的各基金管理委员会负责管理所收取的税金及需要支付的福利费。

（2）医疗保险组织机构是医疗保险活动的监督者和管理者

医疗保险组织机构对医疗服务的供需双方进行监督和管理，既要保证基本医疗，满足参保人的基本医疗服务的需求，也要对医疗保险资金的使用进行合理的规划和控制，尽可能减少违规行为的发生，保证医疗保险系统正常运转。

（二）医疗保险组织机构的性质与分类

1. 医疗保险组织机构的性质

社会医疗保险组织机构在行政归属上是医疗保障部门所属的全民事业性机构，在业务上依据政府颁发的医疗保险法律、法规开展各项医疗保险活动。在我国，它们可以看作一种事业机构。医疗保险本身是一种社会经济活动，所以又带有经济性质，但它的运营又不同于一般的商业保险公司。医疗保险组织机构经办的医疗保险定位在社会医疗保险，不同于商业保险的营利性要讲求经济效益，社会医疗保险不以营利为目的，但在它的运营过程中也会产生节余，这种节余被限制在很小的范围内（如 5%~15%），并且节余部分要投入医疗保险其他活动中，增强基金的实力。

由于医疗保险作为一种强制实行的社会保险，医疗保险组织机构就成了国家法规的一种执行机构，代理落实国家有关医疗保险的法规。因此，医疗保险组织机构不可能像商业保险公司那样有真正意义上的独立自主经营权，表现在经营策略、经营方法、规章制度等方面的自主权都是有限的。从性质上看，医疗保险组织机构是具有一定的独立自主经营权的非营利性医疗保险经办机构。

2. 医疗保险组织机构的分类

（1）政府主导型

这类医疗保险组织机构的运行，主要是保证政府保险政策目标的落实，基本上按照政府的有关计划和规定行事，没有独立经营的余地，可以看作政府的派出机构。经营的好坏主要由行政管理水平的高低决定。这在各国的医疗保险组织机构中占少数，如加拿大的医疗保险组织机构。

（2）独立经营型

这类医疗保险组织机构总体上按照国家有关医疗保险的法规办事，接受国家的监督，但在经营上基本独立，有经营决策权，对经营对象有选择权，自负盈亏，可以发展，也可以倒闭。商业性的医疗保险组织机构可以划在这一类。美国的医疗保险组织机构是这一类型的典型代表。

（3）中间型

这在各国的医疗保险组织机构中占大多数。一方面，它要接受政府的统一规划；另一方面，也有相对的经营自主权，表现在保险范围、保险费率和经营方式方面有一定的自行决策权。居民可以自行选择医疗保险组织机构，医疗保险组织机构之间也存在着竞争。这类医疗保险组织机构既能保持社会公益性，又能体现公平和效率，是一种较合理的形式。

（三）医疗保险组织机构的职能

1. 参与制定有关医疗保险的法规、政策和计划

医疗保险组织机构是医疗保险的直接实行部门，最了解情况，掌握第一手信息。因此，当国家要制定有关医疗保险的法规政策时，需要医疗保险组织机构的参与，甚至是首先由医疗保险组织机构拿出方案。当国家和地区的总体方案确定后，还需要根据所在地的实际情况进行调整和补充，制订具体的实施计划，这是一种更直接的参与。

2. 筹集医疗保险资金

医疗保险组织机构要组织符合条件的劳动者积极参加医疗保险，对相关指标要进行预算和测算，对医疗保险市场还要进行调查研究等。

3. 保证医疗服务的提供

医疗保险组织机构一般不直接提供医疗服务，但是有责任组织提供医疗服务。医疗保险组织机构要对医疗服务提供者进行选择，选择既能满足参保人基本医疗服务需求、保证医疗服务质量，医疗服务的价格又相对合理的医疗服务提供者。另外还要对基本医疗的服务范围进行选择和界定，也要组织一些直接卫生服务，如疾病的预防、健康体检、健康教育和健康促进等。

4. 支付被保险人的医疗费用

随着医疗技术的发展，对同一种疾病的治疗有越来越多的治疗方案，它们费用的差别也越来越大。所以迫切需要通过技术经济分析方法测算出合理诊断、合理治疗、合理用药的费用，在众多的治疗方案中，选择适当的治疗方案，作为医疗保险组织机构费用偿付的依据。在医疗保险系统中采取的是第三方付费方式，所以医疗保险组织机构日常工作量最大的基本工作就是对被保险人发生的医疗费用进行审核，采取合适的费用支付方式对医疗服务提供者进行费用补偿。

5. 对医疗服务提供者和被保险人进行监督和控制

医疗保险活动中信息不对称的现象是普遍存在的，参与人的行动将直接影响损失概率。在医疗保险中，参与人包括保险人、投保人和医疗服务机构。在医疗保险运行过程中，各种违反法规、制度的行为，即所谓的"道德风险"是不可避免的。在医疗服务中存在着严重的信息不对称，包括保险机构和投保人信息不对称，由此产生投保人因为医疗保险而过度使用医疗服务的道德风险，以及高风险人群倾向于选择保险和多保险，而低风险人群可能不保险的逆向选择问题；还包括医生和患者之间的信息不对称，医生对疾病和治疗过程比患者掌握更多的信息，很容易导致医生从自己的利益而不是从患者的利益出发诱导需求。因此，医疗保险组织机构对医疗服务提供方的服务范围、种类、价格、水平等要进行监控，对被保险人主要是防止违反医疗保险规定的行为进行监控。

在社会医疗保险组织机构执行政策过程中，应合理赋予医疗保险组织机构相应的权限。比如，在医疗服务的价格制定上，加强医疗保险方的参与权，代表参保人群与医疗机构谈判服务价格，可以避免医保机构在控制医疗费用支付方面的被动状态。对于违规定点医疗机构的处理，医疗保险组织机构应加大处罚力度。医疗保险组织机构代表政府执行政策，在政策执行过程中要能够达到应有的效果，需要合理赋予其相应的权限，配备具有专业知识的人员，使之更好地发挥作用，有效地保障患者的利益。

6. 对医疗保险基金的管理

医疗保险基金是广大参保人的"保命钱"，由于国家经济发展水平的制约，社会基本医疗保险只能是"广覆盖，保基本"，是否具有有效健全的基金管理、监督机制是医疗保险制度改革能否顺利运行并取得成功的关键。如何管好、用好医疗保险基金，应该把好三关：医疗保险基金收入关，医疗保险基金支付关，基金保值增值关。要使基金保值增值必须立法放宽投资方式，其中，通过对医疗卫生事业的投入来取得收益的方法是较为安全有效的，同时，可以引导卫生资源合理配置，促进卫生事业的发展，达到双赢的效果。

（四）医疗保险组织机构的设置

1. 医疗保险组织机构的设置与分布

根据保险理论中的大数法则，当保险组织机构承保的人数越多，其抵御风险的能力就越强，若被保险人数不能达到一定的规模时，保险组织机构就会面临亏损甚至倒闭的风险，所以保险理论要求集中的风险单位足够大。因此，医疗保险组织机构的设置必须考虑被保险人数的问题。在设置医疗保险组织机构时，通常有这样几种情况：

（1）以地区为单位设置医疗保险组织机构

即以一个行政区域中所有人群（或大部分人群）作为保险对象设置医疗保险组织机构。一般在采取计划型医疗保险方案的情况下多采用这种方式，我国目前的城镇职工基本医疗保险制度就是按照这种方式设置的。

（2）以行业为单位设置医疗保险组织机构

即以一个行业的职工（也可包括职工家属）为对象设置医疗保险组织机构，在行业内进行统筹管理。这种形式多出现在自发产生医疗保险的地方，或国家还缺乏统一的医疗保险政策的情况下。

（3）倾向市场需求设置医疗保险组织机构

这种形式多见于医疗保险起源于民间的国家，如德国、荷兰和美国等。在这种情况下，医疗保险组织机构的设置还是以地区为基础，但被保险人群并不一定仅限于本地区人群，医疗保险组织机构的发展不受行政区域划分的限制，而是根据市场需求自行调整，地区内与地区间的保险组织机构都存在竞争关系。

2. 医疗保险组织机构的组织系统

医疗保险组织机构并不是一个个单独的组织，必须形成组织系统才能承担参保人群的医疗保险任务。一个统筹区域的医疗保险组织机构，按照覆盖人群的多少，规模可大可小。大的医疗保险组织机构可以由一个总部和若干个分支机构构成，每个分支机构负责一个特定区域和人群的医疗保险业务。

各个统筹区域医疗保险组织机构在一个更大的范围内，比如一个市、一个省内，形成一个联合机构，可以称为医疗保险中心，其作用是统筹协调各地的医疗保险业务，实现医疗保险基金的地区间调剂，提高基金的抗风险能力。

在医疗保险的联合机构之上，通常还有政府有关部门的管理和调控，这样就形成了医疗保险组织机构的组织网络。

三、医疗被保险方

（一）医疗被保险方的概念和地位

在医疗保险系统中，被保险方就是被保险人、参保人，也可称为投保人，他们同时是医疗保险制度的受益人。在强制性医疗保险的情况下，被保险方就是一个地方的全体或大部分居民。

在医疗保险系统中，被保险人处于主体地位。目前，正在推进的医疗保险制度改革、医疗卫生体制改革和药品流通体制改革的目的是以人为本，造福于民。"三医联动"改革关系到全社会每一个参保人员的利益，最具有发言权的也是被保险人群。在费用一定的情况下，参保人抵御疾病的情况、健康状况及他们对保险方案、医疗服务质量和服务水平的满意度是衡量和评价一种医疗保险制度或方案的最根本标准。在医疗保险市场中，被保险人是医疗保险资金的主要来源，也是资金的使用者，他们在医疗保险资金的筹集和支付过程中的行为对保险的效果和效益等会产生重大影响。

（二）医疗被保险方的构成和分类

被保险方在医疗保险系统中虽然作为一个整体来看待，但在实际的操作中，他们划分为不同的人群，并且对应于不同的保险政策，即使在相对统一性的保险计划下，这种差别也是存在的。

被保险方是一个社会人群，但这里的构成和分类不是指社会学或人口学等方面的划分，而是为适应医疗保险的需要所进行的划分。综合世界上多个国家的医疗保险政策，被保险方可以从以下四种不同的角度进行分类。

1. 按经济收入分类

由于经济收入的高低不同而享有不同的保险政策。医疗保险政策往往是针对中等收入人群而制定的，他们主要是工薪劳动者，医疗保险费常常是由雇主和他们自己共同负担。对于低收入人群，往往采用由政府资助保险费的办法来参加保险。而高收入阶层，按照收入的比例支出保险费，因此相应缴费也越多，他们可以参加高费用高保障的医疗保险项目，或者不强制他们参加医疗保险。

2. 按职业分类

不同职业的人群享有不同的保险政策。常见的职业人群主要有以下五种：

（1）各类企业、事业单位、社会团体的职工和雇员

他们是医疗保险的主要对象，一般医疗保险政策是针对他们而制定的。

（2）政府公务员

他们在参加基本医疗保险的基础上可以享受医疗补助政策。

（3）独立职业人群，包括企业主、各类独立开业者、自由职业者等

他们往往自己出全部的医疗保险金，在保险范围、支付方式等保险政策上有较大的自由度。

（4）农民

农民主要参加新型农村合作医疗制度。

（5）部分特殊人群

具体包括：①农村进城务工人员，可以参加"农村进城务工人员医疗保险"。"新医改"方案提出以城乡流动的农村进城务工人员为重点，积极做好基本医疗保险关系转移接续，妥善解决农村进城务工人员基本医疗保险问题。②离休人员、老红军和二等乙级以上革命伤残军人等，往往由政府负担保险金。③高校学生。

3. 按年龄分类

许多国家将65周岁以上的老年人作为特殊保护对象，由国家负担保险费，个人不负担或只负担很少的医疗费用。对于社会医疗保险基本项目以外的保险或商业保险，往往按不同年龄段收取不同的保险费。

4. 按健康状况分类

对患有一些特殊疾病的人群（如残疾人、癌症患者、艾滋病患者等）由国家出资负担保险费、医疗费。对社会医疗保险基本项目以外的医疗保险或商业健康保险，常常按照人群的健康状况分类，分别收取不同的保险金额。对一些高危人群，如吸烟、酗酒、严重肥胖症患者，须收取较高的保险费。保险公司有时还需要根据实际情况要求被保险人进行体检，以便更好地掌握被保险人的健康状况，并以此为依据判断是接受其投保，还是增加保费或拒绝承保，即保险公司对被保险人进行的"风险选择"。

（三）医疗被保险方的特点

与参加医疗保险前或未参加医疗保险的人相比，医疗保险的被保险方对医疗服务的消

费有以下四个特点:

1. 服务地点受到限制

参加医疗保险前及未参加医疗保险的人可以自由选择医疗服务机构,而参保人员必须到与医疗保险经办机构有合同关系的医院就诊或药店配药,在非定点医疗机构就医、配药所发生的医疗费用,只能由患者自负,统筹资金和个人账户不予以支付。

2. 服务范围、服务标准有明确的规定

参保人就医或配药时必须按照基本医疗保险的诊疗项目、用药范围和支付标准,对于超范围、超标准的医疗费用,统筹基金和个人账户不予以支付。

3. 第三方付费

在医疗保险系统中,被保险方接受医疗服务后,由医疗保险机构对医疗服务提供者进行费用补偿,但是医疗保险机构作为第三方只对医疗保险合同范围内的服务项目、病种的医疗费用按规定支付给医疗服务提供者。

4. 需要医疗保险政策的引导

医疗保险费用补偿采用的方式和标准体现了医疗保险不同的政策取向,如果医疗保险政策不论风险大小、费用高低都予以补偿,被保险人很少负担医疗费用,那么参保人的医疗消费的费用将成为难以控制的问题。因此,在保证医疗保险政策稳定性、连续性的基础上进一步完善医疗保险政策,在引导参保人合理进行医疗消费的同时抑制不合理的消费,从而使医疗消费的增长保持在一个适当的水平上。

四、医疗服务提供方

(一) 医疗服务提供方的概念

医疗服务提供方的概念有狭义和广义之分。狭义的医疗服务提供方是指医疗保险组织机构需要支付其提供的各类与治疗疾病有关的医疗、护理、药剂等服务费用;广义的医疗服务提供方是按照健康保险概念来解释的。除了上述人员和部门外,还包括提供各种卫生保健等服务的卫生部门人员和机构,如防疫、妇幼、健康教育等。这里主要涉及狭义的医疗服务提供方。

(二) 医疗服务提供方的性质

医疗卫生业在各国都被认为是非常特殊的行业和产业,其特殊性表现在其既具有公益

性，又具有商品性。

医疗服务业具有公益性，按照公认的道德准则，人人都有权获得最基本的医疗服务以确保生存权的实现，即使无力支付必要的费用。医疗卫生机构应该以社会效益为主，所以，国家有必要设立国有医疗卫生机构，也可以制定法律和政策鼓励设立其他形式的公有制医疗卫生机构。这类医疗机构的行为特征是不以营利为目的的，但是，不以营利为目的不等于不存在盈利的可能性。在我国，由于政府对医疗卫生机构的收费标准实行严格的管制，医疗机构的可盈利性被抑制了，但能以其他方式进行补偿，也就是以商业化方式达到盈利和满足社会需要的目的。因此，医疗服务提供者又具有经营性。如患者必须按市场要求去购买自己需要的医疗消费品，在获得服务后必须支付相应的医疗费用。医疗机构完全有可能从市场获得自我发展的资源，即主要通过向医疗消费者或者第三方收费而获得主要收入，维持自身的生存和发展，其实质是一种经营行为。

（三）医疗服务提供方的构成与分类

医疗服务提供方可以按照狭义和广义的概念区别，其构成和分类也可以从两个角度来看。广义而言，是指整个医疗卫生服务系统的构成和分类；狭义而言，主要指的是与医疗服务直接相关的部门、人员的构成和分类。这里主要讨论后一种情况。

1. 按经济性质分类

医疗机构分为营利性与非营利性两类进行管理。政府根据医疗机构的经营目的、社会功能及其承担的任务，划分现有医疗机构性质，核定新办医疗机构性质，制定并实施不同的财政税收、价格政策。实施医疗机构分类管理的政策，是医疗卫生体制改革中的重要环节，对我国非营利性医疗机构的体制改革有着直接或间接的影响。

（1）营利性医疗机构

利润最大化是营利性医疗机构生存与发展的主要目标，其提供的医疗服务只是达到这一目标的手段，现阶段主要包括中外合资合作医疗机构、股份制医院、民营医院和私营医院。

（2）非营利性医疗机构

对非营利性医疗机构生存与发展而言，营利不应成为其最终目标，它们的目标必须和社会服务联系在一起，提供基本医疗服务，完成社会福利是其存在的主要使命，其主要包括公立医疗机构和慈善团体、港澳同胞、海外侨胞捐资和社会筹资兴建的医疗机构。

"新医改方案"中提出要坚持以非营利性医疗机构为主体、营利性医疗机构为补充、公立医疗机构为主导、非公立医疗机构共同发展的办医原则，建设结构合理、覆盖城乡的医疗服务体系。

2. 按举办主体分类

按照医疗机构的举办主体，可将其分为以下两类。

（1）公立医疗机构

这类机构主要由代表社会公共利益的政府直接举办，一般把社会效益放在首位，而不追求利润。

（2）私立或民办医疗机构

这类医疗机构主要由个人、企业、社会团体举办，一般是营利性的。当然也有非营利性的，如民营资本进入后不求回报，其投资所得仍将用于医疗事业再发展的，即为非营利性医疗机构（如慈善基金会、教会所办的医疗机构等），享受政府给予的免税政策、价格指导政策及其他国有医疗机构所享有的相应政策。

3. 按主要功能分类

按照医疗机构的主要功能，可将其分为以下三类。

（1）以诊疗疾病为中心的机构

如医院、门诊部、诊所、医务室等。

（2）以预防疾病为主体的机构

如妇幼保健院、结核病防治所等。

（3）以康复疗养为重点的机构

如疗养院等。

医疗保险所指的医疗机构一般是医院、诊所、医务室等。

4. 按功能、任务分类

医院按照功能、任务分类，可以划分为三级：一级医院是指直接为一定人口的社区提供预防、治疗、保健、康复、健康教育、计划生育技术指导服务的基层医院、卫生院、社区卫生服务中心；二级医院是指向多个社区提供综合医疗服务和承担一定教学、科研任务的地区性医院；三级医院是指向几个区提供高水平专科性医疗卫生服务和承担高等医学教育与科研任务的区域性以上的医院。

以社区卫生服务机构为主体的基层医疗机构与基本医疗保险具有相同的目标，将社区卫生服务纳入医保，既可使卫生资源得到更加合理的利用，又可增强医保资金利用率，使之良性循环。这不但可以解决城镇职工与居民的基本医疗保障，而且对控制医疗费用过快增长有着重要的现实意义。

需要说明的是，我国基本医疗保险实行定点医疗制度，即为参保人提供医疗服务的医疗机构分为定点医疗机构和定点零售药店。实现定点医疗和定点零售药店制度是医疗保险制度改革的一项重要举措。定点医疗机构的行为直接关系到医疗保险成功与否，并成为控制医疗保险费用的关键。同时，医疗保险制度也极大地推动了定点医疗机构内部运行机制的创新和卫生资源的有效利用。

（四）医疗服务提供方的特点

建立城镇职工基本医疗保险制度，目的是保障城镇职工的基本医疗需求，有效控制医疗费用不合理的增长，减少卫生资源浪费。医院在医疗保险中担负着提供基本医疗和控制费用的双重任务。实行医疗保险制度后，医院将成为独立核算、费用补偿的经济运行主体，各级医院面临着许多新的挑战。医疗保险中的医疗服务提供方不同于其他医疗机构，具有以下特点。

1. 医疗保险机构与医院之间的费用结算方式对医院有较大影响

实行医疗保险改革后，医疗保险机构与医院之间所采用的费用结算方式与标准是建立医、患、保三方制约机制，保证医疗保险基金平衡和参保人的基本医疗，这是医疗保险管理与费用控制的关键。我国的社会医疗保险起步晚，但在借鉴国际经验的基础上，起点较高。我国多数地区逐步探索出适应当地实际情况的总额控制下的复合式支付方式。各地的医疗保险部门需要科学制订总额的测算与分配方案，在保障基金收支平衡的同时提高医院工作的积极性，促进医院的发展。因此，完善费用结算办法，对医院进行合理补偿，可以使医院和医疗保险管理部门成为既做到控制医疗费用，又能保证医疗服务质量的联合体。

2. 医院受到卫生行政部门和医疗保险管理部门的双重监管

医院除受到卫生行政部门的主管外，还受到医疗保险管理部门的监督。医疗保险制度要求医院的医疗行为更加规范，对城镇职工基本医疗保险的保障病种、用药范围和诊疗项目都做了明确规定。更为重要的是医疗保险管理部门和定点医院没有任何隶属关系，所以在监管中可以做到严格、公正，对有不规范医疗行为的医院可以拒付医疗费或对其罚款，甚至取消其定点医院的资格，这对定点医院的不良行为具有约束力。医院的医疗行为既不能超范围，也不能超标准；既要符合医疗保险的要求，又要满足患者的需要，这使得医院的经营难度加大。

3. 医院需要及时把握医疗服务的需求

医疗保险实施后，医院应该了解保险对卫生服务需要和需求的影响，在调查研究基础上，确定人、财、物投资的重点，使医疗服务的提供和需求保持在均衡状态。基本医疗服务的范围也不是固定不变的，而是随着经济发展和人民生活水平及技术进步而调整。

4. 定点医疗机构的服务对象较宽

由于取得了定点资格，定点医疗机构可以为参保人及非参保人提供所有的医疗服务。与此相反，非定点医疗机构不能为参保人提供医疗保险合同范围内的医疗服务，它们只能为非参保人或参保人提供医疗保险合同范围外的医疗服务。

五、政府与医疗保险

（一）政府管理医疗保险的方式

医疗保险服务是个特殊的市场，一般都有政府不同程度的干预。政府的干预程度与医疗服务中效率和公平问题的权衡有关，与医疗市场存在的垄断、外部性和公共品这些市场失灵因素有关。政府介入医疗保险市场，目的是保证医疗资源的有效配置，实现社会的公平和经济的高效率。但政府并非万能的，回顾社会医疗保险发展的历史轨迹可以看到：一方面政府的介入对于克服各种市场缺陷、协调公平与效率的关系确实发挥了重要的作用；但另一方面社会医疗保险公共支出急剧膨胀，社会医疗保险运行机制效率低下也成了通病。

考察各国的医疗保险制度不难发现，各国政府对医疗保险市场的介入程度是不同的。一些国家政府对医疗保险市场介入得比较深，承担了大部分医疗费用；另一些国家却介入得比较浅，市场和个人承担了大部分医疗费用。一般而言，政府介入医疗保险体系的程度，是各国经济、人文及社会保障制度等背景的结果，并直接决定其医疗保险体系的整体框架，最终影响其医疗保险体制的运行效果。

一般来说，政府对医疗保险管理方式有以下三种。

1. 政府对医疗保险计划的管理

在偏向于集中计划型医疗保险模式的情况下，政府参与医疗保险。从宏观到微观，从总体规划到具体制度，都有政府的干预，甚至政府会处于直接领导的地位。国家的公共医疗支出占 GDP 的比重很高，且以超乎寻常的速度增长，如果政府未能有效控制社会医疗保险等社会福利项目支出的扩张趋势和抑制继续膨胀的费用支出，财政势必难以支撑，必然给经济与社会的协调发展带来不容忽视的影响。

2. 政府对医疗保险市场化的管理

在偏向于市场型医疗保险模式的情况下，政府往往只进行宏观规划，尽可能不直接参与或干预医疗保险的运转，医疗保险基本上是由市场调节，政府的责任大大减少，如美国政府。美国的医疗保障制度是一种典型的私人健康保险制度，即主要通过私人筹资、私立医疗机构提供服务的医疗保障体制，其资金筹集和医疗服务的提供都以市场为准则，政府则主要通过建立覆盖贫困人口、老年人和残疾人的医疗照顾与医疗救助制度作为对私人医疗保险的补充，并通过建立少量的公立医疗机构弥补市场的不足。与此同时，美国卫生总费用占 GDP 的 17% 以上，是世界上最高的，可以说这样的医疗保障制度不仅欠缺公平，而且很难谈得上效率。与其他发达国家相比，美国有着低效和代价高的卫生保健系统，并且许多人被这种体系拒之门外。正是由于缺乏一种一体化的最佳的个人保障和全民保障方案，使得该体制的低效愈益显著。所以有美国学者倡导建立卫生信托机构为每一个公民提供核心的医疗服务，提高效率。这个计划的主要创新之处在于将已经存在的私人健康保险方案并入全民保障系统，在个人保健和全民保健卫生服务投入中求得重新平衡，并引导向有最大的长期回报的方向投入。

3. 政府对医疗保险采取计划和市场相结合方式的管理

针对上述两种方式的弊端，许多西方发达国家在总结多年的经验教训后，都在逐步向中间型的医疗保险模式靠拢，即实行"市场+计划"或"计划+市场"的管理方式。医疗服务和医疗保险市场的失灵及健康公平的必要性，为政府提供社会医疗保障确立了理论基础。政府与市场的关系是互相补充的关系。在医疗保障领域中公平是前提，效率是保证。所以在政府发挥作用的前提下，应将政府行为目标定位在公平、效率、稳定上，同时引入市场机制，发挥市场机制的效率优势。

我国长期以来在医疗卫生领域和医疗保障体制中实行的是计划管理模式。在计划经济体制向市场经济体制转型的过程中，这种模式和管理方式的不适应性和缺陷就更加明显了。因此，中国的医疗保险模式和政府的管理方式需要引入市场机制。但医疗服务、医疗保险市场是特殊的市场，也是不成熟、不完善的市场，因此，我国政府在选择对医疗保险的管理方式时，应该借鉴国内外的经验，采用"计划+市场"型，甚至在一定时期内，要偏重于计划的手段。

（二）政府在医疗保险中的职责和作用

1. 对医疗保险进行立法

在医疗保障"多元化""多层次"的发展趋势下，政府逐渐退居后台，放弃某些责任，如直接供款和全权管理，但应强化监管责任。立法先行是医疗保险制度的一项基本原则，这不仅是市场经济的客观要求，也是医疗保险制度自身的需要。首先，医疗保险实质上属于社会再分配，具体的制度安排必然牵涉政府、企业与个人之间的责任分担和不同社会群体或利益集团的利益调整；其次，根据权利与义务对等的关系，国家在保障每个劳动者享有基本医疗保险服务的权利的同时，用人单位和个人也必须为社会尽同等的义务，即按规定缴纳相应的医疗保险费用。

2. 对医疗保险制度承担经济责任

进行医疗制度改革，建立城镇职工基本医疗保险制度，并不意味着国家财政对卫生事业经济责任的减少。

首先，医疗保险改革之初需要财政投入启动资金。从长远看，医疗保险制度改革会改变原先公费医疗将医疗费用大包大揽的状况，实行国家、单位、个人共同负担，会逐渐减轻财政负担，但在改革之初反而会增加财政支出和减少财政收入。因此，医疗保险制度改革初期需要财政加大投入。

其次，即使医疗保险制度改革完成，政府仍对职工基本医疗保险负有经济责任。即使医疗保险改革完成了，国家仍要通过以下渠道承担医疗费用：一是财政拨付公费医疗经费；二是企业缴纳的医疗费用在税前列支，国家以少征所得税的形式负担费用；三是当基本医疗保险基金入不敷出时，国家财政给予补贴。具体说来有以下七个方面：①为公务员缴纳基本医疗保险费；②对公务员给予医疗补助；③国家财政拨付社会保险经办机构的经费；④对特殊人群给予医疗补助；⑤对职工医疗保险基金免征税费；⑥企业缴纳职工基本医疗保险基金允许在所得税前列支；⑦特殊情况下对医疗保险基金的补助。

最后，国家仍然要对卫生事业的发展承担责任。如在医疗机构的建设上：一是医疗机构应由当地政府规划建设；二是公立医疗机构的基本建设及大型医疗设备的购置、维修，要纳入同级政府的基本建设计划和财政预算，统筹安排；三是各级政府应该随着财政收入的增长，增加对公办医疗机构的投入。

3. 对医疗保险加强宏观管理

在医疗保险制度改革中，明确政府职责无疑是重要的。政府以相应的财政投入保障公民的基本医疗需求，是现代政府不可推卸的责任。政府的宏观管理要体现在财政资金投入效率上，而不是体现在政府建立全部医疗机构。

（1）设计和规范医疗保险市场

在医疗保险市场，医疗服务的"公共产品"属性及其所具有的"外部性"，医疗服务的专业性、市场信息障碍，加之第三方付费等特征，使得完全竞争市场上的价格机制很难充分发挥有效调节资源分配的功能，以致市场失灵，出现了医疗服务利用的不平等性等问题。这些特殊性往往是政府设计和规范医疗保险市场的主要原因。

（2）促进和协调医疗保险市场的发展

政府干预医疗保险市场通常有经济、法律、行政三种手段，要促进和协调医疗保险市场的发展，解决医疗卫生领域中的突出问题，必须综合运用多种手段。如加强公共卫生规划，根据区域卫生规划的原则调整卫生资源配置，通过行政手段向医疗消费者提供信息，减少其消费的盲目性。法律手段和行政手段可以有效改善卫生服务公平性。此外，政府还可以通过宣传健康教育和卫生知识，提高全民的保健意识。

（3）监控医疗保险市场的运转

保险业是逆向选择和道德风险的多发领域，而医疗保险则是典型代表。医疗保险市场涉及多方利益主体，其中，最基本的参与者是医疗服务提供方、被保险方和保险方，彼此之间因费用支付而形成了契约关系。由于契约双方所掌握信息的不对称性，而引致医疗保险市场的逆向选择和道德风险行为。这时需要政府监督控制，引导医疗保险市场健康发展。

（4）参与和弥补医疗保险市场的不足

医疗保险市场是一个不充分的市场，存在着市场失灵的现象。另外，居民中有些医疗问题，如某些疾病的预防，是不能以保险的方式解决的，某些人群（如贫困人群）要借助于政府加大对其卫生投入的力度，使其能够获得基本医疗服务。政府行为使医疗保险市场的不足得以部分弥补，促进了保险市场的发展。

4. 做好医疗保险制度改革的相关配套改革

医疗保险制度改革与医疗卫生体制改革、药品生产流通体制改革紧密相关，牵涉多方利益体。在进行医疗保险制度改革的同时，必须解决医药卫生领域中的诸多问题，理顺各方关系，实现"三医联动"，否则医疗保险制度改革难以顺利推进。

（1）实施医、药分离经营

将药品经营从医疗机构中分离出去，实行外部化经营管理。有两种选择模式：一是实行医院开处方、药店售药、患者直接购药的制度。二是在不断提高社会医疗保险机构管理水平的基础上，由社会医疗保险机构将药品经营内部化；同时加速药品流通体制的改革，实行药品招标采购、增加药品价格透明度、地区药品最高限价等政策措施。

（2）对医疗服务机构进行合理补偿

在彻底实行医药分离之前，必须重新设计，完善医院的收入补偿机制。改"以药养医"为"以医养医"，发挥市场收费对卫生机构的补偿作用。财政资金主要支持非营利性医疗机构、公共预防保健、医学科研、卫生监督执法及群众的基本医疗需求。

（3）改革医院现行的经济运行模式

医疗机构分类管理制度的确立，标志着卫生改革从微观搞活转向宏观调控、医院管理体制从服务计划经济向适应市场经济转变。实行医院分类管理以后，政府出资者的功能会逐步弱化，对医院进行直接行政干预的空间将逐渐缩小。医疗机构必须在产权、机制、组织结构等方面做出适应性调整，逐步淡化医院的所有制形式、行政级别、隶属关系等，改革现行的经济运行模式，提高医院的经济运作效率。

（4）推进医疗机构的人事制度和分配制度改革

鼓励医疗机构通过竞聘上岗、优化组合、后勤社会化等手段减员增效，切实降低医疗成本，控制医疗费用的不合理上涨。

（5）推动区域卫生规划，合理配置卫生资源，提高卫生资源的利用率

区域卫生规划以满足区域内全体居民的基本服务需求、保护与增进健康为目的，对卫生资源进行统筹规划，合理配置，促进卫生资源布局调整，提高利用率。

5. 提高医疗保险的公平性

扩大社会医疗保险的覆盖面，提高全民抵御疾病风险的能力。减少人们利用卫生服务的经济障碍，缩小社会在享有经济财富、医疗保障上的差异，有利于提高人民健康，维持社会的公平性。

第二节　医疗保险费用控制

一、医疗保险费用控制概述

（一）医疗保险费用的概念

医疗保险费用，狭义的概念是指参保人因疾病造成的风险补偿之和，即参保人患病后根据医疗保险规定支取的医疗补偿费用。广义的医疗保险费用是指参保人患病后发生的医疗费用总和，其中医疗保险补偿费用占主体，包括个人自付和部分用人单位补偿的费用。在实践中，我们所称的医疗保险费用一般从广义的角度理解。

从需方角度看，医疗保险费用主要包括门诊挂号费、住院费、检查费、手术费、治疗费等费用。从供方角度看，医疗保险费用主要是医疗资源消耗的成本，主要包括卫生人力成本、医疗设施成本、医疗技术成本、药品耗材成本、管理成本等成本。

（二）医疗保险费用控制的概念

医疗保险费用控制是指医疗保险费用支出管理的一项重要手段，采取科学的支付手段

监督参保人的医疗行为，从而调控参保患者发生的医疗费用，达到最大限度地实现医疗保险保障基本医疗的目的。

医疗保险费用的高低主要取决于实际发生的医疗费用，医疗保险费用控制主要针对医疗费用采取控制措施。医疗费用包括合理的医疗费用和不合理的医疗费用。不合理的医疗费用是指相对于病人的健康状况或病情过度提供服务和提供不必要的服务（绝对不合理），以及相对于病人的经济承受能力提供自身负担不起的医疗服务（相对不合理）。控制医疗费用应该是控制不合理的医疗费用及控制医疗费用的不合理增长。

（三）医疗保险费用增长及主要影响因素

医疗保险费用的急剧增长已成为世界各国面临的共同问题，西方国家医疗保险费用增长最快的时期是 20 世纪 60 年代至 70 年代中期，增长速度远高于当时 GDP 增速。21 世纪以来，我国医疗保险费用增长问题也比较严重，近年来国家陆续出台了新医改方案，以加强对医疗费用增长的控制力度。

影响医疗费用增长的主要因素有人口数量增长、人口老龄化、国民收入增加、医疗技术进步、疾病谱变化、医疗保险普及和医方诱导需求七大因素。其中，国民收入增加为经济因素，医疗技术进步为技术因素，人口数量增长、人口老龄化、疾病谱变化为自然因素，医疗保险普及和医方诱导需求为制度因素。经济、技术、自然等方面因素是不可避免的，故可归为"合理因素"，它将长期影响医疗费用的增长。医方诱导需求是由我国目前的医疗保险制度和卫生管理制度不完善所引起的，是可以避免的，因而称为"不合理因素"。

二、医疗保险费用控制途径

医疗保险费用的快速增长已引起全球的重视与关注，20 世纪 80 年代以来，各国开始采取措施，对医疗保险制度进行调整与改革，试图控制医疗保险费用的过快增长。归纳起来，主要从政府、医疗保险机构、医疗服务供方、医疗服务需方四个主体实施医疗保险费用控制。

（一）政府宏观的费用控制途径

国家政府部门是社会保障制度的统筹者，负责社会保障制度的总体设计与规划，它在宏观上控制医疗保险费用，采取的措施包括以下几个方面

1. 控制医疗保险基金的收支平衡

政府部门通过制定完善的医疗保险基金管理制度和政策，对医疗保险基金的收支和运

行环节进行监控，保障医保基金运行的安全。我国医疗保险基金的运行坚持"以收定支，收支平衡"的原则，医疗保险基金的总收入与总支出保持平衡状态。当基金收入小于支出时，可通过提高筹资费率或增加筹资覆盖面等措施来增加医保基金收入，也可适当降低医保付费率或减少医保支付项目，减少医保费用的支出。

2. 调节医疗保险费用的结构

从医疗服务供需角度看，调整双方的费用结构是政府调控的有效措施，通过适当提高医疗技术服务报酬、降低药品费用占比、降低耗材费用占比、实施医药分开政策等手段来调控医疗保险费用的支出结构；或对参保人的医疗费用结构进行控制，如调整"三个目录"报销范围等；或调整参保人起付线、自付比例、封顶线，避免发生参保人的道德风险。

3. 调控医疗服务的价格体系

医疗服务价格对医疗保险费用产生直接影响。医疗保险费用为服务价格与服务量的乘积，因此医疗保险费用控制可分为价格控制策略与服务量控制策略。我国政府部门应对医疗技术和服务进行科学的价格测算，制定合理的医疗服务价格政策，使参保人享受到公平、可及的医疗服务，同时为医疗服务提供者的合理费用补偿提供支撑。

（二）医疗保险机构的费用控制途径

1. 制定科学的医保支付方式和标准

不同的医保支付方式有不同的激励效果，应根据不同医疗服务特点采取相应的支付方式。在进行支付方式选择时，医疗保险机构应遵循维持基本医疗、节约医疗费用、提高参保人就医可及性等原则。如按人头付费方式可应用于门诊和社区卫生服务中；按服务项目付费可应用于复杂的疾病诊疗项目中；按病种付费可应用于诊断明确、诊疗方式相对稳定的病种项目中；按住院床日付费方式可应用于床位利用率高、床日费用稳定的病种中等。各地医疗保险机构应结合当地实际情况，探索符合当地医疗环境的支付方式，制定合理的支付标准，提高医保基金的服务效益。

2. 健全医疗保险费用支出监测体系

为确保医保基金的安全，防范医保费用的过快增长，医保机构应建立完善医保费用支出监测体系，便于全面、及时、动态地掌握所有参保人医疗保险费用发生情况，为调整医保支付方式和标准提供支持。根据我国实际情况，应健全以下方面：基本医疗保险费用支出总体情况监测、基本医疗保险定点医疗机构情况监测、基本医疗保险定点零售药店情况监测、基本医疗保险住院病人情况监测、基本医疗保险门诊病人情况监测。

（三）医疗服务供方的费用控制途径

1. 因地制宜调整医保支付方式

根据各地实际，探索对医疗服务机构实施以总额预付制为主，按病种分值付费、按人头付费和按服务项目付费为补充的混合支付方式，调控医疗服务行为，实现在保障医疗服务质量的前提下，提高医疗服务效率、避免医疗费用的不合理增长的目标。

2. 加强定点医疗机构内部医保管理

在新医改推进医保支付制度改革背景下，定点医疗机构应积极应对政策环境的变化，转变医院经济运营模式，以扩大业务规模为中心转变为以成本管控为中心，由粗放式管理转变为精细化管理。具体实践上，采取严格控制药占比、耗材占比等费用控制指标，推行临床路径管理、加强药事服务管理、规范高值耗材的使用、开展日间手术、加强新技术新项目的引进与应用、推动新的科学绩效考核制度等多种手段，主动控制医疗费用的不合理上涨。

（四）医疗服务需方的费用控制途径

1. 实施费用分担支付方式

对医疗服务需方实施起付线、共付比例、封顶线相结合的支付方式，进行医疗费用分担，增强参保人的费用意识，减少不合理及不必要的医疗服务需求。目前，我国的社会基本医疗保险制度规定统筹基金和个人账户各自的支付范围，分别核算，不得相互挤占；并规定了统筹基金的起付标准和最高支付限额。起付线以下费用由个人支付；起付线以上、封顶线以下费用，由统筹基金支付及个人分担部分比例；封顶线以上的医疗费用，通过商业保险或个人自费等方式解决。

2. 缩小医保报销范围与报销比例

为有效控制医疗服务需方的过度需求，可增加法定医疗保险非覆盖服务范围，如制定药品报销目录、减少基本用药种类、增加限制报销药品品种。此外，除了制定药品报销目录，还可制定不予报销的药品及服务项目目录等。

3. 加强参保人费用意识教育

医保部门和定点医疗机构除对参保人不规范的医保就医现象进行监督外，同时应加强参保人的医疗保险费用意识教育，一旦发现费用转嫁、冒用他人医保卡等违规行为，应及时采取措施，对违规参保人进行批评教育和严肃处理。

三、健康管理与医疗保险费用控制

（一）健康管理的含义与特点

健康管理是对个体或群体的健康进行全面检测、分析、评估，提供健康咨询和指导，以及对危害健康因素进行干预的全过程。健康管理的宗旨是调动个体和群体及全社会的积极性，利用有限的资源来达到预防疾病、维护健康的最佳效果。其具体做法是为个体、群体提供有针对性的科学健康信息并创造条件采取行动来改善健康。

健康管理的特点包括以下方面：第一，始终以控制健康危险因素为核心。疾病治疗注重对疾病症状的治疗，而健康管理则注重对影响人的健康危险因素进行干预与控制。第二，一、二、三级预防并举。一级预防是指通过健康教育、健康促进手段，达到对一般人群的心理和行为、社会及生物可控危险因素的一级预防目标，来改善健康状况，降低疾病的发生率。二级预防是指通过对危险因素的预测，有针对性地干预，达到早发现、早诊断、早治疗、规范化管理的二级预防目标。三级预防是指通过健康管理，提高患病人群的自身化管理技能，减少疾病的危害，达到预防各种并发症的发生、有效降低病人残疾和死亡率的三级预防目标。第三，预防医学与临床医学相结合，形成一种真正以人为中心、以健康为中心的新的医学模式，即从单纯的生物医学模式向生物—心理—社会医学模式转变。

（二）健康管理的组织与运作

1. 我国健康管理的组织与运行模式

我国现代健康管理服务的提供方主要有政府、保险公司、健康管理公司三类主体，具体运行方式如下。

（1）政府

政府推广健康管理服务主要是家庭医生制度。家庭医生制度是指通过签约方式，具备家庭医生条件的全科医生与签约家庭建立起一种长期、稳定的服务关系，以对签约家庭的健康进行全程维护的服务制度。家庭医生制度的实施在一定程度上缓解了居民"看病难"的问题，提高了居民就医效率，同时降低了不必要的医疗费用支出。

（2）保险公司

对于保险公司，能否有效控制医疗费用赔付是决定其保险业务能否盈利的关键因素。

为提高参保人的健康素质、降低患病率，越来越多的保险公司推出保险保障和健康管理相结合的保险产品，通过为参保人提供相应的健康管理服务来实现健康风险管理。

参保人对健康管理服务计划的依从性决定了保险公司的健康管理服务效果，具体操作中，大多保险公司将参保人的依从性和保障程度挂钩，如通过加强参保人的互动、定期电话回访、监督管理等措施，促进参保人遵从健康管理服务计划的积极性，真正达到健康管理的目的。

（3）健康管理公司

健康管理公司是第三方机构及健康管理服务的主要提供者，它直接面对个人和机构客户，可直接为个人和团体客户提供健康管理服务、创造价值而获取利润，还可与其他主体（如政府、保险公司）合作，接受其他主体的委托对特定群体进行健康管理，从而收取一定的费用。目前我国的健康管理公司大多以体检型为主要运营模式，如自建体检中心的健康管理机构，通过优良的检查设备、良好的就医环境、可靠的服务质量和突出的市场营销能力，吸引越来越多的客户。

2. 国外健康管理的组织与运作模式

现代健康管理最早出现在美国，三四十年来在美国迅速发展和完善，形成了多方共赢的健康服务体系，每个健康管理环节的参与人都是管理者，政府、社区、医疗机构、健康管理组织、医疗技术人员、患者均参与其中。

从服务内容角度看，美国的健康管理由医疗保障系统支撑，主要服务各类群体，大致有三种模式：一是以医生作为健康管理的负责人；二是以雇主、管理者作为健康管理的负责人；三是私人、个人化的健康管理。政府制订"健康人民"健康管理计划：每十年一个计划、执行、评价循环，旨在不断提高全国的健康水平。微观上，美国健康管理公司的具体运营情况是：其服务对象是大众，但直接客户是健康保险公司。

从健康管理策略上看，美国的健康管理策略主要包含以下六类：一是生活方式管理，通过教育、激励、训练等干预手段矫正不良生活方式，提倡健康生活方式；二是按人群需要管理，针对不同特征的人群，以多种通信方式使人群了解医疗保健信息，利用该信息开展自我服务、满足需求；三是按疾病分类，为慢性病患者进行长期的跟踪及服务，提高其健康水平，降低整个社会的医疗成本，提升人群健康水平和指数；四是对重大疾病的管理，对患有重大疾病的患者提供健康管理服务支持；五是对伤残类的管理，帮助不同情况的伤残人士提高生活水平及能力；六是对综合性人群的管理，针对个性群体提供不同的健康管理方式。

（三）健康管理在医疗保险费用控制中的作用

健康管理通过较少的资源投入和利用，提供数量多、质量好的医疗保健服务，提高整个人群的健康水平，实现节约医疗资源及控制医疗费用的目标。目前，我国的基本医疗保险保障范围以疾病治疗为主，近年各地逐步将健康管理纳入医保支付范围，引导人群开展事前预防性健康干预。

1. 引导各级机构主动开展预防保健服务

在国外发达国家管理式医疗模式下，一旦参保人签订服务合同后，医疗服务提供方须全面负责参保人的医疗需求。在这种模式下，医疗服务提供方为减少医疗费用支出，加强了参保人的预防保健服务，尽可能从源头发现并控制疾病的发生，因此在整体上提高了国民健康状况。据统计，美国自实行以健康管理为核心的管理式医疗模式以来，通过引导人们改变不良生活方式，宣传疾病的预防知识，大大降低了生活方式疾病的发生率。

在我国，社会保险机构应重视引导各级医疗机构主动开展预防保健服务，可通过扩大预防保健和慢性病支付范围，实施以总额预付制、按人头付费等为核心的医保支付方式等途径，激励各级医疗机构主动为参保人提供预防保健服务。

2. 将预防性消费——"治未病"逐步纳入医疗保险保障范围

我国的中医"治未病"理论汇集了治国理念、卫生制度、生态维护、强身健体、预防保健、医疗康复等丰富思想，它是以健康为宗旨，以预防为中心，以自然、社会、人（生理和心理）整体观为着眼点，与当代卫生健康服务相结合，符合我国基本医疗服务低投入、高效益、广覆盖的原则。具体措施有：一要加大预防性保健服务的财政投入，支持预防保健业务的开展；二是逐步将中医"治未病"健康服务项目纳入社会医疗保险保障范围，如针灸、推拿、中药调理的重要传统特色疗法、保健调养方案、中医非药物干预治疗等。

第三节　医疗保险范围和医疗保险管理

一、医疗保险范围与基本医疗界定

（一）医疗保险范围

1. 医疗保险范围的含义

广义地说，医疗保险范围包括医疗保险的承保对象、医疗费用的负担比例及承保的卫生服务项目。简单地说，医疗保险范围主要指医疗保险的覆盖人群和该人群具体享受到的医疗保障程度。

狭义地说，医疗保险范围主要指医疗保险所承保的医疗服务项目，以及这些项目提供的数量、形式与限制等。通常是通过医疗保险责任范围和医疗保险除外责任两个方面来界定医疗保险范围。责任范围是指保险人负责补偿的风险范围，是医疗补偿的依据；而除外责任是指保险人不负责补偿的风险范围，是不负责赔偿责任的部分。由于社会经济条件的制约和卫生资源的有限性与稀缺性，医疗保险不可能保障所有人的所有医疗风险，医疗保险范围的界定应当综合考虑责任范围和除外责任这两部分的内容。

2. 医疗保险范围的影响因素

对于一个具体的国家或地区来说，在一定时期内，医疗保险的保障范围如何，取决于以下几个方面的因素。

（1）经济发展水平

经济发展水平反映了一个国家或地区所能提供的经济资源总量。它作为医疗保险支出的最终来源，从根本上制约着医疗保险的覆盖范围。经济发展水平提高，国家经济实力雄厚，税收来源增多，国家财政承受能力也就越强。事实上，工业化程度越高的国家或地区，医疗保险的覆盖面就越宽，数量也越多。同时，经济发展水平提高和人民生活水平提高，人们的保险意识随之增强，必然会自动寻找社会力量来分担疾病风险，达到消除或减少风险的目的。

（2）国家财政的支持能力

医疗保险是公益性福利事业，政府对支付医疗保险费有不可推卸的责任。在医疗保险中，劳动者个人缴纳的医疗保险基金一般只占医疗保险基金的一部分，其余部分由劳动者所在单位和国家财政负担。此外，社会弱势群体无能力缴纳医疗保险费，但他们又是最需要医疗保障的人群，国家必然要解决特殊群体和弱势群体的医疗保险问题。因此，医疗保险范围越宽，国家财政所承担的医疗保险费用越大。受国家财政支持能力的限制，大多数国家的医疗保险都有限制的保障范围。

（3）医疗保险制度的完善程度

好的制度可以降低交易费用，优化资源配置，节约资源，在原有的资源条件下可以获得更多的产出。完善的医疗保险制度，可以节省更多的成本，从而可以为更多的人提供医疗保险服务，医疗保险服务对象可以得到扩大。所以，医疗保险制度的完善程度，已成为制约医疗保险覆盖面的一个重要因素。

（4）健康观念的转变

传统的健康观念注重单纯消除病症。在这种健康观念的指导下，医疗保险制度首先把疾病津贴作为医疗保险首选内容，继而把治疗费用纳入保障范围。在医疗费用中，首先纳入的是对人们生活水平影响较大的治疗费用，如高额的住院医疗服务费用，继而扩大到一般医疗服务。随着传统医学模式向现代医学模式的转变，人类的健康观念也发生了改变，对健康的维护开始由传统的事后消极诊疗延伸到事前的积极预防及病后康复，一些国家逐步将老年护理、预防保健、健康管理等内容纳入医疗保险范围。

3. 确定医疗保险范围的原则

（1）与医疗保险目的一致的原则

社会医疗保险作为国家强制保险须体现国家的政治意图，大多数实行社会医疗保险的国家将社会医疗保险的目的确定为保证全体公民在发生疾病时得到应有的医疗保健服务。在确定社会医疗保险范围时，必须使其能够实现社会医疗保险的目的。

（2）与经济发展水平相适宜的原则

经济水平制约医疗保险的保障范围和程度。医疗保险的范围越广泛，程度越高，则需要筹集的保险基金越多。当确定保险范围所需要的基金数超过了社会经济承受能力，会对保险运营甚至是政府财政造成重大损害。因此，确定医疗保险的范围应当与社会经济发展水平相适宜，要对承保项目做出慎重选择。

（3）满足参保人医疗保险需求的原则

满足参保人医疗保险需求的原则包括两层含义：一是医疗保险范围要满足所有参保人最基本的医疗保险需求；二是应该尽可能地满足不同人群的多层次需求。

（4）充分考虑医疗服务供给状况的原则

医疗保险的一个重要职能是补偿参保人的医药费，而医药费的发生与卫生服务系统提供的卫生服务密不可分。在社会医疗保险系统中，医疗保险机构直接或间接购买医疗服务机构所提供的服务，医疗保险机构确定医疗保险的范围实质上是事先确定要购买服务的清单。因此，要充分考虑医疗服务的供给状况，了解目前医疗服务机构提供的服务项目、服务类型、服务形式、服务质量和服务价格等，以及今后医疗服务机构所提供服务的发展趋势，从而确保医疗保险范围覆盖的服务项目包括在卫生服务提供范围之内，而且在相对较长的时间内具有一定的稳定性，确保医疗保险基金足够支付医疗保险范围所覆盖的医疗服务项目。

（5）不断发展的原则

医疗保险范围不是一经确定就一成不变的，而是不断发展的。医疗保险范围的发展是因以下变化而产生的。

①医疗保险目的的改变。在不同历史阶段，社会医疗保险的开展有不同的目的。随着社会经济水平的提高，人民生活水平的改善，我国今后的医疗保险可能不仅保障基本医疗，还会提供更高水平、更大范围的保障。

②医疗保险需要的改变。人们对医疗保险的需要受到多种因素的影响，包括人们的健康状况或疾病风险发生概率、疾病风险所造成的经济损失等各种因素。随着疾病谱的改变，医疗卫生条件的改善，这些因素都会发生改变，那么人们对医疗保险的需要程度也会发生改变。为了满足参保人的需要，医疗保险范围也应该随之改变。

③医疗保险支付能力的改变。随着社会经济发展水平的提高，医保筹资能力会逐步改善，参保人的医疗保险支付能力也就得到增强。在这种情况下，可以适当扩大报销范围或者适当提高可报销服务的级别。

④医疗服务提供状况的改变。医疗服务的提供状况，包括服务项目、服务类型、服务形式、服务质量和服务价格都不会是一成不变的。随着现代科学技术在卫生服务领域中的不断应用，医疗保险范围应该发生适当的变化，与卫生业务相适应。此外，随着时代变迁，很多医疗服务的提供形式都发生了很大的变化。21世纪10年代，养老机构开展医疗服务，推动医疗卫生服务延伸至社区、家庭，将符合规定的医疗费用纳入医保支付范围。

4. 确定医疗保险范围的程序

一般来说，医疗保险范围确定的程序是：确定目标、收集资料、资料分析、制订备选方案、评价和选择方案、制定管理办法。

确定医疗保险合理的保障范围，需要进行一系列的调查研究。这些调查研究通常需要一些部门和团体的参与，如医疗保障局、卫生部门、财政部门、工会、专业性研究机构或专家委员会及研究团体，由这些研究者对经济水平、健康水平、卫生服务供求状况及人们的意向等进行分析处理、提供方案和建议，呈送给医疗保障局、卫生部门、财政部门等审核评议，由政府部门做出最后的决策。

（二）基本医疗界定

"基本医疗卫生服务"包括公共卫生服务和基本医疗两大部分，基本医疗即采用基本药物、使用适宜技术，按照规范诊疗程序提供的急慢性疾病的诊断、治疗和康复等医疗服务。

1. 基本医疗字面含义

所谓"基本"就是指最起码的、最应该具备的。对于某个个体来说，基本医疗是指个体为了挽救生命和延长寿命、提高生存质量从而使个人效用最大化所最需要利用的、最优先利用的医疗服务或医疗措施；对于某个社会来说，基本医疗是指对改善全体公民健康、最应该为全体公民所享受的医疗服务或医疗措施。

2. 个体的基本医疗

（1）生理学含义

从个人的生理学角度来看，当外部的各种因素（物理、化学、生物和社会经济等因素）导致人体内环境失衡不能迅速恢复时，每个个体为了维持机体生存、正常生育和发展而相应采取的所有医疗措施，都是基本医疗。比如，某人感冒后为了缓解症状到医院取药，对他来说这属于基本医疗；某人患有尿毒症，为了缓解症状并延长寿命，每周都要到医院进行血液透析；某人到医院分娩，为了产妇的早日恢复和新生儿的良好休息，享受温馨病房服务。

（2）经济学含义

对绝大多数人而言，其收入都是有限的、都存在预算约束，除了医疗服务，还需要利用很多其他的产品或服务，如购买食品、衣物、日常用品、住房等。在这种情况下，人们在自己经济能力允许的范围内，选择自己最希望、最迫切、最需要利用的医疗服务，就是经济学约束下的基本医疗。

在经济学中，为了判断人们对某一种物品的需要程度，可以观察人们对该物品的需求价格弹性。不同的卫生服务的需求弹性是不同的，不同的人对同一项卫生服务需求弹性也不同。比如，某一项医疗服务，对于收入比较高的人来说，需求价格弹性比较小，可以界定为经济学的基本医疗；对于贫困人口来说，需求价格弹性比较大，就无法界定为经济学的基本医疗。

3. 社会的基本医疗

（1）生理学含义

对于某个社会来说，基本医疗的生理学含义是社会有必要提供的医疗措施或医疗服务。社会的基本医疗可以根据健康问题影响范围的大小、严重性及其可防治性来判断。如果这些医疗措施所处理的问题不仅是影响大多数人健康或是影响健康最主要的问题，而且是临床处理这些问题所必需的措施，那么这些措施就是社会最应该提供的措施，属于基本医疗。比如，良好的孕产期保健服务和住院分娩服务可以有效地降低孕产妇死亡率和婴儿死亡率，因此属于基本医疗；再如急性阑尾炎、急性胰腺炎和急性肠梗阻的手术治疗等，如果不实施手术，就会危及人的生命，如果实施手术，人们很快就可以恢复正常的生活，这类住院手术服务也属于基本医疗；有的人除了上述的医疗措施外，特意要求护士全程陪伴服务、专家诊疗服务等，这样的服务要求就不属于基本医疗。

（2）经济学含义

对于某个社会来说，社会最应该提供的应该是能够充分利用资源、使资源最大限度改善人类健康的措施，即经济学基本医疗。经济学评价的方法可以用来判断并选择一些对于某个社会最为经济有效的措施。

（3）保险学含义

一个社会之所以提供社会医疗保险，是因为要使人群患病后能够及时就医，改善人群就医的经济可及性，使之不会陷入"因病致贫，因贫致病"的恶性循环。因此，最能够满足上述目的的医疗措施便是社会医疗保险最应该覆盖的医疗措施，属于基本医疗。社会不仅要考虑使基本医疗尽量覆盖群众关注程度比较高的健康问题及医疗措施，还要考虑基本医疗的界定受到社会医疗保险基金额大小，即受各筹资方筹资能力的制约。保证社会医疗保险基金的收支平衡意味着社会保险计划的可持续性。

二、医疗保险的医疗服务目录管理

（一）基本医疗保险诊疗项目的含义

基本医疗保险诊疗项目是指符合以下三个条件的各种医疗技术服务项目和采用医疗仪器、设备与医用材料进行的诊断、治疗项目：

一是临床诊疗必需、安全有效、费用适宜。临床诊疗必需，就是临床治疗疾病必需的项目，相对于非病治疗的诊疗项目如美容等，以及疾病治疗的主要诊疗手段，相对于辅助诊疗手段如音乐疗法等而言的；安全有效，是指经临床长期使用并被广泛公认的、成熟的项目，相对于尚属于研究阶段、疗效不确定的一些诊疗措施，如心、肺、脑移植等；费用适宜，就是要与基本医疗保险基金的支付能力相适应，在同等诊疗效果的诊疗项目中，选择价格合理的诊疗项目。

二是由物价部门制定收费标准。这是根据诊疗项目管理主要是由物价部门确定收费价格的现状提出的，诊疗项目的种类繁多，经济发展水平不同，医疗技术水平不同，符合条件的诊疗项目，并不是在所有的省（区、市）都能开展，根据物价部门的收费标准，就可以将基本医疗保险的诊疗项目限定在一个明确的范围内。

三是在由定点医疗机构为参保人员提供的定点医疗服务范围内。基本医疗保险实行定点医疗机构管理，只有社会保险经办机构确定的定点医疗机构提供的各种诊疗项目才有可能纳入基本医疗保险基金支付范围。非定点医疗机构提供的诊疗项目，基本医疗保险基金不予支付。这一条件是统筹地区在基金支付时掌握的条件，也是从医疗保险的角度对卫生资源进行合理规划的手段。

（二）制定基本医疗保险诊疗项目范围的基本原则

一是考虑临床诊断、治疗的基本需要。这是制定基本医疗保险诊疗项目范围的出发点，制定范围和目录的目的不是限制参保人对诊疗项目的合理使用，而是在基金可以承受的范围内，确定诊断明确、治疗疾病效果最好、费用合理的诊疗项目，充分发挥基金的使用效益，以满足绝大多数参保人的基本医疗需求。

二是兼顾不同地区经济状况和医疗技术水平的差异。不同地区经济发展水平不同、人口结构和疾病谱不同，基本医疗保险的筹资水平、医疗技术的水平和结构也不一样，国家在控制基本医疗保险诊疗项目宏观水平的同时，一定要给各地留有一定幅度的调整空间，使各地的诊疗项目目录符合当地的具体实际。

三是科学合理。制定诊疗项目范围和目录的办法要科学，范围和目录的内涵和结构要科学合理，不仅要符合医学的要求，也要符合医疗保险在经济学上的要求。

四是方便管理。基本医疗保险诊疗项目的管理办法要方便社会保险经办机构对项目使用的审核和费用支付等。

（三）基本医疗保险诊疗项目范围的确定

目前，国家确定基本医疗保险诊疗项目的范围，采用的是排除法。这是根据我国诊疗项目管理的现状确定的。由于诊疗项目的管理缺乏全国统一的办法和临床准入标准，各地主要依据省（区、市）物价部门的收费标准执行，项目数量、名称、内涵及价格标准各地不一。因此，目前在国家难以对诊疗项目进行统一规范的基础上，无法按照准入法制定诊疗项目的范围，只能用排除法制定。同时，鼓励有条件的地区试用准入法制定本地区的诊疗项目目录。今后随着有关部门对诊疗项目管理的逐步规范，在适当的时候，国家的基本医疗保险诊疗项目的管理也将逐步向准入法过渡。

国家基本医疗保险诊疗项目范围分为两部分：一是基本医疗保险不予支付费用的诊疗项目范围；二是基本医疗保险支付部分费用的诊疗项目范围。一般来说，对于一些非临床必需、效果不确定的诊疗项目，以及属于特需医疗服务的诊疗项目，基本医疗保险基金不予支付；对于一些临床诊疗必需、效果确定，但容易滥用或费用昂贵的诊疗项目，基本医疗保险基金支付部分费用。

1. 国家基本医疗保险支付部分费用的诊疗项目范围

国家基本医疗保险支付部分费用的诊疗项目主要包括一些临床诊疗必需、效果确定但容易滥用或费用昂贵的诊疗项目。

2. 国家基本医疗保险不予支付费用的诊疗项目范围

国家基本医疗保险不予支付费用的诊疗项目主要是一些非临床诊疗必需、效果不确定的诊疗项目及属于特需医疗服务的诊疗项目。

在确定基本医疗保险诊疗项目时，规定未列入区域规划的大型医疗设备不得纳入基本医疗保险基金支付范围。这主要是考虑，大型医疗设备的配置和使用所产生的费用需要消耗大量的社会卫生资源，在我国现阶段卫生资源分布不均衡的情况下，若不通过规划的手段对大型设备的配置进行管理，势必造成卫生资源的不合理使用，这是对我国大型设备资源配置缺乏宏观调控的经验总结。目前我国对包括大型设备在内的新技术新项目实行高标准收费，在部分地区缺乏对大型设备的配置科学规划情况下，部分医疗机构盲目采购大型设备，比如彩超、大型 CT、MR 等，耗费高额的医疗服务成本。医疗机构为了收回投资成本和追求大型设备检查带来的高收益，放宽大型检查的临床应用指征，滥用检查的现象时有发生，加重了患者和医疗保险基金的负担。大型设备的区域规划，有利于节约医疗保险学卫生资源，其目的与基本医疗保险控制费用的目的一致。因此，对未列入区域规划的大型医疗设备不得纳入基本医疗保险基金支付范围。

在确定基本医疗保险诊疗项目时，规定各种健康体检不列入基本医疗保险诊疗项目的范围，这是过去公费、劳保医疗政策的延续。健康体检分为一般健康查体和特殊目的的健康体检。一般健康查体是为了早期发现、早期治疗疾病，由各用人单位组织的预防性疾病普查措施，体检费用由各用人单位负担，不在公费医疗经费中支出。特殊目的的健康体检，是指职工根据一些特定的要求所进行的体检，如职工在求职、办理出国手续、购买商业医疗保险等活动中按要求进行的体检，这些体检费用一般由个人负担。因此，医疗保险制度改革后，各种健康体检不列入基本医疗保险诊疗项目，由单位组织的健康查体费用由各用人单位负担，原由个人自付的特殊目的的健康体检费用仍由个人自付。

（四）基本医疗保险诊疗项目管理的权限划分

国家医疗保障局负责组织制定国家基本医疗保险诊疗项目范围，并根据基本医疗保险基金的支付能力和医学技术的发展适时调整。在范围中，只规定基本医疗保险基金不予支付费用和支付部分费用的诊疗项目的主要类别，除列举部分项目名称以表明项目类别的含义外，对具体的项目不作规定。各省（市、区）社会保障行政部门根据国家基本医疗保险诊疗项目范围的规定，组织制定基本医疗保险诊疗项目目录，并根据国家基本医疗保险诊疗项目范围的调整作相应调整。各省（市、区）可依据本省（市、区）物价部门医疗服务收费标准所列的具体的项目，按照国家基本医疗保险诊疗项目范围，制定具体的项目目录。

各统筹地区社会保障部门要根据当地实际，对本省（市、区）的诊疗项目目录中所列的支付部分费用的诊疗项目规定具体的个人自付比例，并结合区域卫生规划、临床适应证、医疗技术人员资格等限定使用和制定相应的管理办法。比如，限定某种大型设备只能在某一医疗机构使用、某一特种手术限定由某一级别的医师执行、某一特殊治疗技术只限于治疗某种疾病等。

第七章 生育、失业与工伤保险

第一节 生育保险

一、生育保险理论基础

（一）生育保险的内涵和特征

生育保险是指国家通过立法，对怀孕、分娩的女性社会成员给予生活帮助和物质帮助的一项社会保险制度，也是国家从社会性别角度对妇女的生育权、健康权给予的一种特殊社会保护。生育保险的宗旨在于通过向育龄妇女提供生育津贴、医疗服务和产假，帮助她们恢复劳动能力，重返工作岗位，这是一项世界性的妇女福利政策和妇女权利保护政策。

生育保险作为社会保险的重要组成部分，是适应社会化大生产，特别是市场经济的客观需要的产物，是一个国家经济发展和社会进步到一定历史阶段的必然制度选择，是国家保障妇女儿童权益的制度安排，也是国家社会公共政策的重要组成部分。生育保险制度的建立和施行具有重要的社会现实意义，主要表现在有利于保障妇女的基本权益、有利于提高人口素质、有利于国家人口政策的顺利贯彻实施、为企业公平竞争和妇女平等就业创造条件。

由于生育保险所保障的特殊对象和特殊内容，使得生育保险与其他社会保险项目和商业性质的保险相比较，具有鲜明的特点，具体表现为：生育保险是对女性劳动者专门设立的一种社会保险项目；生育保险是对女性劳动者生育子女全过程的物质保障；生育保险实行"产前与产后都应享受"的原则；生育保险是为女性劳动者合法生育所提供的保障制度。

（二）生育保险与医疗保险的联系与区别

作为社会保险的两个重要组成部分，生育保险与医疗保险既有联系又有区别。生育保险与医疗保险的相似之处在于：两者都是针对暂时丧失劳动能力的职工所提供的保障，同时向被保障对象提供必要的医疗服务，如女性劳动者在生育期间（分娩期除外）发生的并发症，其医疗费用应当按照统筹地区城镇职工医疗保险制度的规定，由医疗保险基金支付。两者的区别主要表现在如下方面。

1. 保障对象不同

生育保险的保障对象为育龄的女性劳动者；医疗保险保障对象为全体参保职工。

2. 待遇享受时间不同

生育保险待遇享受时间是女性劳动者处于育龄阶段的时间，也就是说，能否享受生育保险取决于妇女的年龄、结婚时间、生育顺序等；而医疗保险的参保人员是没有年龄限制的，无论其在哪个年龄段生病都有权享受医疗保险待遇，而且在享受次数上也没有限制，但要受到最高支付限额的限制。

3. 保障内容不同

由于生育是人类正常的生理现象，和患病不同，因此各自对保障人群的救济重点不同。生育保险所提供的医疗服务基本上以保健、咨询、检查为主；医疗保险提供的医疗服务主要以诊疗为目的，参保人员通过在定点医院接受必要的检查、药物、理疗和手术等方面的医疗服务，实现治疗疾病、恢复健康的目的。

4. 保障对象享受待遇的期限不同

生育保险中各种假期的享受和相关待遇的给付，往往与妇女的生育期密切相关；而医疗保险中的各种待遇对享受者没有时间限制，一般以参保人员病愈为期限。

5. 费用筹集办法不同

我国医疗保险实行统筹基金和个人账户相结合的原则，每个参保人员必须缴纳一定比例的保险费，而在我国的生育保险制度中，职工个人不须缴纳生育保险费。

（三）生育保险基本内容

1. 生育保险基金

生育保险基金是国家通过立法在全社会统一建立的、用于支付生育保险费用的专项资金。世界大多数国家将生育保险资金的筹集和其他社会保险项目的资金结合起来，并向雇主和雇员双方征收一种单一的保险费。

2. 生育保险待遇项目

生育保险待遇是指育龄女性在生育期间依法享有的各种医疗照顾和物质补偿。其提供的待遇给付项目主要包括生育医疗保健服务、生育产假、生育津贴、育儿假期及育儿津贴等几项。

（1）生育医疗服务

生育医疗保健服务是提供孕期、分娩和产后所需的各种检查、咨询、助产、住院、护理、医药等一系列保健服务，以保障母婴平安健康。这项服务是医疗保健的子项目，在实行全民医疗保健的国家已覆盖到全体妇女。因此，目前的实施范围在全世界内有三类：仅限于职业妇女；除女性劳动者外，男职工的妻子符合供养近亲属条件也可以不同程度地享受生育保险；所有生育妇女，只要按规定履行了缴费义务均可以享受。

（2）生育产假

产假是职业妇女在分娩或流产期间依法享有的假期。目前，世界上只有很少几个国家没有制定相关法律让在业母亲享有带薪产假。欧洲国家普遍让母亲享受带薪产假，有的甚至让父亲也同时享受带薪产假。根据生育保险"产前产后都享受"的原则，产假一般明确划分为产前假和产后假两段，并根据生产过程的难度及产出婴儿个数分为正常产假、难产产假、多胞胎产假几种。产假的长度应以有利于产妇恢复健康为基础，结合社会政策和社会经济承受能力来制定。

（3）生育津贴

生育津贴是对生育期间女性工资收入损失依法给予的现金补偿，目的是为生育妇女提供基本生活保障。生育津贴的计算方法有均一制、工资比例制和混合制三种。生育津贴的标准一般比较高，很多国家的补偿原则是不低于本人生育前的工资水平，或定为本人原工资的100%，但也有国家只为生育休假的女性保留工作岗位，不支付生育津贴。另外，有些国家的生育津贴支付时间与生育假期长度并不同步。均一制也称定额制，即不论被保险人情况如何，均发给相同的固定数额的补助金；比例制就是按照被保险人产前工资的一定比例发给补助金，工资基数有本人生育前的工资、所在企业的平均工资、所在行业的平均工资、所在地区的平均工资等几种选取方法；混合制就是采取"基本补助"加上"收入关联补助"的方式发放补助金。

（4）育儿假期

育儿假期是允许母亲或父亲任何一方在产假期满后，继续休假照顾婴儿，它只在少数国家实行，各国允许的育儿假期从3个月到6个月不等。育儿假期间发适当育儿津贴，有些国家称为"母亲工资"或"父亲工资"，其标准低于生育津贴，也有的国家不补偿育儿假期期间的收入损失，只为休假职工保留职位、计算工龄。

（5）育儿津贴

育儿津贴是政府为增加准备就业的下一代的数量，促进社会的公平性而提供的一种重要的金融支持机制。许多政府都实施了育儿津贴领取政策以支持家庭，有助于提高生育水平，促进家庭收入的均衡发展，因此，了解育儿津贴领取政策对于父母来说是必不可少的。

育儿津贴的领取，一般是在婴儿出生满六个月以后申请。政府会根据家庭收入和支出，以及有关家庭成员的相关信息，给予比例数额的育儿津贴。申请者可以从当地政府办公室或网上申请，提交申请表和相关证明材料。

一般而言，政府会按照贫困家庭、少数民族家庭、低保家庭及残疾家庭等级别进行育儿津贴分配，或按照孩子的年龄和家庭的收入情况进行分级分配。根据家庭收入情况而定，贫困家庭和少数民族家庭较多会有优惠政策。

育儿津贴领取政策也受到了社会的广泛好评，它不仅有助于家庭收入的均衡发展，而且有助于提高社会生育水平，从而促进经济发展。另外，育儿津贴也有助于家庭更加关注孩子的健康和成长，从家庭的角度来看，申请育儿津贴，真的是一件好事。

总而言之，育儿津贴领取政策的实施，为家庭提供了一种重要的金融支持，有助于促进家庭收入的均衡发展，提高社会生育水平，增加下一代的准备就业人口，从而实现社会公平。但是，政府还需要加强对育儿津贴领取政策的管理，努力提升育儿津贴的金额，简化申请程序，以期让更多的家庭获得政府的支持，为家庭提供更多的福利。

3. 生育保险待遇的给付条件

生育保险的对象，除了在部分发达国家覆盖一切育龄妇女外，在大多数国家均是面向职业女性。当然，按照社会保险制度权利义务一致性要求，并非每个职业女性都享有生育保险的权利，她们还必须为此尽到应尽的义务或达到要求的条件。世界各国规定的生育保险享受资格条件不尽相同，大体可以分为以下几类：

①投保时间和受雇时间都达到规定标准。

②已缴纳社会保险费并达到规定的最低期限。

③有居住权且在国内居住时间达到最低限度。

④不规定具体条件，凡符合国家公民资格及财产调查条件的均可享受生育保险。

⑤规定由用人单位按照一定的比例缴纳生育保险费。

二、生育保险基金的内容

生育保险基金是指依据国家法规政策专门为因生育而暂时离开工作岗位的女职工支付生育期医疗费用和生育津贴而筹集的具有社会性质的基金，是整个社会保险基金中的一个组成部分。我国生育保险基金由用人单位缴纳的生育保险费、生育保险基金的利息收入和依法纳入生育保险基金的其他资金构成；生育保险基金实行地（市）级统筹，逐步实行省级统筹；生育保险基金存入财政专户并实行预算管理，执行国家社会保险基金管理办法。

（一）覆盖范围

根据《中华人民共和国社会保险法》《企业职工生育保险试行办法》《女职工劳动保护特别规定》及公费医疗制度的相关规定，我国生育保险制度基本覆盖了境内的所有企业，军队系统的企业也可以参照执行，部分地区的机关事业单位工作人员也被纳入生育保险基金的统筹范围。

（二）筹资办法

《中华人民共和国社会保险法》规定：职工应当参加生育保险，由用人单位按照国家规定缴纳生育保险费，职工不缴纳生育保险费。因此，用人单位单方缴费、职工个人不缴费是中国目前生育保险基金筹集的一项基本原则；另一项基本原则是以支定收、收支平衡，即生育保险基金遵循"以支定收，收支平衡"的基本原则筹集和使用。

缴费基数是决定生育保险基金筹集水平的重要因素之一。根据我国目前的法规政策，用人单位按照本单位工资总额的一定比例缴纳生育保险费，职工个人不缴费。这与养老、医疗等其他社会保险项目的规定一致。同时，用人单位以单位工资总额作为缴费基数，无论招用男、女职工，都要依法参加生育保险，体现了生育不单是女职工个人的事情而且是一个家庭乃至社会责任的理念，特别是在女性就业比男性更为困难的背景下，通过建立生育保险制度实现风险共担，有利于均衡用人单位之间的生育成本负担，有利于消除就业性别歧视，保障妇女平等就业的权利。

缴费比例是决定生育保险基金筹集水平的另一个重要因素。人力资源社会保障部拟适当调低生育保险缴费比例，具体缴费比例由各统筹地区根据当地实际情况测算后提出，报省、自治区、直辖市批准后实施。

为了降低企业负担，具体费率应按照"以支定收，收支平衡"的原则，根据近年来生育保险基金的收支和结余情况确定。降低生育保险费率的统筹地区要按程序调整生育保险基金预算，按月进行基金监测。基金累计结余低于 3 个月支付额度的，要制定预警方案，并向统筹地区政府和省级人力资源社会保障、财政部门报告。在生育保险基金累计结余不足支付时，统筹地区要采取加强支出管理、临时补贴、调整费率等方式确保基金收支平衡，确保参保职工按规定享受生育保险待遇。

（三）基金构成

我国生育保险基金主要由四项构成：

第一，单位缴纳的生育保险费：我国生育保险费全部由企业负担，用人单位按照当地政府规定的费率向社会保险机构缴纳，企业缴纳的生育保险费列入企业管理费用，职工个人不缴纳生育保险费。

第二，基金的利息：生育保险基金应存入社会保险经办机构在银行开设的生育保险基金专户，银行应按照城乡居民个人储蓄存款利率计息，所得利息转入生育保险基金。

第三，滞纳金：企业逾期不缴纳生育保险费的，按日加收滞纳金，滞纳金转入生育保险基金。

第四，依法纳入生育保险基金的其他基金。

三、生育保险待遇

生育保险待遇包括生育医疗费用和生育津贴两个方面，所需资金从生育保险基金中支付。考虑到公共卫生服务已包含了部分孕产妇检查项目，所以按照国家规定由公共卫生服务项目或者基本医疗保险基金等支付的生育医疗费用，生育保险基金不再支付。

（一）生育医疗待遇

1. 生育的医疗费用

生育的医疗费用包括女职工在孕产期内因怀孕、分娩发生的医疗费用，包括检查费、接生费、手术费、住院费及诊治妊娠合并症、并发症的医疗费用。检查费是指女职工预产期保健过程中定期到医疗机构进行身体检查的相关费用；接生费主要指女职工分娩时，医生或助产人员协助产妇分娩出新生儿过程中所发生的费用；手术费主要指在分娩过程中的会阴切开术和剖宫产术；住院费是指产妇分娩期间住院的床位费、取暖费等；药费是指女职工从怀孕到分娩后出院，医生根据产妇需要给予的药物护理、治疗所发生的费用。

2. 计划生育的医疗费用

计划生育的医疗费用指职工放置或者取出宫内节育器、施行输卵管或者输精管结扎及复通手术、实施人工流产术或者引产术等发生的医疗费用，支付办法依照《关于妥善解决城镇职工计划生育手术费用问题的通知》的相关规定办理。

3. 职工未就业配偶的生育医疗费用

根据《中华人民共和国社会保险法》的规定，职工未就业配偶按照国家规定享受生育医疗费用待遇，所需资金从生育保险基金中支付。其中，生育医疗费用待遇的支付范围，与职工本人享受的生育医疗费用待遇相同，但支付金额在不同的统筹地区有所不同。

生育保险基金支付生育医疗费用通常需要具备如下两个条件：一是职工所在用人单位已经依法为其缴纳生育保险费，因用人单位未依法为职工缴纳生育保险费，造成职工不能享受生育医疗待遇的，由用人单位按照法定的项目和标准支付其生育医疗费用。二是参加生育保险的人员在协议医疗服务机构发生的生育医疗费用，符合生育保险药品目录、诊疗项目及医疗服务设施标准的，由生育保险基金支付，即个人不需要支付费用；对于急诊、抢救的，可在非协议医疗服务机构就医。

（二）生育津贴

生育津贴是职工按照国家规定享受产假或者计划生育手术休假期间获得的工资性补偿。按照《中华人民共和国社会保险法》的规定，生育津贴标准"按照职工所在用人单位上年度职工月平均工资计发"，按照国家规定享受生育津贴的情形包括：女职工生育享受产假；享受计划生育手术休假；法律、法规规定的其他情形。

对已经参加生育保险的，按照用人单位上年度职工月平均工资的标准由生育保险基金支付；对未参加生育保险的，按照女职工产假前工资的标准由用人单位支付。女职工生育或者流产的医疗费用，按照生育保险规定的项目和标准，对已经参加生育保险的，由生育保险基金支付；对未参加生育保险的，由用人单位支付。

（三）待遇支付方式和标准

我国实行生育社会保险的地区，女职工在生育或流产后，由本人或所在企业持当地计划生育部门签发的计划生育证明，婴儿出生证、死亡或流产证明，到当地社会保险经办机构办理手续，领取生育津贴和报销生育医疗费。

生育医疗费采取定额、按项目和限额支付相结合的方式向女职工付费。定额支付方式指在确定一定条件后，对满足这样条件的生育女职工给予确定数额的费用；按项目支付一般是按照所做的手术、检查来确定支付的数额。而这两项支付方式还要和限额支付相结合，最后计算支付的所有费用。

我国生育津贴的支付标准分两种情形：一是实行生育社会保险的地区，支付标准按本企业上年度职工月平均工资的标准支付，期限不少于 98 天；二是没有实行生育社会保险的地区，生育津贴由本企业支付，标准为女职工生育之前的基本工资和物价补贴，期限一般为 90 天。各地往往对晚婚晚育的职工给予延长产假生育津贴支付期限的优惠政策，还有的地区对参加生育保险企业中的男职工配偶在生育时给予一次性津贴补助。

（四）生育保险基金不予支付的费用

依据目前我国生育保险政策，生育保险基金不予支付下列费用：第一，违反国家或本统筹地区计划生育规定而发生的医疗费用；第二，因医疗事故而发生的医疗费用；第三，在非定点医疗机构检查、分娩而发生的医疗费用；第四，婴儿所发生的各项费用；第五，超过定额、限额标准之外的各项费用；第六，不具备卫生行政部门规定的剖腹产手术条件，但女职工个人要求实施剖腹产手术而超出自然分娩定额标准的医疗服务费用；第七，实施人类辅助生殖术（如试管婴儿）所发生的医疗费用。

（五）生育期间的特殊劳动保护

生育期间特殊劳动保护是指女职工孕期由于生理变化而在工作中可能遇到特殊困难，为保证女职工的基本收入和母子生命安全而制定的特殊政策，包括收入保护、健康保护、职业保护等内容。女职工在孕期、分娩和哺乳期间，除了享受上述生育保险待遇外，还会得到如下的特殊劳动保护：

收入保护的主要措施是国家立法保护女职工怀孕期间不降低其基本工资。健康保护的主要措施有：第一，不得安排怀孕女职工从事高强度劳动和孕期禁忌的劳动，也不得安排在正常工作日以外延长劳动时间；第二，对不能胜任原劳动岗位的孕期女职工，应当减轻其劳动量或安排其他工作；第三，对怀孕 7 个月以上的女职工，不应延长劳动时间和安排夜间劳动，并应在工作时间内安排一定的休息时间；第四，允许怀孕女职工在劳动时间进行产前检查，检查时间计为出勤时间。

在职业保护方面，国家制定了一系列保障女职工不因怀孕、分娩、哺乳而失业的规定，任何单位不得在女职工孕期、产期、哺乳期解除其劳动合同，对于劳动合同期满而"三期"未满的女职工，其劳动合同顺延至"三期"满。

第二节　失业保险

一、失业保险理论基础

（一）失业的含义与分类

失业是与就业相对应的概念。就业有广狭义之分，广义的就业指劳动力要素与生产资料要素相结合的过程和状态，狭义的就业指具有劳动能力并处在法定劳动年龄阶段的人们为获取报酬或赚取利润所从事的一种合法的社会经济活动。因此，从狭义上判断就业需要具备四个条件：一是具有劳动能力；二是处于法定劳动年龄阶段；三是从事合法的社会经济活动；四是以获取报酬或收入为目的。

1. 失业的含义

与就业相对应，失业也有广狭义之分。广义的失业指劳动力要素与生产资料要素相分离的一种状态。狭义的失业指有劳动能力和就业愿望且处于法定劳动年龄阶段的劳动者，无法获取有报酬的劳动职位的一种社会现象。与狭义的失业密切相关的一个概念是失业者，失业者指处于法定劳动年龄阶段，虽有劳动能力和劳动愿望但没有劳动岗位的劳动者。因此，判断一个人是否属于失业者，通常看四个要素：一是看是否处于法定劳动年龄阶段；二是看是否有劳动能力；三是看是否有劳动愿望；四是看是否找到了劳动岗位。

2. 失业的分类

失业往往是多种社会因素和个人因素综合作用的结果，既体现了市场机制对劳动力资源的优化配置，也体现了劳动生产率提高对劳动力的部分替代效应，同时也与劳动力市场供求匹配是否有效以及产业结构的调整变化息息相关。按照不同分类标准，失业可以划分为不同的类型，如：按照就业意愿可以分为自愿性失业和非自愿性失业；按照失业的程度可以分为完全失业和部分失业（不充分就业）；按照失业的表现形式可以分为显性失业和隐性失业；按照失业原因可以分为摩擦性失业、季节性失业、周期性失业、技术性失业、结构性失业。国际上比较通行的失业类型的划分是最后一种。

（1）摩擦性失业

摩擦性失业是指在劳动力流动过程中，由于劳动力市场功能的缺陷（信息不对称、时间滞差、信息成本和流动成本等）而引起的失业。摩擦性失业在性质上是过渡性或短期性的，一般起源于劳动力的供给方，也就是说，劳动者是自愿不被雇用的。劳动者跳槽便是这种失业的范例。摩擦性失业通常持续时间都不长，属于临时性失业，这种失业也许在任何时候都存在，但对任何个人或家庭来说，都是过渡性的。因此，摩擦性失业一般不被认为是严重的经济问题。还有的学者提出了等待性失业的概念，实际上等待性失业可视为摩擦性失业的一种。

（2）季节性失业

季节性失业是指由于某些行业生产条件或产品受气候条件、社会风俗或购买习惯的影响，对劳动力的需求出现季节性变化而导致的失业。季节性失业具有规律性、行业性及失业持续期的预知性等特点。

（3）周期性失业

周期性失业是指市场经济国家由于经济的周期性波动而引发的失业现象。经济危机周期性发生时，失业率也会周期性达到高潮，当失业率高于5%时，周期性失业通常是主要原因。

（4）技术性失业

技术性失业是指由于使用新机器设备，采用新的生产技术和新的生产管理方式，出现局部劳动力过剩而导致的失业。

（5）结构性失业

结构性失业是指由于经济结构（如产业结构、产品结构、地区结构）的变动促使劳动力结构进行相应调整而导致的失业。结构性失业在性质上是长期的，通常起源于劳动力的需求方。一般来说，技术性失业是结构性失业的先导，结构性失业则是技术性失业的集中表现。在特定市场和区域中，劳动力需求相对较低，多源于如下因素：一是技术变化；二是消费者偏好的变化；三是劳动者的不流动性。

（二）失业保险的含义、特征与分类

1. 失业保险的内涵与特征

失业保险是由国家立法强制实施的，通过社会集中建立基金，保障因失业而暂时中断生活来源的劳动者的基本生活，并通过职业训练、职业介绍等手段为其重新就业创造条件的一种社会保险制度。失业保险作为社会保险的主要项目之一，其核心内容是社会集中建立失业保险基金，分散失业风险，保障暂时处于失业状态的劳动者的基本生活，并通过职业训练，帮助失业者尽快实现再就业。这种制度主要有三大功能：一是保障基本生活；二是促进就业；三是合理配置劳动力。因此，失业保险被称为失业问题的"减震器"和"安全网"。

失业保险作为社会保险制度的一个基本项目，必然具有社会保险的强制性、互济性、社会性、福利性等共性特征。除此之外，失业保险还具有其他社会保险项目所不具备的特性，如对象的特殊性、待遇的短期性、功能的多样性、运行的周期性、基金的无积累性等。

2. 失业保险的类型划分

根据不同的分类标准，可以将失业保险分为不同的类型：

①按照参加失业保险的意愿是否具有强制性，可分为强制性失业保险和非强制性失业保险。强制性失业保险由国家立法强制实施，符合规定条件的劳动者及用人单位必须参加，双方必须依法履行各自的缴费义务。非强制性失业保险通常由工会组织实施，用人单位及劳动者自愿参加，政府不参与管理，而由工会建立的失业基金会进行管理。

②按照失业者获取失业保险金的不同依据，可分为权利型失业保险和调查型失业保险。权利型失业保险指失业者只要符合规定的缴费年限、非自愿性失业等条件，即可以领取失业保险金，而与失业者的家计情况无关，即领取失业保险金是失业者的一项法定权利，强制性和非强制性失业保险都属于此类。调查型失业保险是指由政府组织实施的以家计调查为基础的为那些经"确认"无法生存的失业者提供资助的制度，这种类型的失业保险也被称为失业救助或失业救济。失业救助并不是严格意义的社会保险。在现代意义的失业保险出现以前，失业救助已经存在并发挥着失业保障的功能；在现代意义的失业保险产生以后，失业救助依然广泛存在，并且与失业保险相结合共同发挥着失业保障的功能。因此，失业救助与失业社会保险既可以说是失业保险制度发展进程中两个不同阶段，也可以说是失业保险制度的两种不同模式（即保险模式和救助模式）。

③按照失业保险制度层次上的不同安排，可分为单层次失业保险和多层次失业保险。单层次失业保险指仅有一个层次的失业保险制度，如只有强制性失业保险或非强制性失业保险，再如只有失业社会保险或失业救助。多层次失业保险通常指失业社会保险与失业救助同时并存的情况，在制度安排上一般将失业社会保险作为第一层次的保护屏障，而将失业救助作为第二层次的保护屏障。

二、失业保险基金

失业保险基金是通过国家立法强制建立起来的用于化解失业风险的资金，其来源是否充足、稳定直接决定着失业保险制度能否持续健康发展。下面根据《中华人民共和国社会保险法》与《失业保险条例》的规定，介绍我国失业保险基金的筹集与管理。

（一）　基金筹集

我国在待业保险时期，保险基金采取了用人单位和财政补贴的筹集方式，劳动者个人不需要缴纳失业保险费。《失业保险条例》颁行后，我国调整了原来的筹集方式，开始建立一种用人单位和职工共同缴费的基金筹集方式。

我国失业保险原则上实行全国统一费率。统一费率有利于提高失业保险的统筹层次，有利于最大限度地分散失业风险；但统一费率也有明显的弊端，即无法体现企业失业率和其缴纳失业保险费之间的关系。因此，《失业保险条例》也考虑到现实情况的复杂性，规定了调整失业保险费率的灵活机制：省、自治区、直辖市人民政府根据本行政区域内失业人员数量和失业保险基金数额，报经国务院批准，可以适当调整本行政区域的失业保险费率。

（二）　基金构成

我国失业保险基金由四部分构成：一是城镇企事业单位、城镇企事业单位职工缴纳的失业保险费。失业保险费是失业保险金的最基本组成部分，城镇企事业单位及其职工应当按规定及时足额缴纳失业保险费，以保证基金的支付能力。二是失业保险基金的利息。失业保险基金的利息是指用失业保险基金购买国家债券或存入银行所取得的利息收入，失业保险基金存入银行或按照国家规定购买国债，分别按照城乡居民同期存款利率和国债利息计息，利息并入失业保险基金，这是保证基金不贬值的重要措施。三是财政补贴。财政补贴是指同级财政给予失业保险基金的补贴。四是依法纳入失业保险基金的其他资金。其他资金是指滞纳金及经财政部门核准的其他资金来源，罚款不在此列。滞纳金是指因企业拖欠失业保险费而按规定收取的费用。

（三）　基金统筹

《失业保险条例》规定：失业保险基金在直辖市和设区的市实行全市统筹；其他地区的统筹层次由省、自治区人民政府规定。可见，《失业保险条例》根据不同地区经济发展水平和失业保险现状，对不同行政区域规定了不同的统筹层次。但根据《中华人民共和国社会保险法》规定，失业保险基金未来的发展方向是逐步实行省级统筹。

（四）　基金调剂

失业保险调剂金是指按照一定比例从失业保险费中筹集的，用于补贴部分地区失业保险基金不敷使用的专项基金，类似于失业保险的再保险。

三、失业保险待遇

失业保险待遇是劳动者能够从失业保险制度中获取的预期收益，主要包括待遇给付种类（或给付范围）和给付水平两个方面。给付种类实质上就是"服务包"问题，即哪些费用可以得到失业保险基金的支持。失业保险基金用于下列支出：第一，失业保险金；第二，领取失业保险金期间的医疗补助金；第三，领取失业保险金期间死亡的失业人员的丧葬补助金和其供养的配偶、直系亲属的抚恤金；第四，领取失业保险金期间接受职业培训、职业介绍的补贴，补贴的办法和标准由省、自治区、直辖市人民政府规定；第五，国务院规定或者批准的与失业保险有关的其他费用。另据《失业保险条例》规定，单位招用的农民合同制工人连续工作满1年，本单位并已缴纳失业保险费，劳动合同期满未续签或者提前解除劳动合同的，由社会保险经办机构根据其工作时间长短，对其支付一次性生活补助金。补助的办法和标准由省、自治区，直辖市人民政府规定。实际上，我国失业保险待遇及给付结构由如下六个方面构成：一是失业保险金；二是领取失业保险金期间的医疗补助金；三是领取失业保险金期间死亡的失业人员的丧葬补助金和其供养的配偶、直系亲属的抚恤金；四是领取失业保险金期间接受职业培训、职业介绍的补贴，补贴的办法和标准由省、自治区、直辖市人民政府规定；五是农民合同工一次性生活补助；六是国务院规定或者批准的与失业保险有关的其他费用。

（一）失业保险金

失业保险金是失业保险经办机构按规定支付给符合条件的失业人员的基本生活费用，是失业保险待遇给付结构中最主要的项目。我国长期以来一直使用失业救济金概念。《失业保险条例》颁行后，开始改用"失业保险金"的概念。失业保险的核心内容就是由社会集中建立失业保险基金，分散失业风险，保障暂时处于失业状态的劳动者的基本生活。因此，失业保险基金应当首先保障失业人员的失业保险金的发放。我国失业保险金发放具有如下特点：一是在统筹地区采用统一的发放标准，不考虑家庭经济状况、失业人员失业前的收入状况等因素；二是参加了失业保险并符合《失业保险条例》规定其他条件的失业者才有资格领取；三是根据失业人员的累计缴费时间确定发放期限；四是采取按月发放的方式。

（二）医疗保险费

我国长期以来没有建立失业保险制度，也谈不上失业人员的医疗保障问题。改革开放以后，特别是随着适应社会主义市场经济体制的医疗保险制度建立以后，失业人员通常在失业前已经参加职工基本医疗保险，建立有职工医疗保险个人账户。职工失业后的医疗费用可以从其在职时建立的个人账户中支出，但因个人账户的资金有限，失业人员承担医疗费用的能力较弱，为了从一定程度上减轻失业人员的医疗费用负担，《失业保险条例》规定了失业人员的医疗补助金制度，即：失业人员在领取失业保险金期间患病就医的，可以按照规定向社会保险经办机构申请领取医疗补助金；医疗补助金的标准由省、自治区、直辖市人民政府规定。实践中，医疗补助金一般分为门诊费补助和住院费补助。

失业人员在就业期间，其所在单位及本人已经缴纳了医疗保险费，因暂时失业就不能享受基本医疗保险待遇，不尽公平合理。为了保障失业人员在失业期间能够享受基本医疗保险待遇，失业人员在领取失业保险金期间，参加职工基本医疗保险，享受基本医疗保险待遇；失业人员应当缴纳的基本医疗保险费从失业保险基金中支付，个人不缴纳基本医疗保险费。领取失业保险金人员参加职工医保当月起按规定享受相应的住院和门诊医疗保险待遇，享受待遇期限与领取失业保险金期限相一致，不再享受原由失业保险基金支付的医疗补助金待遇。

领取失业保险金人员应按规定参加其失业前失业保险参保地的职工医保，由参保地失业保险经办机构统一办理职工医保参保缴费手续，缴费率原则上按照统筹地区的缴费率确定，缴费基数可参照统筹地区上年度职工平均工资的一定比例确定（最低比例不低于60%），基本医疗保险费从失业保险基金中支付，个人不缴费。

领取失业保险金人员参加职工医保的缴费年限与其失业前参加职工医保的缴费年限累计计算。失业保险经办机构为领取失业保险金人员缴纳基本医疗保险费的期限与领取失业保险金期限相一致，领取失业保险金人员出现法律规定的情形或领取期满而停止领取失业保险金的，失业保险经办机构为其办理停止缴纳基本医疗保险费的相关手续，失业保险经办机构应将缴费金额、缴费时间等有关信息及时告知医疗保险经办机构和领取失业保险金人员本人。停止领取失业保险金人员按规定相应参加职工医保、城镇居民基本医疗保险或新型农村合作医疗。

（三）丧葬补助金和抚恤金

丧葬补助金是指对失业人员在领取失业保险金期间死亡的，由失业保险基金支付给其遗属一定数额的、用于安排丧葬事宜的资金；抚恤金是指对失业人员领取失业保险金期间死亡的，由失业保险基金发给其亲属的费用。我国在待业保险时期，国务院在《国有企业职工待业保险规定》中确定的待业保险基金开支项目中即包括待业期间的丧葬补助费及其供养的直系亲属的抚恤费、救济费。《失业保险条例》保留了这一支出项目。

《中华人民共和国社会保险法》基本延续了《失业保险条例》所规定的此待遇项目，失业人员在领取失业保险金期间死亡的，参照当地对在职职工死亡的规定，向其遗属发给一次性丧葬补助金和抚恤金；所需资金从失业保险基金中支付。但是考虑到养老保险和工伤保险也有关于丧葬补助金的规定，为了避免丧葬补助金的待遇竞合问题，《中华人民共和国社会保险法》同时规定，个人死亡同时符合领取基本养老保险丧葬补助金、工伤保险丧葬补助金和失业保险丧葬补助金条件的，其遗属只能选择领取其中的一项。

失业人员死亡的，其家属提出享受丧葬补助金和抚恤金的申请时，需要提交相关材料：失业人员死亡证明；失业人员身份证明；与失业人员的关系证明；经办机构规定的其他材料。失业保险经办机构对上述材料审核无误后按规定确定补助标准，并据此开具补助金和抚恤金单证，一次性计发。

（四）职业培训与职业介绍补贴

失业人员在领取失业保险金期间，应当积极求职，接受职业介绍和职业培训。失业人员接受职业介绍、职业培训的补贴由失业保险基金按照规定支付。职业培训与职业介绍补贴是指按规定支付给失业人员在领取失业保险金期间接受职业培训、职业介绍的补贴。两项补贴可以向就业服务机构拨付，也可以直接支付给个人，但都必须按照实际发生额从基金中直接列支，不能按比例预先提取，不得在基金之外设立专项资金。失业保险经办机构要根据职业培训和职业介绍的实际效果和有关凭证向培训、介绍机构或失业人员支付两项补贴，具体办法和标准由省、自治区、直辖市政府规定。

职业培训和职业介绍补贴的审核与支付办法如下：第一，社会保险行政部门认定的再就业培训或创业培训定点机构按相关规定对失业人员开展职业培训后，由培训机构提出申请，并提供培训方案、教学计划、失业证件复印件、培训合格失业人员花名册等相关材料。失业保险经办机构进行审核后，按规定向培训机构拨付职业培训补贴。第二，社会保险行政部门认定的职业介绍机构按相关规定对失业人员开展免费职业介绍后，由职业介绍机构提出申请，并提供失业人员求职登记记录、失业证件复印件、用人单位劳动合同复印件、介绍就业人员花名册等相关材料。失业保险经办机构进行审核后，按规定向职业介绍机构拨付职业介绍补贴。第三，失业人员在领取失业保险金期间参加职业培训的，可以按规定申领职业培训补贴。失业人员应提供经办机构批准的本人参加职业培训的申请报告、培训机构颁发的结（毕）业证明和本人支付培训费用的有效票据。失业保险经办机构进行审核后，按规定计算应予报销的数额，予以报销。

（五）农民合同工一次性生活补助金

农民合同工是指企业、事业单位从具有农业户口的居民中招用的使用期限在 1 年以上，并且与招用单位签订了劳动合同，实行劳动合同制的工人，包括从农民中招用的定期轮换工。农民合同工由于个人不缴纳失业保险费，离开原单位后还可以回乡务农，有一定生活保障，应与城镇失业人员有所区别；但由于其所在单位缴纳的失业保险费的基数中已包括了他们的工资，采取支付一次性生活补助的办法，在一定程度上体现了权利义务对等的原则。

考虑到各地的实际情况不同，《失业保险条例》将一次性生活补助办法和标准的自由裁量权赋予各省、自治区、直辖市政府。当然，农民合同工申领一次性生活补助必须同时满足三个条件：一是已经连续工作满 1 年；二是本人单位已为其缴纳失业保险费；三是劳动合同期满未续订或提前解除劳动合同。参保单位招用的农民合同制工人终止或解除劳动关系后申领一次性生活补助时，需要填写一次性生活补助金申领核定表，并提供以下证件和资料：本人居民身份证件；与参保单位签订的劳动合同；参保单位出具的终止或解除劳动合同证明；经办机构规定的其他证件和资料。失业保险经办机构根据提供的资料，以及参保单位缴费情况记录进行审核。经确认后，按规定支付一次性生活补助。

四、失业保险金申领

失业保险金是失业保险待遇给付的最主要项目，并且与其他失业保险待遇的给付直接相关，如前述失业保险基金为失业人员缴纳基本医疗保险费、支付丧葬补助金和抚恤金、支付职业介绍和职业培训补贴等待遇项目，都仅限于领取失业保险金期间。所以，《中华人民共和国社会保险法》《失业保险条例》《失业保险金申领发放办法》关于失业保险金的领取条件、领取期限、发放标准、申领程序等问题的规定同样也适用于其他失业保险待遇项目的给付。

（一）领取条件

失业保险金的领取条件即失业保险受益者资格的认定条件，是指失业者符合哪些条件才能成为失业保险给付的受益主体。一般而言，失业者领取失业保险金通常需要同时满足如下条件：一是处于法定劳动年龄阶段并具有劳动能力；二是由于非自愿的原因造成失业且有就业愿望；三是失业后到失业保险机构或职业介绍机构办理求职登记手续，并接受职业培训或职业介绍，不无理由拒绝职业介绍机构提供的合适就业机会；四是在失业前已参加失业保险并履行了一定期限的缴费义务。

1. 失业前用人单位和本人已经缴纳失业保险费满 1 年

这是申领失业保险金的基本条件。这个条件实际上包含三层含义：首先，失业人员必须原来在城镇企事业单位工作过，而不是新生劳动力（如刚毕业的大学生），这意味着新生劳动力被排除在我国失业保险制度之外，而按照国际惯例新生劳动力是包含在失业人员当中的；其次，失业人员原所在单位及本人必须按规定的缴费基数、费率和缴费时间缴纳失业保险费；最后，失业前缴费满 1 年是指累计缴费满 1 年，而没有明确失业前多长时间内累计缴费满 1 年。

2. 非因本人意愿中断就业

按照失业者的主观意愿进行分类，失业可以分为自愿失业和非自愿失业。非自愿失业即失业者因本人无法控制的原因而被迫离开就业岗位；自愿失业即失业者因自愿离职而导致失业。

3. 已经进行失业登记，并有求职要求

失业登记是失业者申领失业保险金的必经程序，也是失业者进入领取失业保险待遇流程的重要标志。就业权是劳动者的一项基本权利，是否行使这项权利应由劳动者自愿作出选择。所以，劳动者失业后同样享有选择就业或不就业的自由。但是，失业保险的重要功能之一是促进就业，所以要求失业者申领失业保险金还必须有求职要求，目的是督促失业者积极主动地利用各种就业机会和就业服务机制，不断提高自身素质、增强就业竞争能力。在认定失业人员是否有求职要求时，通常以是否在职业介绍机构登记求职，并参加再就业活动为衡量标准。

（二）领取期限

失业保险金的领取期限也称失业保险金的给付期限。失业的暂时性决定了失业保险不可能像其他社会保险项目那样长期给付，通常需要根据失业者的平均失业时间确定一个给付期限。失业保险金的给付期限包括等待期和最长给付期。等待期是从失业前最后一天到领取失业保险金第一天之间必须等待的一个时段。最长给付期的确定通常有两种方法：一是将最长给付期与参加失业保险时间的长短相对应；二是将最长给付期与失业时间的长短相对应。我国失业保险制度没有等待期的规定，最长给付期与参加失业保险的时间成正比关系。

《中华人民共和国社会保险法》和《失业保险条例》规定了三档领取失业保险金的期限：失业人员失业前用人单位和本人累计缴费满 1 年不足 5 年的，领取失业保险金的期限最长为 12 个月；累计缴费满 5 年不足 10 年的，领取失业保险金的期限最长为 18 个月；累计缴费 10 年以上的，领取失业保险金的期限最长为 24 个月。这三档期限都是最长给付期限，不是实际领取期限，实际领取期限需根据失业者的重新就业情况确定，基本原则是与所在单位及本人参加失业保险的时间正相关。

《中华人民共和国社会保险法》和《失业保险条例》还对劳动者再次失业时前后领取期限的合并问题作出了规定：失业者重新就业后，再次失业的，缴费时间重新计算，领取失业保险金的期限与前次失业应当领取而尚未领取的失业保险金的期限合并计算，最长不超过 24 个月。失业人员领取失业保险金后重新就业的，再次失业时，缴费时间重新计算，失业人员因当期不符合失业保险金领取条件的，原有缴费时间予以保留，重新就业并参保的，缴费时间累计计算。

（三）发放标准

失业保险金标准的高低关系到失业者能够领取的失业保险金的多少，关系到失业保险待遇水平的高低。失业保险金标准的确定通常需要综合考量经济和社会发展状况及社会平均工资水平，主要遵循如下原则：一是保障失业人员的基本生活，失业保险金是失业者的主要经济来源，所以必须足以保障其基本生活费用，否则就失去了失业保险的制度价值；二是低于失业者原工资水平，如果失业保险金与失业者原工资水平相当，就会变相鼓励失业，背离制度宗旨；三是权利义务相统一，即劳动者在就业期间履行参保缴费义务，是失业期间享受失业保险金的前提条件。

《中华人民共和国社会保险法》规定，失业保险金的标准，由省、自治区、直辖市人民政府确定，不得低于城市居民最低生活保障标准。《失业保险条例》规定，失业保险金的标准，按照低于当地最低工资标准、高于城市居民最低生活保障标准的水平，由省、自治区、直辖市人民政府确定。显然，不论是《中华人民共和国社会保险法》还是《失业保险条例》都将失业保险金标准的确定权授权给了省、自治区、直辖市人民政府，这主要是考虑到目前我国各地经济和社会发展水平不平衡、不协调的状况而做出的安排。

城市居民最低生活保障标准也称城市最低生活保障线，是我国政府为救助城市中收入难以维持其基本生活需要的居民而确定的一种社会救济标准。根据国务院《关于在全国建立城市居民最低生活保障制度的通知》和《城市居民最低生活保障条例》的要求，城市居民最低生活保障标准由各地政府根据当地基本社会必需品费用和财政承受能力自行确定，并且随着生活必需品价格的变化和人民生活水平的提高适时调整。失业保险的主要功能之一是保障失业者的基本生活，而不是最低生活；如果根据城市居民最低生活保障标准来确定失业保险金标准，则失业救济金就丧失了失业保险的意义，完全可以由城市居民最低生活保障制度所取代。因此，我国的失业保险金标准要求"不得低于城市居民最低生活保障标准"。为了与城市居民低保制度有效衔接，《失业保险条例》规定：失业人员符合城市居民最低生活保障条件的，按照规定享受城市居民最低生活保障待遇。

世界上推行失业保险制度的国家中，很多国家在确定失业保险金标准的时候，不仅考虑保障失业者本人的基本生活，而且考虑到如何保障失业者家属的最低生活。我国规定的失业保险金标准并没有考虑到对失业者家属的照顾，导致失业保险金发放标准普遍过低。所以，《中华人民共和国社会保险法》在立法过程中，有的意见认为失业保险金标准低于当地最低工资标准不尽合理，应当根据缴费工资和家庭抚养人口确定。由于意见不统一，最后《中华人民共和国社会保险法》仅规定失业保险金的标准，"不得低于城市居民最低生活保障标准"，对于标准是否要低于当地最低工资标准没有作出明确规定，因此与《失业保险条例》的相关规定不尽一致。

（四）申领程序

《中华人民共和国社会保险法》规定，用人单位应当及时为失业人员出具终止或者解除劳动关系的证明，并将失业人员的名单自终止或者解除劳动关系之日起 15 日内告知社会保险经办机构。失业人员应当持本单位为其出具的终止或者解除劳动关系的证明，及时到指定的公共就业服务机构办理失业登记。失业人员凭失业登记证明和个人身份证明，到社会保险经办机构办理领取失业保险金的手续。失业保险金领取期限自办理失业登记之日起计算。失业保险金申领发放程序可以划分为如下几个步骤。

1. 用人单位出具失业证明

用人单位应当及时为失业人员出具终止或者解除劳动关系的证明，并将失业人员的名单自终止或者解除劳动关系之日起 15 日内告知社会保险经办机构。根据《中华人民共和国劳动合同法》的规定，用人单位应当在解除或者终止劳动合同时出具解除或者终止劳动合同的证明，并在 15 日内为劳动者办理档案和社会保险关系转移手续。《中华人民共和国社会保险法》规定，用人单位拒不出具终止或者解除劳动关系证明的，依照《中华人民共和国劳动合同法》的规定处理。这里主要是指《中华人民共和国劳动合同法》的规定，即：用人单位违反本法规定，未向劳动者出具解除或者终止劳动合同的书面证明，由劳动行政部门责令改正；给劳动者造成损害的，应当承担赔偿责任。

2. 失业者办理失业登记

失业保险金领取期限自办理失业登记之日起计算。失业人员应当持本单位为其出具的终止或者解除劳动关系的证明，及时到指定的公共就业服务机构办理失业登记。失业人员凭失业登记证明和个人身份证明，到社会保险经办机构办理领取失业保险金的手续。按照《失业保险金申领发放办法》的规定，失业者应在终止或解除劳动合同之日起 60 日内到受理其单位失业保险业务的经办机构申领失业保险金。失业者申领失业保险金应填写《失业保险金申领表》，并出示如下证明材料：本人身份证明；所在单位出具的终止或解除劳动合同的证明；失业登记及求职证明；省级人力资源和社会保障行政部门规定的其他材料。

3. 经办机构审核认定

失业保险经办机构自受理失业者领取失业保险金申请之日起 10 日内对申领者的资格进行审核认定，并将结果及有关事项告知本人。经办机构审核的内容包括：申领者提供的证明材料是否真实可靠、申领者参加失业保险及缴费情况、是否进行过失业登记和求职登记等，对经审核不合格者，应当书面告知其理由，并告知申领者有异议时可在多长时间内提出向社会保险行政部门申请复议。

4. 领取失业保险金

经审核合格者，失业保险金领取期限自办理失业登记之日起计算。失业保险金应按月发放，由经办机构开具单证，失业人员凭单证到指定银行领取。失业人员领取失业保险金，经办机构应要求本人按月办理领取手续，同时向经办机构如实说明求职和接受职业指导和职业培训情况。对领取失业保险金期限即将届满的失业人员，经办机构应提前 1 个月告知本人。

（五）待遇停止

失业人员在领取失业保险金期间有下列情形之一的，停止领取失业保险金，并同时停止享受其他失业保险待遇：重新就业的；应征服兵役的；移居境外的；享受基本养老保险待遇的；无正当理由，拒不接受当地人民政府指定部门或者机构介绍的适当工作或者提供的培训的。与《失业保险条例》相比较，《中华人民共和国社会保险法》不再将"被判刑收监执行"的失业人员排除在享受失业保险待遇的范围之外，主要是考虑到失业保险是保障失业者及其家属基本生活的制度安排，只要失业者在就业期间依法参保并履行了缴费义务，就应该依法享有相关失业保险待遇的权利。

第三节 工伤保险

一、工伤保险理论基础

工伤是工业伤害的简称，也称职业灾害或产业伤害，是指劳动者在从事职业活动中造成的、使受害者损失的劳动时间超过伤害当天或者当班时间的任何一种伤害。这种界定有意识地、明显地划出了皮毛破伤和比较严重的伤害之间的界限。工伤是一种具有黏性的社会风险：工伤和职业病可能严重伤害员工的健康；损害劳动者的劳动能力，结婚和养育能力，甚至生活自理能力；造成就业机会和经济收入的损失；造成深深的心理伤害。

（一）工伤、公伤与职业病

1. 工伤的含义

所谓工伤一般包括两部分内容：一是显性的工业伤害，即在职业活动所涉及的区域内，由于自然或人为的突发性致害因素导致的工伤事故；二是隐性的工业伤害，即因工作环境危害造成的职业病。

2. 职业病的含义

职业病是指劳动者在工作中因接触到职业性的有毒、有害因素而导致的疾病。职业病有广义与狭义之分。从广义上说，所有因工作环境危害造成的疾病都属于职业病，这种含义上的职业病范围很广，任何国家都不可能把所有的职业病都纳入工伤保险范围内；狭义上的职业病是指在工伤保险中所称的职业病，即法定职业病，通常指因工作环境危害造成的、通过国家法律法规明文规定的法定职业病类型。

3. 公伤与工伤的关系

公伤是因公负伤的简称，是相对于非因公而言。当前我国国家机关、事业单位的干部职工因工作原因负伤致残，通常采用该术语。实际上，工伤与公伤并没有本质区别，将其区分开来，明显是计划经济时代的产物。我国国家机关、事业单位干部职工所就任的岗位，也就是其所从事的职业，从事与该岗位有关的工作或临时指定的其他工作而负伤致残，自然也就是工伤，没必要将公伤与工伤进行区别，否则的话，一方面不利于统一格式标准和实际操作，另一方面则含有等级制度、歧视对待等不公正之嫌。尽管这样，目前在我国现实社会生活中，两者的认定还是有比较大的差别。工伤认定的政策依据比较明确，主要依据包括《工伤保险条例》及各省、自治区、直辖市颁发的工伤保险实施办法。但到目前为止，公伤仍缺乏具体认定政策，主要是套用《军人抚恤优待条例》和各省、自治区、直辖市颁发的军人抚恤优待实施办法来处理公伤。

（二）工伤责任承担

工伤责任承担决定着工伤保险制度的产生和发展，也决定着劳动者遭遇工伤后的法定权益。自从人类社会进入工业时代后，工伤责任的承担经历了从有利于维护雇主利益逐步发展到有利于维护劳动者权益的过程，根据雇主承担责任的大小和方式不同，工伤责任承担的演进大致可划分为三个阶段。

1. 雇主无责任阶段

雇主无责任阶段，即劳动者个人负责阶段。在工业社会的早期，劳动者在工作中受到职业伤害的一切后果均由其本人承担。雇主在与劳动者签订劳动合同时，其支付的工资中已经包含了对劳动者工作岗位危险性的补偿；同时，劳动者既然拥有签订劳动合同的自由，就不存在被迫接受危险工作的问题，如果确实接受了危险工作，就意味着同时接受了这种危险以及随同这种危险的收入。因此，劳动者在工作过程发生工伤事故而遭受的一切损失理应由劳动者本人承担。

2. 雇主过失责任阶段

进入 19 世纪下半叶，伴随着工业化的发展进程，大机器所带来的工业伤害越来越多。劳动者为了获得工伤赔偿纷纷起来抗争，要求雇主承担工伤赔偿责任，并且取得了一定的胜利：劳动者在发生工伤后如果能够证明雇主有过失，就可以通过法律手段获得一定的赔偿。这就是所谓的"雇主过失赔偿"原则。雇主承担过失赔偿责任与雇主不承担责任相比较，显然是一大进步，但这种赔偿是依据民事赔偿法律通过法院的裁决来实现的，劳动者遭受工伤后往往很难获得雇主的赔偿，主要原因是：劳动者很难提供证据证明雇主的过失，其伙伴往往没人愿意冒着失业的风险到法庭做证；法律诉讼费用太高，劳动者难以承受；劳动者起诉雇主会带来被解雇的后果；雇主通常比劳动者能够聘请到更高明的法律顾问。因此，劳动者往往会放弃诉讼，最终得不到合理的补偿。

3. 雇主无过失责任阶段

到 19 世纪末期，随着劳工斗争的胜利和社会文明的进步，德国、英国等工业先进国家普遍确认了"职业危险原则"。这种原则认为：工业化给社会创造巨额财富的同时，也带来了难以避免的职业伤害；凡是利用机器或雇员体力从事经济活动的雇主或机构，均有可能导致职业伤害；劳动者发生职业伤害，无论雇主是否存在过失，只要不是劳动者故意所为，雇主就应该赔偿；雇主支付职业伤害赔偿就像修理和维护设备的保养费和支付工人工资一样，是企业或雇主应负的一部分管理费用。在这种"无过失补偿"原则指导下，工伤责任的承担开始由雇主过失责任阶段进入雇主无过失责任阶段。

（三）工伤保险的特征与原则

工伤保险是指劳动者在职业工作中或规定的特殊情况下遭遇意外伤害或患职业病、导致暂时或永久丧失劳动能力以及死亡时，劳动者或其遗属能够从国家和社会获得物质帮助的一种社会保险制度。这个概念包含了两层含义：一是劳动者本人因工伤造成暂时或永久丧失劳动能力时，可以从国家和社会获得医疗救治、职业康复、经济补偿等物质帮助；二是劳动者本人因工伤死亡时，其遗属可以从国家和社会获取遗属抚恤、丧葬补助等物质帮助。当然，这种物质补助一般以现金形式体现。

1. 工伤保险基本特征

工伤保险作为抵御职业伤害的制度安排，是社会保险制度的一个重要组成部分。它除具有社会保险的一般特征外，还具有自身独有的一些特征，这些特征是其区别其他社会保险项目的主要标志，具体表现为：实施范围最广、保障性最强、待遇相对优厚、给付条件最宽、保障对象经依法鉴定才能成为受益人、保障客体是劳动者的健康和劳动能力等。

2. 工伤保险基本原则

综合考察世界上多数国家的工伤保险实践，普遍遵循的工伤保险原则可以归纳为如下几个：无过失补偿原则，个人不缴费原则，区别因工和非因工原则，补偿与预防、康复相结合原则，一次性补偿与长期补偿相结合原则，确定伤残和职业病等级原则，直接经济损失与间接经济损失相区别的原则。

（四）工伤保险基本模式

工伤责任的承担经历了雇主无责任、雇主过失责任和雇主无过失责任三个发展阶段。但是，进入雇主无过失责任阶段以后，雇主无过失责任形式并未全面取代雇主过失责任形式，而是两种责任形式同时并存、共同发展，只不过从发展态势上看，雇主无过失责任形式越来越成为工伤责任承担的主流形式。因此，现代意义上的工伤保险制度可以说走过了从雇主责任保险向社会保险发展的两个阶段，也可以说存在着雇主责任保险与工伤社会保险两种不同模式。

1. 雇主责任保险模式

雇主责任保险模式是指以雇主为投保者，通过与保险公司签订雇主责任保险合同，当劳动者遭遇工伤后由保险公司负责向劳动者及其遗属赔偿的一种保险。雇主责任保险模式在发展过程中实际上出现了三种不同的实现形式（也被认为是雇主责任保险的三个发展阶段）：

第一种形式是国家立法对雇主的赔偿责任、赔偿办法只做简单、原则的规定，而对具体的赔偿标准不做统一的规定，劳动者发生工伤后，由雇主在国家的原则规定指导下，根据自身的经济赔付能力，自行确定待遇赔付标准。政府有关机构负责实施监督，如果劳动者与雇主因为工伤赔偿出现争议，则由法院做出最后裁决。

第二种形式是国家立法具体明确雇主的责任，规定赔偿最低标准，并规定某些危险性大、事故发生频率较高的行业必须向商业保险公司投保。

第三种形式是在第二种形式的基础上发展而来的，国家立法规定雇主除投保商业保险外，还必须和承担工伤保险的商业保险公司一起向政府主管部门缴纳一定的保险费，作为"工伤保险准备金"，以便在企业或保险公司破产时，仍能向需要支付工伤赔偿的劳动者及其家属支付工伤待遇。这种形式实际上强化了雇主的工伤赔偿责任，有利于保障劳动者的工伤权益。

2. 工伤社会保险模式

工伤社会保险模式是指由国家通过立法强制实施的，由政府成立专门机构或社会公共机构在全国范围内统一筹集和管理工伤保险基金，并为遭遇工伤的劳动者提供法定的工伤待遇的一种社会保险。与雇主责任保险模式相比较，工伤社会保险模式具有三个明显特征：一是依法强制实施，凡法律规定范围内的企业及其他组织必须参加工伤保险，依法向社会保险机构或行业雇主协会缴纳工伤保险费；二是在全社会范围内最大限度地分散工伤风险，工伤社会保险机构对工伤社会保险基金实行社会统筹，最大限度地分散企业或雇主的工伤风险；三是奉行无过失补偿原则，参加工伤社会保险的劳动者遭遇工伤后不必承担举证雇主过失的责任，最大限度地保障了劳动者及时获得工伤待遇。

在工伤社会保险实践中，各国有不同的管理机制，大致可以划分为三种情况：一是工伤保险独立于其他社会保险制度外，在管理和基金方面拥有自主权；二是工伤保险虽独立于其他社会保险制度外，但受同一行政机构管理；三是工伤保险包含于整个社会保险制度中。

（五）工伤保险基本内容

从世界范围来看，大多数国家工伤保险的基本内容通常包括工伤范围、工伤鉴定、工伤保险费用筹集、工伤保险待遇项目、工伤预防与职业康复等方面。

1. 工伤范围

工伤范围包括工伤事故和职业病两个方面。自从工伤保险制度出现以来，工伤范围在总体上呈现出逐步扩大的趋势，先是从单纯的工伤事故扩展到职业病，继而工伤事故的范围和职业病的范围也在不断扩展。

（1）工伤事故的范围

工伤事故的范围最初仅局限于因工作原因造成的直接伤害。随着工业伤害的增多，工伤事故的范围逐步扩展，某些因工作原因造成的间接伤害也被纳入工伤事故范围。同时，许多国家还把参与消防、治安、营救等公益活动过程中发生的事故列为工伤。

（2）职业病的范围

职业病属于职业性的有害因素对劳动者健康的慢性伤害，因此世界各国的工伤保险制度通常把职业病列入工伤范围，并对职业病患者提供医疗救治、经济补偿、职业康复等物质帮助。随着社会经济的发展和科技卫生水平的提高，职业病的范围也不断扩展。目前，世界各国对职业病的划分通常有三种办法：一是列表办法，分为开放式列表和封闭式列表两种。开放式列表是指职业病管理机构可以随时将那些已经被完全证明为职业性疾病而以前没有被列入的病种纳入职业病范围；封闭式列表是指仅承认过去已经被列入职业病范围的病种，对新增的职业病审核程序极为严格。二是只在法律中对那些可能导致职业病的疾病做出原则性规定，而不列举具体的职业病名单。三是综合以上两种办法的优点，将凡是因职业原因导致的疾病都确认为职业病。

2. 工伤鉴定

工伤鉴定是指国家法定工伤鉴定机构在劳动者因工伤致残后对其丧失劳动能力的程度进行鉴定以确定伤残等级的检验与评价活动。工伤鉴定是给付工伤保险待遇的前提条件。世界各国的工伤鉴定通常采用两种办法：一是劳动能力鉴定；二是致残程度鉴定。

（1）劳动能力鉴定

劳动能力鉴定就是按照同年龄、同性别的健康人群的平均劳动能力作为参照标准，评价伤残劳动者所具有的劳动能力的大小。国际劳工组织把因工伤造成的劳动能力丧失分为永久完全丧失、永久部分丧失、暂时完全丧失、暂时部分丧失四种情况。多数国家的劳动能力鉴定包括如下两个方面：一是人身能力鉴定，指因工伤而使劳动者人身的适应性受损的程度，一般只考虑其受到的损害程度，而不考虑其受损后可能带来的经济或职业后果；二是工作能力鉴定，指因工伤使劳动者继续工作的能力受损的程度，一般不以具体职业为衡量依据，而以继续从事原工作或获取新工作并赚取收入的机会为衡量依据。这种鉴定方法的优点是比较客观、可比性强，缺点是评价指标多、操作复杂。

（2）致残程度鉴定

致残程度鉴定就是通过致残程度的相对严重性间接反映劳动能力的损害程度。这种办法通常是按照器官损伤、功能障碍、医疗依赖三方面将工伤致残程度分解为相应等级，其优点是不直接测试劳动者伤残后的劳动能力，操作简单，缺点在于难以准确反映劳动者劳动能力的受损程度。

3. 工伤保险费用筹集

世界上实行工伤社会保险的国家，在筹集工伤保险费用时一般遵循两项基本原则：一是劳动者个人不缴费原则，即完全由雇主或企业承担缴费的责任；二是按危险等级确定缴费标准原则，即根据各个行业发生工伤事故和职业病的概率，划分若干危险等级，对不同危险等级的行业实行不同的征费标准。

（1）筹集方式

工伤保险费的筹集方式主要有两种：一是当年平衡式，即保持当年内工伤保险费的收支平衡；二是阶段平衡式，即在满足支付当期费用的基础上，在企业可承受的范围内每年适当多筹集一部分资金作为储备。前者多实行于工业发达国家，后者多被发展中国家所采用。

（2）筹集比率

世界大多数国家的工伤保险费都是以企业上年度职工工资总额为基数，按照一定的比例征缴。在征缴比例的确定上通常有如下三种方式：一是差别费率，即根据不同行业或企业在单位时间内工伤事故和职业病发生率的统计及工伤费用的需求预测而确定不同的缴费比率，世界上多数国家实行的是这种方式；二是浮动费率，即在差别费率的基础上，对不同行业或企业在单位时间内（一般为 3~5 年）工伤保险费用支出状况及相关劳动卫生状况进行评估，由工伤保险管理机构根据评估结果决定该行业或企业工伤保险费率的上浮或下浮（浮动幅度一般为原费率的 5%~40%）；三是统一费率，即在法定统筹范围内预测出开支需求，然后与相同范围内企业的工资总额相比较，求出一个总的工伤保险费率，所有企业都按统一比例缴费，国际范围内采用这种方式的国家约占实行工伤保险制度的国家的 1/3。

4. 工伤保险待遇项目

世界各国由于经济状况及文化传统不同，工伤保险待遇也不尽相同，但从总体上看通常都包括如下三个方面：

（1）医疗待遇

医疗待遇是指劳动者因工伤所发生的合理的医疗费用，主要包括挂号费、住院费、药费、就医路费等。医疗待遇一般由工伤保险经办机构支付，实行雇主责任制的国家则由雇主支付。

（2）伤残待遇

伤残待遇是指劳动者因工伤丧失劳动能力时，由工伤保险经办机构所给予的现金津贴，通常包括暂时伤残待遇和永久伤残待遇两类。

①暂时伤残待遇。也称工伤津贴，是对因工伤暂时丧失劳动能力的劳动者失去工资收入所给予的一种经济补偿。暂时丧失劳动能力是指劳动者因工伤正在进行医疗救治、尚未进行劳动能力鉴定的状况。目前，世界各国几乎都按发生工伤事故前若干时间内本人平均工资的一定比例发放工伤津贴，这是一种短期待遇，多为 26~52 周。

②永久伤残待遇。世界大多数国家对于永久伤残待遇都实行定期支付办法，因此也称为年金。永久伤残年金通常又被区分为完全永久伤残待遇和部分永久伤残待遇两种情况。其一，完全永久伤残待遇，通称伤残抚恤金或伤残年金，是对经工伤鉴定为完全永久丧失劳动能力者支付的待遇，一般规定有最高限额和最低限额，属于一种工伤社会保险制度下的长期待遇，而实行雇主责任制的国家通常是给予一次性抚恤待遇（最高为 4 年工资）；其二，部分永久伤残待遇，是对经工伤鉴定为部分永久丧失劳动能力者支付的待遇，通常参照完全永久伤残待遇，按照部分伤残的程度按比例递减。

（3）死亡待遇

死亡待遇是指劳动者因工伤死亡后支付其遗属的经济补偿，通常包括两种：一是丧葬补助，所有国家的丧葬补助都是一次性支付，但支付标准不尽相同。二是遗属抚恤金，也称遗属津贴，一般向死者的配偶、未成年子女和父母支付，有的国家还可以向死者的未成年兄弟姐妹支付。遗属抚恤金包括定期抚恤金和一次性抚恤金两种，定期抚恤金按照死者生前供养人口、年工资收入等情况给付，标准通常为死者生前工资收入的一定比例；实行雇主责任制的国家均支付一次性待遇，通常不少于死者生前三年的工资收入。

5. 工伤预防与职业康复

工伤保险在给予劳动者工伤补偿的同时，一般还把工伤预防与职业康复紧密结合起来，以便预防工伤事故和职业病的发生，并使遭遇工伤的劳动者尽快实现职业康复，从而达到工伤保险的理想目标。因此，工伤预防、工伤补偿和职业康复密切配合，既是世界多数国家实行工伤保险制度的共同特征，也是国际范围内工伤保险制度发展的主流趋势。

工伤预防就是事先防范工伤隐患，具体措施通常包括：一是工伤保险费率调整机制促使企业重视生产安全问题；二是通过开展预防研究、宣传教育和培训工作，提高企业和职业的安全生产意识。工伤预防与工伤补偿之间存在密切联系：前者侧重工伤的"事先防范"，后者侧重工伤的"事后处理"。工伤预防越到位，工伤赔偿的压力就越小。

职业康复是指综合使用药物、器具、护理、就业咨询、职业能力测定、就业前的职业教育与训练、就业安置等各种手段，帮助遭遇工伤的劳动者基本恢复正常的工作、生活和心理状态的一项工作。职业康复的目的在于使遭遇工伤的劳动者尽可能恢复重新就业能力并尽快重新走向工作岗位，越来越成为现代各国工伤保险制度所重视的一项积极目标。

二、工伤认定办法

职工因工作原因受到事故伤害或者患职业病，且"经工伤认定的"，享受工伤保险待遇。因此，工伤认定是享受工伤保险待遇的前提条件。我国工伤认定制度包括两个方面内容：一是工伤范围的认定；二是工伤认定的程序。工伤范围的认定解决哪些情形属于工伤的问题，工伤认定程序解决如何认定工伤的问题。

（一）工伤范围的认定

1. 应当认定为工伤的情形

职工有下列情形之一的，应当认定为工伤：

①在工作时间和工作场所内，因工作原因受到事故伤害的。这里对"工作原因""工作场所"和"工作时间"规定的比较原则，具有较大的解释空间和较高的适应性，能够满足不断发展的实践需求；但是由于比较原则而容易产生分歧，容易导致标准不统一的问题。以下情况可以认定为工伤：职工在工作时间和工作场所内受到伤害，用人单位或者社会保险行政部门没有证据证明是非工作原因导致的；职工参加用人单位组织或者受用人单位指派参加其他单位组织的活动受到伤害的；在工作时间内，职工来往于多个与其工作职责相关的工作场所之间的合理区域因工受到伤害的；其他与履行工作职责相关，在工作时间和涉及的合理区域内受到伤害的。

②工作时间前后在工作场所内，从事与工作有关的预备性或者收尾性工作受到事故伤害的。

③在工作时间和工作场所内，因履行工作职责受到暴力等意外伤害的。

④患职业病的。

⑤因工外出期间，由于工作原因受到伤害或者发生事故下落不明的。这里的"因工外出期间"和通常意义的"工作时间"是不同的。通常意义的"工作时间"多数发生在工作场所或工作岗位内，而"因工外出期间"则发生在工作场所和工作岗位之外，是用人单位为了工作指派职工或者职工因工作需要，在工作场所或工作岗位以外从事与工作有关的

活动期间。因此，"因工外出期间"可以从职工外出是否因工作或者为用人单位的正当利益等方面综合考虑。

⑥在上下班途中，受到非本人主要责任的交通事故或者城市轨道交通、客运轮渡、火车事故伤害的。这里对"上下班途中"的认定至少应当考虑以下三个要素：一是目的要素，即以上下班为目的；二是时间要素，即上下班时间是否合理；三是空间要素，即往返于工作地和居住地的路线是否合理。

⑦法律、行政法规规定应当认定为工伤的其他情形。

2. 视同工伤的情形

职工有下列情形之一的，视同工伤：

①在工作时间和工作岗位，突发疾病死亡或者在48小时之内经抢救无效死亡的。符合该项情形的，职工所在用人单位原则上应自职工死亡之日起5个工作日内向用人单位所在统筹地区社会保险行政部门报告。

②在抢险救灾等维护国家利益、公共利益活动中受到伤害的。

③职工原在军队服役，因战、因公负伤致残，已取得革命伤残军人证，到用人单位后旧伤复发的。此项情形下，劳动者除无法享受一次性伤残补助金外，其他的工伤保险待遇均可依法享受。

3. 不认定或视同为工伤的情形

职工因下列情形之一导致本人在工作中伤亡的，不认定为工伤：

①故意犯罪的。这里"故意犯罪"的认定，应当以司法机关的生效法律文书或者结论性意见为依据。

②醉酒或者吸毒的。这里"醉酒或者吸毒"的认定，应当以有关机关出具的法律文书或者人民法院的生效裁决为依据；无法获得上述证据的，可以结合相关证据认定。这里的"醉酒"标准，按照《车辆驾驶人员血液、呼气酒精含量阈值与检验》执行，公安机关交通管理部门、医疗机构等有关单位依法出具的检测结论、诊断证明等材料，可以作为认定醉酒的依据。

③自残或者自杀的。

④法律、行政法规规定的其他情形。

（二）工伤认定的程序

1. 工伤认定申请的提出

职工发生事故伤害或者按照《职业病防治法》规定被诊断、鉴定为职业病，所在单位应当自事故伤害发生之日或者被诊断、鉴定为职业病之日起 30 日内，向统筹地区社会保险行政部门提出工伤认定申请。遇有特殊情况，经报社会保险行政部门同意，申请时限可以适当延长。用人单位未在规定的时限内提交工伤认定申请，在此期间发生符合本条例规定的工伤待遇等有关费用由该用人单位负担。用人单位未在规定的时限内提出工伤认定申请的，受伤害职工或者其近亲属、工会组织在事故伤害发生之日或者被诊断、鉴定为职业病之日起 1 年内，可以直接向用人单位所在地统筹地区社会保险行政部门提出工伤认定申请。

根据《工伤保险条例》的规定，用人单位工伤认定申请法定期限遇有特殊情况，经报社会保险行政部门同意，申请时限可以适当延长。但对工伤职工或者其近亲属的 1 年工伤认定申请法定期限是否可以适当延长则没有明确规定。因此，最高人民法院在《工伤保险行政案件规定》对此做了明确，规定由于不属于职工或者其近亲属自身原因超过工伤认定申请期限的，被耽误的时间不计算在工伤认定申请期限内，有下列情形之一耽误申请时间的，应当认定为不属于职工或者其近亲属自身原因：不可抗力；人身自由受到限制；属于用人单位原因；社会保险行政部门登记制度不完善；当事人对是否存在劳动关系申请仲裁、提起民事诉讼。

工伤认定申请的管辖实行属地原则，用人单位、受伤害职工或其近亲属、工会组织应当向所属统筹地区社会保险行政部门提出工伤认定申请，如果按照规定应当向省级社会保险行政部门提出工伤认定申请的，根据属地原则应当向用人单位所在地设区的市级社会保险行政部门提出。提出工伤认定申请应当提交下列材料：工伤认定申请表，工伤认定申请表应当包括事故发生的时间、地点、原因以及职工伤害程度等基本情况；与用人单位存在劳动关系（包括事实劳动关系）的证明材料；医疗诊断证明或者职业病诊断证明书（或者职业病诊断鉴定书）。工伤认定申请人提供材料不完整的，社会保险行政部门应当一次性书面告知工伤认定申请人需要补正的全部材料。申请人按照书面告知要求补正材料后，社会保险行政部门应当受理。

2. 工伤认定申请的受理

工伤认定申请人提交的申请材料符合要求，属于社会保险行政部门管辖范围且在受理时限内的，社会保险行政部门应当受理。社会保险行政部门工作人员与工伤认定申请人有利害关系的，应当回避。社会保险行政部门收到工伤认定申请后，应当在 15 日内对申请人提交的材料进行审核，材料完整的，作出受理或者不予受理的决定。材料不完整的，应当以书面形式一次性告知申请人需要补正的全部材料。社会保险行政部门收到申请人提交的全部补正材料后，应当在 15 日内作出受理或者不予受理的决定。社会保险行政部门决定受理的，应当出具《工伤认定申请受理决定书》；决定不予受理的，应当出具《工伤认定申请不予受理决定书》。

社会保险行政部门受理工伤认定申请后，发现劳动关系存在争议且无法确认的，应告知当事人可以向劳动人事争议仲裁委员会申请仲裁。在此期间，作出工伤认定决定的时限中止，并书面通知申请工伤认定的当事人。劳动关系依法确认后，当事人应将有关法律文书送交受理工伤认定申请的社会保险行政部门，该部门自收到生效法律文书之日起恢复工伤认定程序。

3. 相关证据的调查核实

社会保险行政部门受理工伤认定申请后，可以根据需要对申请人提供的证据进行调查核实，也可以根据工作需要，委托其他统筹地区的社会保险行政部门或者相关部门进行调查核实。社会保险行政部门在进行工伤认定时，对申请人提供的符合国家有关规定的职业病诊断证明书或者职业病诊断鉴定书，不再进行调查核实。职业病诊断证明书或者职业病诊断鉴定书不符合国家规定的要求和格式的，社会保险行政部门可以要求出具证据部门重新提供。社会保险行政部门工作人员在工伤认定中，可以进行以下调查核实工作：根据工作需要，进入有关单位和事故现场；依法查阅与工伤认定有关的资料，询问有关人员并作调查笔录；记录、录音、录像和复制与工伤认定有关的资料。

社会保险行政部门进行调查核实，应当由两名以上工作人员共同进行，并出示执行公务的证件。社会保险行政部门工作人员进行调查核实时，应当履行下列义务：保守有关单位商业秘密以及个人隐私；为提供情况的有关人员保密。调查核实工作的证据收集参照行政诉讼证据收集的有关规定执行。社会保险行政部门工作人员进行调查核实时，有关单位和个人应当予以协助。用人单位、工会组织、医疗机构以及有关部门应当负责安排相关人员配合工作，据实提供情况和证明材料。用人单位拒不协助社会保险行政部门对事故伤害进行调查核实的，由社会保险行政部门责令改正，处 2000 元以上 2 万元以下的罚款。

4. 工伤认定决定的作出

社会保险行政部门应当自受理工伤认定申请之日起 60 日内作出工伤认定决定，出具《认定工伤决定书》或者《不予认定工伤决定书》。社会保险行政部门对受理的事实清楚、权利义务明确的工伤认定申请，应当在 15 日内作出工伤认定的决定。职工或者其近亲属认为是工伤，用人单位不认为是工伤的，由该用人单位承担举证责任。用人单位拒不举证的，社会保险行政部门可以根据受伤害职工提供的证据或者调查取得的证据，依法作出工伤认定决定。社会保险行政部门受理工伤认定申请后，作出工伤认定决定需要以司法机关或者有关行政主管部门的结论为依据的，在司法机关或者有关行政主管部门尚未作出结论期间，作出工伤认定决定的时限中止，并书面通知申请人。

社会保险行政部门应当自工伤认定决定作出之日起 20 日内，将《认定工伤决定书》或者《不予认定工伤决定书》送达受伤害职工（或者其近亲属）和用人单位，并抄送社会保险经办机构。《认定工伤决定书》和《不予认定工伤决定书》的送达参照民事法律有关送达的规定执行。职工或者其近亲属、用人单位对不予受理决定不服或者对工伤认定决定不服的，可以依法申请行政复议或者提起行政诉讼。工伤认定结束后，社会保险行政部门应当将工伤认定的有关资料保存 50 年。

根据《最高人民法院关于审理工伤保险行政案件若干问题的规定》的规定，因工伤认定申请人或者用人单位隐瞒有关情况或者提供虚假材料，导致工伤认定错误的，社会保险行政部门可以在诉讼中依法予以更正。工伤认定依法更正后，原告不申请撤诉，社会保险行政部门在作出原工伤认定时有过错的，人民法院应当判决确认违法；社会保险行政部门无过错的，人民法院可以驳回原告诉讼请求。

（三）工伤责任主体的认定

由于用人单位是否参保直接影响到职工能否从工伤保险基金获取相关待遇，并且用人单位还要承担相应的工伤保险待遇费用，所以职工遭遇工伤事故或被确定为职业病之后，首先要尽快明确作为工伤责任主体的用人单位。根据《中华人民共和国劳动合同法》的规定，用人单位是指劳动者的劳动关系所在单位。劳动合同用工是我国企业的基本用工形式。所以，一般情况，与劳动者签订劳动合同、建立劳动关系的用人单位即为工伤保险责任主体。即便没有签订书面劳动合同，只要能够证明存在事实劳动关系，用人单位也必须承担工伤保险责任。这里主要介绍《工伤保险条例》及《最高人民法院关于审理工伤保险行政案件若干问题的规定》对特殊情况下工伤责任主体认定确立的规则。

1. 《工伤保险条例》确立的规则

①用人单位分立、合并、转让的，承继单位应当承担原用人单位的工伤保险责任；原用人单位已经参加工伤保险的，承继单位应当到当地经办机构办理工伤保险变更登记。

②用人单位实行承包经营的，工伤保险责任由职工劳动关系所在单位承担。

③职工被借调期间受到工伤事故伤害的，由原用人单位承担工伤保险责任，但原用人单位与借调单位可以约定补偿办法。

④具备用工主体资格的承包单位违反法律、法规规定，将承包业务转包、分包给不具备用工主体资格的组织或者自然人，该组织或者自然人招用的劳动者从事承包业务时因工伤亡的，由该具备用工主体资格的承包单位承担用人单位依法应承担的工伤保险责任。

⑤职工被派遣出境工作，依据前往国家或者地区的法律应当参加当地工伤保险的，参加当地工伤保险，其国内工伤保险关系中止（不能参加的不中止）。

2.《最高人民法院关于审理工伤保险行政案件若干问题的规定》确立的规则

司法实践当中，用人单位与劳动者之间经常出现是否存在劳动关系的争议。职工和用人单位对是否存在劳动关系发生争议，人民法院受理工伤认定行政案件后，发现原告或者第三人在提起行政诉讼前已经就是否存在劳动关系申请劳动仲裁或者提起民事诉讼的，应当中止行政案件的审理。如果没有申请劳动仲裁或者提起民事诉讼的，人民法院可以在审理工伤认定行政案件时一并对是否存在劳动关系进行审查。多数职工只有一个工作单位，承担工伤保险责任的用人单位是工伤发生时职工的工作单位，但在特殊情况下，工伤发生时与职工存在工作关系的单位有两个以上，如何确定承担工伤保险责任的用人单位，《最高人民法院关于审理工伤保险行政案件若干问题的规定》概括了下列情况下确定承担工伤保险责任的用人单位的规则：

①职工与两个以上单位存在劳动关系，应当以发生工伤事故时，职工实际为之工作的单位为承担工伤保险责任的用人单位。

②指派、派遣关系情况下承担工伤保险责任的用人单位的确定，主要考虑了职工与指派、派遣单位以及实际工作单位形成的双重工作关系，与"职工与两个以上单位"存在多个劳动关系不同。因此规定，劳务派遣单位派遣的职工在用工单位工作期间因工伤亡的，派遣单位为承担工伤保险责任的单位；单位指派到其他单位工作的职工因工伤亡的，指派单位为承担工伤保险责任的单位。

③存在转包关系的情况下，发生工伤事故时用人单位的确定，以有利于保护职工为原则，规定为：用工单位违反法律、法规规定将承包业务转包给不具备用工主体资格的组织或者自然人，该组织或者自然人聘用的职工从事承包业务时因工伤亡的，用工单位为承担工伤保险责任的单位。

第八章　人力资源规划与工作分析

第一节　人力资源规划概述

一、人力资源规划的含义

人力资源规划，有时也可称为人力资源计划，主要指的是企业为了实现发展战略，完成自身的经营目标，运用科学的方法对企业在未来环境变化中人力资源的供给和需求状况进行预测，并根据预测结果采取相应措施来平衡人力资源的供需，以满足企业对人员的需求，进而获取相关的人力资源信息，保证组织和个人获得长远利益。它包括四层含义：一是人力资源规划必须和企业的发展战略匹配，必须反映企业的发展战略和经营目标。实质上，人力资源规划是在企业战略目标提出之后而逐渐展开的，即企业在确定自身的发展战略之后才对人力资源进行科学有效的规划，并且在此基础上形成一套相对完善的管理体系。企业战略作为一种策略是对人力资源规划的一种科学引导，进而帮助企业实现自身的发展目标。所以，人力资源规划要以企业战略目标和经营目标为基础，否则人力资源规划无从谈起。二是人力资源规划的工作是预测供需关系和根据供求预测结果采取相应措施达成供需平衡状态。如果没有预测，将无法进行人力资源平衡；不采取平衡供需的措施，预测就失去意义。寻求人力资源供给与需求的动态平衡是人力资源规划的基点，也是人力资源规划存在的必要条件。三是人力资源供求之间的数量和质量与结构要匹配。企业对人力资源的需求，数量只是其一，重要的是保证质量，即供需不仅在数量上平衡，还要在结构上匹配。四是人力资源规划要保障组织和员工都得到长期的利益。

现在，以人为本的管理思想在企业管理中的地位越来越重要。人本管理理论要求企业在管理中，既要注重生产经营效益，又要兼顾员工个人的利益和员工的发展。人力资源规划的具体工作，就是给员工创造一个良好的整体环境和企业文化，使员工明确自己在企业中的努力和发展方向，从而在工作中表现出较强的积极性和创造性，同时也可广泛吸引外来人才，帮助组织与员工共同发展，实现长期利益的最大化。

人力资源规划的"终极目标"就是要填补关键人才的空缺，保证在企业里，在合适的位置上，在合适的时间里，有合适的人各司其职。在这个竞争越发激烈、全球化程度越来越高、越来越多元化的人才市场里，企业在人才需求方面的规划以及其表现，必定是决定其成功或者失败的重要因素。

二、人力资源规划的作用

（一）满足企业总体战略发展的要求

企业的发展战略是对未来的一种规划。这种规划同样也需要将自身的人力资源状况作为一个重要的变量加以考虑。在市场竞争激烈的环境中，企业只有不断地开发新产品，引进新技术，才能确保在竞争中立于不败之地。而不同的企业，不同的生产技术条件，对人力资源的数量、质量、结构等方面的要求是不一样的。新产品、新技术的开发和运用造成企业机器设备与人员配置比例的变化，这就需要企业对其所有的人力资源进行不断的调整。因此，为了适应组织环境的变化和技术的不断更新，保证组织战略目标的实现，就必须加强人力资源规划，否则必然是一方面不合要求的人员大量过剩，另一方面则是某些具有特殊技能和知识人才的紧缺，企业的竞争能力和效益就会难以提高，以致在激烈的竞争中遭遇失败。人力资源管理部门必须对组织未来的人力资源供给和需求作出科学预测，以保证在需要时就能及时获得所需要的各种人才，进而保证实现组织的战略目标。因此，做好人力资源规划有利于企业发展战略和经营目标的实现。

（二）促进企业人力资源管理工作的开展

在企业的人力资源管理活动中，如确定各种岗位的人员需求量、人员的配置等工作，不通过人力资源规划是很难达到的。人力资源规划是企业具体的人力资源管理工作的依据。它可以辅助其他人力资源政策的制定和实施，如招聘、培训、职业设计和发展等，使企业人力资源管理工作更加有序、科学、准确地开展。

（三）协调人力资源管理的各项计划

在所有的管理职能中，人力资源规划最具有战略性和主动性，它是企业制定各种人事决策的依据和基础。企业通过人力资源规划可以将人员招聘计划、员工培训开发计划、薪酬福利计划和激励计划等有机地联系在一起。这种联系可以通过人力资源规划与人力资源管理其他职能的关系中看出：人力资源需求的预测结果可以作为企业制订薪酬计划的依据；人力资源规划与员工招聘有着直接的关系，当预测的供给小于需求，而企业内部的供给又无法满足这种需求时，就要到外部进行招聘，招聘的主要依据就是人力资源规划的结果，这其中包括招聘的人员数量和人员质量；而供需预测的结果则是培训需求确定的一个重要来源，通过比较现有员工的质量和所需员工的质量，就能确定出培训的需求，这样通过培训就可提高内部供给的质量，增加内部供给，使人力资源管理的各项职能模块更加协调。

（四）提高企业人力资源的利用效率

把人工成本控制在合理的水平上，这是组织持续发展不可缺少的环节。人力资源规划既可以保证组织所需的人员数量，又可以控制企业的人员结构，从而避免企业发展过程中因人力资源浪费而造成的人工成本过高。这样可提高人力资源的利用效率，同时也可以保证企业利用结构科学合理稳定的员工队伍去实现企业的生产经营目标。

三、人力资源规划的内容和程序

（一）人力资源规划的内容

人力资源规划是企业人力资源管理的基础，它由总体规划和各种业务计划构成。

人力资源总体规划是指在计划期内人力资源管理的总目标、总政策、实施步骤及总预算的安排，是连接人力资源战略和人力资源具体行动的桥梁。人力资源总体规划包括三方面内容：人力资源数量规划、人力资源质量规划和人力资源结构规划。人力资源数量规划通常又称为定编，目的是确定企业目前有多少人，以及企业未来需要多少人；人力资源质量规划通常又称为能力模型和任职要求规划，是为了确定企业目前人怎么样，未来需要什么样的人；人力资源结构规划又称为层级规划，是为了确定企业目前分层分级结构，以及未来合理分层分级结构。事实上，企业人力资源数量、质量和结构规划，三者是相辅相成、同时进行的。我们不可能撇开其他两种规划单独做某一种规划，尤其是在做数量规划和质量规划时，都是在层级结构确定情况下进行。人力资源结构规划是确保人和职位相互匹配，确保目前在此职位上的人能有效协助组织达成战略目标的关键点。

人力资源业务计划是总体规划的分解和细化。业务计划包括人员补充计划、人员配置计划、人员接替和提升计划、培训与开发计划、工资激励计划、员工关系计划、退休解聘计划等。业务计划是总体计划的展开和具体化，每一项业务计划都是由目标、政策、步骤和预算等部分构成的，见表 8-1。业务计划的执行结果能够保证人力资源总体计划的实现。

表 8-1　人力资源业务计划内容

规划名称	目标	政策	预算
人员补充计划	类型、数量、层次对人员素质结构的改善	人员的资格标准、人员的来源范围、人员的起点待遇	招聘选拔费用
人员配置计划	部门编制、人力资源结构优化、职位匹配、职位轮换	任职条件、职位轮换的范围和时间	按使用规模、类别和人员状况决定薪酬预算
人员接替和提升计划	后备人员数量保持、人员结构的改善	选拔标准、提升比例、未来提升人员的安置	职位变动引起的工资变动
培训与开发计划	培训的数量和类型、提供内部的供给、提高工作效率	培训计划的安排、培训时间和效果的保证	培训开发的总成本
工资激励计划	劳动供给增加、士气提高、绩效改善	工资政策、激励政策、激励方式	增加工资奖金的数额
员工关系计划	提高工作效率、员工关系改善、离职率降低	民主管理、加强沟通	法律诉讼费用
退休解聘计划	劳动力成本降低、生产率提高	退休政策及解聘程序	安置费用

（二）人力资源规划的程序

人力资源规划通常要遵循下列程序。

第一，准备阶段。主要针对企业内外环境进行预测相关信息的收集。由于影响企业人力资源供给和需求的因素有很多，为了能够比较准确地做出预测，就需要收集和调查与之有关的各种信息。这些信息主要包括企业内部信息和外部信息。企业内部信息包括企业的组织结构、企业战略目标、企业价值观、现行人力资源政策、现有员工的一般情况、员工结构、人员流动情况以及各职务或岗位对人员的经验、能力、知识、技能的要求等。企业外部信息包括劳动力市场的结构、市场供给与需求的现状、国家或地区的教育培训政策、劳动政策、劳动力择业心理等与整个外在劳动力市场有关的影响因素。

第二，预测阶段。这一阶段的主要任务就是在充分掌握信息的基础上，运用各种定性和定量的分析手段和方法，对企业在未来某一时期的人力资源供给和需求做出预测。在整个人力资源规划中，这是最为关键的一部分，也是难度最大的一部分，它直接决定了人力资源规划的成败。

第三，实施阶段。在供给和需求预测出来以后，就要根据两者之间的比较结果，通过人力资源的总体规划和业务规划，制定并实施平衡供需的措施，使企业对人力资源的需求得到正常的满足。人力资源规划的实施，是人力资源规划的实际操作过程，要注意各环节之间的关系，特别要注意人力资源规划必须与企业中的其他规划相协调。其他规划往往制约着人力资源规划的实施，同时，人力资源规划的目的也是为其他规划服务。只有这样，制定的措施才能得以有效地实施。

第四，评估阶段。人力资源规划的评估包括两层含义：一是指在实施的过程中，要随时根据内外部环境的变化来修正供给和需求的预测结果，并对平衡供需的措施做出调整；二是指要对预测的结果以及制定的措施进行评估，对预测的准确性和措施的有效性做出衡量，找出其中存在的问题以及有益的经验，为以后的规划提供借鉴和帮助。评估结果出来后，应进行及时的反馈，进而对原规划的内容进行适时的修正，使其更符合实际，更好地促进组织目标的实现。

第二节　人力资源供需平衡与编制实施

一、人力资源需求、供给的预测与平衡

所谓预测，是指利用预测对象本身历史和现状的信息，采用科学的方法和手段，对预测对象未来的发展演变规律预先作出科学的判断。信息的不确定性注定了预测的困难及其不完美性。企业的人力资源预测可以分为人力资源需求预测和人力资源供给预测。

（一）人力资源需求预测

人力资源需求包括总量需求和个量需求，也包括数量、质量和结构等方面的需求。人力资源需求预测是指对企业未来一段时间内人力资源需求的总量、人力资源的年龄结构、专业结构、学历层次结构、专业技术职务结构与技能结构等进行事先估计，它是人力资源规划中的核心内容。人力资源需求预测的内容包括要达到企业目标所需的员工数目和类别。

人力资源需求预测的方法多种多样。在进行预测时，要考虑三个重要因素，即企业的

目标和战略、生产力或效率的变化及工作设计或结构的改变。人力资源需求预测是一门艺术多于科学的技术。企业必须根据其本身的情况选取较适合的方法。人力资源需求预测的方法一般可分为两大类：定性预测法与定量预测法。

1. 定性预测法

这是一种较为简单、常用的方法。此方法是由有经验的专家或管理人员进行直觉判断预测，其精度取决于预测者的个人经验和判断力。在实践中被广泛使用的主要有以下几种方法。

（1）现状预测法

现状预测法是一种适用于短期预测的最简便的预测方法。这种方法假定企业保持原有的生产和生产技术不变，则企业的人力资源处于相对稳定的状态，即企业目前各种人员的配备比例和人员总数适应规划期内的人力资源需求。因此，人力资源预测人员所要做的工作，就是测算出在规划期内哪些岗位上的人员将得到晋升、降职、退休或调出本组织，再准备调动人员去弥补。

（2）经验预测法

经验预测法适合于较稳定的小型企业，是一种利用现有的情报和资料，结合以往的经验，结合本企业的实际特点，来预测企业未来人员需求的方法。预测的结果受经验的影响较大，且不同的管理人员经验不同，因此，通过保存历史档案、查阅历史资料和多人综合预测等方法可以提高预测的准确度，减少误差。这种方法适合于一定时期内企业的发展状况没有发生方向性的变化的情况，通常用于短期预测。

（3）德尔菲法

德尔菲法，又称为专家预测法，这个方法是指邀请在某领域的一些专家或有经验的管理人员，采用问卷调查或小组面谈的形式，对企业未来人力资源需求量进行分析、评估和预测并最终达成一致意见的方法。这种方法实施时要求比较严格，需要注意的是：专家人数一般不少于30人，问卷的返回率不低于60%，以保证调查的权威性和广泛性；实施该方法时必须取得高层的支持，同时给专家提供充分的资料和信息，确保判断和预测的质量；问卷题目设计应主题突出，意向明确，保证专家都从同一个角度去理解问题，避免造成误解和歧义；在预测中，专家之间不能互相讨论或交换意见，专家之间不发生横向联系，只能与调查人员发生关系。从以上可以看出德尔菲法的典型特征有三：一是吸收专家参与预测，充分利用专家的经验和学识；二是采用匿名或背靠背的方式，能使每一位专家独立自由地作出自己的判断；三是预测过程几轮反馈，使专家的意见逐渐趋同。德尔菲法的这些特点使它成为一种最为有效的判断预测法，这种方法适用于长期预测。

2. 定量预测法

定量预测法是利用数学和统计学的方法进行分析预测，常用的较为简便的方法有以下几种。

（1）趋势分析法

趋势分析法指预测者根据组织过去几年的员工数量的历史数据，分析它在未来的变动趋势，从而预测企业在未来某一时期的人力资源需求量。这种方法比较简单直观，但是由于使用时，一般都要假设其他的一切因素都保持不变或者变化的幅度保持一致，往往忽略了循环波动、季节波动和随机波动等因素。因此具有较大的局限性。它比较适合那些经营稳定的组织，并且主要作为一种辅助方法来使用。

该方法的基本思路是：确定企业中哪一种因素与劳动力数量和结构的关系最大，然后找出这一因素随雇用人数的变化趋势，由此推出将来的变化趋势，从而得到将来的人力资源需求。这种定量方法一般分为以下几个步骤：确定与劳动力数量有关的企业因素；用这一因素与劳动力数量的历史记录做出二者间的关系图；借助关系图计算劳动生产率；确定劳动生产率的趋势；对劳动生产率进行必要的调整；对预测年度的情况进行预测。

（2）回归预测法

回归预测法指根据数学中的回归原理对人力资源需求进行预测。

由于人力资源的需求总是受到某些因素的影响，回归预测的基本思路就是找出那些与人力资源需求密切相关的因素，并依据过去的相关资料确定它们之间的数量关系，建立回归方程；然后根据历史数据，计算出方程系数，确定回归方程；这时，只要得到了相关因素的数值，就可以对人力资源的需求量做出预测。

使用回归预测法的关键就是找出那些与人力资源需求高度相关的变量，这样建立起来的回归方程的预测效果才会比较好。

（3）比率预测法

这是基于对员工个人生产效率的分析来进行的一种预测方法。进行预测时，首先要计算出人均的生产效率，然后再根据企业未来的业务量预测出人力资源的需求，即：

所需的人力资源＝未来的业务量/人均的生产效率

使用这种方法进行预测时，需要对未来的业务量、人均生产效率及其变化作出准确的估计。这样才能使人力资源需求预测比较符合实际，而这是比较难做到的。

在企业规模较大，只凭以往的经验和少数人的判断来定性地预测企业的人力资源需求是危险的，而只刻板地套用定量方法模型而不顾企业的具体因素，不仅有可能使需求预测任务不必要地变得复杂，而且可能产生严重脱离实际的预测。灵活地将定性和定量方法结合起来，常常会产生科学合理符合实际的预测结果。

（二）人力资源供给预测

人力资源供给预测是指为了满足企业未来对人员的需求，根据企业的内部条件和外部环境，选择适当的预测技术，对企业未来从内部和外部可获得的人力资源的数量和质量进行预测。这个定义包括四层含义：首先，预测供给是为了满足需要，不是所有的供给都要预测，只预测企业未来需要的人员；其次，人员供给有内部和外部两个来源，因而必须考虑内外两个方面；再次，应当选择适合的预测技术，用较低的成本达到较高的目的；最后，需要预测出供给人员的数量和质量。

人力资源供给预测的方法主要是针对内部供给而言的，主要有以下方法。

1. 技能清单法

技能清单是一个用来反映员工工作能力特征的列表，这些特征包括培训背景、工作经历、持有的资格证书、工作能力的评价等内容。技能清单能够反映员工的竞争力，可以用来帮助预测人力资源供给。技能清单主要服务于晋升人选的确定，职位调动的决策，对特殊项目的工作分配、培训和职业生涯规划等方面。

在利用技能清单法的时候，组织必须收集员工能力特征和工作经历的资料。

2. 人员替换法

人员替换法就是对企业现有的人员状况做出评价，然后对他们晋升或者调动的可能性做出判断，以此来预测企业潜在的内部供给。因此，运用人员替换法最重要的工作是评价在每个岗位上的人员。评价人员分两个维度，一个是当前绩效，另一个是提升潜能，分别用三个等级评价。当前绩效是评价现有的工作能力，所表现出来的工作能力是员工技能、经验和态度等多方面的综合体现。针对该员工现在所在的岗位，用"优秀""满意""需要提高"三个等级来评价当前的绩效。提升潜能是评价未来的工作潜力，以当前绩效为基础，结合个人特点评价潜能。针对该员工未来可能提升的岗位，用"可提升""需要培训""有问题"三个等级评价。

为了保证预测的准确性，需要对人员的替换信息进行及时更新。此法适用于重视内部职业机会的企业，但不可忽视外部的人员供给。

3. 马尔科夫模型

马尔科夫模型是根据历史数据，预测时间间隔点上（一般为一年）各类人员分布状况。此方法的基本思想是根据过去人员变动的规律，推测未来人员变动的趋势。因此，运用马尔科夫模型时应假设未来的人员变动规律是过去变动规律的延续。也就是说转移率是一个固定比率，或者根据组织职位转移变化的历史数据推算。如果各类人员的起始数、转移率和未来补充人数已定，则组织中各类人员分布就可预测出来，它是一个动态的预测技术。

（三）人力资源供需综合平衡

人力资源规划的最终目的是实现企业人力资源的供给和需求的平衡，即实现需求和供给在结构和数量上的一致。因此在预测人力资源的供给和需求之后，就要对这两者进行比较，并根据比较的结果着手制定一系列相互整合的人力资源规划的方案，以平衡人力资源的供给与需求。实际上，企业在整个发展过程中，人力资源状况不可能始终自然地处于供求平衡状态，而总是处于一种动态的供需失衡的状态，具体情况见表8-2。

表8-2　企业发展过程中的人力资源供需状态

企业发展时期	人力资源供需状况描述	人力资源状态
扩张阶段	企业人力资源需求旺盛，人力资源供给不足	供不应求，人员短缺
稳定发展阶段	企业的人力资源可能会达到表面上的稳定，但仍存在离职、退休、晋升、职位调整等情况	供需平衡，可能存在结构性失调的状况
萧条阶段	人力资源需求不足，供给变化不大	供过于求

平衡人力资源供求的措施可从以下方面进行。

1. 供给小于需求

企业所需要的劳动力质量和数量无法得到满足时，企业可考虑下列做法：一是把富余的人员安排到人员短缺的岗位上去；二是培训一些内部人员，使他们能胜任人员短缺但又很重要的工作；三是鼓励员工加班加点，适当延长工作时间，提高员工的工作效率；四是聘用兼职或临时人员，包括返聘退休人员；五是可以将企业的有些业务进行外包，这其实等于减少了对人力资源的需求。

2. 供给大于需求

当内在劳动力市场供过于求，即出现冗员时，企业可考虑下列做法：

第一，开拓新的企业业务方向，从而充分利用过剩的人力资源。

第二，裁员。在组织内部确实无法安置过剩人员的时候，辞退某些综合素质低的员工。

第三，关闭或合并一部分臃肿的机构，减少人力资本供给，提高人力资源的利用率。

第四，利用优惠措施，鼓励员工提前退休和内退。

第五，减少人员补充，也即当出现空闲岗位时不进行新人员补充。

第六，加强培训工作，使企业员工掌握多种技能，增强其择业竞争力，为员工自谋职业提供便利，同时为企业的发展储备人力资本。

3. 人力资源供求总量平衡，结构不平衡

对于结构性的人力资源供需不平衡，需采取以下措施来实现平衡。

第一，进行人员内部的重新配置，包括晋升、调动、降职等。如果组织内部的剩余人员只是局部的，可以采取重新安置的办法来解决冗员问题。

第二，对技能较低的人员进行针对性的专门培训，使其能够掌握更多的知识技能，补充到高层次的空缺岗位。

第三，进行人员的置换，释放那些企业不需要的人员，补充企业需要的人员，以调整人员的结构，满足空缺职位对人力资源的需求。

二、人力资源规划的编制与实施

（一）人力资源规划的编制原则

人力资源规划的编制是实施人力资源管理的前提和基础，科学编制人力资源规划能够为组织发展在人力资源管理方面提供时间表、任务书、路线图。在编制人力资源规划的过程中，应遵循以下三个原则。

1. 人力资源保障原则

人力资源保障是人力资源管理与开发的核心内容。在制定企业发展战略、中长期发展规划和企业人力资源规划的过程中，应充分考虑人力资源的保障，要对人力资源的总量的静态与动态进行科学的分析，如对企业人员的流入、流出等进行科学的量化分析，只有足够、充足的人力资源可调配、使用才能确保企业人力资源规划编制与实施顺利进行。

2. 目标切实可行原则

对于人力资源规划的制定最为重要的是要有明确的目标，这个目标包括短期目标、中期目标、长期目标。企业发展到不同的阶段，目标也不同。因此在制定人力资源规划目标时，要在前期准备的基础上，对目标进行科学、合理、可行的设定，不能脱离实际，更不能好高骛远，否则无法实现。

3. 企业与员工共同发展原则

人力资源规划的制定实施不单是为企业发展服务，同时也是为员工的成长、发展服务。况且人力资源规划绝非是人力资源部门单独制定的，而是企业内部相关人员共同完成的。这其中凝聚着许多员工的心血和发展期望。企业发展离不开员工，员工发展也同样离不开企业，企业与员工二者相辅相成、共同成长和发展。因此，在企业人力资源规划制定时，既要面向企业规划，又要面向员工规划，要充分考虑员工的个人成长与发展，使规划的内容既保证了企业发展的需要，也使员工发展的需要得到满足，实现企业与员工共同受益、共同发展的目标。

（二）人力资源规划的编制步骤

1. 全面系统地分析企业目前的人力资源整体存量状况

对照企业的发展规划，结合企业各部门的人力资源需求报告，全面盘点目前人力资源的质量、数量以及配置结构，确定人力资源需求的大致情况。人才盘点一般就是摸清"家底"，是人力资源规划很重要也最基础的工作。只有对现有人才进行盘点，做到知己，才能编制出一个适合企业的人力资源规划。其中重要的是要列出企业现有人员及职务人员、职务可能出现的变动情况、职务的空缺数量等，掌握企业整体的人员配置情况，编制相应的配置计划。

2. 编制职务计划

职务计划阐述了企业的组织结构、职务设置、职务描述和职务资格要求等内容。企业发展过程中，除原有的职务外，还会逐渐有新的职务诞生，因此，在编制人力资源计划时，不能忽视职务计划。编制职务计划要充分做好职务分析，根据企业的发展规划，综合职务分析报告的内容，阐述企业每个职务的人员数量、人员的职务变动、职务人员空缺数量等。编制职务计划的目的是描述企业未来的人员数量和素质构成。

3. 合理预测各部门人员需求

预测人员需求就是根据职务编制计划和人员配置计划，使用预测方法来预测人员需求状况。预测人员需求中应阐明需求的职务名称、人员数量、希望到岗时间等，形成一个标明员工数量、招聘成本、技能要求、工作类别以及为完成组织目标所需的管理人员数量和层次的分列表。依据该表有目的地实施日后的人员补充计划。实际上，预测人员需求是整个人力资源规划中最困难和最重要的部分。因为它要求以富有创造性、高度参与的方法处理未来经营和技术上不确定的问题。

4. 确定员工供给计划

人员供给计划是人员需求的对策性计划。它主要阐述了人员供给的方式、人员内部流动政策、人员外部流动政策、人员获取途径和获取实施计划等。通过分析劳动力过去的人数、组织结构和构成以及人员流动、年龄变化和录用等资料，就可以预测出未来某个特定时刻的供给情况。预测结果勾画出了组织现有人力资源状况以及未来在流动、退休、淘汰、升职及其他相关方面的发展变化情况。人员供给主要有两种方式，一是公司内部提升，二是从外部招聘。

5. 制订培训计划

为了提升企业现有员工的素质，适应企业发展的需要，对员工进行培训是非常重要的。培训的目的一方面是提升企业现有员工的素质，适应企业发展的需要，另一方面是培养员工认同公司的经营理念，认同公司的企业文化，培养员工爱岗敬业的精神。培训计划包括培训政策、培训需求、培训内容、培训形式、培训考核等。

6. 制订人力资源管理政策调整计划

人力资源管理政策调整计划中要明确计划内的人力资源政策的调整原因、调整步骤和调整范围等。其中包括招聘政策、绩效考评政策、薪酬与福利政策、激励政策、职业生涯规划政策、员工管理政策等。人力资源管理政策调整计划是编制人力资源计划的先决条件，只有制订好相应的管理政策调整计划，才能更好地实施人力资源调整，实现调整的目的。

7. 编写人力资源费用预算

预算是计划的数量化，是一种资源分配。人力资源费用预算主要包括招聘费用、培训费用、福利费用等费用的预算。预算的编制，详细地描述了为实现计划目标而要进行的工作标准，属于预算管理的事前控制。它为事中控制和事后控制打下了基础。事中控制是一种协调、限制差异的行动，保证预期目标的实现。事后控制是鉴别偏差，纠正不利的影响。

8. 关键任务的风险分析及对策

每个企业在人力资源管理中都可能遇到风险，如招聘失败、新政策引起员工不满等，这些事件很可能会影响公司的正常运转，甚至会对公司造成致命的打击。风险分析就是通过风险识别、风险估计、风险驾驭、风险监控等一系列活动来防范风险的发生，尽可能减少风险带来的损失。人力资源计划编制完成后，应先与各部门经理进行沟通，根据其结果及时修订和调整提出的意见，使人力资源规划更加符合组织发展的实际，最后再提交公司决策层审议通过。

（三）人力资源规划的评估

衡量人力资源战略规划编制成功与否的依据之一就是其能否落地执行。人力资源战略规划一旦发布，就是一种固化的制度和目标，但再好的规划也需要人力资源管理者有执行力，不折不扣地按战略执行才能彰显其实际价值。在人力资源规划的执行过程中，应严格地按照实施时间、实施内容、实施重点、实施保障等规划内容进行执行。执行后的效果如何就涉及评估这一过程。人力资源规划评估的目的在于检查规划的成效，一个安全的评估系统应包括下列元素：一套可行性高又有弹性的评估标准，一套比较标准和可达到实际成果的方法，以及偏差的原因和矫正方式。人力资源规划评估内容应包括：实际劳动力市场与预测的劳动力市场的比较分析，以视有无调整原先预测的必要；工作计划预算与实际活动成本的比较，人力资源规划目标的成效；整体人力资源规划的成本效益分析等。其中人力资源规划的评估包括事前的结果预期及实施后的效果评估。虽然人力需求的结果只有过了预测期限才能得到最终检验，但为了给企业人力资源规划提供正确决策的可靠依据，有必要事先对预测结果进行初步评估。通常由专家及企业有关部门的主管人员组成评估组来完成评估工作。评估时应对人力资源规划的效果、成本效益、可行性、不足以及可改进的方面进行评价。

实施后的效果评估包括对规划制定过程的评价和规划效果的评估。要从以下三个方面进行定期与不定期的评估：第一，是否严格执行了本规划；第二，人力资源规划本身是否合理；第三，将实施的结果与人力资源规划进行比较，通过发现规划与现实之间的差距，以此指导以后的人力资源规划活动。特别是人力资源规划中设定短期、中期、长期目标的规划，应在短期目标达到时限后，及时进行评估。防止矫枉过正，要确保后面规划实施的正确性、合理性，同时也为企业在以后的人力资源管理积累丰富的经验。

第三节　人力资源工作分析

一、工作分析概述

（一）工作分析的概念

1. 工作

狭义上，一段时间内为达到某一目的的活动，即任务。工作是个人从事的一系列专门任务的总和。广义上，工作是指个人在组织里的全部角色的总和。

从组织角度来看，工作内涵可理解为以下几个方面：

①工作是组织最基本的活动单位。

②工作是相对独立的责权统一体。

③工作是同类岗位（职位）的总称。

④工作是部门、业务组成和组织划分的信息基础。

⑤工作是人进入组织的中介。

⑥工作是与组织相互支持的。

2. 工作分析

工作分析也称职务分析，还称为职位说明。简单地说，工作分析是对某特定的工作作出明确规定，并确定完成这一工作所需要的知识技能等资格条件的过程。具体来讲，工作分析是通过对工作信息的收集与开发，来确定完成各项工作所需的技能、责任和知识的系统过程，即按照工作内在的本质要求，来确定完成各项工作所需的职责、技能和知识，安排适当的人。它需要对每项工作的内容进行清楚准确的描述，对完成该工作的职责、权力、隶属关系、工作条件提出具体的要求。工作分析是一种重要而普遍的人力资源管理技术，是所有人力资源管理工作的基础。

3. 工作分析关注的问题及工作分析结果

工作分析最直接的目的就是要解决以下 8 个重要的问题，同时也是工作分析信息收集的核心来源：

（1）做什么

①完成的工作是什么？即需要完成哪些具体工作活动？负什么责任？

②该项工作包括哪些体力和脑力劳动？

③任职者的这些活动会产生什么样的结果或产品？

④任职者的工作结果要达到什么样的标准？

（2）为什么

①做这项工作的目的是什么？

②这项工作与组织中的其他工作有什么联系？即职务对其从事者的意义所在。

（3）为谁

即顾客是谁。这里的顾客不仅指外部顾客，也指企业内部顾客，包括与从事该职务的人有直接关系的人：上级、下级、同事、客户。所以，涉及以下几点。

①工作要向谁请示和汇报？

②向谁提供信息或产生何种结果？

③可以指挥和监控何人？

（4）用谁

谁从事此项工作，责任人是谁，具体人员的数量及完成工作所需配备的人员要求是什么？即：

①从事这项工作的人具备什么样的身体素质？

②从事这项工作的人具备哪些专业知识与技能？

③从事这项工作的人具备什么样的经验以及职业化素质和资格？

④从事这项工作的特性具备哪些特点？

（5）何时

①在什么时候做？哪些工作活动是每天必须做的？

②完成工作所需要的时间？

③在什么节奏下完成？

④哪些工作活动是有固定时间的？

⑤哪些工作活动是每周必须做的？

⑥哪些工作活动是每月必须做的？

（6）在哪里

①具体工作的空间范围与场所？

②工作环境怎么样？

工作的自然环境，如地点、温度、光线、噪声、安全条件等；工作的社会环境，如文化环境、工作群体中的人数、人际关系等。

（7）如何做

既包括工作的方式方法及工具的使用，也包含操作的流程等。

①人们如何完成这项工作？即完成工作的方法是什么？

②具体的操作程序、动作规范要求是什么？

③完成工作所需要的条件？工作中要使用哪些工具？操作什么机器设备？

④工作中所涉及的文件或记录有哪些？

⑤工作中应重点控制的环节有哪些？

（8）报酬如何

完成该工作需要支付的费用、报酬有多少？

（二）工作分析的目的和意义

1. 工作分析的目的

工作分析的核心目的是提高生产效率。具体来说，工作分析的主要目的是：促使工作的名称与含义在整个组织中表示特定而一致的意义，实现工作用语的标准化；确定工作要求，以建立适当的指导与培训内容；确定员工录用与上岗的最低条件；为确定组织的人力资源需求、制定人力资源计划提供依据；确定工作之间的相互关系，以利于合理地晋升、调动与指派；获取有关工作与环境的实际情况，利于发现导致员工不满、工作效率下降的原因；为制定考核程序及方法提供依据，以利于管理人员执行监督职能及员工进行自我控制；辨明影响安全的主要因素，以及时采取有效措施，将危险发生的可能性降至最低；为改进工作方法积累必要的资料，为组织的变革提供依据。

2. 工作分析的意义

工作分析不但是人力资源开发与管理中的一种手段，也是整个组织管理系统中的方法与技术、整个人力资源开发与管理的奠基工程，在人力资源开发与管理过程中，具有十分重要的意义。主要表现在以下几个方面：

①为各项人事决策提供了坚实的基础。有了工作分析，企业的各级管理人员不论是选人、用人，还是育人、留人都有了科学依据。

②通过对人员能力、个性等条件分析，使人尽其才。工作分析的结果可以使人员的使用在"合适的时候把合适的人放在合适的岗位上"，避免"大材小用，小材大用"的现象发生。

③通过对工作职责、工作流程的分析，使"才能尽其职"。避免人力资源的浪费，提高工作效率。

④通过对工作环境、工作设备的分析，使人与机器相互配合，更好协调，使才能尽其用，职能尽其用，以完成组织的目标。

⑤能科学地评价员工的业绩，有效地激励员工。通过工作分析，了解员工与岗位各方面的信息，有助于科学地选拔员工，考核员工，奖励员工，达到激励的目的。

（三）工作分析的内容

工作分析内容的基础即为要解决的八个重要的问题综合而来，可归纳为以下四个方面：首先，工作内容方面（即做什么），包括工作中所有的体力劳动和脑力劳动及两者不同程度的结合。其次，在工作方法方面（即怎么做），涉及如何来完成工作，需要采用何种方法，使用哪些工具、材料、仪器或设备以及遵循的程序、执行的标准或惯例等。再次，在回答工作的目的与原因方面（即为什么做），回答了为什么是这样做而不是那样做，并做检验，以证实这样做而非那样做的有效性。最后，在工作过程与结构设计方面（即完成工作的过程有哪些环节和要素），这是工作分析的关键，其中表明了工作任务及其完成的难易程度，过程中涉及工作行为和胜任特征等。

（四）工作分析在人力资源管理中的作用

工作分析从最初的仅仅为了工艺流程的设计和人员的招聘发展到了应用工作分析的结果进行绩效考核、培训、薪酬管理等，越来越多的企业认识到了工作分析对企业管理的作用和意义，受到了企业的重视与欢迎。通过对工作本身、职务本身及工作职责的分析以及对任职者在知识、技能和能力方面的要求分析确定的职务描述和任职资格，被广泛地运用到人力资源管理的各项工作中。

1. 工作分析在人力资源规划中的应用

管理者借助工作分析获得的信息进行人力资源规划，制订有效的人事预测和人事计划，以保证组织内部有足够的人员来满足企业战略规划对人力资源的需要。

2. 工作分析在招聘中的应用

工作分析提供的信息包括：某职位上的工作职责；为了完成这些职责，任职者应该具备哪些知识、技能与能力等。这些信息可以帮助管理者决定应当招募和雇用怎样的人。同时，明确的工作描述可以使求职者进行自我评价，确定自己能胜任的工作。此外，招聘广告中的职位名称直接来源于工作说明书，而且主要工作内容是来自工作说明书中的"职责范围"部分。由于招聘广告的版面限制，管理者需要从工作说明书中提炼出最主要、最关键的职责。

3. 工作分析在培训中的应用

工作分析能够帮助企业设计积极的人员培训和开发方案。根据胜任力素质的"冰山模型"，任职资格说明的内容主要包括两个部分：一部分是浮于水面上的内容，如知识、技能等，这部分与个性无关；而另一部分则位于水面之下，主要包括自我形象、内驱力、社会动机等，在任职资格说明中主要体现为素质要求中的个性特征部分，如责任心、外向性、灵活性等。在这两个部分中，前者较为容易改变，而后者较为稳定和固化，难以改变。培训应该主要针对前者。

此外，管理者应该对比培训的成本与收益。对此任职资格说明和任职者之间的差距是找到培训需求点的主要手段。

4. 工作分析在绩效评价中的应用

绩效评价是将员工的绩效和预先设定的工作要求进行对比，从而判断员工是否完成工作职责的过程。工作分析为绩效考核的内容、指标体系和评价标准的确立提供依据，是绩效考核的前提。绩效考核的关键是确立考核指标，而基于工作分析的考核指标来自工作分析所获得的关于工作目的、职责和任务等方面的信息。这种模式下的考核指标的提取，要求管理者先进行科学的工作分析，准确界定各工作的目的和职责，然后根据每一项工作职责要达成的目标来提取业绩标准。工作分析为企业制定考核、晋升和作业标准起到重要作用。

5. 工作分析在薪酬管理中的应用

在确定从事某一工作的员工的工资水平时，其工作的价值有多大是一个重要的考核因素。这种价值要根据该项工作对员工的要求来确定，如技能、职责以及工作条件和安全程度等。工作分析中对工作的描述和员工的要求便可以作为测量工作价值的参考标准，因此工作分析能够帮助企业建立先进、合理的工作定额和报酬制度。

6. 工作分析在职业生涯管理中的应用

职业生涯管理是将员工的技能和愿景与组织内已经存在或将要出现的机会匹配起来，从而实现和员工共同发展。通过对每一个职位对员工的要求进行职业生涯管理，才能保证让每一个员工都从事自己能够胜任同时也感到满意的工作。因此，工作分析有助于企业帮助员工加强职业咨询和职业指导。

二、工作分析的程序和方法

（一）工作分析的基本程序

1. 工作分析的准备工作

明确组织战略是进行工作分析的第一步，它会确定工作分析的总方向。值得注意的是，如果组织近期会有战略方面的大规模调整，则不适宜进行工作分析。

在工作分析的准备阶段，首先是选择合适的工作时机。就是说明什么时候要开始考虑开展工作分析活动，公司的组织体系一般会发生变化；部门职能与岗位职责增加或者减少；岗位设置发生调整；工作流程、标准、方法、生产组织方式等发生变化；工作中出现责任不明确等情况时，就可以进行工作分析，展开对工作说明书的修订工作。接下来需要制订工作分析的工作计划来理清工作分析程序，这样有助于工作分析工作的有序开展。这阶段最后一步是组建工作小组，实际操作中通常成立工作分析小组来完成整个操作，工作分析的人选必须对企业的组织结构和业务性质有全面的认识，具有分析问题的技巧和能力，有运用文字的能力，并能取得企业领导的信任且能与全体员工开展合作。根据以上对人选的要求，小组中应包含高层领导、工作分析人员、外部专家和顾问等。

2. 工作信息的搜集

准备阶段完成以后，需要进行工作信息的搜集，确定搜集职位分析信息的方法。选择合适的方法搜集职位分析的信息是非常重要的。在选择方法时，管理者应该充分考虑方法的可行性和工作分析的目的，如采用访谈法获取信息，体现操作方便快捷、较理想的可控性和较低的操作费用，并能大体上了解被调研对象的基本情况。其次准备信息搜集所需要的各种表格、问卷、录音录影设备等必要的物品与文件。信息搜集方面主要搜集确定工作分析的工作岗位过去、现在已经产生的相关信息及未来可能会产生的相关信息，包括工作本身的信息及从事该项工作的工作者信息。同时需要注意工作分析中的风险，这些风险主要来源于工作分析过程中各成员的配合问题风险、受调研工作岗位人员的支持风险及信息的准确性风险等。最后，工作分析需要得到高层领导的支持和协助；同时，人力资源部门人员在有待于分析的工作上缺乏足够的专业知识，所以他们也必须谋求实际任职者及其主管们的支持，以搜集和诠释有关的信息。

3. 工作分析结果的形成

工作分析结果的形成阶段包含信息分析、描述与编制、审核与批准及工作分析结果的形成。信息分析的主要任务是对调查阶段所获得的调查材料进行全面深入的分析，包含两个方面的内容：一是整理分析资料，将有关工作性质与功能调查所得资料，按照编写工作说明书的要求对各个职位的工作信息进行加工整理并剔除无效的访谈结果和调查问卷整理分析，分门别类编入工作说明书与工作规范的项目内；二是审查资料，工作分析小组的成员要一起对所获得的工作信息的准确性进行审查修改，并最终确定所收集的工作信息的准确性和全面性，作为编写工作说明书的基础。描述与编制的主要任务是在上述阶段任务完成的基础上，运用科学的方法创造性地揭示各职位的主要内容和关键因素，归纳总结出工作分析的必需材料和要素，编制工作说明书和工作规范。在实践中，将职位描述和任职资格要求合并为一份工作说明书是通用的做法。审核与批准是将编制好的工作说明书和工作规范向上级汇报，经审核确定批准后实施。工作分析结束后的直接结果之一——职位说明书，包含两部分内容：一是职位描述；二是职位规范。

职位描述，也称为工作描述，主要是对工作环境、工作要素及其结构关系等相关资料的全面记录与说明。职位规范又叫工作规范、资格说明书，主要是对任职资格与相关素质要求的说明。

（二）工作分析的方法

工作分析方法很多，这里仅介绍最重要、最常见的方法。我们将工作分析的方法划分为定性分析方法与定量分析方法。定性分析方法包括访谈法、观察法、问卷调查法、工作日志法、关键事件法等传统经典的分析方法；定量分析方法主要是职位分析问卷法、管理职位分析问卷法。

1. 定性分析方法

（1）访谈法

访谈法是指通过与员工和管理者面谈交流，获取有关工作信息的方法。访谈法是目前国内企业中运用最广泛、最有效的工作分析方法。访谈时，访谈人员就某一岗位与访谈对象，按事先拟订好的访谈提纲进行交流和讨论。

①访谈提纲

A. 工作目标：组织为什么设立这一职务，根据什么确定职务的报酬。

B. 工作内容：任职者在组织中有多大的作用，其行动对组织产生的效果如何。

C. 工作的性质和范围：这是访谈的核心，包括该工作在组织中的关系，其上下级职能的关系，所需的一般技术知识、管理知识、人际关系知识，需要解决的问题的性质及主动权。

D. 所负责任：设计组织、制定战略政策以及系统的控制与任务执行等方面。

②运用访谈需要注意的问题

A. 访谈者的培训。做分析访谈是一项系统性的、技术性的工作，因此在访谈准备阶段应对访谈者进行系统的工作分析理论与技术培训。

B. 事前沟通。在访谈前一星期左右事先通知访谈对象，并以访谈指引等书面形式告知其访谈内容，使其提前对工作内容进行系统总结。同时注意须通过被访者认可的方式与他们建立起融洽关系，有利于获得访谈对象的支持与配合。

C. 沟通技巧。访谈过程中，访谈者应与被访谈者建立并维持良好的互信和和睦关系，应当以一张具有指导性的问卷或提纲且适当地运用提示、追问、控制等访谈技巧来提问，这样做可以把握访谈的节奏，确保被访谈者回答应该回答的问题，防止访谈中"一边倒"现象的发生。但是，要允许被访谈者在回答问题时有一定的发挥余地。

D. 访谈对象。与从事该工作的每个员工交谈；与对工作较为熟悉的直接主管人员交谈；与从事相同工作的员工群体进行交谈；与该职位工作联系比较密切的工作人员交谈；与任职者的下属交谈。为了保证访谈效果，一般要事先设计访谈提纲，事先交给访谈者准备。

E. 在面谈完成后，要与被访谈者本人或其直接上级主管一起对所获得的资料进行检查与核对。

（2）问卷调查法

①问卷调查法的含义

问卷调查法是指员工通过填写问卷来描述其工作中所包括的任务和职责，是根据工作分析的目的、内容等事先设计一套调查问卷，由被调查者填写，再将问卷加以汇总，从中找出有代表性的回答，形成对工作分析的描述信息。问卷调查法是工作分析中最常用的一种方法，最大优点是可以快速高效地从一大群员工中获取大量的信息。

②问卷调查法的分类

问卷调查法的关键是问卷设计，主要有开放式和封闭式两种形式。开放式调查表由被调查人自由回答问卷所提问题；封闭式调查表则是调查人事先设计好答案，由被调查人选择确定。

③问卷调查法的操作流程

问卷调查法的操作流程包括五个环节，即问卷设计、问卷测试、样本选择、问卷发放与回收、问卷处理与运用。

操作注意事项：

A. 问卷设计应该科学合理，这是调查成败的关键。

B. 对问卷中的调查项目要做统一的说明，如编写调查表填写说明。

C. 应该及时回收问卷调查表，以免遗失。

D. 对调查表提供的信息做认真的鉴别和必要的调整。

（3）观察法

①观察法的含义

观察法就是岗位分析人员在不影响被观察人员正常工作的条件下，在工作现场运用感觉器官或其他工具，通过观察员工的工作过程、行动、内容、特点、工具、环境等，将有关工作的内容、方法、程序、设备、工作环境等信息用文字或图表形式记录下来，最后将取得的信息归纳整理为适合使用的结果的过程。

利用观察法进行岗位分析时，应力求观察的结构化，根据岗位分析的目的和组织现有的条件，事先确定观察的内容、观察的时间、观察的位置、观察所需的记录单等，做到省时高效。观察法又分为直接观察法、阶段观察法、工作表演法三种方法。

②观察法的操作流程

观察法的操作流程包括三个阶段。观察前的准备阶段，即检查现有文件，形成工作的总体概念：工作的使命、主要职责和任务、工作流程，准备一个初步的观察任务清单作为观察的框架；观察现场与记录阶段，即在部门主管的协助下对员工的工作实施观察并实时做好记录；数据整理、分析与应用阶段：将观察获得的有关信息，结合其他工作分析信息合并整理分析形成完整精确的工作描述。

③观察法的注意事项

A. 注意所观察的工作应具有代表性。

B. 观察人员在观察时尽量不要引起被观察者的注意。在适当的时候，工作分析人员应该以适当的方式将自己介绍给员工。

C. 观察前应确定观察计划工作，计划工作中应含有观察提纲、观察内容、观察时刻、观察位置等。

D. 观察时思考的问题应结构简单，并反映工作有关内容，避免机械记录。

E. 在使用观察法时，应将工作分析人员用适当的方式介绍给员工，使之能够被员工接受。采用观察法进行岗位分析结果比较客观、准确，但需要岗位分析人员具备较高的素质。当然，观察法也存在一些弊端，如不适用工作循环周期很长的工作，难以收集到与脑力劳动有关的信息。

（4）工作日志法

①工作日志法的含义

工作日志法又称工作活动记录表，是让员工用工作日志的方式记录每天的工作内容和工作过程等工作活动，通过填写表格，提供有关工作的内容、程序和方法，工作的职责和权限，工作关系以及所需时间等信息，作为工作分析的资料，然后经过工作分析人员的归纳、提炼，获取所需工作信息的一种工作分析方法。这种方法可以提供一个非常完整的工作图景，在已经连续同员工及其主管进行面谈作为辅助手段的情况下，这种工作信息收集方法的效果会更好。当然，员工可能会夸大某些活动，同时也会对某些活动低调处理。然而，无论如何，详细地按时间顺序记录的流水账会减少这种不良后果的发生。

②工作日志法的操作流程

工作日志法的操作流程包括三个阶段，即准备阶段、日志填写阶段、信息整理分析阶段。

③工作日志法的注意事项

工作日志法是来源于任职者的单向信息的收集方法，这容易造成信息缺失、理解误差等系统性或操作性错误。因此在实际操作过程之中，工作分析人员应采取措施加强与填写者的沟通交流，削弱信息交流的单向性，如事前培训、过程指导、中期辅导等。

（5）关键事件法

①关键事件法的含义

关键事件法的主要原则是认定员工与工作有关的行为，这种方法考虑了工作的动态特点和静态特点。其做法是首先从领导、员工或其他熟悉工作的人那里收集一系列能反映其绩效好坏的"关键事件"，即对岗位工作造成显著影响的工作行为的事件，然后将其归纳分类为描述"特别好"或"特别坏"的工作绩效，这样就会对岗位工作有一个全面的了解。可以说，关键事件法是为工作分析提供最为真实、客观资料与定性资料的唯一方法，这种方法现在已经在非结构化的工作分析中得到广泛应用。

②关键事件的描述

关键事件的描述包括：导致该事件发生的背景、原因；员工有效的或多余的行为；关键行为的后果；员工控制上述后果的能力。其在绩效维度表现上包括两个方面：一是从关键事件来定义绩效维度；二是在编写范例之前确定维度。关键事件法直接描述工作中的具体活动，可提示工作的动态性；所研究的工作可观察、衡量，故所需资料适应于大部分工作。但采用关键事件法收集那些关键事件，并加以概括和分类需要花大量的时间，并且对关键事件的定义针对的是显著的对工作绩效有效或无效的事件，这就遗漏了对工作来说最重要的平均绩效水平。利用关键事件法难以涉及中等绩效的员工，因而全面的工作分析就不能完成。所以，采用关键事件法进行岗位分析时，应注意三个问题：调查期限适当延长；关键事件的数量尽量多且有代表性，应足够说明问题；正反两方面的事件都要兼顾，不宜有偏颇。

2. 定量分析方法

（1）职位分析问卷法

①职位分析问卷法概述

职位分析问卷法（Position Analysis Questionnaires，PAQ）是以人为基础利用计算机辅助的系统性职位分析的方法，其结构严谨规范，是目前使用普遍、比较流行的人员导向职务分析系统。所有的项目被划分为信息输入、思考过程、工作产出、人际关系、工作环境、其他特征六个类别。

A. 信息输入——任职者从何处获得以及如何获得完成工作所必需的信息，包括工人在完成任务过程中使用的信息来源方面的项目。

B. 思考过程——任职者在完成工作任务时需要进行的推理、决策、计划以及信息加工等心理过程。

C. 工作产出——任职者在执行工作任务时所发生的身体活动，以及使用的工具、设备等并识别工作的"产出"。

D. 人际关系——任职者在执行工作任务时需要与他人发生的工作关系。

E. 工作环境——任职者执行任务时所处的物理环境和社会环境。

F. 其他特征——前面未描述的与执行任务相关的其他活动。

②职位分析问卷法的运用

职位分析问卷的填写要在访谈的基础上由专业工作分析员填写。有以下三种运用较多的工作分析报告形式：一是工作维度得分统计报告，目标工作在 PAQ 各评价维度上得分的标准化和综合性的比较分析报告；二是能力测试估计数据，通过对职位信息的分析，确定该职位对任职者各项能力（GATB 系统）的要求，并且通过与能力水平常模的比较，将能力测试预测分数转化为相应的百分比形式，便于实际操作；三是工作评价点值，通过 PAQ 内在的职位评价系统对所收集的岗位信息进行评价，确定职位的相对价值，通过这些相对价值，确定组织工作价值序列，作为组织薪酬设计的基础架构。

根据项目的归类不同，评价时采用六个计分标准：信息使用程度、工作所需时间、对各个部门以及各部门内各个单元的适用性、对工作的重要程度、发生的可能性，以及特殊计分。在应用 PAQ 时，工作分析人员要依据六个计分标准对每个工作要素进行衡量，给出评分。同时，在使用 PAQ 时，工作分析人员须用六个评估因素对所需要分析的职位一一进行核查，核实职位在每个工作要素上的得分情况。PAQ 对已确定薪酬等级为目的的工作分析非常有用。在确定了每一个职位的总体得分后，工作分析人员就可以依据得分衡量不同职位的相对价值，进而可以确定每一个职位的薪酬等级。

③职位分析问卷法的的优缺点比较

优点体现在三个方面：一是同时考虑员工与工作两个变量因素；二是将工作分成不同的等级，用于进行工作评估以及人员的甄选；三是不需修改就可用于不同组织、不同工作，所以比较各种组织间的工作更加容易。而 PAQ 的缺点主要有两个方面：一是对受试人的理解和阅读能力要求较高，耗时并且必须由受过专业训练的工作分析员填写问卷；二是 PAQ 的标准化和通用化格式导致了工作特征的抽象化，不能描述实际工作中特定的、具体的任务活动。

（2）管理职位分析问卷法

①管理职位分析问卷法概述

所谓管理职位分析问卷法（Management Position Description Question，MPDQ）指利用工作清单专门针对管理职位分析而设计的一种工作分析方法。它是一种管理职位描述问卷方法，也是一种以工作为中心的工作分析方法，这种问卷法是对管理者的工作进行定量化测试的方法，涉及管理者所关心的问题、所承担的责任、所受的限制以及管理者的工作所具备的各种特征。

②管理职位分析问卷法优缺点比较

与其他问卷形式相似的是管理职位分析问卷法在某种程度上降低了主观因素的影响；同时其最终报告大量以图标形式出现，信息充足，简单易懂，提高了人力资源管理的效率。但因为 MPDQ 的结构化的项目导致该方法的灵活性不足；另外，在衡量我国管理职位工作情况时，由于各种管理分析维度是在对外国管理人员进行实证研究基础上形成的，因此必将有个"本土化"的修订过程。

3. 基于互联网的工作分析方法

（1）通过互联网从员工那里收集信息

以上提到的问卷调查法、访谈法等都有自身的缺陷。比如，访谈法和观察法非常消耗时间，比如对连锁企业或联合企业而言，从地理位置分散的员工那里收集信息也是一大挑战。

借助互联网进行工作分析成了很好的解决方案。越来越多的企业选择通过互联网或者企业的内部网来收集工作分析所需要的信息。比如，企业可以通过自己的内部网向不同区域的员工发布标准化的调查问卷，并附上如何填写问卷的指导说明，同时强调问卷回收的日期。值得注意的是，在使用这种方式进行工作分析时，企业向员工提供的说明应该是非常清楚的，且应尽量避免模糊点。因为员工在独立完成问卷的过程中，缺乏相关专业人士的指导，可能会遗漏一些重要内容。

（2）通过互联网编写工作说明书

从前期准备到收集工作分析的相关信息，再到利用相关信息编制工作说明书，这是一个漫长且高成本的过程。现在，越来越多的企业选择利用互联网来编写工作说明书。职位信息网设计的初衷是为求职者提供帮助，它对职位承担者清晰的要求可以使求职者自评自己能胜任哪些工作，从而能快速找到合适的岗位。如果求职者想要申请更加复杂的工作，还可以通过这个系统了解自己的理想工作对员工的要求，从而精准地定位自己的能力欠缺，为日后的努力确定方向。越来越多的企业开始认识到这一网络系统对自己的价值。它们可以直接从职位信息网上获取工作职责与对任职者的要求，再根据自己的需要生成一份个性化的职位描述。此外，还有企业使用职位信息网为被裁掉的员工寻找工作。

三、工作分析的结果及其应用

（一）工作描述

1. 工作描述的含义及特征

（1）工作描述的含义

工作描述也叫工作说明，是对工作分析发现所作的一种简短的书面摘要，是工作分析的结果之一。就是确定工作的具体特征，指在某职位上员工实际工作业务流程及授权范围。由于公司的偏爱和该工具的有意图的使用方法各不相同，所以它所包含的特殊信息也有所不同。但总体上是以工作为中心对岗位进行全面、系统、深入的说明，为工作评价、工作分类提供依据。

（2）工作描述体现以下特征

①用书面形式对组织中各类职位的工作性质、工作任务、工作职责与工作环境等所做的统一要求；体现了以事为中心的职务管理。

②回答"这一工作是做什么的"，正确反映出期待员工所做的工作。

③工作描述的表达要求：表述要准确、简练、避免废话；确保对事不对人；应尽可能具体、可操作并使得任职资格与岗位责任对应；最后的检查确保新员工阅读此工作描述后，能理解要做的工作。

2. 工作描述的基本内容

（1）工作识别项目

包括工作的名称和编号、工作所属部门、工作地位和直属上级等项目。工作标识相当于一个工作的标签，可以让人对工作有一个直观的印象。工作名称应该简洁明确，尽可能地反映工作的主要内容，让人一看就知道此工作是干什么的，如人力资源总监、培训专员等。

（2）工作概要

工作概要就是用简练的话来说明某一职位的主要工作职责，要让对此工作一无所知的人一看就能明白它大致要承担哪些职责。工作概要应当描述工作的总体性质，列出工作的主要功能或活动，是对工作内容的简单概要，对工作内容和工作目的的归纳。如招聘主管的工作概要可以描述为制订并实施公司各项招聘计划，完成招聘目标。应避免在工作概要中出现模糊的语句，如"执行需要完成的其他任务"，因为这可能会成为员工逃避责任的一种托词。

（3）工作职责

包括工作的职能与责任。提供关于工作职责的细节描述，包括所有主要职能及其要求。每项职责用一句话或者一些词组描述，常用动词开头。

（4）工作内容

这是工作说明书中最重要的内容，它是工作概要的细化，要详细描述该职位所从事的具体的工作，应全面、详尽地写出完成工作所要做的每一项工作，是每项工作的综述、活动过程、工作联系等。

这部分要把每一种工作的详细职责列举出来，并可以用一到两句话分别对每一项任务加以描述。如招聘主管的工作内容之一是"编制招聘计划"，这一任务可进一步描述为"根据现有编制及业务发展需求，协调、统计各部门的招聘需求，编制年度人员招聘计划"。

（5）工作关系（隶属关系）

表明组织中的权力（指挥）链。还包含指令与汇报关系、职业生涯发展通道、晋升渠道等。

（6）权限与相互关系

各项任务完成时各岗位相互之间的权责分配情况与各部门之间的相互合作与通知关系。包括工作人员决策的权限、对其他人员实施监督的权限以及经费预算的权限等。

（7）工作场所、条件和工作环境

工作的物理环境与社会环境。工作场所就是工作中所在的实际位置。物理环境包括正常的温度、适当的光照度、通风设备、安全措施、建筑条件、地理位置等，工作地点往往与待遇和工作满意度相关。社会环境包括社会心理气氛、工作团体的情况、工作群体中的人数、同事的特征及相互关系、完成工作所要求的人际交往的数量和程度、各部门之间的关系、工作的内外文化设施、社会习俗等。

（8）聘用条件

包括工作时数、工资结构、支付工资的方法、福利待遇、该工作在企业中的正式位置、晋升的机会、工作的季节性、进修的机会等。

（二）工作规范

1. 工作规范的含义

工作规范又称任职资格，是指任职者要胜任该项工作所必须具备的基本资格与条件。主要说明任职者需要具备什么样的资格条件以及相关素质要求才能胜任某一个岗位的工作。这里的资格条件是指最低的限制，主要是对于任职者或者应聘者应该具备的个人特质要求，如：一般要求，包括年龄、性别、学历（教育背景）、工作经验、知识、技能等；生理要求，包括健康状况、运动的灵活性、感觉器官的灵敏度；心理要求，包括学习能力、解决问题的能力、语言表达能力、人际交往能力、兴趣爱好、个人品格与行为态度等。

2. 工作规范的内容

资格条件分析的内容包括工作经验、智力水平、技巧和准确性、体力要求、其他心理素质要求。

（1）工作经验

指完成岗位工作、解决相关问题的实践经验。

（2）智力水平

智力水平涉及头脑反应、注意力集中程度和计划水平等方面的要求。包含四种基本能力：独立能力、判断能力、应变能力和敏感能力。

（3）技巧和准确性

技巧：具体反映在速度、敏捷程度、应变能力等方面；

准确性：具体反映在精确程度、允许误差等方面。

（4）体力要求

一般用体力活动的频率和剧烈程度来衡量。

（5）心理素质要求

任何情况下个人要完成工作任务，需要有品德、兴趣与情趣等作为支撑其工作完成情况的基础。能力因素决定了其能否做或能否做成，而相应的品德与心理素质（如信心、责任心、乐观、仔细、严谨、虚心、坚韧等）决定了能否做好，是否能够将能力因素发挥好。

（三）工作说明书

1. 工作说明书的概念

工作说明书也称为职位说明书、岗位说明书，是工作描述与工作规范两个人力资源文件的综合性文件，它全面详细地说明一种工作的任务和职责，贴切准确地说明期望员工做什么、怎么做以及在什么情况下应履行什么职责。同时提出从事该工作必须具备的最基本的资格有哪些，说明从事该工作的人员应具备的基本特征是什么。

2. 工作说明书的内容

工作说明书的编写一般包括工作描述及任职资格内容，也包括工作环境描述及绩效评价。其内容涵盖工作描述部分的内容，如工作识别、工作概要、工作职责、工作内容、工作关系（隶属关系）、权限与相互关系、工作条件和工作环境、工作权限、聘用条件等，也包括任职资格、绩效标准等。

3. 工作说明书的要求

工作说明书是组织内部正式的、书面的文件。因此，保证这些文件的合法性，规避不必要的法律风险是企业面临的重要课题。为了保证工作说明书中措辞的准确性和合法性，应该注意以下两个方面的内容：第一，工作说明书中应该避免与就业歧视相关的措辞，避免相关的法律风险。在劳动关系基础上涉及就业歧视的措辞会使企业陷入法律风险的被动，轻则面临赔偿，重则使企业形象受损，影响企业的长远发展。因此，在工作说明书中应尽量避免"限男性""女性未婚""民族汉""本地户口优先"这类措辞。第二，工作说明书应该清晰、准确地描述一个职位的职责。在与劳动关系相关的诉讼中，企业得以解除员工的合法原因之一就是"不能胜任工作，经过培训或调整工作岗位后，仍不能胜任工作"，且企业应该承担"员工不能胜任工作"的举证责任。而来自工作分析的工作说明书就成了有力的证据之一。倘若企业可以证明员工无法胜任工作说明书上的职责要求，就会为企业胜诉增加砝码。

第九章 人力资源服务体系

第一节 人力资源服务本质

一、人力资源服务的相关内容

(一) 人力资源服务

1. 人力资源服务概念

对于人力资源服务的概念，不同的学者给出了不同的理解。有学者认为，人力资源服务指的是生产和提供人力资源服务产品的众多经济单位的集合。有的学者从人力资源服务的功能出发，认为人力资源服务是一个综合性的概念，是一个经济主体向其他经济主体提供的、旨在帮助该主体更加合理有效地获取、开发、配置和利用人力资源，从而提高其社会财富创造能力和效率的运动形态的交易品。从这一概念表述中可以看出，人力资源服务的功能是帮助其他经济主体更加合理有效地获取、开发、配置和利用人力资源，从而提高其社会财富创造能力和效率。

有学者从广义和狭义两个角度来分析人力资源服务的概念。狭义的人力资源服务，是指猎头公司与劳动力市场提供的服务，等同于人力资源中介服务。广义的人力资源服务涵盖内容极其广泛，不仅仅局限于中介服务，主要指的是为企业提供的战略层面和操作层面的服务。战略层面的人力资源服务包括人力资源管理体系设计、人员招聘、薪资福利以及绩效考核等内容；操作层面的人力资源服务包含企业日常烦琐的操作和管理、薪资福利管理、能力评估等内容，是企业人力资源部门从事的常规事务性工作。

综合各种观点与结合目前人力资源服务的实践，人力资源服务就是为劳动者就业和职业发展，为用人单位管理和开发人力资源提供的一切相关服务，它既包括公益性的公共人力资源服务，也包括经营性的人力资源服务。

2. 人力资源服务类型

一般而言，人力资源服务包括以下类型。

（1）招聘服务

招聘服务是指招聘服务机构确认招聘需求、发布招聘信息、选择招聘渠道、安排考核内容并实施、进行背景调查和沟通、发送录用通知等一系列服务或其中某一项服务。

（2）人才测评服务

人才测评服务是人力资源服务中专业性较强的业务，是综合运用心理学、管理学和行为科学等理论基础，通过面试、心理测验、情景模拟等科学工具对测试者进行科学的测量。目前，我国的市场化人才测评机构是以营利为目的的商业化运作机构。由于缺乏统一管理和制度的约束，加上从业人员缺乏专业知识，引进的测评软件不匹配，在一定程度上影响了人才测评市场的发展。

（3）人力资源外包服务

人力资源外包作为人力资源服务行业的重要业务形态，已被各个行业广泛使用。自 20 世纪 90 年代起，由于企业人力资源需求不断增长，专业化要求不断上升，我国人力资源外包市场开始迅速发展，在提升企业人力资源管理能力、加强企业核心竞争力等方面发挥着越来越重要的作用。在强大的市场需求下，一批具有国际影响力的外资企业相继落户中国，带来了先进的人力资源管理和服务理念，进一步推动了市场接纳人力资源外包等新型管理和服务模式，并使人力资源外包逐渐从单一的招聘外包向综合化的人力资源管理和全方位的人力资源服务产品延伸。

（4）高级人才寻访服务

高级人才寻访服务俗称"猎头服务"，属于人力资源服务业的高端业务，通常是指为客户提供的咨询、搜寻、甄选、评估、推荐并协助录用高级人才的系列服务活动。

随着全球经济一体化进程的加快，高层次人才在全世界范围内流动和配置的需求日益迫切，由此带来高级人才寻访业务的迅速发展。目前，各类企事业单位对高级管理人才和高级技术人才的需求量大幅增加，用人单位通过人力资源服务机构寻觅高级人才成为满足需求的主要方式之一。但是，我国高级人才寻访服务尚不完善，存在服务项目不明确、服务方式不规范、服务流程不统一等问题，在一定程度上制约了此项业务的发展。

（二）人力资源服务机构

1. 人力资源服务机构类型

人力资源服务机构不仅包括公共就业人才服务机构，也包括市场上的经营性人力资源服务机构。具体而言，人力资源服务机构主要分为以下四类。

①政府所属的公共就业人才服务机构，其主要面向公众提供公共就业人才方面的服务。

②市场上的人力资源服务企业。其中国有企业是市场主力，主要业务是人事代理、人才派遣、人才培训；合资企业的主要业务是人才中介、猎头、咨询、培训；民营企业以从事网络人才中介人事代理、猎头等业务为主。

③一些部门和行业所属的人力资源服务机构，这类服务机构主要是为本部门或本行业提供服务，同时也积极面向市场提供服务。

④人力资源外事服务机构，其主要是为外国人来华和国内人员出访提供相关的人力资源。

2. 人力资源服务机构的业务范围和资质条件

（1）人力资源服务机构的业务范围

①人力资源供求信息的收集、整理、储存、发布和咨询。

②应聘人员推荐。

③职业指导与咨询。

④就业服务。

⑤人力资源服务外包。

⑥人事代理（代缴社保、代发工资和代办其他人事事务）。

⑦人力资源招聘会。

⑧人力资源信息网络及媒体服务。

⑨人力资源培训。

⑩派遣服务。

⑪人才测评。

⑫流动人员档案管理。

⑬企业人力资源研发咨询和规划设计。

⑭法律、法规规定的其他人力资源服务项目。

（2）人力资源服务机构的资质条件

申请开展以上业务的人力资源服务机构应当具备以下资质条件。

①注册资金不少于 10 万元。

②有固定服务场所 $30m^2$ 及以上，并具备相应的服务设施。

③有取得人力资源市场从业人员执业资格的专职工作人员。

其中，申请开展人力资源招聘会的人力资源服务机构，还应有固定招聘场所不得少于 $300m^2$。从事劳务派遣的机构需要申请人力资源服务许可证的，注册资金不得少于 200 万元，并应具备开展以上业务的资质条件。

（三）人力资源服务业

1. 人力资源服务业的概念

人力资源服务业包括人力资源服务事业和人力资源服务产业。人力资源服务事业是以公共就业和人才服务机构为主体，以促进就业和人才开发为根本宗旨，本着公益的目的开展的各项公共服务活动，是非营利性的人力资源服务。人力资源服务产业主要是指经营性人力资源服务体系，包括从事人力资源服务的国有企业、民营企业、中外合资企业等各类人力资源服务机构按照市场运行的规则依法从事的经营性活动。

2. 人力资源服务业存在的问题

面对新形势、新要求，我国人力资源服务业在许多方面还存在一些亟待解决的问题，具体表现在以下四个方面。

（1）专业化程度不高

具体表现为：我国人力资源服务业近年来发展迅速，但创新性不足，产业结构雷同，行业总体质量偏低，专业化程度有待提高；人力资源服务企业发展规模偏小，服务层次和技术含量偏低，企业所提供的专业服务主要集中在人才招聘、派遣、行政事务代理等初级服务上，管理咨询、职能外包、猎头服务等中高端服务还比较薄弱。

（2）区域发展不平衡

具体表现为：人力资源服务机构主要集中在经济相对发达地区，由于人力资源服务区域性缺位，导致粤东西北地区技能型人才和"高精尖"人才难以引进，成为推进省市产业共建、实现珠三角与粤东西北人才一体化发展的短板。

（3）产业集聚度不高

具体表现为：人力资源行业发展相对分散，缺乏龙头人力资源服务机构，且各机构之间在技术关联、资源共享等方面联系不够紧密；人力资源服务机构总体实力不强、规模不大，专业化、市场化、国际化程度不高，行业转型升级的速度和力度不够，距离产业集群发展的要求还有较大差距。

（4）尚未形成良好的市场竞争秩序

总体上看，我国人力资源服务企业的服务行为和服务标准的规范化仍有待提高，良好的市场竞争秩序有待进一步健全和完善。造成这一现象的主要原因包括：缺少规范人力资源服务业发展的法律法规，对人力资源服务业的监管随意性较大；行业协会为企业提供相关服务、规范行业发展的功能不足等。

3. 解决人力资源服务业问题的对策

（1）加快培养高质量、创新型人力资源服务机构

第一，进一步放宽或取消对发展人力资源服务企业的限制条件。在新设人力资源服务机构实行"先照后证"改革的基础上，探索进一步简化程序、放宽条件的具体办法，并为企业提供税收、金融、场地等方面的优惠和扶持。

第二，提升人力资源公共服务水平。加快制定人力资源服务标准，推动人力资源服务业改革发展，建立人力资源服务指数体系，围绕经济高质量发展，制定相应的人力资源服务业发展规划。定期发布各地急需紧缺人才目录，为各级政府决策、单位招聘、人才求职、人才培养提供科学指引。

第三，加强与国内知名人力资源服务企业的合作。给予知名企业在部分省市设立分支机构或办事机构的优惠待遇，与知名企业合作开展专业人才信息收集分析、人才测评推荐等专项业务，委托知名企业经办人力资源市场等。借助知名企业的专业能力和资金实力，带动部分地区人力资源服务产业发展，提升人力资源服务供给质量。

第四，积极参与国际人才竞争与合作。实施更加开放的市场准入制度，吸引国际一流人力资源服务企业进行投资。对新引进的跨国企业和国内上市人力资源服务机构，可给予适当奖励。加快发展高端猎头、人才测评等新型服务业态，激励人力资源服务机构推荐人才。

（2）推进人力资源服务产业集聚和创新

第一，科学规划，创建特色人力资源服务产业园区。按照资源共享、产业集群、集约发展的要求，确定产业园区的功能定位和发展路径，编制园区总体规划、中短期规划和主体建设规划，将园区规划与当地经济社会发展和现代服务业发展总体规划有机结合。

第二，建立目标管理制度，探索市场化运营机制。按照现代企业制度成立董事会和监事会，建立岗位责任制度，明确规定各岗位的职责范围、任务、工作要求，并根据其承担的责任授予相应的权限。

第三，积极招商引资，加强各类平台建设和应用。制定具有区域竞争力的优惠政策，主动吸引国内外品牌机构入驻园区；编制重点人力资源服务企业名录库，根据各地具体情况确定拟引进人力资源服务企业的规模及其主营业务类别；通过举办各类人力资源服务业推介会、博览会、交易会等，提高园区知名度。

第四，引导建立基金，搭建和完善人力资源服务产业链。设立地方人力资源服务产业发展引导基金，通过委托运营的方式，由在人力资源服务产业和股权投资行业有丰富经验的专业团队管理强化资金引导，吸引风险投资或天使基金投资人力资源服务产业。

（3）加强人力资源市场监管，营造公平有序的市场竞争环境

第一，降低准入门槛，加强事中、事后监管。充分利用全国统一的人力资源市场管理信息平台，动态了解、掌握和更新各地人力资源服务机构的经营状况，对出现违规苗头的个别行为及时予以警示和处理，并向社会公布。防止出现欺诈等损害市场公平和劳动者权益的事件。

第二，抓紧研究制定相关标准规范。建立信用体系、黑名单制度和市场退出机制。对于诚实守信、依法合规经营的人力资源服务机构，要在购买服务、提供信贷资金等方面予以优先安排。对于有违法违规行为的人力资源服务机构，要予以谴责，情节或后果严重的，要纳入黑名单直至运用行政或法律手段令其退出市场，以维护人力资源市场的正常秩序。

（四）人力资源服务产业园区

1. 人力资源服务产业园区的概念

产业园区是指以为促进某一产业发展为目标而创立的特定区位环境，是经济和产业发展的重要空间聚集形式。产业园区通过有效地集聚资源、创新孵化和培育新兴产业等，在区域经济发展、产业结构调整升级过程中起着重要作用。人力资源服务产业园区，是为促进人力资源服务业发展、打造人力资源服务高地、联结企业人力资源服务需求、打造人力资源服务产业链而创立的特定区位环境。众多人力资源服务企业汇集在某一个或几个固定的场所寻求共同发展，人力资源服务产业园区通过有机整合各类资源，能够有效地发挥园区内各人力资源服务企业的优势，带动关联产业的发展，从而有效地推动产业集群的形成和产业发展。

2. 人力资源服务产业园区形成的时代背景

第一，产业转型升级对多元化人才的迫切需要。近年来，随着经济发展和产业结构调整，企业对人力资源需求的数量和质量发生了变化，同时，企业对人力资源管理专业化的

需求也在逐步提升。对于人力资源服务企业而言，需要通过人力资源服务产业园区的建设为人才引进提供更好的平台与渠道，通过引进各种类型的急需人才破解传统产业发展的瓶颈并带动战略新兴产业的发展。

第二，培育新经济增长点的迫切需要。近年来，我国各地经济发展进入快车道，要想保持经济的持续、快速、健康发展，必须不断培育新的经济增长点。人力资源服务业具有附加值高、关联度强的特点，是现代服务业的重要组成部分，推动人力资源服务业的发展，不仅可以推动其他相关产业的发展，提高服务于其他产业的水平和效能，而且可以通过完善人力资源服务产业链，丰富人力资源服务产品，增加人力资源服务业在地区经济社会发展中的贡献，从而形成各地新的经济增长点。

第三，市场对服务产品多元化的迫切需要。大部分地区的市场对人力资源服务产品存在较大需求，小部分经济发展较好的地区对薪酬外包、福利外包、招聘和培训等产品需求迫切，对高端人力资源产品（管理咨询、测评、猎头等）的需求呈上升趋势，而当前人力资源服务产品的供给满足不了市场对服务产品的迫切需求。人力资源服务产业园区建设是集聚产业、丰富业态、完善产业链的有效手段，因此，要科学合理地推进人力资源服务产业园区建设。

第四，促进人才回归的需要。各产业在发展过程中对人力资源服务的依赖性日益提高，只有完善与高效的人力资源服务产业链才能满足企业发展对人才的需求。建立人力资源服务产业园区，可以发挥人力资源服务产业的品牌效应，进而将人力资源服务产业作为各地对外招商引资的潜在品牌，同时也可以吸引外流人才回国创业就业，促进地方经济发展。

3. 促进人力资源服务产业园区发展的有效措施

（1）加强政策引导，促进人力资源服务业发展

产业转型升级是近年我国经济发展的主题，在经济发展新常态下，服务业的作用更加凸显，并将逐渐成为现代产业体系的重要支柱。人力资源服务业作为生产性服务业，在经济发展中占据重要地位，具有广阔的发展前景。为此，建议国家和地方层面有关政府部门进一步贯彻落实人力资源社会保障部、国家发展改革委、财政部联合发布的《关于加快发展人力资源服务业的意见》，加快出台有关扶持政策，促进人力资源服务业的发展，努力提升该产业在我国经济社会发展中的地位和作用。在一些有条件的省市，建议大力引进、培育人力资源服务业市场主体，将人力资源服务业列入现代服务业的重点发展领域，在行业准入、土地供给、资金支持等多个方面给予重点倾斜，并将其列入服务业发展和人才工作经费保障范围。对引进的知名人力资源服务机构、贡献较大的本地优秀人力资源服务机构、人力资源外包企业、为当地引进领军和拔尖人才的机构等给予税收优惠和各项奖励等。

（2）科学规划先行，注重园区功能定位

由于人力资源服务产业园区前期建设投入较大，短期内需要投入大量的人力、物力和财力，为避免园区建设带来不必要的损失，园区建设应规划先行，做好产业发展规划和调整，促使园区健康有序发展。大量事实证明，人力资源服务产业与地方经济发展相适应，地方经济发展对人力资源服务产业的服务内容和产品提出切实需求。因此，园区的建设和发展应注重和发挥地方特色。由于各地所处经济发展阶段不同，区位优势、政策环境等都有所差异，因此各地人力资源服务产业园区的发展还应与当地人力资源服务需求紧密结合，根据地方实际情况来决定是否建立人力资源服务产业园区、建设何种规模的园区、如何建设和运营园区。比如有些地区经济发展较迅速，且高新区、经济技术开发区等建设相对成熟，这种情况更适宜采取"一园多区"的方式。

（3）建立目标管理制度，探索市场化运营机制

处理好政府与市场的关系，提升管理和服务水平，是园区发展自始至终都应解决的问题。建议各地有关部门鼓励有条件的地区先行先试，鼓励和支持民营资本进入人力资源公共服务领域。建议部分市场化发展程度较高的地区采取"两段式"：第一阶段以政府为主导，推动市场的发展；第二阶段以市场为主导，政府发挥监督作用。在政府层面成立产业园管委会，在市场经营层面考虑并探索按照现代企业制度成立董事会和监事会，成立园区运营公司，建立岗位责任制度，明确规定各个岗位的职责范围、任务和工作要求，并根据其承担的责任授予相应的权限。园区领导小组对运营公司实行责任考核制，并建立层级目标管理和年度指标考核制度。

（4）积极招商引资，加强各类平台建设和应用

建议产业园区管理方适时开展对园区招商政策的研究，制定具有区域竞争力的优惠政策，促进招商工作的有效开展；编制重点人力资源服务企业名录库，根据当地具体情况来确定拟引进的人力资源服务企业规模和主营业务类别；加强招商引资，建设园区招商引资信息平台，完善招商引资工作机制，主动吸引国内外品牌机构入驻园区，通过各类人力资源服务业推介会、博览会、交易会等，提高园区知名度，促进人力资源服务产业园区长足、稳定发展。

同时，充分发挥中介组织的媒介作用。结合当地实际情况，着力引进商会、行业协会、校友会等社会中介组织，搭建行业交流平台，促生行业集聚效应，充分发挥中介组织在招商过程中的媒介作用。

此外，还应注重品牌推广。借助当地人才资源优势，利用本地人才在外地的影响力进行品牌推广。定期举办人力资源服务博览会、人力资源论坛等活动，积极培育本土品牌，

大力支持本土人力资源服务机构开展自主品牌建设，在线下进行推广的同时，借助移动互联网技术大力进行线上品牌推广，提升品牌知名度。

（5）引导建立基金，重视和完善园区产业链条搭建

建议有条件的地方政府设立地方人力资源服务产业发展引导基金，通过委托运营的方式交给在人力资源产业和股权投资行业方面有丰富经验的专业团队管理，强化资金引导，吸引风险投资或天使基金投资人力资源服务产业。基金主要支持重点企业的发展，特别是人力资源服务机构的引进和企业的重组、兼并、上市，鼓励部分机构做大做强。

同时，建议重视和完善园区产业链条搭建工作。例如，部分地区的本土人力资源服务业以提供基础产品为主，在这类地区应重点培育人力资源服务外包、网络招聘、劳务派遣等基础产品，同时还应引进国内外知名人力资源服务机构进驻园区，以拓展人才测评、猎头、培训、管理咨询等高端业务；应鼓励企业研发新产品，提供定制化服务，提升服务质量，最终形成功能集成、产业集聚、资源集约、开发集中的人力资源服务产业价值链，着力打造当地人力资源综合解决方案的首选服务平台，促进当地人力资源服务业的快速发展。

（五）人力资源服务业产业链

我国已经初步形成了多层次、多元化的人力资源市场服务体系。由于人力资源服务需求非常多样化，人力资源服务业的产业链比较复杂，各细分行业的产品及服务方式不同，产生了不同的业务形式和模式。随着人力资源服务市场的逐渐成熟，行业边界逐渐模糊，整合成为主导力量。

二、人力资源服务效能

（一）人力资源服务效能的定义

关于人力资源服务效能的定义，理论界主要存在两种思路。一种是从人力资源服务对象出发，将人力资源服务管理效能定义为：人力资源服务管理职能或部门使用者对人力资源服务管理职能或部门的感知，或者是对不同人力资源服务活动的满意度。另一种是从组织角度出发进行客观定义，认为人力资源服务效能是指人力资源服务部门的绩效是否达到组织的期望，以及是否对企业有附加价值或是财务上的贡献。虽然上述定义的角度不同，但基本上都是围绕人力资源服务活动及其实践的产出或结果界定的。

（二）人力资源服务效能的评价方法

人力资源服务效能评价方法，根据其评价角度的不同，可以划分为基于财务角度的评价、基于组织与客户角度的综合性指标评价、基于行业角度的对标评价三种类型，具体如表 9-1 所示。

表 9-1　人力资源服务效能评价方法

评价角度	评价方法与指标	特征
基于财务角度的评价	人力资源服务会计、人力资源服务审计、人力资源服务成本控制、人力资源服务利润中心、投入产出分析	基于财务框架对人力资源服务的投入产出做出分析和测量，强调人力资源服务功能的财务衡量。其不足之处在于人力资源服务产出效益不容易界定与量化评价
基于组织与客户角度的综合性指标评价	人力资源服务问卷调查、人力资源服务声誉、人力资源服务关键指标、人力资源服务效用指数、人力资源服务指数、组织健康报告法	基于组织、客户、员工等不同角度，通过一套综合性指标来对人力资源服务工作做出评价，强调人力资源服务工作评价的全面性和综合性。其不足之处是评价相对主观，且评价结果与组织绩效的关系有待验证
基于行业角度的对标评价	人力资源服务案例研究、人力资源服务竞争基准、人力资源服务目标管理、人员能力成熟度模型	侧重于从人力资源服务最佳实践的角度来对人力资源服务工作进行评价，强调对标与竞争意识。其不足之处是最佳实践的数据不易获得，且这种可比性是否适用尚需实践检验

（三）人力资源服务效能的评价模型

平衡计分卡是常见的绩效考核方式之一，它是从财务、客户、内部运营、学习与成长四个角度，将组织的战略落实为可操作的衡量指标和目标值的一种新型绩效管理体系。设计平衡计分卡的目的就是要建立绩效管理系统，从而保证企业战略得到有效的执行。杜邦分析法又称杜邦模型，是将企业的获利水平、经营效率和风险承受能力综合在一起评价企业财务管理效果的方法。这里借鉴平衡计分卡和杜邦分析法的原理，构建了人力资源服务效能评价模型人力资源计分卡模型。该模型从战略、运营、客户和财务四个层面对人力资源服务效能进行评价，并针对每个评价维度，设计相应的评价指标体系。

1. 战略层面

人力资源服务效能的战略层面主要关注战略的匹配性和协调性。一方面，人力资源服务战略要成为组织战略的有机组成部分并为战略服务；另一方面，在人力资源服务体系内部，既要做到横向上的各个子系统的无缝契合与有效协同，又要关注纵向上的人力资源服务上下级体系一体化的完整性。

2. 运营层面

在人力资源服务战略和政策的整体指导下，人力资源服务的各个子系统各自发挥作用，为组织提供高效的人力资源服务。这些子系统包括人力资源服务规划、组织架构设计、人员招聘、人员配置、薪酬福利、绩效管理、培训管理、职业发展通道等，这些模块是人力资源服务工作发挥"选、用、育、留"功能的载体。

3. 客户层面

人力资源服务工作必须树立起内部客户导向的意识，而组织和员工就是人力资源服务工作者的客户。在组织层面，要打造服务战略需要并具有活力的组织架构，对组织各项资源进行优化配置。在员工层面，要通过招聘、培训、发展、激励等措施提供一支高质量、高效率、低流失率的合格人才队伍，这里的人才队伍既包括核心岗位的关键人才，也包括专业化的一般性员工队伍。其中，人力资源服务工作的一项重要工作是合理规划各类人员的总量和结构，以适应组织发展的需要。

4. 财务层面

人力资源服务效能的评价最终应回归到财务层面。效能一般指系统投入资源后，其产出达成预期目标的程度。人力资源服务效能的核心指标是人力资本回报率，即人均净利润除以人均人工成本。通俗地说，就是在员工身上投入的一元钱，能给企业创造多少钱的净利润。若要提升人力资本回报率，就要在合理人工成本投入的条件下，促使人员产出最大化。

总体来说，人力资源计分卡模型以提升人力资源服务回报率为核心，在战略、运营、客户、财务四个维度上形成一个系统的有机体。该模型通过建立起战略和执行过程中的关联路径，方便组织及时发现、分析和监控人力资源服务管理过程中出现的效能问题。该模型的核心思想是企业建立基于战略匹配、系统契合、一体化顺畅的人力资源服务系统，通过人力资源服务各个功能模块的作用发挥与协调配合，以提升组织与员工的满意度，从而推动财务目标的达成。

（四）人力资源服务效能提升重点

在财务层面，针对业务阶段性的特点，选择了人均营收和人均利润来测量人均产出，选择人均年收入来测量人工成本。为了实现三个子目标，在客户层面选择了五个指标。其中，组织方面重点关注组织活力指数；队伍方面重点关注流失率（分为经理人、研发人才以及高绩效员工三类）以及员工编制控制（用来监控人员总量和结构）。

在运营方面，选择了参加职业生涯计划员工比例、关键岗位薪酬市场竞争力、员工适岗率、内部晋升率、后备人才储备率、经理人轮岗率、薪酬总额控制等八个指标。这八个指标的达成必须依靠企业人力资源系统上下一体化的执行和人力资源各功能模块的内部有机协同，因此选择了一体化制度执行水平和人力资源内部契合度指标进行评价和监测。

需要说明的是，该指标体系是结合企业当前人力资源管理需要进行甄选的结果，它可以动态调整，即随着企业人力资源工作每个时期工作重点的变化而变化。

（五）人力资源服务效能优化措施

1. 提高系统一体化水平，提升人力资源服务效率

为集中资源、加强协同、共享经验，增强人力资源系统的工作合力。一是梳理企业人力资源制度和管控模式，进一步规划企业人力资源政策整体框架；二是推动各经营单位人力资源管理部门按照统一的人力资源效能路径图，制订提升人力效能的工作计划；三是梳理企业和一级经营单位机构编制，出台人员编制管理指导意见。

2. 抓好纵向和横向通道建设，不断提升组织活力

为提升组织活力，建设人员纵向发展和横向流动机制。具体来说，一是要建立真正体现市场价值导向的经理人职级序列，把价值高、贡献大的岗位放到更高的重要位置上，有效引导优秀的人才流动到企业真正需要的、能够推动企业发展的岗位上；二是建立人才的发展通道，让每个员工都能找到自己的位置和发展方向，促进组织和个人的协同发展；三是继续推进人才发展会议制度，促进经理人轮岗，建立后备梯队。

3. 制定人力资源规划，提升人员需求预测的前瞻性

为了保证充足的、适应业务需要的、合理的人员总量和结构，人力资源部门应前瞻性地制定人员数量和质量规划，通过建立人员的外部招聘方案，增强对人员招聘的计划性；通过实施内部人才培养计划（如人才工程），加大研发人才和经理人的培养力度，增强人力资源服务业务发展的能力。

4. 抓好人才培训，切实提升人员的专业性

重点抓两项工作提升人员的专业性。一是组织不同层次的团队学习会，以工作中的实际问题为中心进行学习研讨，提出解决方案；二是实施蓝皮书计划，对企业的基础理论、知识流程以及基本模板进行总结提炼，形成自己的蓝皮书并实施相应的培训。

5. 抓好招聘创新，为组织不断输送高绩效人才

为了提升人员招聘的有效性，企业人力资源部门应将甄选工作向招聘前端和后端同时延伸。一是实施"优良生"暑期实习计划，以来自好学校、好专业的优秀实习生为目标，在对其进行精心选拔的基础上，采用岗位体验、团队研讨、专业培训、导师制等方式进行培养，为企业储备各类优秀人才；二是大力实施管理培训生计划，为研发、生产等岗位招聘高潜力的青年员工，通过制订综合性培养方案，实施跨部门和业务的基层轮岗、一对一辅导等，加速青年人才的发展，为业务部门输送高素质的成熟人才。

6. 加强市场化的考核激励，促进人力资本产出最大化

在业绩考核方面，全面与竞争对手对标，不断扩大对标考核的范围。按照建立行业领导地位的要求，确定激励目标，创新激励方式，丰富激励措施。通过市场化的考核激励，推动各级经营管理团队不断挑战新的目标，超越对手，实现人力资本产出最大化。

第二节　推动人力资源服务的转变

一、找准政府和市场的定位

人力资源服务的市场化改革不仅有助于加快我国经济社会发展的进程，提高人力资源服务的供给效率和质量，还有益于高效政府的构建和完善。一方面，人力资源服务市场化把一部分原来由政府承担的职能转移出来让市场经营，从而最大限度地发挥市场在资源配置中的决定性作用。政府可以将更多的时间和精力专注于应该管理、能够管理和可以管理得好的公共就业人才服务项目。另一方面，人力资源服务市场化又要求政府应当而且必须对市场化进程进行宏观调控。政府可以更加注重于履行社会管理和公共服务职能，对市场上的人力资源服务企业进行规范和调控。

（一）政府在人力资源服务中的定位

1. 政府提供人力资源服务的类型

政府在人力资源服务中的定位应该是宏观调控。为此，政府在简政放权，彻底打破"审批经济"的同时，应该发挥其监督管理的职能，来弥补市场的缺失。如下几类人力资源服务需要由政府部门来提供。

第一类是涉及管理和规划方面的基本公共就业人才服务，比如人力资源供求信息监测

和统计、人力资源市场信息平台建设、人力资源服务发展规划等。这类服务的政策性、公益性比较强，经济效益也不明显，不适合由市场来提供，而是适合划入公共就业人才服务项目，由政府部门来提供。

第二类是人事档案管理、社会保障事务代理等政策规定的服务。这类服务不是供求双方主体根据自身需要开展的业务，而是国家政策规定必须开展的业务，也应该作为公共就业人才服务由政府部门来提供，将其列入公共服务之后，如果政府没有足够的力量来提供，可以通过政府购买服务的方式来提供。

第三类是针对特殊群体的就业帮扶、就业援助等相关的服务项目，比如高校毕业生的就业跟踪服务、残疾人就业服务、农民工就业服务等。此类服务一般具有公益性、覆盖广、非营利性的特征，由政府提供就容易实现全覆盖、无遗漏。相反，市场上的人力资源服务企业则无法实现全覆盖，而且实施的难度比较大，难以实现盈利。

总体来说，适合由政府提供的人力资源服务应该具备以下特征：一是公益性；二是较强的政策性；三是非营利性；四是基础性；五是全局性（即覆盖范围广）。

2. 政府提供人力资源服务的特点

由于政府部门以公平、公正为价值目标，而企业则以追求效率、效益为价值取向，导致政府提供的人力资源服务与企业提供的人力资源服务存在本质上的区别，具体表现在以下方面。

第一，任用机制的不同。政府部门以公共利益为旨归，这就注定了对政府工作人员的伦理要求。在考查政府工作人员时，除了考查工作态度、工作能力、工作业绩之外，还需要考查道德品质。

第二，分配机制的不同。政府部门是以实现公共利益为目标的组织体系，核心在于提供公共服务，以公平为前提。相反，企业以营利为目的，则应当优先考虑效率、效益。

第三，监督机制的不同。政府部门必须对公众负责，其管理活动必须受到公众的监督和舆论的评价，并结合监督和评价不断改进管理工作。而企业对人力资源管理的监督主要体现在维护企业形象、提高工作效率等方面。

第四，考评机制的不同。政府部门工作人员的考评不能仅仅依靠工作效率。政府部门的复杂性和工作的不易量化性，使得我国现行政府部门主要采用"德、能、勤、绩、廉"的综合考评模式。相比之下，企业的目标相对单一，这也就使其工作易于量化，也易于考评。

3. 强化政府在人力资源服务中作用的措施

具体而言，应强化政府的监督管理职能，健全行业相配套的政策法规。在人力资源服务市场化改革过程中，必须建设法治政府和服务型政府。因此，在依法治国的重大机遇下，要尽快健全人力资源服务行业相配套的政策法规，依法对人力资源服务机构进行监管。

首先，政府部门应当积极推进人力资源服务机构信用体系建设，遵守政策法规，履行承诺，执行标准和规范等。要组织开展清理整顿市场专项行动，打击非法中介，综合采用信用记录、警示告诫、公开曝光、行政处罚、行业准入等政策措施，严肃处理各类违法违规行为，为人力资源服务业发展提供良好的市场运行环境。

其次，政府有关部门应当完善服务体系，优化服务质量。例如，规范人力资源市场相关行政许可事项，逐步从重审批向重服务转变。

（二）市场在人力资源服务中的定位

1. 市场提供的人力资源服务类型

随着探索适合我国国情的人力资源服务市场化改革的逐步深入，市场机制这只"看不见的手"发挥着越来越重要的作用。市场的职责主要是配置资源，配置原则需要根据各个主体在市场上的运行规则来确定。在人力资源服务中，适合由市场提供的服务应该是可以由市场来自主决定的服务，比如人才招聘、职业指导、人力资源培训、人才测评、劳务派遣、高级人才寻访（猎头）、人力资源外包服务、管理咨询、管理软件服务等都可以作为经营性服务由市场上的人力资源服务企业来提供。适合由市场提供的人力资源服务具备以下特征：一是自主性；二是竞争性；三是营利性。

2. 市场提供人力资源服务的特点

（1）服务机构多元化

目前，民营人力资源服务机构越来越多，已经成为市场上提供人力资源服务的主体。

（2）国际化发展趋势日益明显

一大批跨国大型人力资源服务企业通过并购、投资、入股等方式进入中国的人力资源市场，加快了人力资源服务行业国际化的步伐。随着国际经济合作交流的不断深入，人力资源服务的大规模走出去与高水平引进来将同步发生，服务领域也将实现跨域跨界发展。

3. 发挥市场在人力资源服务中作用的措施

当前，我国人力资源服务还处于市场化改革和发展的初期阶段，人力资源服务的市场化运作还不成熟，仍然需要有培育市场的过程。在培育市场的过程中，政府与市场上的人力资源服务企业应保持良好的关系，形成公共就业人才服务与市场化人力资源服务统筹协调、互为补充的多元化、多层次服务格局。具体而言，发挥市场在人力资源服务中作用的措施包括以下几个方面。

（1）转变政府职能

第一，强化政府的监督管理职能，优化政府服务。政府的职能是监督管理，要逐步建立政府监管、机构公开、社会监督的人力资源服务业监管体系。人社部门要联合公安、工商等部门，继续组织开展清理整顿市场专项行动，为人力资源服务业发展提供良好的市场运行环境。另一方面，政府与有关部门应当完善服务体系，优化服务质量。

第二，营造公平透明的市场环境，维护市场秩序。政府及相关部门应当积极推进人力资源服务机构信用体系建设，定期对人力资源服务机构的服务信用水平、服务能力和服务绩效进行综合考评。对评选确定的诚信人力资源服务机构，由创业扶持资金给予适当激励。此外，政府还应当正确引导人力资源服务业集群化发展，支持有条件的地方加快建立和发展人力资源服务产业园区。

第三，建立完善人力资源服务行业自律的制度环境。建议利用信息宣传手段，加强人力资源服务业在市场上的舆论监督。政府及相关部门应当充分利用多媒体形式，协助人力资源服务机构建立社会监督体制。

（2）培育市场

第一，改善人力资源服务企业的投融资环境。人力资源服务机构中的小微企业多，由于自身缺陷和外部环境多种因素，会有融资难的问题，这也是制约小微企业发展的瓶颈。因此，把握人力资源服务企业的这一特点，从改善投融资环境入手，能够为人力资源服务业的持续发展助力。

第二，培育企业化、规模化、品牌化运作的龙头企业。人力资源服务机构应当注重专业形象的树立和品牌塑造，致力于打造专业品牌形象。

第三，培养和引进人才，提高从业人员的整体素质。人力资源服务机构从业人员的职业素质和能力是市场服务水平的重要载体，要加强人才培养和人员培训工作，大力实施人力资源服务从业人员培训、高级管理人才研修培训工程，多层次、多渠道培养和引进人力资源服务业所需人才。

（3）提升市场服务能力，扩大行业规模，增强市场活力

目前，我国人力资源服务业的服务能力和服务效率有待于进一步提升。在国家鼓励政策的指引下，人力资源服务业正式纳入国家服务经济体系，随着产业引导、政策扶持和环境营造等的不断优化，我国人力资源服务业仍然具有很大的发展空间，行业规模将继续保持稳步增长态势。为了应对这一趋势，人力资源服务企业要在国家有利的政策形势下，根据市场需求，提供满足市场需要的多样化、专业化产品，提升企业产品在市场上的竞争力。此外，人力资源服务业要想实现集群化发展，还应当在有条件的地方加快建立和发展

人力资源服务产业园区，形成集聚的人力资源服务产业，进一步拓展人力资源服务业态，孵化并培育人力资源服务企业，优化人力资源服务产业发展环境。

（4）提高从业人员的素质，构建多元化的人才智力体系

从业人员的职业素质和能力是人力资源市场服务水平的重要载体，要全面提升从业人员素质，多渠道引进优秀人才，多层次培养人才，构建多元化的人才支撑体系，为人力资源服务业的发展提供智力支持。一方面，要加强人才培养和人员培训工作，实施好人力资源服务从业人员培训、高级管理人才研修培训工程，多层次、多渠道培养和引进人力资源服务业所需人才。另一方面，要将诚信教育纳入从业人员日常培训内容，采取集中教学、现场示范、案例剖析等多种形式，开展从业人员诚信教育活动，鼓励服务机构自行开展从业人员诚信教育培训，进一步增强服务机构和从业人员的法律意识、责任意识、诚信意识。

（5）多渠道筹措发展资金，加大行业专项资金投入力度

要针对人力资源服务行业轻资产的行业特征，开通有效的融资渠道，通过改善人力资源服务企业的投融资环境，积极引导各类创业风险投资机构和信用担保机构扶持人力资源服务企业发展。在财政税收方面，要制定行之有效的优惠政策，避免出现重复征税的问题，切实减少企业负担，为人力资源服务企业在市场中更好地运作和发展保驾护航。

（6）推进服务机构的诚信体系建设，提升公众的认知度

为完善市场规则，降低市场门槛，激发市场活力，需要推进人力资源服务机构诚信体系建设，探索建立服务机构信用等级评价体系。首先，要有效利用信息宣传手段，加强人力资源服务业在市场上的舆论监督。政府及相关部门应当充分利用多媒体形式对人力资源服务机构的诚信服务典型进行广泛宣传，协助人力资源服务机构建立社会监督体制。其次，要定期对人力资源服务机构的服务信用水平、服务能力和服务绩效进行综合考评。对评选确定为诚信人力资源服务机构的，由创业扶持资金给予适当激励。

（7）提升高端服务的供给能力，有效抵御国外企业冲击

面对来自国外竞争对手的强烈竞争压力，我们需要思考有效应对策略。国外的人力资源服务企业一般拥有雄厚的资本以及丰富的实践经验，本土的人力资源服务企业必须认清自身优势及努力方向。国内人力资源服务企业扎根于本土，对于本土的市场需求有着更深刻的了解，能够提供更符合实际需求的人力资源服务。因此，我国要构建结构合理、门类齐全、竞争力强的人力资源服务体系，提升高端服务的供给能力，有效抵御国外人力资源服务企业的冲击和挑战。

二、推行人力资源服务外包

现代企业人力资源管理逐渐从事务型的人事服务转变为战略型的人力资源管理，开始扮演着战略合作者的角色，其主要的功能之一就是为企业整体战略的构建、实施、实现提供专业建议。在这种情况下，人力资源管理必须将有限的资源集中于增值效应大的管理环节，而一些事务性的人事服务工作则可以外包给专业的外部组织来执行，即采取人力资源服务外包战略。

（一）人力资源服务外包的概念和产生原因

人力资源服务外包是指企业的人力资源管理者将人力资源管理过程中增值效应低或不具有竞争优势的环节委托给专门的外部机构来进行，以降低人力成本，实现效率最大化，是一种全面的、高层次的人事代理服务。如今，人力资源服务外包已经渗透到企业内部的所有人力资源管理环节，包括人力资源规划、制度设计与创新、人力资源招聘、流程整合、工资发放、保险福利、员工满意度调查、薪资调查及方案设计、档案管理、员工培训、劳动争议仲裁、员工关系、企业文化设计等方方面面。

人力资源服务外包产生的动因既来自外部，也来自内部，在某种意义上是时代发展的必然产物。从理论上说，人力资源管理的各项职能都可以外包，即企业既可以把包括招聘、考核、培训、薪酬等事务性、社会性的人力资源管理业务外包出去，也可以将人力资源战略、人力资源规划等高难度、高专业化的职能外包出去。

（二）人力资源服务外包的类型

人力资源服务外包根据外包的内容和形式可以分为以下四类。

1. 全面人力资源职能外包

全面人力资源职能外包是指将企业的绝大部分人力资源职能包给服务商去完成。这种方式对于中型和大型企业来说，可能会有问题。因为它们的人力资源活动不仅规模大，而且复杂程度高，在全面外包的情况下，要求服务商有很全面的系统管理能力，同时企业内部员工的沟通、协调工作量会很大。虽然全面人力资源外包可能是一个发展方向，但鉴于服务商的能力和企业对外包活动的控制力还在发育中，中型和大型企业实行全面人力资源外包还有待时日。而对于小型企业来说，全面外包人力资源职能则比较容易，因为它们的人力资源职能相对简单。

2. 部分人力资源职能外包

部分人力资源职能外包是指企业根据自己的实际需要，将特定人力资源活动（如人员配置、薪资发放、福利管理等）外包出去，同时在企业内部保留一些人力资源职能。如果选择得当，能获得更好的成本效益，是目前最普遍采用的方式。

3. 人力资源职能人员外包

人力资源职能人员外包是指企业保留所有人力资源职能，但让一个外部服务商来提供维持企业内部人力资源职能运作的人员，这基本上是一种员工租赁方法。

4. 分时外包

有些企业分时间段利用外部服务商。在这种情形下，由企业计划系统和设备的使用时间，由服务商提供技术人员，集中处理企业人力资源事务。这种做法比较经济，关键是做好资源分配计划。

（三）人力资源服务外包的优势

1. 有效管控人力资源总成本

有效地控制与降低成本是企业在竞争激烈的经营环境中必须重视的问题。服务外包对人力资源管理总成本的影响体现在以下两个方面。

第一，降低显性投入成本。通过人力资源服务外包，企业不仅可以减少处理并不具有增加价值的工作（如员工档案的管理、社会保险的缴纳等）所需要的专职人员，而且可以减少人力资源管理信息化的软件和硬件投入，还可以有效节约相应管理人员的薪酬成本、培训成本、管理成本与购置相关管理系统的成本。

第二，降低隐性协调成本。通过人力资源服务外包，企业人力资源管理者面临的多节点的协调工作便可以简化为只面向外包商的单节点的管理与控制工作，从而大幅度地节省企业人力资源管理的协调成本，将原本由企业承担的交易成本转移到外部组织。

2. 降低人力资源管理成本，提高人力资源服务质量与效率

人力资源服务外包机构的发展为企业提供了很好的平台，企业能够以更低的成本获取质量更高的服务，具体表现在以下三个方面。第一，企业利用人力资源外包服务机构的专业技能，如保险的缴纳、员工数据库的管理、人员分析等，能够创造更大的价值。第二，由于竞争压力的增大，人力资源外包服务商不断提升服务质量，客观上增强了企业人力资源服务的能力。第三，能够增强企业的快速响应能力。企业通过合约来对人力资源服务外包商的反应能力做出规定与要求，甚至可以根据企业的需要变更外包商，从而增强企业人力资源服务外包的快速响应能力，为员工提供及时而又优秀的管理服务。

3. 形成人力资源管理的核心竞争力

对于不同类型的企业来说，其人力资源服务外包需求不同，有着各自的优势和劣势。

企业将不具有优势的人力资源管理环节外包给专业技能更高的外部组织，集中自身的管理资源，更多地投入于更具有本企业特色、更能促进企业文化形成的人力资源管理环节，进而促进核心竞争力的发展。

（四）人力资源服务外包的风险及防范措施

1. 人力资源服务外包的风险

虽然人力资源服务外包具有一定的优势，但是也带有一定的风险，具体表现在以下几个方面。

（1）潜在的成本风险

尽管人力资源服务外包的初衷是降低企业成本，但是盲目的外包决策会适得其反。企业一般会将简单重复的基础人力资源管理事务外包，以期有效地控制其在人力资源管理方面的支出。然而，如果在决策前未对相应事务和企业具体情况进行交易费用分析，就可能会导致潜在的成本风险。这是因为根据交易费用理论，当企业费用大于市场费用时，外包活动是可能成功实施的。然而，市场环境复杂多变，使交易产生了多种不确定性，导致交易双方的稳定性受到了影响，增加了合约的风险。由于每次外包活动，企业都要花费一定的费用和时间与外部服务商联系沟通，如果交易频繁变化，最终有可能导致成本的上升。另外，即使交易双方达成稳定合约，由于对外包事项费用的错误评估，也会造成无法达到预期目标的结果。外部服务商要想针对企业提出量身定做的管理方案，就需要对企业本身的组织和现状进行大量的研究，如果其需要长期进驻企业，或许会产生更大的费用。

（2）潜在的失效风险

人力资源服务外包针对的是人力资源这一具有主动性的独特资源，外部服务商和企业文化的契合度会决定外包的实际效果。另外，外包服务会导致企业本身的特色管理实践优势的流失，因为企业高管人员可以将企业的隐性文化通过指导等方式进行传导，而外部服务商即使获知这一点，也难以保证基于隐性文化的人力资源管理流程和方法的效力。

（3）潜在的泄露风险

人力资源服务外包活动必须向外部服务商披露大量信息，如企业战略、经营指标、人力资源管理现状等，这势必会带来企业客户信息或其他商业机密外泄的风险，尤其是外包事务与涉及企业竞争力的核心技术或事项相关时风险更大。外部服务商也存在和将来客户分享合作中的知识产权的可能，而目前我国对此并无明确的法律规定，一旦发生泄密事件，对企业的危害极大。

（4）可信任度风险

外包合约的签订和遵守需要耗费大量的精力，同时有极大的不确定性。由于存在利益分歧的可能性，外包双方作为两个独立的个体，存在关系破裂的潜在可能，会给企业带来较大的沉没成本，也会进一步加大信息泄露的风险。

（5）潜在的外部服务商风险

由于外部服务商的能力参差不齐，其专业能力和管理能力的不足会导致外包活动成本的增加或整个项目的失败，对企业的人力资源管理体系也会造成很大的不良影响。同时，如果外部服务商在人力资源管理外包执行过程中破产，会导致外包活动被迫终止，企业面临着重新管理人力资源工作或是重新寻找外包服务商的局面，造成企业经济上的损失并影响企业战略的实施。

2. 人力资源服务外包风险的防范措施

对于上述提到的人力资源服务外包风险，可以采取以下防范措施。

（1）动态调整人力资源规划

企业人力资源管理人员必须清楚地认识到人力资源服务外包的优势和缺点，以及本企业所处的生命周期。同时，针对为什么外包、外包什么和怎样外包进行调查，调查应以本企业的文化、背景、战略、业务，以及企业内部各部门的协调性和可控性为依据，并且对要外包的事务进行详尽的成本分析，以确保外包的必要性。

对核心事务和非核心事务应有正确的界定。如果误将核心事务外包出去，就意味着企业丧失了对该项事务的控制力，也提高了对外部服务商的依赖性，同时加大了泄密风险的危害。

（2）选择合适的人力资源外包服务商

在确定了需要外包的人力资源服务及期望的目标后，需要寻找一个合适的外包服务商。首先，需要确定双方的文化和背景契合度，作为本企业人力资源管理部门的外延，外包服务商应十分了解客户的价值、愿景、流程和能力，这种匹配会对人力资源管理的外包产生极强的效用，更具有可操作性。同时，在做出选择外包服务商的决策之前，应以所需外包的人力资源服务的独特性为依据进行调查，选择能满足企业独特需求的服务商，并且对其管理职能效率、精通程度、应对能力等进行逐一比较，最终确定合适的外包服务商。因此，选择外包服务商并不是一件易事，需要兼顾企业文化和特定能力的需求。业内对于人力资源外包服务商的评价要素一般可概括为服务质量、职能专长、服务记录及承诺的成本缩减。企业应从多方面收集信息，而非简单地根据外包服务商以往的报告进行盲目判断，应将潜在风险降到最低。

（3）签订完善的外包合同

目前，我国尚无明确的关于人力资源服务外包的法律法规，只有一些零星条文，这对人力资源服务外包的风险控制造成了一定的困扰。但是，为了适应飞速发展的市场，企业应在签订人力资源服务外包合同时多一些谨慎。企业在签订人力资源服务外包合同前，应及时建立商业秘密管理体系，将本企业的技术信息和核心机密纳入法律保护范围。外包合同应明确企业秘密的范围和双方的权利义务，企业要与外包服务商签订保密协议，同时对其熟知本企业商业秘密人员的离职做出相应规定。

另外，在签订人力资源服务外包合同前，企业应由法律顾问进行合同审核。人力资源服务外包合同应该详尽界定所有外包活动的范围、内容及做法。同时，人力资源服务外包合同应具有一定的灵活度，因为签订时或许存在一些被忽视的事项，通过对执行过程中人力资源服务外包效果的及时跟进反馈，最终可在动态基础上和外包服务商达成协议，对合同条款进行调整、完善。

（4）加强对外包服务商的监督和沟通，做好人力资源服务外包评估

在人力资源服务外包合同执行过程中，企业原本的人力资源管理部门不是转入被动式的工作，而是应积极地参与人力资源管理事务，做好与外包服务商的沟通工作，确保其充分了解企业的目标和情况，保障外包活动的成效。另外，还应对外包服务商的活动进行监督。企业可以采取风险控制和激励机制确保外包服务商的诚信度，降低由于信息不对称和市场不确定导致的风险。在人力资源外包合同执行过程中，企业需要定期对已知问题和预测可能出现的问题进行跟踪调查，审查外包服务商的报告，并对报告的完成度和真实度进行评估。企业人力资源管理部门要调查并确定外包服务商得到了足够的支持，并调查企业内部对外包商服务的满意度。

（五）人力资源服务外包的步骤

人力资源服务外包是一个复杂的系统，只有在明确外包内容的前提下，选择适当的外包形式，按照一定的模式运作，才能实现人力资源管理的高效运行。

1. 成立人力资源服务外包小组

该小组是人力资源服务外包的管理和决策机构，通常情况下由企业高管和人力资源、财务、生产、销售、采购、市场等部门负责人组成，同时，为了提供专业的咨询和指导，还会聘请外部专家参与。

2. 确定服务外包内容

对于人力资源管理来讲，工作分析与岗位描述、员工招聘、薪酬、福利、劳动关系、

培训与发展等方面的工作是可以考虑进行外包的。企业在实施外包之前，首先必须界定清楚哪些职能适宜外包。对于企业而言，最初要考虑的是安全性，尽量外包非核心业务，如养老保险、医疗保险、失业保险、住房公积金等事务性工作。之后，在企业确定外包内容的前提下，拟定详细的外包计划，其中包含进度安排、财务预算、人力资源服务外包的活动类型、人员安排、对外包机构的要求，以及预期要达到的效果等。

3. 选择、评价、确定服务外包提供商

在制订外包计划后，须通过有效的平台和途径发布招标信息，使外包机构高效、便捷、准确地了解企业外包需求。从企业角度来讲，最终确定两家以上服务外包商提交的合作方案，主要包括服务项目、外包模式、服务项目流程和报价及相关的各种法律文本、服务质量监控参考指标、服务奖惩措施和意外补救措施等。在确定合作的外包服务机构时，要考虑三个方面的因素：①服务外包商的实力与信誉，其之前的业绩状况、目前的财务状况等能否对外包业务提供相应的支持；②服务外包商与企业的匹配情况；③服务外包商的方案是否切实可行，能否帮助企业在市场竞争中取得优势，降低运行成本。

4. 选择服务外包的方式

企业实施人力资源服务外包可供选择的方式主要有三种：①部分业务外包方式，即将某一项完整的人力资源管理职能工作的一部分外包给专业的人力资源服务机构，剩余部分继续由本企业的人力资源管理部门负责；②整体业务外包方式，即将一项完整的人力资源管理工作全部外包给一家人力资源服务机构，企业的人力资源管理部门仅仅作为联络者、协调者和受用企业的代表；③复合业务外包方式，即将多项人力资源管理工作外包给企业外部的人力资源服务机构，既可以外包给一家机构，也可以分别外包给不同的机构，同时外包的既可以是全部职能，也可以是部分职能。

5. 实施与控制

通过服务外包，企业可以使自身将精力集中于核心业务，但是，企业应该持续监控和评估外包服务机构的工作进度和工作质量，以使其按协议要求不打折扣地办事，从而达到预期的目的。在此过程中，人力资源管理部门作为主要执行部门，要及时将实施中的信息反馈给本企业服务外包小组，以便实时采取有效措施对人力资源外包机构加以协调和管理。

6. 评估效果

通过效果评估，随时调整外包活动的进程与方向。调整至少包括三个方面：①企业服务外包业务可能需要改变，如以前外包的业务需要内部化，或出现了新的外包业务；②企

业减少服务外包业务；③企业选择与其他人力资源服务外包机构合作。

（六）人力资源服务外包的发展趋势

随着经济全球化的发展，许多企业，特别是跨国企业已经对人力资源服务外包形成了惯性，并且摸索出了适合本企业的外包形式。因此，有必要分析人力资源服务外包的发展趋势，给想要运用，或者正在运用，想要进一步改进的企业提供发展思路。

1. 人力资源服务外包领域逐渐扩展

实行人力资源服务外包的企业，在开始时通常只外包一两项人力资源服务职能或某一职能中的一两个活动。但是，在与外包服务商合作的过程中，企业得到了越来越高的成本效益，并且由于人员缩减、成本控制的压力，企业愿意将更多的人力资源服务职能外包出去。同时，随着人力资源服务外包商服务能力的提升，其所提供的服务项目和范围也在不断扩大。在两方面原因的共同作用下，人力资源服务外包从最初的单项培训活动、福利管理活动外包，发展到今天的人员招聘、工资发放、薪酬方案设计、国际外派人员服务、人员重置、人才租赁、保险福利管理、员工培训与开发、继任计划、员工援助计划等更多方面的人力资源服务活动外包。

2. 企业利用外包顾问开展外包工作

人力资源服务外包的市场需求看好，越来越多的服务商也应运而生，而且大多数服务商都能以合理的价格来提供相应的服务。面对广泛的选择，企业常常感到难以判断和抉择。很少企业内部有人力资源服务外包方面的专家，而这种专家对于有效处理外包项目又是必需的。企业再一次向外包寻求帮助，利用具有特定职能外包专业知识的外部专家来进行外包项目的分析、谈判和决策，以及部分外包过程的管理。这可谓外包之外包。于是，许多著名的人力资源服务外包商又有了新的人力资源服务外包业务方向。

3. 外包服务商结成联盟

人力资源服务外包领域最明显的趋势之一就是大型福利咨询企业和大型会计事务咨询企业不断联合。原因在于：人力资源服务外包服务长期被分割，成千上万的顾问和比较小的咨询服务企业都在提供一定范围的人力资源服务职能外包服务。过去，想将多个或全部人力资源服务职能外包出去的中型或大型企业须利用多个服务商，这往往会使其整个人力资源服务职能外包过程变得复杂、低效。于是，某些大型咨询企业开始调整业务焦点，在人力资源服务技术上进行了巨大的投资，准备在人力资源服务外包这个具有广阔前景的业务领域大力发展。

4. 人力资源服务外包向全球化方向发展

经过大规模并购重组而产生的大型人力资源服务商立志于开拓全球范围的全面人力资源服务职能外包市场，将其服务对象确定为国际型、全球型大企业，为此它们在全球范围广泛开设分支机构，密切关注国际型企业的战略规划与人力资源服务管理体制改革，积极开发全球人力资源服务解决方案。

第三节　人力资源管理服务系统构建

一、人力资源管理服务系统构建需求分析

（一）人力资源管理服务系统可行性分析

人力资源管理系统已应用在各个领域，通用化的管理软件可以满足基本的人力资源信息管理功能，但是通用化的软件具有一定的局限性，在实际的开发过程中扩展性较差，数据库的功能单一。为了解决存在的问题，系统从数据的并行性处理和信息之间的实时同步角度对数据库进行了设计。为了避免盲目开发带来的风险，在开发过程中要评估新技术对系统可能造成的风险，因此在开发之前需要对系统进行可行性分析。下面从技术可行性、经济可行性、操作可行性的角度分析是否具备实现系统功能和性能的条件。

1. 技术可行性分析

从技术角度分析，系统采用服务器/客户端设计模式。服务器运行主数据库，客户端运行本地数据库，数据库之间通过建立通信链路完成通信。

界面使用 MFC 架构完成设计，数据库管理采用 SQL 2005。开发过程中只需调用接口函数便可完成相应的功能。系统以服务端为中心，客户端围绕服务器进行数据的操作和处理，这种设计模式是可行有效的。

2. 经济可行性分析

数据库技术的实现可以帮助人力资源管理系统扩大使用范围，减少系统的管理开支。人力资源信息的传输共享是以网络传输为基础实现的，网络传输高效快捷，安全可靠，并且成本较低，可以降低系统研发成本。

3. 操作可行性分析

用户只需安装客户端程序，客户端设计了操作方便的系统界面，在网络环境下通过客

户端底层数据库引擎接口完成数据库之间的通信。系统具有友好的操作界面、清晰的导航功能。在网络连接的状态下，用户或者管理员可以在任何地方自由地登录人力资源管理系统。

（二）人力资源管理服务系统功能需求分析

1. 系统管理功能需求分析

通过人力资源管理服务系统可自由定义企业的各个部门机构，企业将按照各部门的业务特征、员工数量、发展方向等确定部门机构的组成，形成系统的部门机构树状图。在功能方面，系统可实现机构的新建、合并、更改和撤销等功能；在权限设置上，不同单位的人力资源管理部门员工有权登录自己所在单位的人力资源管理服务系统进行人事信息管理。

通过上述分析，可以确定系统管理所包含的功能，主要包括机构部门管理、用户管理、权限管理和数据库管理等。

2. 员工档案管理功能需求分析

人力资源管理服务系统既包括对员工的基本数据信息的管理，又包括对其外语水平、学历情况、工作经验、家庭状况、奖惩记录、技能证书等级等信息的管理。信息的录入可采取员工自行录入或通过人力资源部员工录入两种方式，还可借助 Excel 表格录入。人事数据信息的管理设置存档记录功能，可保留所浏览人事信息的当前记录和历史记录，以确保人事信息保存完好。例如：员工的学历情况都被存储于员工的学历信息中，当前的记录即可作为员工的学历情况。企业高层、企业相关部门工作人员、工程项目负责人、工程项目相关工作人员都有权审阅员工的人事信息。

通过上述分析，可以确定员工档案管理所包含的功能，即员工档案的添加、删除、修改、查询、复核和恢复等。

3. 薪资福利管理功能需求分析

薪资福利管理模块分为两种模式。第一，可设置不同职位员工的薪资福利额度，通过运用合适的公式，并参照员工的考勤数据，由系统核算员工的月薪资福利。此时，通过更改模块数据即可完成对员工薪资福利的调整。第二，可集成 Excel 的薪资福利数据，由财务部核算数据并将其录入系统加以管理。系统的接口配置支持与其他应用连接，实现数据的高效传输。在统计分析方面，强大的薪酬统计配置可为企业薪酬体系的调整和薪酬制度的建立提供数据凭证。人力资源部的员工有权自由定义检索条件，以完成对统计数据的查询、分析。此外，企业的薪资福利管理模块还支持对人力资源成本等数据信息的核算。

薪资福利管理功能主要由财务管理员和企业领导完成，包括薪酬福利标准管理和薪酬发放管理功能。

4. 考勤管理功能需求分析

考勤管理模块主要负责统筹企业员工的考勤信息，安排企业员工的值班表和调休日历，通常与企业的指纹识别考勤机器相对应。针对企业各员工所处的不同职位及享有的不同薪资福利，系统可定义对应的考勤模式。

系统会将不同的请假标准、调休标准和假日休假标准灵活地应用于不同员工。而员工的考勤情况则可借助人工输入、数据导入、指纹识别、考勤机器录入等方式被记录在企业系统的考勤管理模块。依照先前整合的值班、调休数据，模块将自动生成各部门员工的考勤报告。该报告将被保存为历史考勤档案，协助企业管理者监察员工考勤情况。此外，还可将考勤报告记录的信息应用于考勤管理模块，为员工薪酬的发放提供重要指标。考勤管理功能模块主要实现企业员工的请假管理、加班管理、休假管理等功能。

5. 人事异动管理功能需求分析

进行人事异动管理需先在系统中设置人事异动类型，由系统自动记录企业人员异动的具体情况，包括职位的升迁、下降和调动等。当人事异动发生时，再由系统将人事信息自动传输到新职位所在的系统模块，并妥善处理原岗位的遗留信息。人事异动管理功能包括企业员工的转正、离职、调动管理等。

6. 绩效管理功能需求分析

系统的绩效考核管理支持按照不同时期、不同类型进行员工的业绩考核，先由人力资源管理部门员工确立业绩评判标准并将各个员工的业绩信息和评价信息录入系统，再借助系统将各类信息整合并存档。绩效管理功能包括工时管理、考勤统计、员工违纪和员工投诉管理。

（三）人力资源管理服务系统非功能需求分析

1. 系统性能需求

人力资源管理服务系统的用户包括各个员工、部门领导等，用户数量非常庞大，考虑到系统在多用户同时开发使用系统时对软件系统带来的压力，必须对系统响应速度、存储能力、使用的流畅性等要求非常高。从专业的角度来讲，企业人力资源管理服务系统性能要求包括响应时间要求、吞吐量要求、资源使用率要求、点击数要求、用户并发数要求。

2. 系统安全需求

系统安全需求是指为企业人力资源管理服务系统数据提供保护，保证用户身份的准确性和数据的可用性、完整性和可靠性。在系统客户端设计用户登录功能，用户需要填写真实的、完整的用户基本信息，并绑定用户编号才能够注册成为系统用户。在用户登录系统时，系统会根据用户名、密码与数据库存储信息进行匹配，匹配成功可允许使用系统，匹配失败则用户无法使用系统。系统服务器端具有数据备份功能，可定期对系统数据进行备份，将数据保存在本地磁盘中，定期对数据进行备份，可保证系统数据的安全性。系统数据库利用自带的"导出"和"导入"功能对数据库中的数据进行备份和恢复。

二、人力资源管理服务系统的设计与优化

（一）人力资源管理服务系统架构

构建的人力资源管理服务系统是借助模型—视图—控制器模式进行设计研发的，系统的总体框架应包括互联网浏览器和数据库服务端两部分，普通员工可以借助企业的内部网络在任意一台计算机设备上登录该系统，外部网络使用者也可以借助 Web 服务器登录该系统浏览相关界面。

在系统的互联网功能设计阶段，基于对系统的需求分析，应专门研发通过 Web 服务器登录系统的模式，实现企业内部的信息交互。系统的总体技术架构决定了系统运行的稳定性和效率问题，人力资源管理服务系统可以分为三层。

1. 表现层

表现层主要负责获得用户的输入，并将后台处理的结果展现给用户。用户可以在系统的表现层中，使用系统功能模块的用户界面进行交互操作。

2. 业务逻辑层

业务逻辑层主要由过滤器、数据转换等 Struts 核心组件构成，其作用是对用户输入的数据和操作请求进行处理，实现系统服务。

3. 数据层

数据层主要是指系统存储数据所使用的 MySQL 数据库环境，以及系统中的服务器和其他软件、硬件环境。

系统完成开发后，需要部署在企业内部的服务器上。服务器安装了安全、开源的 Linux 最新版操作系统，并且使用 WebLogic 作为应用服务器。开发人员将编译好的项目文件打包成 WAR 文件就可以在服务器上进行发布。在部署时，可以考虑：将各类服务器都部署在企业内部的局域网环境中，将所有用户的访问也都默认设置在内网访问。这样和外部网络的物理隔离，保证了系统可以避免各类非法侵入。但是考虑到用户也有外网访问的

需求，所以在内网访问设置的基础上，增加防火墙来避免非法用户的恶意入侵，同时又满足用户需求。

人力资源管理系统中的各个模块之间都以客户端申请操作的数据为模块的输入，以模块处理之后的数据为模块的输出。那么，模块之间的数据分为三种：同步性质的数据、异步性质的数据和共享性质的数据。凡是人力资源管理员申请查看的数据都属于共享性数据，共享性质的数据只具备只读属性。

共享数据在系统中存在于共享内存中，共享数据只具有只读属性，所以各个模块的访问不影响获取数据的准确性。如果客户端申请修改数据，系统会对申请数据权限进行修改，此时的数据属性改为可读可写。对于可读可写的数据，如果多个功能模块在操作该数据过程中同时申请修改数据内容，系统会采用互斥机制或者同步机制进行处理，以防止模块被同时修改。

最后，根据系统功能需求分析将人力资源管理系统划分为系统管理模块、员工档案管理模块、薪资福利管理模块、考勤管理模块、人事异动管理模块以及绩效管理模块。

（二）人力资源管理服务系统功能模块的设计

人力资源管理系统由系统管理、员工档案管理、薪资福利管理、人事异动管理和绩效管理这五大功能模块组成，具体的功能模块设计如下。

1. 系统管理模块设计

系统管理模块的功能主要包括机构部门管理、用户管理、权限管理和数据库管理等。用户管理功能的具体流程如下。

①对首次登录的用户进行身份验证，系统将根据用户的身份为其选择登录界面。

②若确认用户身份为系统管理人员，则进入客户端管理界面，负责管理使用者个人数据的编辑、修改、删除和用户角色划分等。

③若判断用户身份与系统管理人员不符，则进入普通浏览界面。

2. 员工档案管理模块设计

在系统中增添员工个人数据及资料管理模块，目的是加强员工个人数据及资料的有效管理，维护人力资源信息，保障企业和员工的基本权益。员工在企业个人数据及资料管理模块的管理内容包括员工基本信息、学位学历、外语水平、技能证书级别、家庭信息、工作经验、奖惩记录等。

员工信息管理的流程为：信息管理人员登录系统，若选择员工信息管理模块按键并打开页面进行浏览，则会出现涉及员工信息相关操作的各个功能选项，如信息登记、信息复合、数据变更、信息删除、数据检索、数据恢复等，信息管理人员有权使用其中任意的功能选项，也可利用管理员权限限制其使用范围。

人力资源档案存在基本浏览权限，企业高层和人力资源管理部门经理对员工在企业的所有个人数据及资料都有权浏览，各个分企业的领导有权浏览其所在分企业的所有员工的个人数据及资料；而各部门管理者则有权浏览其管辖范围内所有员工的个人数据及资料；对于人力资源管理部门内部的档案，只有各分企业的领导和人力资源档案的管理者有权浏览。此外，该人力资源档案的查阅对与被查阅者无关的人员有所限制，若需查阅企业的人力资源档案，则必须先在《人事档案查阅登记表》上做好相关信息的登记，通过人力资源管理部门经理的审核、批准，才有权浏览其权限范围内可查阅的人事资料。

员工个人数据及资料管理模块的主要内容是根据企业人力资源档案管理的相关条例，维护企业基本的员工个人数据及资料，来填充企业所应用的人力资源管理系统的数据库。此模块的功能包括员工个人数据及资料的维护、审查、撤销和更改等。

人力资源管理部门通常运用模块的员工个人数据及资料维护功能来完成员工档案的更改和人事档案查阅登记表的生成。

3. 薪资福利管理模块设计

企业的有效运转与薪资福利管理密不可分，该模块要求企业给予有突出业绩的员工适当的鼓励，以提高企业员工的劳动积极性和工作效率。换言之，企业的薪资福利又是运营成本的重要组成部分，若无法实施有效的管理，则会影响员工的日常工作。企业人力资源管理的宗旨是：寻找并吸纳适合企业发展的人力资源，保证企业人才储备充足，激励人才发挥自己所长为企业效力。而薪资福利的管理就是要根据企业的薪资福利制订一套符合自身需求的工资发放方案，审核员工薪酬的计算，将薪酬数据录入企业的数据库。

薪资福利管理模块的内容主要包括薪资标准管理和薪资发放管理两部分，每个部分负责的具体内容各异，前者更注重对系统的薪资数据固定值的统筹，由数据登记、数据审核、数据更改、数据检索组成，后者则基于薪资发放，由发放登记、发放审核和发放记录检索组成。

在企业中，员工的薪酬水准往往直接取决于其工作绩效，若员工的工作绩效产生变化，系统则会自动启动企业的员工工资调整程序。通过这种给予企业员工合适发展空间的员工工资调整程序，可提升企业员工的劳动积极性，确保企业在合理的机制下顺利运转。

薪酬的调整必须先由员工所在部门的直属上司依据员工的工作业绩向部门经理提出申请，经部门经理批准后将该申请转发至企业的人力资源管理部门。人力资源管理部门的相关负责人员需仔细研究商榷并予以回复，若结果未批准则将申请返还至直属上司处。此时若经直属上司再次审核批准，则可依据其权限范围对员工的薪酬做出相应调整，并通过记录存档。

4. 人事异动管理模块设计

人事异动模块的管理内容主要包括员工试用期结束成为正式员工、部门间员工的调动、员工的离职、办公地点的变更等。

（1）员工试用转正流程

员工在企业上岗的初期都必须经历 1 到 3 个月的试用阶段，试用期结束后，员工可将转正申请提交人力资源管理部门进行首轮审核。人力资源管理部门依照员工在试用阶段的业绩表现决定是否批准该员工转正，通常分为这几种情况：审核不通过，延长试用期；试用期间业绩欠佳，予以解雇；审核通过进入复审，经主审官审核通过，即可办理转正手续，成为企业的正式员工；进入复审后，经主审官审核未通过，则会适当延长试用期继续观察，或是直接予以解雇。

（2）员工离职流程

员工的离职都需要通过其所在企业的离职流程。首先，员工向人力资源管理部门提交离职申请，由人力资源管理部门判断该员工属于正式员工或试用期员工。若确认为正式员工，则在提交离职申请期满一个月后可离职；若确认为试用期员工，则在试用期满后即可离职。员工正式离职，须办理相关手续，由人力资源管理部门审核离职手续，确认无误后，将记录存档并上交企业领导。

（3）人事调动

人事调动模块负责管理员工在企业各下属部门之间的调动，包括记录、审查、检索等流程。

人事调动是企业根据员工的具体工作能力做出的合理调整，让员工在适合自己发展的部门各尽其能，目的是开发员工的潜力，为企业所用。员工须向高层管理者提交调动申请，经批准同意后，可在系统的相应界面填写调动信息，系统确认信息后即可办理员工调动手续。

5. 绩效管理模块设计

（1）工时模块的管理

工时管理在企业管理中发挥着重要的作用，但要产生更好的效果，仍需通过相应的管理机制协助其管理。借助工时管理模块，既可实现工时数据等的检索、查阅，又可生成工时固定的任务的图表。工时信息的统筹要求及时、准确，若未能按时录入并审核工时信息，企业领导则会向与该工时信息相关的员工和项目组下达警示，以强调工时管理对整个企业的重要性。

工时管理模块的作用主要包括以下几个方面。

第一，增添工时。需要增添工时的数据，包括员工身份标识、当前日期、调休日期、工作时间等；需要增添工时作业浏览的项目，包括项目名称、起始日期、项目类型、作业机能、作业预订、工作量、工作效率、工作具体内容等。

第二，员工的身份可由系统通过初始登录数据识别。

第三，工作时间的记录。需要正确录入员工的上下班时间，若上下班间隔时长与每天的正常工作时长相符，则不显示员工的休假时长，否则，系统会显示相应的休假时长。

第四，作业、作业机能、作业类型三者联动。这是指按照所选的作业，列出相应的作业机能清单，从而针对该机能清单中选择的机能，提供符合的作业类型，由工作人员自行选择。

工时管理模块主要负责管理企业的系统作业情况，而模块中的基础数据则是保证项目运转正常的重要因素，要求工时管理模块应确保参与员工、项目内容、作业部门等基础数据由系统保存完好。工时统计主要负责按人员统计和按作业统计两部分内容。

（2）员工违纪管理

员工违纪管理是企业管理的重要组成部分，记录员工的违纪行为并供领导审阅，可对企业员工的不当行为起警示作用，协助管理企业的人力资源。

员工违纪管理的流程包括：违纪员工所在部门的经理先将违纪内容输入系统，由人力资源管理部门员工或高层管理者审核批复，若予以批准则将该资料由人力资源管理部门整合后提交高层领导再次审核，经批准后返至该违纪员工处由其确认，若员工表示异议则发回人力资源管理部门等待重新批复。

（3）员工投诉管理

在企业工作的员工，有权对工作中遇到的违纪行为和不公正事件加以投诉，尤其是针对与自身权益密切相关的事件，可向其部门经理、总监等领导逐级向上反映。通过管理员工的投诉申请，既可实现企业各个阶层员工信息的交互，又有助于企业高层管理者了解下层普通员工的投诉需求并切实解决相关问题，促进企业的发展。

员工投诉流程包括：有诉求的员工在系统中完成投诉文件的录入，由部门经理负责在发出投诉请求两天时间内予以批复，该员工可按照批复结果决定如何对此次投诉做出进一步反应，若同意该结果，则投诉处理完毕，记录存档；若对该结果持有异议，则继续将该投诉文件发至人力资源管理部门处理，人力资源管理部门经理需要在收到文件的一天时间内予以批复；若对结果仍持有异议，还可将投诉文件直接发送到企业高层管理者处，由企业高层对此次投诉做出最后的处理决定。

第十章　人才培训开发与员工激励

第一节　人才培训与开发

一、人才培训

（一）培训概述

人才培训是给新雇员或现有雇员传授其完成本职工作所必需的基本技能的过程。人才开发主要是指管理开发，指一切通过传授知识、转变观念或提高技能来改善当前或未来管理工作绩效的活动。

培训与开发都是组织通过学习、训导的手段提高员工的工作能力、知识水平和潜能发挥，最大限度地使员工的个人素质与工作需求相匹配，进而促进员工现在和将来的工作绩效提高。严格地讲，培训与开发是系统化的行为改变过程，这个行为改变过程的最终目的就是通过工作能力、知识水平的提高以及个人潜能的发挥，明显地表现出工作上的绩效特征。工作行为的有效提高是培训与开发的关键所在。

总体来说，实施培训与开发的主要目的有：第一，提高工作绩效水平，增强员工的工作能力。第二，增强组织或个人的应变能力和适应能力。第三，提高和增强组织企业员工对组织的认同和归属。

一般来说，有效的培训所产生的生产性收益要大于培训所花费的成本。对于那些技术迅速变化的企业来说，员工培训尤其重要。

培训是一个学习训练的过程，在这一过程中，人们获得有助于促进实现各种目标的技术或知识。由于学习训练过程与企业的各种目标紧紧地联系在一起，因而培训既可从狭义的角度来理解，也可以从广义的视野来看待。从狭义上来看，培训为员工增添了他们现任职务所需要的知识和技能。广义的培训包括一般性的培训和培养两个部分。培养侧重于使员工获得既可用于当前工作又可用于未来职业生涯的知识和技能。

（二）培训与开发的需求分析

1. 工作任务需求分析

明确地说明每一项工作的任务要求、能力要求和其他对人员的素质要求。通过对工作任务的需求分析使每个人都能够认识到接受一项工作的最低要求是什么，只有满足了一项工作的最低要求，人员才能上岗，否则就必须接受培训。工作分析的结果应该准确、规范，并由此来确定相应的培训标准。

2. 人员需求分析

人员需求分析包括两个方面：

（1）人员的能力、素质和技能分析

这是与工作分析密切相关的工作。工作分析明确了每项工作所要求的能力、素质和技能水平。从人员的角度进行同样的分析是用以考查工作人员是否达到了这些要求，以及其能力、素质和技能达到了什么样的水平，并由此决定对培训的需求。此外，对人员的能力、素质和技能加以分析不仅仅是为了满足当前工作的需要，也是为了满足组织发展的未来工作的需要。培训的目的之一就是发挥人的潜能。通过培训，使组织的人力资源系统得到合理的利用和发挥。但这一切都要求对人员的能力、素质、技能状况进行全面准确的分析。

（2）针对工作绩效的评价

如果人员的工作绩效不能达到组织提出的效益标准，就说明存在着某种对培训的需求。

3. 组织需求分析

企业的组织目标设置（长期目标与短期目标）决定了开展培训的深度，包括三个方面：

（1）组织的人力资源需求分析

组织的人力资源需求分析决定了组织的宏观与微观设计、组织的发展、组织的正常运行等对人力资源的种类、数量和质量的需求状况。从人力资源的角度要求组织人员在能力水平上必须满足组织运行与发展的需要。

（2）组织的效率分析

组织的效率分析包括组织的生产效率、人力支出、产品的质量和数量、浪费状况、机器的使用和维修。组织可以对这些因素加以分析，制定出相应的效率标准。如有不能达到效率标准要求的，就要考虑使用培训的手段加以解决。同时这些标准也是培训效果的评价指标。

（3）组织文化的分析

组织文化是组织的管理哲学及价值体系的反映。通过培训可以将组织完整的价值体系输入每一个员工的头脑中，从观念上指导他们的工作行为。

（三）培训计划的制订

1. 长期计划

（1）确立培训目标

通过对培训需求的调查分析，将培训的一般需求转变为企业培训的总体目标，如通过培训来达到各项生产经营目标和提高企业的管理水平。通过对上年度培训计划的总结及分析培训的特殊需要，可以确立需要通过培训而改善现状的特别目标，作为本年度培训的重点项目。

（2）研究企业发展动态

企业培训部会同有关的主要管理人员研究企业的生产营销计划，以确定如何通过培训来完成企业的年度生产经营指标。一项生产经营目标的达成往往取决于一个或几个员工是否正确地完成任务；而要正确地完成任务，又取决于员工是否具备完成任务所需的知识、技能和态度。通过检查每一项业务目标，确定要在哪些方面进行培训。企业培训部还要与有关人员共同研究企业的生产经营状况，找到需要改进的不足之处，寻求通过何种培训可以改善现状、实现培训的特别目标。

（3）根据培训的目标分类

围绕企业生产经营目标的培训应列入业务培训方案；围绕提高企业管理水平的培训活动则应列入管理培训方案。因此，培训方案的制订是针对培训目标，具体设计各项培训活动的安排过程。企业的业务培训活动可分为素质训练、语言训练及专门业务训练。企业的管理培训活动主要是班组长以上管理人员的培训，内容包括系统的督导管理训练及培训员专门训练等。

（4）决定培训课程

课程是培训的主题，要求参加培训的员工，经过对某些主题的研究讨论后，达到对该训练项目内容的掌握与运用。年度培训计划中，要对各类培训活动的课程进行安排，主要是列出训练活动的细目，通常包括：培训科目、培训时间、培训地点、培训方法等。注意培训课程的范围不宜过大，以免在各项目的训练课程之间发生过多的重叠现象；范围也不宜过窄，以免无法真正了解该项目的学识技能。应主要以熟悉该训练项目所必需的课程为限。培训课程决定后，需选编各课程教材，教材应包括以下部分：培训教材目的的简要说明；列出有关教材的图表；说明表达教材内容的方法。可依照下列顺序编写教材：教材题目、教材大纲及时间计划、主要内容及实施方式和方法、讨论题及复习的方法和使用的资料。

（5）培训预算规划

培训预算是企业培训部在制订年度培训计划时，对各项培训方案和管理培训方案的总费用的估算。预算是根据方案中各项培训活动所需的经费、器材和设备的成本以及教材、教具、外出活动和专业活动的费用等估算出来的。

2. 短期计划

短期计划指针对每项不同科目、内容的培训活动或课程的具体计划。制订培训活动详细计划的步骤如下：

①确立训练目的阐明培训计划完成后，受训人应有的收效。

②设计培训计划的大纲及期限——为培训计划提供基本结构和时间阶段的安排。

③草拟训练课程表——为受训人提供具体的日程安排，落实到详细的时间安排，即训练周数、日数及时数。

④设计学习形式——为受训人完成整个学习计划提供有效的途径，在不同学习阶段采用观察、实习、开会、报告、作业、测验等不同学习形式。

⑤制定控制措施——采用登记、例会汇报、流动检查等控制手段，监督培训计划的进展。

⑥决定评估方法——根据对受训人员的工作表现评估以及命题作业、书面测验、受训人员的培训报告等各方面来综合评价受训人员的培训效果。

3. 培训的准备

（1）培训员的选择

师资质量的高低是企业培训工作质量好坏的一个重要因素。培训部除了少量专职人员作为培训师资外，大部分培训员可由企业各部门经理或富有经验的管理人员兼任，也可以聘请其他单位的专家、学者等人员做培训教师。

培训员是受训队伍的领队与教练，职能是执行培训计划、传递信息，而不是控制人员。培训能否获得成功，在很大程度上取决于培训员的素质与能力。所以，培训部要把组织和训练培训员或聘请专家为师资作为首要任务，纳入培训计划。

（2）培训时间、地点的选定

培训时间的选定，要充分考虑到参加培训的职工能否出席，训练设施能否得到充分利用，做指导及协助的培训员能否腾出时间。培训地点的选定，要注意选择地点适中、交通方便、环境良好、通风光线等条件较为理想的地点和场所。

（3）培训用具及有关资料的准备

培训用具及有关资料的准备包括报到地点和教室地点的标志、桌、椅、黑板、放映灯具、布幕教学用具的准备，各种训练教材及教材以外的必读资料的准备，编排课程表、学员名册、考勤登记表，准备证书和有关奖品以及有关考评训练成绩用的考评表及试题的准备等。

（四）培训方式

1. 讲授法

传统模式的培训方法，也称课堂演讲法。在企业培训中，经常开设的专题讲座就是采用讲授法进行的培训，适用于向群体学员介绍或传授某一个单一课题的内容。培训场地可选用教室、餐厅或会场，教学资料可以事先准备妥当，教学时间由讲课者控制。这种方法要求授课者对课题有深刻的研究，并对学员的知识、兴趣及经历有所了解。其中一个重要技巧是要保留适当的时间进行培训员与受训人员之间的沟通，用问答形式获取学员对讲授内容的反馈。授课者表达能力的发挥、视听设备的使用也是提高效果的有效辅助手段。

讲授法培训的优点是同时可实施于多名学员，不必耗费太多的时间与经费。其缺点是由于在表达上受到限制，受训人员不能主动参与培训，只能从讲授者的演讲中获得被动、有限度的思考与吸收。这种方法适宜于对本企业一种新政策或新制度的介绍与演讲、引进新设备或技术的普及讲座等理论性内容的培训。

2. 视听法

视听法是运用电视机、录像机、幻灯机、投影仪、收录机、电影放映机等视听教学设备为主要培训手段进行训练的方法。随着声像资料的普及与广泛应用，许多企业的外语培训已采用电化教学手段，并取得了较好的效果。除了外语培训，有条件的企业还运用摄像机自行摄制培训录像带，选择一定的课题将企业实务操作规范程序、礼貌礼节行为规范等内容自编成音像教材用于培训中。

3. 讨论法

讨论法是对某一专题进行深入探讨的培训方法，其目的是解决某些复杂的问题，或通过讨论的形式使众多受训人员就某个主题进行沟通，谋求观念看法的一致。采用讨论法培训，必须由一名或数名指导训练的人员担任讨论会的主持人，对讨论会的全过程实施策划与控制。参加讨论培训的学员人数一般不宜超过 25 人，也可分为若干小组进行讨论。讨论法培训的效果，取决于培训员的经验与技巧。讨论会的主持人，要善于激发学员踊跃发言，引导学员自由发挥想象力，增加群体培训的参与性；还要控制好讨论会的气氛，防止讨论偏离主题；通过分阶段对讨论意见进行归纳小结，逐步引导学员对讨论结果达成比较统一的认识。

讨论法适用于以研究问题为主的培训内容，对培训员的技巧要求很高。在培训前，培训员要花费大量的时间对讨论主题进行分析准备，设计方案时要征集学员的意见。受训员应事先对讨论主题有认识并有所准备。在讨论过程中，要求培训员具有良好的应变、临场发挥与控制的能力。在结束阶段，培训员的口头表达与归纳总结能力同样也是至关重要的。比较适于管理层人员的训练或用于解决某些具有一定难度的管理问题。

4. 案例研讨法

案例研讨法是一种用集体讨论方式进行培训的方法。它与讨论法的不同点在于：通过研讨不单是为了解决问题，而是侧重培养受训人员对问题的分析判断及解决能力。在对特定案例的分析、辩论中，受训人员集思广益，共享集体的经验与意见，有助于他们将受训的收益在未来实际业务工作中思考与应用，建立一个有系统的思考模式。同时，受训人员在研讨中还可以学到有关管理方面的新认识与新原则。

培训员对案例的事先准备要充分，经过对受训群体情况的深入了解，确定培训目标，针对目标收集具有客观性与实用性的资料加以选用，根据预定的主题编写案例或选用现成的案例。在正式培训中，先安排受训人员有足够的时间去研读案例，引导他们产生身临其境、感同身受的感觉，使他们自己如同当事人一样去思考和解决问题。案例讨论可按以下步骤开展：发生什么问题—问题因何引起—如何解决问题—今后采取什么对策。适用的对象是中层以上管理人员，目的是训练他们具有良好的决策能力，帮助他们学习如何在紧急状况下处理各类事件。

5. 操作示范法

操作示范法是职前实务训练中被广泛采用的一种方法，适用于较机械性的工种。操作示范法是部门专业技能训练的通用方法，一般由部门经理或管理员主持，由技术能手担任培训员，现场向受训人员简单地讲授操作理论与技术规范，然后进行标准化的操作示范表演。学员则反复模仿实习，经过一段时间的训练，使操作逐渐熟练直至符合规范的程序与要求，达到运用自如的程度。培训员在现场作指导，随时纠正操作中的错误表现。这种方法有时单调而枯燥，培训员可以结合其他培训方法与之交替进行，以增强培训效果。

6. 管理游戏法

管理游戏法是当前一种较先进的高级训练法，培训的对象是企业中较高层次的管理人员。与案例研讨法相比较，管理游戏法具有更加生动、更加具体的特点。案例研讨法的结果是，受训人员会在人为设计的理想化条件下较轻松地完成决策。而管理游戏法则因游戏的设计使学员在决策过程中会面临更多切合实际的管理矛盾，决策成功或失败的可能性同时存在，需要受训人员积极地参与训练，运用有关的管理理论与原则、决策力与判断力对游戏中所设置的种种遭遇进行分析研究，采取必要的有效办法去解决问题，以争取游戏的胜利。但是管理游戏法培训对事先准备即游戏设计、胜负评判等都有相当的难度要求。

7. 现场个别培训

强调单个的、一对一的现场个别培训是一种传统的培训方式，又称师徒式培训。做法是，受训人员紧跟在有经验的老职工后面，一边看，一边问，一边做帮手，来学习工作程序。在企业培训实践中，这种师傅带徒弟的个别培训方法仍在运用。然而，企业的培训部必须对采用师徒式培训方法的岗位做有效的培训组织指导，才能确保培训获得良好的效果。

组织现场个别培训的四个步骤有：

①准备。制订工作任务表与工作细则，确定培训目标，让受训人员做好准备以及挑选培训员。

②传授。培训员以工作细则为基准，与受训员一起讨论工作中应该做些什么，然后讲解工作应该怎样做，接着就工作步骤与方法进行示范。

③练习。受训员对工作熟悉后，开始独立操作。练习中，培训员在一旁做适当辅导，对准确动作予以肯定与赞扬，对改进动作提出建议。

④跟踪观察。在受训员独立工作后，培训员仍将继续对受训员进行观察，并提供明确的支持与反馈，使受训员对培训保持一种积极的态度。

8. 职位扮演法

（1）职位扮演法的含义

职位扮演法又称角色扮演法，也是一种模拟训练方法。适用的对象为实际操作或管理人员，由受训人员扮演某种与自己工作相关，但自己原来没有体验过的训练任务的角色，使他们真正体验到所扮演角色的感受与行为，以发现及改进自己原先职位上的工作态度与行为表现。它多用于改善人际关系的训练中。人际关系上的感受常因所担任的职位不同而异。为了增进对对方情况的了解，在职位扮演法训练中，受训人员常扮演自己工作所接触的对方的角色而进入模拟的工作环境，以获得更好的培训效果。

采用职位扮演法培训时，扮演角色的受训人员数量有限，其余受训人员则要求在一边仔细观察，对角色扮演者的表现用"观察记录表"方式，对其姿势、手势、表情和语言表达等项目进行评估，以达到培训的效果。观察者与扮演者应轮流互换，这样就能使所有受训者都有机会参加模拟训练。

（2）职位扮演法的优点

①参与性强，易引起受训者共鸣。只有参与才会有体验，有了体验才会有新感受。正是这种方法使得学员不甘寂寞，学习气氛就会变得很活跃，人们的思维也在不知不觉中加速运转。

②易于深刻地理解角色意识。由于工作中的角色不同，思考问题的角度不同，往往给沟通带来障碍，给工作造成麻烦。也许秘书已觉得自己工作十分投入，经理却不太满意；前台服务员自认为对客人的服务已尽善尽美，客人却抱怨员工不够友善。角色扮演法给了员工一次换位思考的机会，使员工身临其境去探索对方的心理需求，从而强化自己的角色意识。

（3）职位扮演法的缺点

①参加人数少。部分人只能通过看别人表演来间接感觉。

②花费时间多。由于时间的限制，角色扮演法只适用于小范围，不适用于解决普遍存在的问题。

9. 专门指导

个别培训的方法之一，在受训员对工作实践进行摸索的基础上，培训员针对其工作情况和特殊的需要实施针对性的专门指导。

（五）培训的对象与技能

1. 培训对象

①可以改进目前工作的人，目的是使他们能更加熟悉自己的工作和技术。

②那些有能力而且组织要求他们掌握另一门技术的人，并考虑在培训后，安排他们到更重要、更复杂的岗位上。

③有潜力的人，组织期望他们掌握各种不同的管理知识和技能或更复杂的技术，目的是让他们进入更高层次的岗位。

总之，培训对象是根据个人情况、当时的技术、组织需要而确定的。

2. 培训技能

目前一般将职工的技能培训分成三种，即技术、人际关系和解决问题的培训。具体如下：

①技术能力的培训，就是通过培训提高职工的技术能力。

②人际关系能力的培训，就是通过培训提高人与人之间的合作交往能力。

③解决问题能力的培训，就是通过培训提高发现和解决工作中出现的实际问题的能力。

二、培训的实施

（一）迎新培训

迎新培训是一种特殊的培训，是有计划地向新员工介绍他们的工作、同事和企业的各种情况。不过，不应将迎新培训搞成一个机械的、单方向的运作程序。另外，由于全体新员工各不相同，因此，迎新培训还必须对新员工的顾虑、不确定感和各种需要予以敏锐的关注。

迎新培训的目的有以下三点：

1. 了解所处的环境

迎新培训最主要的目的是帮助新员工了解他们所处的工作环境，以使他们的工作表现尽可能早日达到所要求的标准。

卓有成效的迎新培训至少可获得以下方面的收益：

①可增强新员工对企业的责任心。

②可使新员工对企业的价值观和目标具有更高程度的认同。

③可以降低缺勤率。

④可提高对工作的满意度。

⑤可减少人员流失。

2. 增强人际间的相互了解

迎新培训的另一个目的，是使新员工的融入更为容易一些。新员工通常十分关注与所在部门职工的关系。一般来说，一个群组中的员工们的各种行为举措并不总是与管理人员在迎新培训中所描述的完全一致。因此，如果缺乏一个计划良好的正式迎新培训，新员工对情况的了解就可能完全依赖于同事，而这种状况很可能在许多方面对企业造成不利。

3. 向新员工提供所需信息

在组织迎新培训时，首先应注意的问题是：新员工目前需要知道些什么。新员工常常被给予大量的他们并不急需的信息，同时他们又往往未能得到在第一天的工作中所真正需要的信息。

有些企业设计了一种迎新培训一览表来使这迎新系统化。一份一览表可以保证每一个事项按时完成，大多事项一般都可在第一周之内了结。许多企业还要求新员工在该一览表上签字，以确认他们已了解了企业有关规定和惯例。

新员工还通常被要求签署一份表格，表明他们收到并通读了一份手册。这一要求为那些在以后将不得不实施某些政策规定的企业提供了法律上的保护，它使得签署了该表格的员工在今后无法否认他们被告知了这些政策和规定。

（二）在职培训

企业最普遍的培训方式是在职培训。不论这种培训是否是有计划的，人们都会从他们的工作经历中学到某些东西。如果工作经常变动，员工就会学到更多的东西。在职培训工作通常由管理者或其他员工或两者共同来负责。对员工进行培训的经理或负责人必须既能向职工讲解又能向员工示范怎样来从事某项工作。

1. 确立培训目标

各种培训目标必须与由需求分析所确定的培训需要联系起来。一项培训成功与否应该用所确立的目标来衡量。好的目标应该是可以被衡量的目标。通过运用以下四个标准之一，就可确立各种培训目标：

①由于培训而导致的工作数量上的提高（如平均每分钟打字数量，或每天平均审议的工作申请数量）。

②培训后工作质量的提高（如重做工作的货币成本、废料损失或错误数量）。

③培训后工作及时性的改善（如达到时间安排要求的情况或财务报告按时呈递的情况）。

④作为培训结果的成本节约（如偏离预算情况、销售费用或萧条期成本费用）。

2. 在职培训模式

工作指导训练是一种指导性的在职培训模式。这一培训模式主要用于培训那些几乎没有任何工作经验的人。事实上，这种培训模式在步骤上采取的是合乎逻辑的循序渐进方式，因此它是指导培训者进行培训的极佳方法。

3. 培训媒介

提供信息的培训人员可以采用多种辅助手段。有些辅助手段可以被用于多种场合，并可与其他培训方法合起来使用。计算机辅助指导和视听教具是最常用的辅助手段。另一个辅助手段是远距离教学，这种手段使用双向反馈电视或计算机技术。

（1）计算机辅助指导

计算机辅助指导使得受训人可以通过人机对话来学习。计算机辅助指导技术的应用受到两种需要的驱动：一是提高培训效率的需要；二是尽快将所学到的东西用于改进工作的需要。计算机非常有助于指导、测试、操演、练习和模拟应用。

计算机辅助指导的一个重要优点是它允许自学，因此它受到许多人的偏爱。作为一种培训工具，计算机可使人们自己确定学习进度，并且通常可在各种工作场所使用。而基于校园的辅导教学则需要员工在工作岗位以外花费大量的时间。

（2）视听辅助设备

其他技术辅助手段大多是视听性的，包括录音带和录像带、电影、闭路电视和双向反馈的电视远程通信。

除了交互反馈电视外，其他都是单向信息传播。单向传播手段可以提供那些在教室无法提供的信息，如仪器操作、许多试验及行为测试的演示等。交互反馈电视给计算机辅助指导增加了新的视听功能，它用屏幕触动输入法代替了键盘输入。视听辅助手段还可与卫星通信系统相连接。连接之后，就可向分布于各省市甚至是各国各地区的受训人员同时输送一样的信息，如新产品详图等。

（3）远程培训和学习

许多大专院校运用交互反馈电视进行教学。这一媒体使得一个老师可以在一个地点向散布于各个城镇中的"班级"授课并回答提出的问题。如果这种系统得以彻底地完善，员工就可在世界的各个角落听课，既可在工作单位，也可以在家中。目前，有些院校正在为一些公司设计某些课程和培训班，这些公司只须支付一定的费用，学校就会向使用互联网和其他远程学习手段的员工传送这些课程。

4. 培训管理人员的重点

（1）熟悉开展工作的环境

对于管理人员，要求他们对于公司的经营性质、管理制度和所分配部门的工作性质要充分了解，只有如此才能有效地开展工作。

（2）注意团体生活的培养

在团体生活中，向具有经验的老手或干部学习工作经验是最快速有效的方法。所以，培训各级管理人员要让他们先打入团体，成为团体的一分子，直接参加团体活动，加入生产行列，在工作中获得经验。此外，工作最好从最基层干起，以使他们确切了解基层人员的工作情形、心理状态和工作中可能发生的问题。这在将来的主管工作中是最实用的经验。

（3）提出工作报告

在初期的培训工作中要求被训练人员定期提出工作报告，最好以三天或一星期为一期。内容至少要包括工作日记、思想汇报、专案报告和改善建议等事项。每份报告均需向其工作的主管提出并经逐层详阅，使每一级主管人员均能了解该人员的学习进度和深度，以便做必要的调整和加强训练。主管人员必须在对每份报告内容进行了解后，对疑难问题予以解答或指示该人员如何自行发掘答案。有错误的要改正，有合理的建议和意见要立即实行。

（4）随时进行工作考核

除了定期的工作报告外，主管应以随机测验的方式做不定期的考核。这种测验方式可使主管更深入了解被培训人员的工作绩效和培训成果。主管人员更可借此机会与他们进行沟通。通常工作考核可由被训练人员的逐层主管进行，但主管有必要亲自了解其部门内人员的工作能力和工作绩效。这种随机测验的方式可以以单独会谈的方式进行，使被测验人员不至于因紧张拘束而影响其表达。就是一般工作人员的考核也可采用随机测验的方式进行，测验的结果要记录，以便前后比较，了解被测人员在此期间的进步情形。

（5）合理的工作调配

在管理人员对某一工作熟悉后，最好能为他安排其他工作，特别是一些能力较强、有发展前途、有潜力的新进人员，尤不可使其长期做同一工作，以免浪费时间和精力，而造成士气低落和离职他就的危险。适当调动工作，使其能在最短时间内学习最多的工作经验。有了工作经验后要看情形许可和需要，安排职位，培养其领导和协调的能力等。

（三）培训效果考评

培训考评指将岗位培训结果与经理、培训人员和受培训者的预期目标进行比较。在很多情况下，培训结束后，企业并未想到对培训效果进行考核。但是，由于培训既耗时间又耗费用，因此企业有必要将培训考核纳入培训计划。

1. 评价方法

（1）回任工作后工作反馈的评定方法

①结训后一段时期，通过调查受训者的工作效益来评定培训成效。如结训后每隔六个月，以书面调查或实地访问的方式，调查受训后在工作上的获益情形。

②实地观察受训职工的工作实况，评定培训的成效。如根据实地观察发现，受过培训的职工在工作上确能表现出高昂的工作热诚、良好的工作态度、高度的责任心等，则可认定培训已有成效。

③调查或访问受训职工的上下级主管或下属，根据所得意见来评定培训的成效。受训职工回任工作一段时间后，以书面调查或实地访问的方式，了解受训职工的上级主管或下属对受训职工工作表现的看法，如主管人员是否认为受过培训的职工的工作有进步。无论是主管或下属的意见，均为评定培训成效的重要依据。

④分析培训职工的人事记录评定培训的成效。如受过培训的职工的绩效考核较以前有进步，缺勤和请假次数减少，受奖次数增加，则表示培训对该职工的工作积极性已发挥作用。

⑤根据受过培训与未受培训的职工工作效率的比较来评定培训成效。

⑥根据受过培训的职工是否达到工作标准来评定培训的成效。

⑦根据是否达到培训目标来评价培训的成效。如回任工作后，职工解决了培训计划中预期需要解决的问题，或达到了培训计划所规定的要求，则说明培训已产生了效果。

（2）培训结业时的评定方法

①应用学识技能的测验评定培训成效。对参加测验的员工在培训开始和结束时用同样的方式，先后做两次，把两次测验进行比较。

②应用工作态度调查评定培训成效。对参加培训的职工，在开训和结训时，用同样的方式调查职工对工作的态度。

③调查职工关于培训的改进建议。在结训时把调查表发给受训职工，征求他们对培训的意见，如职工确能提出有价值的改进建议或其他意见，则表示职工对培训已获得应有的重视，并具有更深的认识，可断定培训已有成效。

④记录培训期间出席人员的变动情况。在培训期间，可约定若干人员为观察员，平心静气地观察培训的进行情况及受训人员平时对培训工作的反应，在结训时提出观察报告。

⑤根据主持培训及协助培训的人员的报告来评定培训成效。

⑥根据受训人结训成绩评定培训成效。

2. 评价标准

①接受培训的人员对培训的反应。每一个接受培训的人都会对培训做出效果好坏的评价，结合所有人员的总体反应可以得出对培训效果的基本认识。

②对培训的学习过程进行评价。主要是评价培训过程中实施的具体手段、方法是否合理、有效。培训中的每一步学习过程是否满足或达到了培训所提出的要求。

③培训是否带来了人员行为上的改变。培训的目的是提高能力，而能力是通过行为表现出来的。因此，评价培训的效果就是要看接受培训的人是否在工作行为上发生了可观察的变化，并有利于工作绩效的提高。

④工作行为改变的结果是什么。培训的最终评价应该以组织的工作绩效为标准。也就是说，工作行为的改变带来的是工作绩效的提高。如果培训能够带来这种积极效果，也就可以说完成了对人员实施培训的目标。

3. 评价时机

（1）培训结束时的评价

对参加培训的人员在培训期间的各种表现做评价，并与参加培训前的技能水平做比较，可以确定培训有无成效。主要评价内容是：学识有无增进或增进多少；技能有无获得或获得多少；工作情况有无改善或改善多少。

（2）培训结束回任工作后的评价

培训的目的不在于员工在受训期间的表现，而在于培训结束回任工作后的工作表现。因此培训回任后的评价，要比培训结束时的评价更为重要。评价内容有工作态度有无改变、改变的程度如何、持续时间多久，工作效率有无增进、增进程度如何，培训目标有无达成等。

4. 培训的控制

对培训工作进行有效的控制，是指在培训计划中要规定培训课程或活动的结果必须达到什么标准。所定的标准既要切合实际，又要便于检查控制；在确定达标人数、成绩、出勤率等数量要求时，要尽量量化。在实施培训工作中，培训部要制定规章制度与控制措施，以监督培训方案的贯彻落实。培训部主管人员还必须通过旁听或参加有关培训活动、课程，来监督检查培训工作的正常进行。

对培训工作的控制还包括：将受训人员的参与态度及成绩同奖罚措施挂钩，以鼓励员工积极自觉地参加培训；培训部定期举行例会，与部门主管或培训员讨论有关部门的培训事宜，听取有关人员对培训工作的建议、设想等反馈意见；切实做好培训评估也是对培训工作的一种控制方法。

5. 培训的应用

培训必须被运用到工作中去。培训要想产生有用的效果，就必须使受训人做到以下两点：

①掌握在培训中所学的东西，并将其及时应用于实际工作。
②在工作职务上长期保持对所学东西的应用。

（四）学习的心理特点

无论采用什么样的培训技术和方法，都应该适应人们的学习习惯。心理学学科已对学习问题从事了多年的研究，在设计各种培训计划时应考虑到一些基本的学习原理。

在企业从事工作本身就是一个持续学习的过程，而学习是各种培训活动的核心。人们学习的进度不等，学以致用的能力也不尽相同。用于学习的努力必然与学习的动机或意向相伴随。当所学内容对人们具有实际用途时，人们就更愿意从事学习。

1. 整体性学习

在培训开始时，使受培训人对他们所要从事的事项有一个总体的了解，通常比让他们立即从事具体事项的效果要好一些。这种学习方法被称作整体性学习方法或格式塔学习方法。当将这一方法运用于职业培训时，它要求在将授课内容分成一个个组成部分之前，应首先使员工了解所有这些组成部分是怎样组成一个整体的。

2. 强化

强化这一概念源自效力定律，它表示人们倾向于重复那些使他们受到某种正面鼓励的举止和行动，同时避免那些可能导致负面后果的举止和行动。一个人受到的鼓励（强化）既可以是内在的，也可以是外在的。

例如，一个学会使用一种新的机床设备的机床工因被授予结业证书而受到了外在的鼓励，内在的鼓励则是因学会了某种新东西而产生的自豪感。可以设想某个机床工学习使用新机床的过程，该机床工在开始学习时，可能犯过很多错误，但随着日复一日地反复练习，他逐渐操作得越来越好。终于有一天他发现自己完全掌握了该机床的操作技术，他的心情是可想而知的。伴随这一心情而生的成就感就是一种内在的鼓励。

3. 立即确认

另一个与学习有关的概念是立即确认。立即确认指在培训过程中，越早给予受训人以正面鼓励，受训人学习的效果就会越好。另外，不论受训者的反应是否正确，都应尽早指出，这样才能收到更好的效果。

4. 自动实习

学习新的技能需要进行实习。自动实习指受培训者在培训中直接从事与工作有关的任务和职责，这种做法比单纯地阅读或被动地听讲要有效得多。一旦基本的讲授结束后，自动实习就应该应用到每一个培训场合。

三、人力资源开发

（一）人力资源开发概述

人力资源开发的作用是给员工增添超过他们目前工作需要的各种能力。它是企业为提高员工承担各种任务之能力所进行的努力。这种努力既有利于企业也有利于员工的事业发展。企业只有拥有各种具有丰富经历和高强能力的员工和管理者，才能增强竞争力和适应竞争环境变化的能力。另外，通过开发培养，员工个人的职业生涯的目标也将逐渐变得更加明确，职务也得以步步升迁。

只要达到了如下三方面的基本要求，企业内部的人力资源开发就能不断增强企业的竞争优势：企业员工能积极地为产品和服务增加经济效益；全体员工所拥有的各种能力与竞争对手相比占据优势；这些能力是竞争对手不易仿效的。

企业在某些方面总是面临着"生产"还是"购买"的选择，即到底应该自己培养有竞争力的人才，还是"购买"那些已由别的企业组织培养成了的人才。当前的趋势表明，技术和专业人员通常是根据他们已具备的技能水平而被雇用，而不是根据他们学习的能力或行为特征而被雇用。目前，在人才市场上，企业明显的偏好是"购买"而不是"生产"那些稀缺的员工。不过，"购买"而非"生产"人才的做法，并非出于前面所提到的力图通过人力资源来保持竞争优势的需要。

为了从事人力资源开发，必须首先制定各种人力资源规划。如同我们在第一章论述的，人力资源规划内容包括分析、预测和确定企业在人力资源方面的各种需要。开发计划使得企业可以预测由于退休、提升和迁居所造成的人员变动，它有助于确定将来企业所需要的各种技能的种类，以及为保证始终拥有这些能力的人才所需的开发培养工作。

人力资源规划首先应确定企业所需要的各种能力和所应具备的条件。企业现有条件将影响人力资源计划。所需能力的种类也会影响各种开发决策，如关于应该提拔什么样的人，以及企业后续领导人应是什么样的人等方面的决策。开发培养计划既会影响企业对开发培养需要的评估，也会受到这一评估的影响。各种开发培养措施都要依据对人才需要的评估。此外，企业还应对开发培养过程进行评估，并根据新的需要不断地加以改进。

（二）人才开发的模式

1. 继任计划

继任计划是人力资源开发计划的重要组成部分。例如，将技术培训、管理人员培养和内部提升结合为一体的一项计划，曾使一个被另一家公司收购的工厂"起死回生"。

该计划的结果之一，是该厂的生产能力在四年内大幅度提高但却没有注入新的经理和员工，其原因就是将对现有人才的培养当作了一种替代措施。这也提醒我们，很多时候不需引进外援，就能达成目标。

2. 管理者的模仿行为

在管理人员开发培养方面有一句格言：管理者往往像被管理人那样进行管理。换句话说，就是经理们常常通过行为仿效来学习，或者说借助模仿他人的行为方式来提高自己。因此，在培养管理人员时，可以借助人类本能的行为方式的特点。具体做法是，将年轻的或正处于发展阶段的经理与一些具有榜样作用的经理安排在一起工作，然后再进一步强化那些令人满意的行为方式。

必须特别强调，模仿并非是一个直接的模拟或复制过程，它要比这复杂得多。例如，一个人可能通过观察一个样板而学到了不要做什么。因此将一个新的经理置于正反两种样板之下，反而可能使他获得更大的受益。

3. 导师制

导师制是指由处于职业生涯顶点的经理指导那些处于职业生涯起点的员工的一种帮助关系。在这种关系下，技术、人际关系和政治等方面的能力从一个有经验的人传送给一个缺少经验的人。这样培养方法不仅使缺乏经验者得以受益，它同时还可使经验丰富的一方从别人对分享他的智慧的需求中得到满足。

（三）人力资源开发工作中的问题

在人力资源开发工作中，有可能犯一些常见的错误或遇到一些常见的问题。大多数问题起因于计划的不当或各种工作缺乏应有的协调。常见的问题包括以下类别：

第一，需求分析不当。

第二，试用别出心裁的培养计划或培训方法。

第三，忽略在促进员工发展方面的责任。

第四，领导开发活动的人员缺乏应有的训练。

第五，将"上课听讲"作为唯一的开发措施。

（四）职业生涯的开发

职业生涯是一个人在生命中所占据的各种职位按顺序排成的序列。目前，虽然一个人仍然可能在一个企业度过相当长期的职业生涯，但这在当今市场化的中国肯定已不是常规。人们之所以寻求职业生涯，是为了更多地满足方方面面的需求。曾几何时，跟随一个雇主的"从一而终"似乎满足了许多这种需要。但是如今，企业关注个人职业生涯的角度与个人关注职业生涯的角度间的差别日益加大。

1. 职业计划

由于存在不同的视角，职业计划的性质往往容易模糊不清。职业计划可以以企业为中心，也可以以个人为中心，或者同时以两者为中心。

以企业为中心的职业计划注重职务本身，它侧重于铺设使员工可以在企业各种职务之间循序渐进地发展自己的各种路径。这些路径提供了多层次的阶梯，员工可以在企业的各个部门沿着这些阶梯向上攀登。

以个人为中心的职业计划侧重于个人的职业生涯而非企业的需要。就个人职业生涯计划来说，员工个人的目标和技能是分析的焦点，在这一分析中，应同时考虑企业内部和外部那些能够扩展个人职业生涯的环境条件。

2. 技术和专业人员的双重路径

如何对待工程师和科学家等技术和专业人员，是企业所面临的另一种新的挑战。这类人员大多希望待在他们的绘图板前或实验室里，而不愿挪到管理部门去工作。可是，个人的晋升又常常要求他们走入管理部门。虽然这些人大都喜欢关于责任感的观念以及晋升带来的机会，但是他们就是不愿意离开各种解决技术难题或问题的岗位。

双职业阶梯是解决这一问题的一种尝试，所谓双职业阶梯，乃是指使这类人员既可以沿着管理角色的阶梯攀登，也可以顺着在技术和专业这一面的相应的阶梯而升迁。

3. 双职工夫妇

中华人民共和国成立后，妇女的地位得以提高，劳动大军中妇女人数的增加，特别是在专业职业领域中的增加，大大增加了双职工夫妇的数量。双方都是经理、专业人员或技术人员的婚配自改革开放以来成倍增长。涉及双职工夫妇的问题包括聘用、迁居和家庭等事宜。

尽早意识到双职工夫妇职业生涯中的各种问题，特别是工作调动问题，是十分重要的，这可以促进对现实办法的认真探讨。

（1）双职工夫妇的聘用问题

作为人才引进，聘用双职工夫妇的一方，越来越意味着要在新地点为另一方提供一个同样有吸引力的职务。双职工夫妇在因工作需要而搬迁时，其损失往往相对较大。由于这一原因，在需要搬迁时，他们经常表现出较高的期望并要求较多的帮助和经济补偿。

（2）双职工夫妇的搬迁

传统上，搬迁是在多个企业寻求晋升路径的一部分。然而，由于一个人的调动将影响其配偶的事业，因而，双职工夫妇的流动性相对较小。除了在双份事业上的投入外，双职工夫妇还建立了朋友和邻居网络以应付交通和照料孩子的需要。对于单职工家庭来说，这些家务事一般由其中一方来做。重新安置双职工夫妇的一方，要么意味着这个精心组建的网络被打乱，要么就将造成夫妇间"经常往返于两地"的两地分居的"飞人"家庭关系。

4. 事业、工作和家务

由工作和家务施加的压力不仅影响个人的职业生涯，而且也会影响企业的战略选择。也就是说，企业在确定战略方针时，必须在处理家庭与工作关系的方式上做出某些改变。由于高水平的管理者很难聘到和保有，因此，企业不得不考虑兼顾员工家庭的需要和员工本人的发展。此外，有证据表明，在选择企业时，许多求职者对家庭和个人生活质量给予了更优先的考虑。

5. 第二职业

第二职业习惯上指一个人在正式工作之外，每周花费至少 12 小时来从事另外的工作。近年来，第二职业的概念被大大扩展，它包括了自我雇用、投资、癖好或其他爱好等各种具有物质、利益回报的活动。显然，由于第二职业可能采取的形式多种多样而且在有些情况下还很难辨别，因此，关于第二职业是一种固定的外部承诺的概念在内涵上就显得过于狭窄。

第二职业并非没有遇到问题。反对第二职业的主要论点是认为，用于第二职业的能量应该用到第一职业上去。因为这部分人们认为，工作努力的这种切割会导致较差的工作表现、缺勤和减少对职务所承担的义务。然而，随着每周平均工作时间的不断缩短，这种论点越来越缺乏说服力。

第二职业最大的潜在危害不是绩效的降低，而是对原雇主的忠诚感和归属感的降低。因为，人的感情是有限的，当一个人在两个甚至多个企业组织间效力周旋时，他的感情必定是分散的，且容易伴随着某组织的收入薪酬变化而变化，直到"狡兔三窟"的"逃之夭夭"。此外，企业组织对有第二职业的员工的管理处理不当（比如现有通行的绩效考核体系都是关注员工绩效而很少关注员工的忠诚），会大大影响组织其他员工的公平公正感，从而导致其他员工降低自己的投入，或者仿效寻找第二甚至多职业，从而导致组织人心涣散，变成一盘散沙。因此，建议组织对有余力的员工工作加码加薪，避免员工工作轻松而懈怠，从而寻求第二职业甚至多职业。

第二节　员工激励

一、激励概述

（一）激励的概念

"激励"（Motivate）一词作为心理学术语，指的是持续激发人的动机，使人有一股内在动力，朝着所希望的目标前进的心理过程。通过激励，在某种内部或外部刺激的影响下，使人始终处于一个兴奋的状态。从管理的角度来讲，激励指的是以满足个体的某些需要为条件，努力实现组织目标的过程。其实质是调动人的积极性，提高工作绩效，使个体目标与组织相统一，在实现个体目标的同时，有效地实现组织目标。激励的定义中隐含着个体需求必须和组织目标需求相一致的要求，否则，虽然是个体表现出高水平的努力，却与组织利益背道而驰。

在一般情况下，激励表现为外界所施加的吸引力与推动力，即通过多种形式对人的需要给予不同程度的满足或限制。通过激励来调动工作人员的积极性、创造性，是从事管理工作的一项重要任务。

激励同时也是人力资源管理中的重要问题，不管是从事激励研究的学者，还是从事企业经营的管理者都非常关注激励问题的研究。因为每个人都需要激励，需要自我激励，需要来自同事、群体、领导和组织方面的激励。企业中的管理工作需要创造并维持一种激励的环境，在此环境中使员工完成组织目标。在工作中，一个主管人员如果不知道如何去激励人，便不能提高员工的工作绩效和工作效率、挖掘员工的内在潜力、挽留住人才，也就不能很好地完成管理工作。

（二）激励的基本特征

当一个人在被激励的过程中，我们通常可以看到被激励者会有三类表现：第一，被激励者十分努力地工作；第二，被激励者长时间坚持某种行为；第三，被激励者目标明确稳定。

我们可以把上面三类表现归结为以下三种基本的激励特征。

1. 努力程度

激励的第一个特征是指被激励者在工作中表现出来的工作行为的强度或努力程度的总

和。例如，员工受到激励后能够提高工作效率，使产量提高一倍。

2. 持久程度

激励的第二个特征是指被激励者在努力完成工作任务方面表现出来的长期性。例如，某位同志被评选为优秀工作者后，长期保持认真负责的工作态度。

3. 方向性

激励的第三个特征是指被激励者能否按激励的方向去努力，激励者有时的激励行为能够使被激励者的行为按自己设计的方向去发展，但有时也可以使激励行为得到相反的作用。

（三）激励的类型

1. 按激励的内容分为物质激励和精神激励

物质激励主要是针对人的生理要求进行的。这种激励如果运用不当会使人走上"唯利是图"之路，变得鼠目寸光，忘掉自己的历史责任和社会责任。精神激励主要是针对人的"向上"心理进行的，这是人类社会进化的内在动力。

2. 按激励的性质分为正激励与负激励

正激励是继续强化人的行为的激励。它一般是在人的行为符合社会需要的情况下，为了进一步提高人们的积极性、创造性、工作效率而进行的。正激励的手段可以是物质方面的，如奖金、津贴或其他方面的物质奖励；也可以是精神方面的，如表扬、树立先进类型等。

负激励是抑制，甚至制止某种行为的激励。负激励是针对不符合社会需要的行为进行的，目的是改变其行为方向，使其符合社会需要。因此，当进行负激励时，往往伴随着正激励的因素，即指明何种行为才是社会所需要的，并鼓励其按社会所需要的方向前进。负激励的手段可以是物质方面的，如降低工资级别、罚款等；也可以是精神方面的，如批评、通报、记过等。一般来说，以精神方面的手段为主，即使是采取物质方面的手段，也要结合精神方面的手段。

3. 按激励的形式分为内滋激励和外附激励

内滋激励是指在管理过程中，通过引导组织成员的内发性欲求，鼓励其工作行为动机的过程。外附激励是指借助外在刺激后达到激发组织成员的工作行为动机的过程。

和外附激励相比，在人事管理中，内滋激励更为重要。保持外附激励和内滋激励两者的相互关系，使外附激励起到增强组织成员对工作活动本身及完成任务的满足感，是激励的重要原则。

（四）激励的基本原则

1. 目标结合的原则

目标结合是指激励目标与组织目标相结合的原则。在激励机制中，设置目标是一个关键环节，目标设置必须同时体现组织目标和员工需求。

2. 物质激励和精神激励相结合的原则

从前面的分析中我们可以了解到，物质激励是基础，精神激励是根本。单纯的物质激励与精神激励都不能完整地调动员工的工作积极性，因此要将这两种激励方式结合起来，在两者结合的基础上，逐步过渡到以精神激励为主的激励方式。

3. 合理性原则

激励的合理性原则包括两层含义：其一，激励的措施要适度。要根据所实现的目标本身的价值大小确定适当的激励量，"超量激励"和"欠量激励"不但起不到激励的真正作用，有时甚至还会起反作用。其二，奖惩要公平。努力满足激励对象的公平要求，应积极减少和消除不公平现象，正确的做法是领导者要做到公平处事、公平待人，不以好恶论人。对激励对象的分配、晋级、奖励、使用等方面，要努力做到公正合理。

4. 明确性原则

激励的明确性原则包括三层含义：其一，明确。明确激励的目的，需要做什么和必须怎么做。其二，公开。特别是分配奖金等大量员工关注的问题时，更为重要。其三，直观。实施物质激励和精神激励时都需要直观地表达它们的指标，总结给予奖励和惩罚的方式，直观性与激励影响的心理效应成正比。

5. 时效性原则

要把握激励的时机，须知"雪中送炭"和"雨后送伞"的效果是不一样的，激励的时机是激励机制的一个重要因素，激励在不同时间进行，其作用与效果是有很大差别的，打个比方：厨师炒菜时，不同的时间放入味料，菜的味道和质量是不一样的。激励越及时，越有利于将人们的激情推向高潮，使其创造力连续有效地发挥出来，超前的激励可能会使下属感到无足轻重，迟到的激励可能会让下属觉得画蛇添足，都失去了激励应有的意义。

6. 正激励与负激励相结合的原则

正激励是从正方向给予鼓励，负激励是从反方向予以刺激，它们是激励中不可缺少的两个方面，俗话说"小功不奖则大功不立，小过不戒则大过必生"，讲的就是这个道理。

在实际工作中，只有做到奖功罚过、奖优罚劣、奖勤罚懒，才能真正调动起员工的工作热情，形成人人争先的竞争局面。如果良莠不齐、是非不明，势必形成"干多干少一个样、干与不干一个样"的心理。所以，只有坚持正激励与负激励相结合的原则，才会形成一种激励合力，真正发挥出激励的作用，在两者结合使用的同时，一般来说应该以正激励为主。

7. 按需激励的原则

按需激励是指激励的针对性，即针对什么样的内容来实施激励，它对激励效果也有显著的影响。马斯洛的需要层次理论有力地证明，激励方向的选择与激励作用的发挥有着非常密切的联系。当某一层次的优先需要基本上得到满足时，应该调整激励方向，将其转移到满足更高层次的优先需要，这样才能够更有效地达到激励的目的。例如，对一个具有强烈自我表现欲望的员工来说，如果要对他所取得的成绩予以奖励，奖给他奖金和实物不如为他创造一次能充分体现自己才能的机会，使他从中得到更大的鼓励。还有一点需要指出的是，激励方向的选择是以优先需要的发现为其前提的，所以及时发现下属的优先需要是管理人员实施正确激励的关键。

（五）激励的作用

1. 吸引人才

发达国家的许多组织，特别是那些竞争力强、实力雄厚的组织，都是通过各种优惠政策、丰厚的福利待遇、快捷的晋升途径等方法来吸引组织需要的人才的。

2. 开发员工潜能

员工的工作绩效除受员工能力的影响外，还和受激励程度有关。激励制度如果把对员工的创造性、革新精神和主动提高自身素质的意愿的影响考虑进去，则激励对工作绩效的影响就大了。

3. 留住优秀人才

每一个组织都需要三个方面的绩效：直接的成果、价值的实现和未来的人力资源发展。缺少任何一方面的绩效，组织注定失败。因此，每一位管理者都必须在这三方面均有贡献，在这三方面的贡献中，对未来的人力资源发展的贡献就来自于激励制度。

4. 造就良性的竞争环境

科学的激励制度包含一种竞争精神，它的运行能够创造出一种良性的竞争环境，进而形成良性的竞争机制。在具有竞争性的环境中，组织成员就会受到环境的压力，这种压力将转变为员工努力工作的动力。个人与个人之间的竞争是激励的主要来源之一。员工工作的动力和积极性变成了激励工作的间接结果。

二、激励艺术

在人力资源管理工作中，要使激励收到一定的效果，并不仅仅是通晓激励理论就可以做到的，更重要的是如何在实践中进行有效的激励，这就需要激励的艺术。只有正确而恰当的激励，才会使员工更积极地为企业工作。

（一）常用激励术

薪酬、目标和工作激励方法是日常人力资源管理中常用的激励方法，但并非任何人都可以恰当地运用它们，并获得收效。只有管理者真正从内心意识到这些激励方法的重要性，科学并灵活地运用，这些常用的激励方法才能发挥出意想不到的效应，从而达到调动员工积极性的目的。

1. 薪酬激励

在工作中，一个人可能会因谋求个人发展而牺牲收入，但不管多么高尚，他们不可能长期如此，因为他们要生存。员工还需要感受到自己的价值得到了他人的承认，不管你使用多么美妙的言辞表示感谢，不管你提供多么良好的训练，他们最终期望的是得到自己应得的报酬，让自己的价值得到体现。员工们会按照市场情况和一些合适的对象进行比较，他们将以自己的收入来判断对工作的满意程度。

可是一些人坚持认为人们过高地估计了金钱的刺激性。对此，有种种不同看法。问题是大多数人工作所得报酬同他们的工作表现不相关。更进一步说，干多干少、干好干坏都一个样，那么人们加班加点还有什么意义呢？

许多管理者看不到这种关系，而只想到如何最大限度地减少成本以保证利润最大化。员工也是成本的一部分，因此他们的逻辑就是保证支出的报酬维持在最低水平。

一旦员工开始为工资而抱怨，企业最好的员工将会离开，以寻求更高的工资，对此应给予高度重视。当然有时即使付的工资很高，还是有人不能满意。要解决这一问题，不妨试试以下方法：第一，必须信守诺言。不能失信于员工，失信一次会造成千百次重新激励的困难。第二，不能搞平均主义。将个人业绩与报酬挂钩，应当让员工清楚，真正努力的员工将会得到最好的报酬，但他们不会无缘无故得到每一笔报酬。奖金激励一定要使最好的员工成为最满意的员工，这样会使其他人明白奖金的实际意义。第三，使奖金的增长与企业的发展紧密相连，让员工体会到只有企业兴旺发达，才有自己奖金的不断提高，而员工的这种认识会收到同舟共济的效果。第四，报酬是对员工价值的一种认可，积极主动地支付报酬，不要等待员工提出要求。

现金奖励也有一些缺点，就是不像奖章那样可以保存得比较久，员工拿了钱，很快就把这份奖励抛诸脑后了。此外，现金奖励不能把年份刻在上面，不会因岁月而增加它的价值，没有特殊风味，大家都猜得到是什么，也没有意外的惊喜，这就需要配合其他的激励手段一起使用。

2. 目标激励

目标会使人的行为具有方向性，引导人们去达到某种特定的结果，而不是其他的结果。

因此，目标设置的过程是一种有效的激励方法。目标设置理论认为，致力于实现目标是人们工作的最直接动机，人们追求目标是为了满足自己的情绪和愿望。员工的绩效目标是工作行为最直接的推动力，因此，为员工设置适当的目标是管理工作中的一项重要任务。

为员工设置目标关键要做到两点：首先，要把企业目标巧妙地转化为个人目标，这就使员工自觉地从关心自身利益变为关心企业利益，从而提高影响个人激励水平效率。其次，要善于把目标展现在员工眼前，管理者要时常运用自己的智慧和管理才能，增强员工实现目标的自信心，提高员工实现目标的期望值。

在制定企业目标时，别忘了考虑企业外部的需要和利益及企业目标的实现将给他们带来什么好处。在企业内部，则要考虑企业内部的环境和条件，总之，尽量使各方面关系平衡、协调。

在为员工制定目标时还应照顾员工在目标面前的种种心态，一般来说，较好的激励目标应该具有一定的挑战性。这对员工既是一种鼓舞，也是一种压力。他们也许会产生矛盾心理：一方面希望获得成功而受到奖励，另一方面怕失败而受到惩罚而维持原状。人们在现状之下产生的安全感，会由于激励目标的提出而受到威胁。所以，为了使激励目标能够产生积极的效果，应邀请员工参加目标的制定。

3. 工作激励

很多人都说，他们喜欢在有趣的环境里工作，他们希望工作内容有趣，也希望同事相处得有趣。

人们觉得有趣的工作会做得比较顺心，这是不容置疑的。因此，每一位管理者应致力于创造一种让下属觉得有趣的工作气氛，假如人们必须在压力下进行工作，光是播放音乐是无法改进情况和工作绩效的，作为主管，如果知道问题所在，至少还可以朝着正确的方向迈开脚步。也许无法改善一个人的资质，但是可以借助减轻压力来改善他们的工作环境。有一种方法是，创造一种令员工感到轻松自在而不受压迫的气氛。

为了奖励业绩突出的人，可以尽可能地给他们安排他们喜欢做的工作，同时取消他们厌恶的工作。人们总是乐于做他们最擅长的工作，这是促使他们百尺竿头更进一步的绝妙方法。

工作激励主要指工作丰富化。工作丰富化之所以能起到激励作用，是因为它可以使员工的潜能得到更大的发挥。工作丰富化的主要形式有：第一，在工作中扩展个人成就增加表彰机会，加入更多必须负责任和更具挑战性的活动，提供个人晋升或成长的机会。第二，让员工执行更加有趣而困难的工作，这可以让员工在做好日常工作的同时，学做更难做的工作。鼓励员工提高自己的技能，从而能胜任更重要的岗位，做更困难的工作给了他展示本领的机会，这会增强他的才能，使他成为一名奋发、愉快的员工。第三，给予真诚的表扬。当员工的工作完成得很出色时，要恰如其分地给予真诚的表扬，这将有助于满足员工受人尊重的需要，增强其干好本职工作的自信心。

工作丰富化的目的在于让人们对工作氛围感兴趣。最简单的做法是重新安排工作，使工作多样化。这可以从两方面着手：一是垂直工作加重；二是水平工作加重。所谓垂直工作加重，主要指重新设计工作，给员工更多的自主权、更充实的责任感及更多的成就感。所谓水平工作加重则是指工作流程中前后几个程序交给一个员工去完成，它可以给员工更多的工作成绩反馈、更完整的工作整体感、更充实的责任感及对自我工作能力的肯定。

工作丰富化的激励是为了满足员工高层次的需求，高层次需求的满足会使员工充分发挥内在潜力，从而提高工作效率，使企业和个人都能得到满足。由于工作丰富化满足的是员工高层次的需要，而员工的实际需要又不仅仅是高层次的，因而这种激励有明显的局限性，它不能解决企业中的全部问题，只有在员工普遍感到现实的工作环境不能发挥自己的能力时，才可以有效地运用这一激励措施。

（二）人性化激励术

越来越多的激励专家赞同单靠金钱一项并不足以引发工作动机，并认为金钱倘若能和人性结合在一起使用，必能达到最佳效果。事实上，人们除了获取金钱之外，真正想得到的便是一种觉得自己很重要的感觉。因此，谁能够满足人们内心深处这种最渴望的需求，谁就是这个时代的激励大师。

1. 赞美激励

对于一个管理者来说，赞美是激励员工的最佳方式。每一个优秀的管理者，从不会吝惜在各种场合给员工恰如其分的赞美。赞美别人不仅是一个人待人处世的诀窍，也是一个管理者用人的重要武器。

管理者希望自己的下级尽全力为自己做好工作，然而要想使某人去做某事，普天之下只有一个方法，这就是使他愿意这样做，即使是上级对下级也是这样。当然，管理者尽可以强硬地命令下级去做，或以解雇、惩罚的威胁使部下与自己合作，但请不要忘记，这一切只能收到表面之效，而背后必大打折扣，因为这些最下策的方法具有明显令人不愉快的反作用。

赞美之所以对人的行为能产生深刻影响，是因为它满足了人渴望得到尊重的需要，这是一种较高层次的需要。高层次的需求是不易满足的，而赞美的话语则部分地给予了满足。这是一种有效的内在性激励，可以激发和保持行动的主动性和积极性。当然，作为鼓励手段，它应该与物质鼓励结合起来，没有物质鼓励做基础，在生活水平不太高的条件下，会影响精神鼓励的效果。但是行为科学的研究指出，物质鼓励的作用（如奖金），将随着使用的时间而递减，特别是在收入水平提高的情况下更是如此。另外，高收入下按薪酬比例拿奖金开支过大，企业也难以承受，而人对精神鼓励的需求也是普遍的、长期的，社会越发展越是如此。因此，我们可以得出结论，重视赞美的作用，正确地运用它是有效的管理方式之一。

有人说，赞美是一小笔投资，细小的关心和激励就能得到意想不到的报酬，这话有些道理，但似乎又有太多的实用主义的味道。赞扬不应该仅仅是为了报酬，它应该是沟通情感、表示理解的方式，如同微笑一样是照在人们心灵上的阳光。

2. 荣耀激励

在日常生活中经常可以看到这样的事实，许多企业失去了一些优秀员工，这些员工转到了其他企业，因为那里给他们准备了更重要的职位和更大的挑战，为他们提供了更多晋升的机会，企业需要留住的人也正是竞争对手急于雇用的人。

员工在工作上做了长期的努力，晋升他的职位或增加他的工作责任，都可以算是给他长期的奖励。根据问卷调查，绝大多数员工认为以工作表现来升迁或增加工作责任，是一种很重要的奖励方法。

用晋升作为奖励的传统方式是在各个管理阶层内由低到高逐级进行提升，当然，要经常用升迁的方法来奖励员工并不是件容易做到的事情。那么，可以用"增加他的工作责任"或"使他的地位更醒目"这两种比较容易办到的方法来奖励他。

人的特殊地位，本身就起着一定的激励作用，工作表现杰出的明星员工可以送他去接受更高层的职业训练，也可以让他负责训练别人，这样他就能扮演一个较活跃的角色。对于最优秀的员工，可以让他扮演他所在部门与人力资源部门联络人的角色，也可以让他担任其他部门的顾问，假如有跨部门的问题、计划，或部门之间共同关心的事情，可以让周围最优秀的员工代表主管，与其他部门的人组成一个合作的团队。

若是非管理行业的专家（如掌管计算机的人、工程师、科学家），对于企业的兴衰关系重大，需要单独设立一种晋升制度，每一级别的职称、报酬和待遇都应该制定完备。这样，这些技术人员就可以长久地做他们最擅长的工作，不必非要成为管理者才可得到晋升。

抓住每一次机会，把杰出员工的表现尽力向同事们宣扬，如经常与杰出员工商谈，给他特殊的责任，或者让他担任一个充满荣誉的职务。这无形中已经告诉大家，你对这个人非常器重，那么其他员工必然会注意到这种情况，受到这种情况的启发，必然会奋起直追，争取获得同样的器重。假如企业发行内部刊物的话，可以鼓励杰出员工写些文章，抒发他对工作的观点。那么，很快地大家都知道只要表现杰出，必会在企业里扬名，而且会得到大家的尊敬。

一个杰出的员工能够得到一般人所不能享受的荣耀。例如，给他单独的工作间或更换办公设备等，这些东西有时看来也算不了什么，似乎很容易办到，但真正办起来十分冒险，还需要勇气，不仅对主管，对主管所要夸耀的人也是如此，这些特殊的器物，哪怕是小到刻有名字的写字笔、烟灰缸、座椅、工艺品等，都显示出他们已做出了不同凡响的业绩。当他们跨进自己的办公室，就会知道自己的业绩和能力已经受到上司的嘉奖，便觉得有了安全感，甚至每跨进一步都增加了一倍的信心。

也许有人以为这样的奖赏增加了更多的等级区分，那就错了。这种特殊身份与地位同职务无关，即使是一个普通员工也有可能获得这份殊荣，这不过表明他做出了特殊贡献。因此，这种奖赏实际上是提供了对做出特殊贡献的员工不晋升而给予更多鼓励的机会。

3. 休假激励

休假，是很多企业用来奖励员工的方法之一，只要是休假，不管是一天还是半年，几乎全世界的每个员工都热烈欢迎。

休假是一种很大的激励，特别是那些希望有更多自由时间参加业余活动的年轻人。这种办法还足以让人们摆脱浪费时间的坏毛病。用放假作为奖励有三种基本方式：第一，如果工作性质许可，只要把任务、期限和预期质量要求告诉员工，一旦员工在限期之前完成任务并达到标准，那么剩下来的时间就送给他们作为奖励。第二，如果因为工作性质员工必须一直待在现场，那么告诉他在指定的时间内必须完成多少工作量，如果他在指定时间内完成了那个工作量，而且作业的品质也令人满意的话，可以视情形给他半天、一天或一个星期的休假。也可以定一个记分的制度，如果员工在指定的时间内完成指定的工作量，并且持续这种成绩，可以给他放一小时的假，这一小时的假可以累积，累积到四小时的时候放半天假，累积到八小时的时候放一天假。第三，如果员工在工作的品质、安全性、团队合作或其他管理者认为重要的行为上有所改进，也可以用休假来奖励他。

在实际管理中，休假奖励是可以灵活运用的。西格纳工程顾问集团有个休假奖励的办法，当他们完成一项重要工程的时候，在完成那天，主管会主动给参与那项工程的人放假，并且买票带他们去看球赛、请他们喝啤酒。

就费用筹划的过程和时间的耗费来说，让员工外出旅游是一种更高层次的休假奖励，越来越多的员工认为，让得奖人带配偶或同伴到他们想去的地方旅游，是一种有意义的奖励。

旅游休假奖励的好处很多。例如，它对很多员工是很有吸引力的奖励；要诱使员工积极努力，它是很有利的诱因；它提供一个独一无二的场合增加团队的凝聚力；它也可能提供一个让团队学习的机会；它使得奖人在旅游归来之后，有许多经验可以向同人传播；在努力去获奖的这段时间，它使很多人对这个奖励充满憧憬。不过，旅游休假奖励也有一些坏处。例如，它相当昂贵；得奖人在接受这个奖励时，必须离开工作岗位好几天；它需要耗费某些人相当的精神，也要有相当的经验，才能办好高品质的旅游；基本上能够得到这种奖励的人数不会太多。

（三）参与化激励术

最好的激励一定是能满足员工潜在需要的，现代企业中的员工需要各种机会发掘自己的潜在价值，员工参与作为一种有效的激励过程为员工提供了这样的机会，它顺应社会发展潮流，既有利于发挥员工的主动性，又能帮助企业提高效益，这已被西方企业的实践所证实。

1. 参与管理激励

参与管理是企业兼顾满足各种需要和效率、效益要求的基本方法。员工通过参与企业管理，发挥聪明才智，得到了比较高的经济报酬，改善了人际关系，实现了自我价值；而企业则由于员工的参与，改进了工作，提高了效率，从而达到更高的效益目标。在实施参与管理时，要注意以下方面：

第一，注重对员工的引导。员工参与必须明确方向，即员工必须得到企业当前的工作重点、市场形势和努力方向等信息，这就需要管理者很好地引导。有些管理者面对潮水般涌来的建议和意见不知如何处理，这主要是由于他们自己对企业的经营方向、管理目标缺乏明确的认识，不知如何引导员工有计划、分阶段实施并重点突破。有计划、分阶段的引导是保护员工的参与积极性，是参与管理能持续实施的重要方面。

第二，要有耐心。实施参与管理还要有耐心，在实施参与管理的开始阶段，由于管理者和员工都没有经验，参与管理会显得有些杂乱无章，企业没有得到明显的效益，甚至出现效益下滑。管理者应及时总结经验，肯定主流，把事情告诉员工，获得员工的理解和参与，尽快提高参与管理的效率。

第三，采取适宜的参与方式。由于员工的知识化程度和参与管理的经验存在差异，所以在实施参与管理时要根据不同的情况采取不同的方式。具体地说，在员工知识化程度较低和参与管理经验不足的情况下，通常采用以控制为主的参与管理，控制型参与管理的主要目标是，希望员工在经验的基础上提出工作中的问题和局部建议，经过筛选后由工程师和主管人员确定解决方案并组织实施。在提出问题阶段是由员工主导的，在解决问题阶段，虽然员工也参与方案的制订和实施，但主导权控制在工程师和主管人员手中，改革是在他们的控制下完成的。德国企业中的参与制基本上是这种控制型参与，日本和美国企业所实施的参与制也属于控制型参与。控制型参与管理的长处在于它的可控性，但由于它倾向于把参与的积极性控制在现有的标准、制度范畴之内，因而不能进一步发挥员工的聪明才智，难以通过参与管理产生重大突破。

当员工知识化程度较高且有相当参与管理经验时，要多以授权的方式让员工参与到管理中来，授权型参与管理的主要目标是希望员工在知识和经验的基础上不但提出工作中的意见和建议，而且制订具体实施方案，在得到批准后，授予组织实施的权利，以员工为主导完成参与和改革的全过程。

在参与管理的第三个层次上是全方位型参与管理，这种参与不限于员工目前所从事的工作，员工可以根据自己的兴趣、爱好，对自己工作范围以外的其他工作提出建议和意见，企业则提供一定的条件，帮助员工从事自己喜爱的工作并发挥创造力。这种参与管理要求员工具有较广博的知识，要求管理部门具有相当的宽容度和企业内部择业的更大自由。

2. "员工持股计划" 激励

"员工持股计划" 作为一种新的激励理念，起源于 20 世纪 60 年代的美国，当时美国就业率下降，劳资关系紧张，员工持股计划就是在重振美国经济，改善传统劳资关系对立的背景下产生的。

员工持股计划的基础思想是：在正常的市场经济运行条件下，人类社会需要一种既能鼓励公平又能促进增长的制度，这种制度使任何人都可以获得两种收入，从而激发人们的创造性和责任感，否则社会将因贫富不均而崩溃。对于美国经济而言，如果扩大资本所有权，使普通劳动者广泛享有资本，会对美国经济产生积极影响。

员工持股计划主要内容是：企业成立一个专门的员工持股信托基金会，基金会由企业全面授保，贷款认购企业的股票。企业每年按一定的比例提出工资总额的一部分，投入员工持股信托基金会，以偿还贷款。当贷款还清后，该基金会根据员工的工资水平或劳动贡献的大小，把股票分配到每个员工的"员工持股计划账户"上。员工离开企业或退休，可将股票卖还给员工持股信托基金会。

这一做法实际上是把员工提供的劳动作为享有企业股权的依据。员工持股计划虽然也是众多福利计划的一种，但与一般福利计划不同的是：它不向员工保证提供某种固定收益或福利待遇，而是将员工的收益与其对企业的股权投资相联系，于是将员工个人利益同企业效益、员工自身努力同企业管理等因素结合起来，因此带有明显的激励成分。

如今，员工持股计划的发展已越来越趋于国际化。目前，美国已有超过一万家员工持股的企业，遍布各行各业。日本上市企业的绝大部分也实行了员工持股计划。现在，欧洲、亚洲、拉美和非洲已有几十个国家推行员工持股计划。员工持股计划对企业经营业绩的提升作用十分明显，这也是员工持股计划迅速得到推广的重要原因。美国学者对一些实施了员工持股计划的企业业绩进行了详细的调查，结果表明，实施员工持股计划的企业生产效率比未实施员工持股计划的企业高，而且员工参与企业经营管理的程度越高，企业的业绩提高得也越快。在实践中，员工持股计划还可以减少企业被恶意收购的可能，这些原因都是员工持股计划快速发展的动力。

在我国企业改革中，尤其是国有企业的改革，一直伴随着员工持股的试点。在这些企业中，员工具有出资者和劳动者的双重身份，体现出较强的自主性和参与意识，推动了企业经营管理的完善。

员工持股计划的激励作用主要体现在以下三个方面：第一，为员工提供保障。由于员工持股计划的实施，员工可以从企业得到劳动、生活的保障，在退休时可以老有所养，同时员工也会以企业为家，安心工作，充分发挥自身的积极性。第二，有利于留住人才。在我国，劳动力流动日益频繁，但人力资源的配置存在着很大的自发性和无序性，而且劳动力技术水平越高，人才的流动性也越大。实行员工持股计划，可以有效地解决人才流失的问题。当员工和企业以产权关系维系在一起的时候，员工自然会主动参与企业的生产经营，这是思想政治工作达不到的效果。在员工的参与下，企业精神、企业文化才能真正形成，员工才会将所从事的工作作为自己的一份事业。第三，有助于激励企业经营者。实行员工持股计划，更为重要的是，让经理层持有较大的股份，既有利于企业实现产权多元化，又有利于充分调动企业骨干的积极性。企业还可以实行期股制度，进一步奖励经理的工作，这样也就解决了对企业经营者激励的问题。

员工持股的普遍推行，使员工与企业的利益融为一体，与企业风雨同舟，对企业前途充满信心，企业因而获得超常发展，员工也从持股中得到了巨大利益。这些在国内外的企业经营管理中都有所体现。

员工持股计划更有利于调动员工的工作积极性，增强员工的归属感，增强企业的凝聚力，吸引人才，降低人员流动性，从而提高企业经济效益。因此，国内许多企业也开始实施员工持股计划。

激励指的是以满足个体的某些需要为条件，努力实现组织目标的过程。其实质是调动人的积极性，提高工作绩效，使个人目标与组织目标相统一，在实现个人目标的同时，有效地实现组织目标。激励的实质是激励人的心理状态，即激发自身的动机来达到强化其行为的过程。所以通过激励来调动员工的积极性、创造性，是从事管理工作的一项重要任务。激励具有吸引人才、开发潜能、留住优秀人才、造就良性的竞争环境的作用。激励要符合一定的基本原则：目标结合的原则、合理性原则、明确性原则、时效性原则、正激励与负激励相结合的原则、按需激励的原则。

同时，在掌握激励相关理论的基础上，要明白根据情景的不同采用恰当的激励艺术。

第十一章 绩效管理与薪酬管理

第一节 绩效管理

一、绩效管理概述

无论企业处于何种发展阶段，进行绩效管理都是非常必要的，因为它对于提升企业的竞争力具有巨大的推动作用。这里着重介绍绩效管理的内涵、绩效管理与绩效考核的关系、绩效管理的作用以及绩效管理与其他人力资源管理活动的关系。

（一）绩效概述

1. 绩效的内涵

绩效（performance），也称为业绩，从一般意义上讲，绩效是指工作的成绩和效果。在管理实践中，对于什么是绩效以及如何衡量评价绩效往往有不同的看法。概括起来主要有三种代表性观点：

第一种观点认为绩效是结果。绩效应该定义为工作的结果，因为这些工作结果与组织的战略目标、顾客满意度及所投资金的关系最为密切。绩效是一个人留下的东西，这种东西与目的相对独立存在。绩效是工作所达到的结果，是工作成绩的记录。

第二种观点认为绩效是行为。随着人们对绩效问题研究的不断深入，对绩效是工作成绩、目标实现、结果、生产量的观点不断提出挑战，普遍接受了绩效的行为观点。这种观点认为，绩效是与一个人在其工作的组织或组织单元的目标有关的一组行为，绩效不是行为的后果或结果，而是行为本身。

第三种观点认为单纯将绩效界定为结果或行为，都是有失偏颇的。绩效应该是行为和结果的统一，绩效既包括行为，也包括行为的结果。从实际意义来讲，将绩效界定为"过程+结果"，不仅能更好地解释实际现象，而且一个相对宽泛的界定往往使绩效更容易被大家所接受，这对绩效考核与管理而言是至关重要的。

2. 绩效的层次

一般而言，绩效可以分为三个层次：个人绩效、团队绩效和组织绩效。个人绩效是由员工个人的职业化行为决定的，主要考查的是员工完成任务的行为是否达到职业化行为的标准、是否在按照职业化工作程序做正确的事情。团队绩效是由团队的合作程度所决定的，反映团队任务在数量、质量及效率等方面的完成情况。组织绩效是指组织任务在数量、质量及效率等方面的完成情况。三者之间密切相关，组织绩效、团队绩效是通过个人绩效实现的。从绩效评价的角度看，脱离组织绩效和团队绩效单就个人绩效进行考核是没有意义的，个人绩效需要通过团队绩效和组织绩效来体现。

3. 绩效的特征

绩效的特征体现在三个方面：多因性、多维性和动态性。

（1）多因性

影响绩效的因素很多，绩效的好坏不是由单一因素决定，而是受到组织内外部因素共同作用的影响。这些因素主要包括技能、激励、环境和机会。因此，可以把绩效看作技能、激励、环境和机会的函数，即 $P = f(S, O, M, E)$。其中，P 代表绩效、S 代表技能、O 代表机会、M 代表激励、E 代表环境。

技能是指员工所具有的专业素质和能力水平，它决定于个人的禀赋、智力等先天因素以及后天所接受的教育与培训。激励是指员工工作的动力和积极性，它取决于员工个人的需求结构、个性、价值观等。环境包括组织内部环境（如办公条件），也包括组织外部环境（如市场竞争强度）；既包括硬环境（物理环境），也包括软环境（组织文化、人际氛围）。环境会影响员工的工作态度和工作行为，进而影响员工的工作绩效。机会是一种偶然性因素，是不可控的，员工要正确对待。

（2）多维性

绩效可以分解为多个维度，在考核员工绩效时，需要从不同的维度分析和评价绩效。比如，通常要考虑员工的工作能力、工作态度和行为、工作结果等方面。对于工作结果，可以通过对工作完成的数量、质量、成本、收益等指标进行评价；对于工作态度，可以通过全局意识、纪律意识、服从意识等指标进行衡量。

（3）动态性

员工的绩效会随着时间的推移而发生变化。原来较差的绩效可能变好，而原来较好的绩效也可能变差。主观和客观因素变化都可能导致员工绩效的改变。因此，不能持僵化态度对待员工绩效考核。无论组织还是个人，都要以系统和发展的眼光来认识和理解绩效。

（二）绩效管理的内涵与功能

1. 绩效管理的内涵

绩效管理是指为了达到组织的目标，通过管理者与员工之间持续开放的沟通过程，形成组织所期望的利益和产出，并推动团队和个人做出有利于目标达成行为的管理过程。绩效管理包括以下三个重要方面：就组织目标与个人目标达成共识，强调组织和个人同步成长；绩效管理不是简单的任务管理，它特别强调沟通、辅导和员工能力提升；绩效管理不仅强调结果导向，而且重视目标达成的过程。

2. 绩效管理与绩效考核的关系

长期以来，不少企业对绩效考核与绩效管理在认识上存在着较大的误区，把绩效管理简单等同于绩效考核。绩效管理与绩效考核尽管只有两字之差，但是两者之间在很多方面存在重要差别。若不能正确认识二者的关系，绩效管理的价值将无法得到体现，企业就不能通过绩效管理来提高员工绩效，进而提升企业竞争优势。

绩效考核是指企业在既定的战略目标下，运用特定的标准和指标，对员工的工作行为及取得的工作业绩进行评估，并运用评估的结果对员工将来的工作行为和工作业绩产生正面引导的过程和方法。绩效考核是现代组织不可或缺的管理工具。有效的绩效考核，不仅可作为公平合理酬赏员工的依据，而且能从整体上为人力资源管理提供决定性的评估资料，从而改善组织的反馈机能。

绩效考核是事后考核工作的结果，是管理过程中的局部环节和手段，侧重于判断和评估，强调事后的评价，仅在特定时期出现；而绩效管理是事前计划、事中管理和事后考核所形成的三位一体的系统，是一个完整的管理过程，侧重于信息沟通与绩效提升，强调事先沟通与承诺，伴随着管理活动的全过程。绩效管理是人力资源管理体系的核心内容，而绩效考核只是绩效管理的关键环节，企业在实践中往往容易忽视绩效管理的系统过程。绩效管理与绩效考核的主要区别，见表11-1所示。

表 11-1　绩效管理与绩效考核的区别

绩效管理	绩效考核
绩效管理是一个完整的管理过程	绩效考核是管理过程的重要环节和手段
绩效管理伴随着管理活动的全过程，注重过程的管理	绩效考核出现在特定时期，是一个阶段性的总结

（续表）

绩效管理	绩效考核
绩效管理侧重信息沟通与绩效提高，强调事先沟通与承诺，具有前瞻性	绩效考核侧重判断和评估，强调事后评价，不具备前瞻性
绩效管理有着完善的计划、监督和控制的手段和方法	绩效考核只是一个提取绩效信息的手段
绩效管理注重能力的培养	绩效考核关注工作成绩的大小
绩效管理能建立管理者与员工之间的绩效合作伙伴关系	绩效考核易使管理者与员工站到对立面，甚至会制造紧张的气氛

由此可见，绩效管理和绩效考核无论是在基本内涵，还是在具体实际操作中，都存在较大差异，但二者一脉相承，密切相关。绩效考核是绩效管理不可或缺的组成部分，绩效考核不仅取决于考核本身，在很大程度上还取决于与考核相关联的整个绩效管理过程。有效的绩效考核有利于整个绩效管理活动的成功开展，而成功的绩效管理也需要有效的绩效考核来支撑。绩效考核可以为组织绩效管理的改善提供资料，帮助组织不断提高绩效管理的水平和有效性，获得理想的绩效水平。

3. 绩效管理的功能

（1）促进组织和个人绩效的提升

从绩效管理的流程看，绩效管理通过设定科学合理的组织和个人绩效目标，为组织和个人指明了努力方向；管理者通过绩效辅导实施及时发现下属工作中存在的问题，给下属提供必要的工作辅导和资源支持，下属通过工作态度以及方法的改进，保证绩效目标的实现；在绩效考核环节，对组织和个人的阶段工作进行客观公正的评价，明确组织和个人对企业的贡献，通过多种方式激励高绩效组织和员工努力提升绩效，督促低绩效的组织和员工找出差距改善绩效。在绩效反馈面谈中，通过考核者与被考核者面对面交流沟通，帮助被考核者分析工作中的优缺点，鼓励其扬长避短，提升组织绩效。

（2）促进管理流程和业务流程优化

企业管理涉及对人和对事的管理，对人的管理主要是激励约束问题，对事的管理就是流程问题。所谓流程，就是一件事情或者一个业务如何运作，涉及因何而做、由谁来做、如何去做、做完了传递给谁的问题，上述四个环节的不同安排，极大地影响着组织的效率。在绩效管理过程中，各级管理者都应从企业整体利益以及工作效率出发，尽量提高业务处理的效率，在上述四个方面不断进行调整，使组织运行效率逐渐提高，优化企业的管理流程和业务流程。

（3）保证组织战略目标的实现

成熟企业一般有比较清晰的发展思路和战略，有远期发展目标及近期发展目标，在此基础上根据外部经营环境的预期变化以及企业内部条件，制订出年度经营计划及投资计划，即企业年度经营目标。管理者将公司的年度经营目标向各个部门分解，成为部门的年度业绩目标；各个部门向每个岗位分解核心指标，成为每个岗位的关键业绩指标。年度经营目标的制定过程中，要有各级管理者以及基层员工的参与，让大家充分发表自己的看法和意见，认可目标，最终促使组织目标的实现。

4. 绩效管理与其他人力资源管理活动的关系

人力资源管理是站在如何激励人、开发人的角度，以提高人力资源利用效率为目标的管理实践活动。绩效管理在人力资源管理系统中处于核心地位，与人力资源管理系统的其他职能关系密切。

（1）绩效管理与工作分析

工作分析的结果，即职位说明书，为每个职位所要达到的绩效标准进行明确界定。管理者可据此制订每个职位的关键绩效指标，并按照指标对员工进行考核。以工作分析为依据进行绩效考核可以提高绩效管理的公平性，减少由此引发的不满和冲突。另外，在绩效管理过程中可以发现与工作分析相关的问题，绩效管理输出的结果能够为有效的工作分析提供依据。

（2）绩效管理与招募甄选

首先，绩效考核结果为组织招募与甄选决策（尤其是内部的招募甄选活动）提供了依据；其次，绩效管理是检验一个组织甄选系统测评工具效度的有效途径。在选拔员工的过程中，某些测试工具的效度，需要通过实际运行的绩效管理过程及其输出结果来确定。因此，运用员工绩效考核结果检验组织现有的人员测评工具效度，对于不断探索和开发适合组织特点的测评工具具有重要作用。

（3）绩效管理与培训开发

绩效管理的目的之一是了解目前员工的绩效水平，找出其中存在影响员工绩效的因素，进而改进和提升绩效，因此培训开发成为绩效管理之后的重要工作。管理者往往需要根据员工绩效现状，对能够在本职岗位上有效工作的员工进一步开发，对不能达到岗位绩效标准的员工提供必要的培训。绩效考核结果能够发现员工的不足及待开发的潜能，为员工培训开发指明方向。

（4）绩效管理和薪酬管理

绩效管理和薪酬管理都是调动员工积极性的重要手段，且联系密切。建立科学的绩效管理体系是实施有效薪酬管理的重要条件。尤其是以绩效为导向的薪酬体系设计，将员工的薪酬与其贡献和绩效挂钩，从而使组织的薪酬支付更加公平有效。另外，要针对员工的工作表现及时给予薪酬激励，合理引导员工行为，确保员工行为与组织期望、员工目标与组织目标相一致，提高员工工作的积极性，促使其工作绩效持续提升。

二、绩效管理流程

绩效管理的基本流程是构建企业绩效管理系统的核心部分，主要包括绩效计划、绩效实施、绩效考核、绩效反馈和绩效结果应用五个环节，它们构成了一个完整的流程和体系。

（一）绩效计划

绩效计划是整个绩效管理系统的起始环节，也是绩效实施的行动指南。它将企业计划分级为部门计划和员工个人的工作计划，从而使整个绩效管理过程有了明确目标，保证员工和组织目标的顺利实现。

1. 绩效计划的内涵与作用

（1）绩效计划的内涵

绩效计划（planning performance）是考核者与被考核者双方对员工应该实现的工作绩效进行沟通的过程，并将沟通结果落实为订立正式的书面协议，即绩效计划。它是双方在明晰责、权、利的基础上签订的一个内部协议。当然，绩效计划并不是只在绩效周期开始时才会进行，实际上，它往往需要随着绩效周期的推进而不断做出相应修改。

（2）绩效计划的作用

绩效计划的作用具体表现在：①绩效计划是一种前馈控制手段，可事先预测绩效实施过程中可能存在的问题，并提前做出相应的对策；②绩效计划是一种员工激励手段，针对不同能力和潜力的员工，在企业战略目标框架下，可提出不同的目标要求和绩效标准，使之具有激励性；③绩效计划能够促进员工的个人职业生涯发展，员工在绩效计划的指引和激励下会不断取得进步，获得个人职业生涯的成功与发展。

2. 绩效计划的制订程序

绩效计划的制订程序包括准备、沟通及审定和确认三个阶段。

（1）准备阶段

绩效计划是管理人员与员工双向沟通的结果，为确保沟通取得预期效果，必须做好以下工作。

①全员绩效基础理念培训。让每个员工理解并接受绩效管理，是绩效管理真正走向成功、为企业战略的实现提供保障的前提。通过全员绩效管理理念培训，让每个员工都认识到参与绩效管理，既是每个员工的权利，也是每个员工的基本义务。只有这样才能真正做到全员参与，为绩效计划的有效制订奠定坚实基础。

②收集相关信息。主要包括以下三个方面：企业信息，包括组织战略目标和发展规划、年度经营计划；部门信息，包括业务单元工作计划和团队工作计划；个人信息，包括工作描述信息以及上一个绩效周期的评估结果。

③诠释企业发展目标。绩效管理为企业战略服务，绩效计划是建立在企业发展目标基础之上，对企业发展目标的层层分解。管理者与员工都应了解企业战略和企业发展目标。管理者诠释企业发展目标可增强员工的主人翁意识与主动精神。员工对企业发展目标了解越多，越容易认同企业发展目标，经层层分解，最终形成各个岗位的绩效计划与目标。

④将企业发展目标分解为各个部门的特定目标。企业发展目标可以分解到生产、销售等业务部门，而且对于财务、人力资源等业务辅助部门的工作目标，也应与整个企业发展目标紧密联系。管理者要善于根据企业发展目标分解出本部门目标。有了部门目标，才能进一步分解制定每个员工的岗位目标。

⑤员工为自己制订绩效计划草案。员工在清楚了解本岗位工作职责后，根据部门目标，结合自身实际，草拟绩效计划与目标。绩效计划内容包括工作任务目标、达到的绩效具体标准、主要考核指标、工作目标权重以及工作结果的测量方法等。这个步骤非常重要，既有助于培养员工的绩效计划意识，还可以了解员工对自己、对岗位、对绩效计划的认知和定位。

⑥管理者审核员工制订的绩效计划。管理者可利用 SMART 原则（S 是 specific，即绩效计划必须具体、明确；M 是 measurable，即绩效计划必须是可衡量的；A 是 actionable，即绩效计划必须是可执行的；R 代表 realistic，即绩效计划必须是员工能力的真实反映，是可以实现的；T 是 time-bound，即绩效计划必须有时间限制）详细审核员工的绩效计划，善于发现绩效计划的问题所在，并提出初步修改意见。

（2）沟通阶段

沟通阶段是绩效计划确定过程的核心阶段。在该阶段，管理者与员工必须经过充分交流，对员工在本次绩效期间内的工作目标和计划达成共识。绩效计划会议是绩效计划制订过程中进行沟通的一种普遍方式，沟通氛围尽可能宽松，减轻员工压力，把焦点集中在开会原因和应取得的成果上。

以下是绩效计划会议的程序化描述：在进行绩效计划会议时，首先回顾已准备好的各种信息，在讨论具体工作职责前，管理者和员工都应该知道企业的要求、发展方向以及对讨论具体工作职责有关系和有意义的其他信息，包括企业的经营计划信息，员工的工作描述和上一个绩效期间的评估结果等。此外，在进行绩效计划会议时，要根据企业和员工的具体情况进行修改，把重点放在沟通上。

（3）审定和确认阶段

在绩效计划的审定和确认过程中，要注意以下三点：

①管理者与员工就绩效计划达成共识。绩效计划制订过程结束时，双方应该能以同样的答案回答关于绩效指标、绩效标准等重要问题，以确认能否达成共识。

②管理者协助员工制订具体的行动计划。如果说绩效计划说明想要做的事情，那么行动计划则说明怎样去实现绩效计划。每个绩效计划都要有一个具体的行动计划做支撑，管理者要善于协助员工就绩效计划制订详细周密的行动计划。同时，在绩效执行过程中，还应该及时监督并控制员工行动计划的实施情况。

③当绩效计划结束时，应形成经双方协商讨论的绩效计划书，并经双方签字认可。该协议书包括员工的工作目标、实现工作目标的主要工作结果、衡量工作结果的指标和标准、各项工作所占的权重以及每项工作目标的主要行动计划等内容。

（二）绩效实施

绩效实施是指绩效计划确定后，员工按照计划的要求开展工作，管理者对员工的工作进行指导和监督，对发现的问题予以及时解决，并随时根据实际情况对绩效计划进行调整的过程。绩效实施是整个绩效管理过程的重要环节，决定了绩效目标能否按计划实现，直接关系绩效管理的成败。绩效实施主要包括持续的绩效沟通和绩效信息的收集两个方面。

1. 持续的绩效沟通

（1）沟通的目的

绩效沟通是连接绩效计划与绩效考核的中间环节，也是管理者和员工分享有关信息的过程。这些信息包括工作进展情况、潜在的障碍和问题、可能的解决措施以及管理者如何才能帮助员工等。相对于复杂动态的竞争环境、市场、员工状况等而言，绩效计划书相对固化，进行持续的绩效沟通目的在于：①使得管理者掌握员工绩效方面的信息，为绩效考核提供客观依据；②有助于员工获得自身绩效的反馈信息；③可及时调整绩效目标和计划，以适应环境的要求。

（2）沟通的方式

有效的沟通不仅在于沟通的技巧，还在于沟通的方式。绩效沟通的方式可分为正式沟通和非正式沟通。正式沟通的方式包括书面报告、定期面谈和会议沟通等。每种沟通方式各有其优缺点（见表11-2），应视具体情景而定。

表 11-2 各种绩效沟通方式的比较

沟通形式		优点	缺点	改进措施和注意事项
正式沟通	书面报告	①节约管理者时间 ②解决管理者和员工不在同一地点的问题 ③培养员工工作总结和书面表达的能力 ④可以在短时间内收集大量信息 ⑤利于员工理性、系统地思考问题	①信息单向流动，缺乏双向交流 ②易流于形式，员工产生厌烦情绪 ③适用性有限，信息不能共享	①可以辅之以面谈、会议、电话沟通等方式，以使单向信息流变为双向沟通 ②采用表格或图形简化文字工作 ③充分利用现代化信息交流工具，扩大信息共享范围
	定期面谈	①沟通程度较深 ②可以对某些不便公开的事情进行沟通 ③员工容易对管理者产生亲近感、气氛融洽 ④管理者可以及时对员工提出的问题进行回答，沟通障碍少	①面谈时容易带有个人情感色彩 ②难以进行团队间的沟通	①要给员工充分的时间来说明问题，必要时管理者可以给予一定的引导和评论
	会议沟通	①缩短信息传递的时间和环节 ②便于信息共享 ③有利于管理者传递企业战略目标，宣传企业文化 ④便于员工之间交流工作经验，强化工作协调	①耗时长，难以取得时间上的统一 ②有些问题不宜公开讨论 ③易流于形式，走过场 ④各取所需，对信息进行选择性过滤	①注意会议主题、频率及针对性 ②注意沟通技巧，营造开放的沟通氛围 ③合理安排时间，以不影响正常工作为宜 ④讨论共性问题，避免针对个人

沟通形式	优点	缺点	改进措施和注意事项
非正式沟通	①形式灵活，时间地点不受限制 ②及时解决问题，工作效率高 ③提高员工满意度，起到良好激励作用 ④员工易于接受 ⑤增强员工与管理者之间的亲近感，利于沟通	①缺乏正式沟通的严肃性 ②并非所有情况都可以采用非正式沟通，不利于解决共性问题	①沟通应及时，肯定成绩，纠正偏差 ②必要时应做记录 ③辅之以其他沟通方式，提高信息共享度，解决共性问题

2. 绩效信息的收集

任何决策均离不开信息，绩效管理也一样。绩效信息收集的目的在于：为绩效考核及相关决策提供事实依据；及时发现问题，为绩效改进提供解决方案；发现员工绩优和绩差的原因，便于有针对性地提供培训与再教育。

绩效信息收集的内容包括：工作目标的完成情况；员工受表扬与批评的情况；证明工作绩效突出与低下的具体依据；找出绩效问题的原因和解决问题有帮助的数据；对关键事件的具体描述；与员工就绩效问题进行谈话的记录。

绩效信息的收集可采用观察、工作记录、工作日志、他人反馈和特别事例等方法。收集绩效信息时，要注意多种方法相结合，以便对同一个员工进行全方位的了解。在收集绩效信息时还应注意以下事项：让员工参与信息收集的过程；注意有目的地收集信息；可采用抽样的方法收集信息；把事实与推测区分开。

（三）绩效考核

绩效考核（performance appraisal）是指借助一定的考核方法，对员工的工作绩效做出评价。绩效考核以在绩效计划阶段管理者与员工达成一致意见的关键绩效指标为标准，同时在绩效实施过程中，所收集的能够反映员工绩效的数据和事实可作为预判和考核员工绩效的依据。绩效考核是绩效管理过程的关键环节，它不仅涉及考核什么的问题，还涉及谁来考核以及怎样考核的问题。

1. 绩效考核的原则

绩效考核应遵循以下五项原则。

（1）公平原则

公平是确立和推行员工考核制度的前提。绩效考核应当根据明确的考核标准，针对客观考核资料进行公正评价，尽量避免渗入主观性和感情色彩。

（2）严格原则

考核不严格，就会流于形式，形同虚设，不仅无法全面反映工作人员的真实情况，还会产生消极后果。考核的严格性包括：明确的考核标准，认真的考核态度，严格的考核制度，科学的考核程序及方法等。

（3）反馈原则

将考核结果反馈给被考核者本人，以发挥考核的教育作用。同时，应向被考核者就评语进行说明，肯定成绩，指出不足，提供今后努力方向的参考意见。

（4）奖惩原则

依据考核结果，根据工作成绩的大小、好坏，有赏有罚，有升有降。这种赏罚、升降不仅与精神激励相联系，还必须通过工资、奖励等方式同物质利益相联系。

（5）差别原则

考核等级之间应当有鲜明的差别界限，针对不同的考核评语在工资、晋升、使用等方面应体现明显差别，使考核带有激励性，鼓励员工的上进心。

2. 绩效考核的内容

绩效考核主要针对员工的工作业绩、工作能力、工作潜力和工作态度四个方面进行。

（1）工作业绩

工作业绩是指员工通过工作行为取得的阶段性产出和直接结果，它反映了员工的工作效率及效果。员工工作业绩考核通常从数量、质量、时间和成本等方面进行。

（2）工作能力

工作能力包括体能、知识、智能、技能等内容。体能是员工工作能力的基础，取决于员工的年龄、性别和健康状况等因素。知识主要包括文化水平、专业知识、工作经验等内容。智能主要包括记忆、分析、综合、判断、创新等能力。技能主要包括实际操作能力、表达能力、组织能力等。

（3）工作潜力

工作潜力是指员工所具有的但在工作中尚未发挥出来的能力。潜力评价通常是指通过各种手段了解员工的潜力，找出阻碍员工潜力发挥的原因，更好地将员工的工作潜力激发出来，转化为现实的工作能力。绩效考核中，通常有三方面的信息可用于对员工潜力的评价，即能力评价结果、相关工作年限和相关工作资格认证等。

（4）工作态度

工作态度是影响员工工作能力发挥的个性因素，主要包括纪律性、协作性、积极性、服从性、责任性、团队精神等。通过对员工工作态度进行考核，鼓励员工充分发挥现有能力，创造优异的工作业绩，并通过日常工作态度评价，引导员工增强工作热情。

工作态度是影响工作能力向工作业绩转化的重要调节变量。通过对工作态度的评价引导员工改善工作态度，是促进员工达成绩效目标的重要手段。

3. 绩效考核的主体

考核主体是指对员工绩效进行考核的人员。为确保考核的全面性、有效性，在实施考核过程中，应从不同岗位、层次的人员中，抽调相关成员组成考核主体并参与到具体的考核中。考核主体通常有上级考核、同事考核、下级考核、自我考核和顾客考核。

（1）上级考核

直接上级通常最熟悉被考核者的工作性质、工作状况（态度、纪律性等）、工作结果。在多数情况下，直接上级是执行考核任务的最佳人选。上级对下级考核不仅是传统考核制度的核心，也是管理的一种手段。但由于频繁的日常接触，易使上级在考核过程中掺杂个人情感，从而影响考核的公正性。

（2）同事考核

同事对被考核者最为熟悉，且由于频繁接触对被考核者的情况较为了解。因此同事考核的信度和效度较高。但同事考核可能会出现一些特殊的问题，如"人缘"因素会对考核带来不利影响。此外，如果同事之间存在竞争或矛盾，也会给考核结果带来偏差。尤其当考核结果关系到晋升、奖金等实际利益时，同事考核结论就无法作为绩效考核的最终结论。

（3）下级考核

对管理者而言，下级是非常重要的绩效反馈信息来源。适用于考核上司在某些工作方面的表现，如领导力、口头表达、授权、团队协调以及对下属的关注程度。下级对上司的工作风格和工作能力都比较了解。下级参与对上司的考核，可以使上司了解下属对自己的看法和评价，改进工作方式。为获得客观的反馈信息，且避免潜在麻烦，最好采用匿名方式。

（4）自我考核

自我考核是指被考核者本人对自身工作成绩和行为表现所作的评价，一般包括工作总结、经验教训和自我评价。自我考核旨在促进员工反思，发现自身优点与不足，改进工作绩效。但是员工的性格、动机、评判标准会对考核结果产生重要影响，存在"倾高"现象。例如，员工的自我评价往往高于上级或者同事对他的评价。

（5）顾客考核

顾客包括外部顾客（如供应商、消费者等）和内部顾客（如企业中其他相关部门、临时团队的成员等）。其优势在于顾客不受企业内部利益机制影响，考核具有较高的真实性和公正性，能够强化以顾客为导向的服务理念，弊端在于费时费力、成本较高。两种情况较适合采用顾客考核：①员工从事的工作要求他直接为顾客提供服务，或者需要他为顾客提供联系企业内部所需要的其他服务；②企业希望通过收集信息来了解顾客希望得到怎样的产品或服务，顾客考核成为将企业的市场营销战略与人力资源活动及政策联系在一起来达到战略目标的服务工具。

4. 考核者与被考核者培训

考核质量取决于考核者以及被考核者的认知、态度和行为。为保证绩效考核有效开展，必须进行严格的培训。通过培训，考核者能够公平合理地进行考核，并具备强有力的监督管理能力；被考核者了解考核的意义、实施的基本流程、在考核中的作用与职责等，并积极配合考核工作。

对考核者的培训应注意以下四点：①认真讲解考核内容，即考核标准；②着力提高考核者的观察力和判断力，避免常见的考核误差；③培训考核工作需要的技术，如确立良好绩效与处理表现不佳员工的方法，分析员工个别特性的方法等；④加强绩效管理理念等基础培训，使其重视考核工作。

5. 绩效考核中常见的偏差预防与应对

在绩效考核过程中，考核者会存在一些心理困扰，影响考核质量，产生考核偏差，常见的考核偏差及预防和应对措施见表11-3所示。

表 11-3　绩效考核中常见的考核偏差及预防和应对措施

偏差类型	误差描述	预防和应对措施
晕轮效应	一个人在某方面有显著的优势，人们会误以为他在其他方面也同样具有优势	考核时，考核者可将所有被考核者的同一项考核内容同时进行考核，不以人为单位考核
趋中效应	考核者倾向于将被考核者的考核结果放置中间位置。主要由于考核者害怕承担责任或对被考核者不熟悉而造成	考核前，对考核者进行必要的培训，消除其后顾之忧，同时避免让对被考核者不熟悉的人进行考核
近因效应	人们对最近发生的事情记忆深刻，而对较早发生的事情印象浅显。考核者往往会用被考核者近一个月的表现来评判其整个季度的表现	考核者每月进行一次当月考核记录，在每个季度进行正式考核时，参考月度考核记录得出正确考核结果

（续表）

偏差类型	误差描述	预防和应对措施
对比效应	把某一被考核者与其前一位被考核者进行比较，从而根据考核者的印象和偏爱做出的与被考核者实际工作表现有偏差的结论	考核者应尽量避免这种心理现象的产生，使考评误差降低到最低限度
考核指标理解偏差	不同考核者对考核标准的理解会有偏差，如对于某一员工的绩效，甲考核者可能会选"良"，乙考核者可能会选"合格"	修改考核内容，使其更加明确，尽可能量化；尽可能让同一考核者进行考核，使员工之间的考核结果具有可比性；避免对不同职务员工的考核结果进行比较
压力误差	当考核者了解到本次考核结果会与被考核者的薪酬或职务变更有直接关系，或者惧怕在考核沟通时受到被考核者的责难，考核者可能会做出偏高的考核	通过培训让考核者掌握考核沟通的技巧，如果考核者不适合进行考核沟通，可让人力资源部门代为进行，同时注意对考核结果用途进行保密
个人偏见	考核者往往会给自己喜欢（或熟悉）的人较高评价，而对自己不喜欢（或不熟悉）的人给予较低评价	采取小组评价或员工互评的方法，有效防止个人偏见误差
完美主义偏差	考核者可能是一位完美主义者，他往往放大被考核者的缺点，给被考核者较低的评价	向考核者讲明考评的原则和方法；增加员工自评，与考核者考评进行比较
自我比较偏差	考核者不自觉地将被考核者与自己进行比较，以自己作为衡量被考核者的标准	将考核内容和考核标准细化、明确，并要求考核者严格按照考核要求进行考核

对每一个企业来说，做好绩效考核任重道远。只要从实际出发，对绩效考核中存在的各种问题进行具体分析，持续改进与提高，不断总结经验，绩效考核一定能更好地融入企业，取得令人满意的成果。

（四）绩效反馈

绩效反馈连接绩效考核与绩效改进。只有及时提供反馈，才能确保员工保持与组织目标一致的活动。

1. 绩效反馈的内涵及重要性

（1）绩效反馈的内涵

绩效反馈是指通过管理者与员工之间的沟通，就员工在考核周期内的绩效情况进行面谈，在肯定成绩的同时，找出工作中的不足并加以改进。绩效反馈的目的是让员工了解自己在绩效周期内的业绩是否达到所定目标，行为态度是否合格，以便让管理者和员工双方达成对评估结果一致的看法，共同探讨绩效不合格的原因，并制订绩效改进计划，同时管理者要向员工传达组织的期望，双方对绩效周期的目标进行探讨，最终形成一个绩效合约。

（2）绩效反馈的重要性

如果不将考核结果反馈给被考核的员工，考核将失去极为重要的激励、奖惩和培训功能。因此，有效的绩效反馈对绩效管理起着至关重要的作用：①绩效反馈可以帮助员工及时了解组织、管理者对自己的期望，有的放矢地进行绩效改进；②管理者可以通过绩效反馈指出员工的绩效水平和存在问题，进行针对性的激励和指导；③增强绩效考核的透明度，增加员工的信任感、公平感和认同感，便于绩效考核结果的运用。

2. 绩效反馈的原则与内容

组织内存在岗位分工与专业化程度的差异，管理者和员工之间对于工作情况的了解和掌握往往不对称。为了缓解和消除这种情况，双方之间的反馈应遵循以下原则：①经常性原则，绩效反馈应是经常性的，而不是一年一次；②对事不对人原则，绩效反馈面谈中双方需要讨论的是工作绩效，即工作中的一些事实表现，而不是评价员工的个性特点；③多问少讲原则，管理者应扮演"帮助者""伙伴""教练"的角色，而不是"发号施令者""指挥者"；④着眼未来的原则，任何对过去绩效的讨论都应着眼于未来，核心目的是制订未来发展计划；⑤正面引导原则，不管员工的绩效考核结果好坏与否，都要多给予员工鼓励和正面引导，使员工保持积极向上的工作态度。

绩效反馈的内容主要包括：①通报员工当前绩效评价结果，使员工明确其绩效表现在整个组织中的大致位置，激发其改进现有绩效水平的愿望；②分析员工工作绩效差距并确定改进措施，通过提高员工绩效水平促进组织整体绩效水平的提高；③沟通协商下一个绩效考核周期的工作任务与目标，并为其完成做好准备工作；④确定与任务和目标相匹配的资源配置，整合现有资源，使之发挥最大效用。

3. 绩效反馈的形式

（1）根据沟通的方式可分为用语言沟通、暗示以及奖惩

语言沟通是指考核者将绩效评估结果通过口头或书面方式反馈给被考核者，对其良好

的绩效加以肯定，对不好的绩效给予批评。口头方式比较灵活、速度快，易于交流感情、思想、态度等；书面方式较正式，可长期保存，利于接受者反复阅读。

暗示是指考核者以间接形式对被考核者的绩效给予肯定或否定。暗示方式可使评价对象保持一定的自尊心，促使其自觉改正，缺点是易引起误解，如果当事人对暗示视而不见，反馈效果会很弱。

奖惩是指通过货币（如加薪或罚款等）及非货币（如晋升或降级等）形式对被评价者的绩效进行反馈。这种方式对于评价对象的影响最为直接。

（2）根据反馈信息的内容可分为负面反馈、中立反馈和正面反馈

负面反馈和中立反馈主要针对错误的行为，正面反馈则是针对正确的行为。对错误行为进行的反馈，即通常所说的批评。批评应该是积极的和建设性的。管理者通常倾向于关注对错误行为的训导，而忽视对正确行为的反馈。其实两者同等重要，其最终目的都是为了提高员工绩效。对正确行为的反馈应遵循以下四个原则：①用正面肯定来认同员工的进步；②明确指出受称赞的行为；③当员工行为有所进步时，应给予及时反馈；④反馈应包含这种行为对团队、部门乃至整个组织整体效益的贡献。

（五）绩效结果应用

绩效结果应用是指通过对绩效优异者的奖励和绩效较差者的惩罚，鼓励企业内部的正确行为、激励员工为达到企业目标而共同努力；同时对企业内部运作中出现的问题进行指导和纠正，以达到企业的整体进步。

虽然绩效结果应用是对过去的绩效进行奖惩，但更强调对未来绩效的进一步提高。这一次阻碍绩效的因素，可能会成为下一绩效管理周期的绩效目标与计划，这时绩效管理又回到了起点。绩效结果在管理方面的用途主要体现在以下五个方面。

1. 用于薪酬奖金的分配

绩效结果用于员工薪酬奖金的分配及调整，是绩效考核结果最主要的一种用途。在大多数企业中，把员工的绩效考核结果与其报酬挂钩是一项普遍的人力资源管理策略。将绩效考核结果与报酬联系起来，建立一种付出与回报之间的条件关系，能够增强员工对工作的投入程度，大幅提高员工绩效。绩效考核结果与薪酬挂钩体现了组织对员工的长期激励，而绩效结果用于奖金分配，则体现了组织对员工的短期激励。

2. 用于员工职位的调整

绩效结果可以反映出员工的优缺点，为员工职位的调整（如晋升、调职、降级）提供依据。通过分析员工历史绩效记录，可以发现其工作表现与所在职位的适应性问题。如果

员工在某方面绩效突出，则可以考虑让其承担更多的责任或得到晋升；如果员工在某方面绩效表现不佳，则可以通过职位调整，使之从事更加适合的工作。

3. 用于员工培训与开发

通过分析绩效考核结果，可以及时发现员工与岗位工作标准的差距，帮助企业培训部门有的放矢地做好下一步培训计划，开展有针对性的培训，以提升员工队伍整体素质。另外，企业也可以对未来的变化进行考虑，当绩效考核结果显示员工不具备未来所需要的技能和知识时，对员工进行开发是很常见的选择。

4. 用于衡量招聘的有效性

绩效结果可以用于衡量招募与甄选的有效性。一般认为，如果甄选的优秀人才实际绩效结果确实很好，说明甄选是有效的；反之，则说明甄选没有效度或者绩效考核结果不准确。新员工是否适合所在职位，要看工作一段时间之后的绩效结果，若绩效结果比较满意，则说明招聘较为成功；反之，则需要对招聘的每个环节进行检查和反思。

5. 用于员工个人发展计划的制订

个人发展计划是指根据员工有待发展提高的方面所制订的一定时期内完成有关工作绩效和工作能力改进及提高的系统计划。绩效结果反馈给员工，提示其工作的优势与不足，使员工改进工作有了依据和目标。在组织目标的指导下，员工可据此制订个人发展计划，不断提高自身工作能力、开发潜能。这不仅有助于员工实现个人职业目标，也有助于其职业生涯的有序发展。

第二节　薪酬管理

一、薪酬管理概述

薪酬管理包括薪酬体系设计与薪酬日常管理两个方面。这里主要介绍薪酬管理的基础知识，包括薪酬的构成、功能及其影响因素；薪酬管理的含义、内容和原则；薪酬管理的基本流程等。

（一）薪酬的构成、功能及影响因素

1. 薪酬的含义及构成

薪酬概念来自西方的经济学和管理学，对应的英文单词从最初的工资到薪水，再从薪酬

到全面薪酬，其中的区别不仅在于名称上的改变，更体现在支付对象和支付结构上的差异。

近年来，由于企业支付薪酬形式的多样化发展，各种显性和隐性的薪酬形式层出不穷，全面薪酬（total rewards）的概念应运而生。全面薪酬将劳动者从企业获得的所有形式的薪酬都归于"总收入"，即经济性薪酬和非经济性薪酬。经济性薪酬主要指工资、奖金、福利等。非经济性薪酬主要指个人对工作乃至企业的心理感受。相对来说，经济性薪酬直观、易量化，企业提高了经济性薪酬，员工能够立即感受到，而非经济性薪酬是员工在企业工作而形成的心理思维模式，可以说是一种预期薪酬。全面薪酬概念既强化了经济性薪酬在薪酬分配中的地位，也强调了非经济性薪酬在现代薪酬框架中的独特作用。

员工薪酬主要由基本工资、可变工资和员工福利三部分组成。

（1）基本工资

基本工资实际是企业按照一定的时间周期，定期向员工发放的固定薪酬，它主要反映员工所承担职位的价值或者员工所具备的技能或能力的价值。基本工资的形式主要有职位工资（也称岗位工资），即根据员工所承担工作的重要性、难度、对组织的价值、工作环境对员工的伤害程度以及对员工资格的要求而确定；技能工资，即根据员工拥有完成工作的技能或能力高低来确定；资历工资，即根据员工工作时间长短，定期增加其基本工资。在国外，基本工资有小时工资、月薪和年薪等形式；在我国企业中，员工基本工资多以月薪为主。

（2）可变工资

可变工资是指薪酬系统中直接与绩效挂钩的部分，包括业绩工资和激励工资。业绩工资是对过去工作行为和已取得成就的认可，是基本工资之外的增加额，它随员工业绩的变化而调整。激励工资，有短期的，也有长期的，常与个人绩效、团队或组织绩效挂钩。可变工资的主要形式有绩效工资、奖金、津贴和股票。其中奖金在薪酬整体构成中，属于变动性较大的薪酬类型。

（3）员工福利

员工福利是指企业在支付基本工资、可变工资之外，为员工提供的一种普惠制的报酬形式。福利是工资的附加部分，但并不反映在员工所获得的直接薪酬之中，所以员工在对总体薪酬的公平性进行评价时，福利常常被估价过低。因而，企业应使员工认识到其薪酬既包括直接薪酬，也包括间接薪酬。

薪酬的核心部分包括三个模块：基本工资、奖金和福利，其功能及其特征如表11-4所示。

表 11-4　薪酬的构成、功能及其特征

薪酬构成	功能	决定因素	变动性	特点
基本工资	保障；体现岗位价值	职位价值、能力、资历	较小	稳定性；保障性
奖金	对员工良好业绩的回报	个人、团体和组织的绩效	较大	激励性；持续性
福利	提高员工满意度；避免企业年资负债	就业与否、法律	较小	针对所有员工满意度；保障性

2. 薪酬的功能

薪酬是企业为员工提供的经济性收入，同时也是企业的一项成本支出，它代表企业与员工之间的经济交换，这一交换具有如下功能。

（1）保障功能

员工作为企业的人力资源，通过劳动获取薪酬来维持自身的衣、食、住、行等基本需要，保证自身劳动力的生产。同时，员工还要利用部分薪酬来进修学习、养育子女，实现劳动力的增值再生产。因此，员工的薪酬决定着他们的生存、营养和文化教育条件，是企业人力资源生产和再生产的重要保证。

（2）激励功能

薪酬不仅决定员工的物质条件，还是一个人社会地位的重要标志，是满足员工多种需要的经济基础。因此，公平合理的薪酬分配有助于调动员工的积极性；反之，则会挫伤员工的积极性，丧失薪酬的激励功能。

（3）调节功能

薪酬差异是人力资源流动与配置的重要"调节器"。在通常情况下，企业可以通过调整内部薪酬水平引导人员流动；还可以利用薪酬的差异对外吸引急需的人才，实现人力资源的合理配置。

（4）凝聚功能

企业通过制定公平合理的薪酬，有助于调动员工的积极性，激发员工的创造力，使员工体会到自身的被关心和自我价值的被认可，进而增加对企业的情感依恋，与企业同甘共苦，为自身的发展与企业目标的实现而努力工作。

3. 影响薪酬的主要因素

影响薪酬的因素归纳起来可分为三类：员工个人因素、企业内部因素和外部环境因素。

（1）员工个人因素

①工作绩效。员工薪酬是由其工作绩效直接决定的，同等条件下，高薪来自高工作绩效。

②学历水平。通常学历高的员工薪酬水平也较高，原因是补偿员工在学习过程中所花费的时间、金钱和机会等直接或间接成本，并且带有激励作用，即促进员工不断地学习新技术、提高对企业的贡献度。

③工作技能。掌握关键技能的人才已成为企业竞争的利器。企业愿意支付高薪给掌握核心技术的专才与阅历丰富的通才。前者的作用不言而喻，后者则有效地整合企业内高度分工的各项资源，形成综合效应。

④岗位及职位差别。职位既包含着权力，也负有相应的责任。权力以承担相应的责任为基础，责任由判断力或决定能力而产生。权力大，责任也重，自然需要较高的薪酬水平来衡量。

⑤工作年限。工龄长的员工薪酬通常高一些，主要是为了补偿员工过去的投资并减少人员的流动。连续计算员工工龄工资的企业，通常能通过工龄工资起到稳定员工队伍、降低流动成本的作用。

（2）企业内部因素

①经营状况。企业经营状况直接决定着员工的工资水平。经营好的企业，薪酬水平相对稳定且往往有较大的增幅；而经营差的企业，薪酬水平相对较低且不具有保障性。

②企业远景。企业处于不同行业、不同时期（初创期、成长期、成熟期、衰退期），其盈利水平和盈利能力不同，一般来说，处于成熟期的企业薪酬水平相对比较稳定。

③薪酬政策。薪酬政策是企业分配机制的直接表现，直接影响企业利润积累和薪酬分配的关系。部分企业注重高利润积累，部分企业注重二者之间关系的平衡，这些差别会直接导致薪酬水平的不同。

④企业文化。企业文化是分配理念、价值取向、目标追求和制度机制的土壤，企业文化不同，必然会导致观念和制度的不同，将直接影响到企业的薪酬分配机制和薪酬设计原则。

（3）外部环境因素

①行业差异。企业在制定薪酬标准时应根据行业特点来决定。传统行业与高新技术行业的差异必然会在薪酬上有所体现。同行业之间可相互参照，必要时事先做好市场薪酬调查。

②当地生活水平。企业所在地区的不同，对企业的薪酬水平影响很大，企业在确定员工的基本薪酬时应考虑当地的生活指数。一般来说，二者之间成正比。

③经济形势。经济形势直接影响着薪酬水平，在社会经济环境良好时，通常员工的薪酬水平也相对较高。

④法律与政策。企业必须在符合政府有关政策的规定下，制定薪酬标准，如最低工资制度、个人所得税征收制度、强制性劳动保险以及各类费用的缴纳制度等。

⑤劳动力供求状况。劳动力供求关系失衡时，劳动力价格会偏离其本身价值。薪酬太低招不来也留不住所需的人才，薪酬过高，无疑会转嫁到成本中，导致企业在市场竞争中处于不利地位。

（二）薪酬管理的含义、内容及原则

1. 薪酬管理的含义

薪酬管理是指企业在经营战略和发展规划的指导下，综合考虑内外部因素，确定自身薪酬水平、薪酬体系、薪酬结构和薪酬形式，并进行薪酬调整和控制的过程。作为一种动态管理过程，企业要持续不断地制订薪酬计划、拟定薪酬预算、就薪酬管理问题与员工进行沟通、对薪酬系统的有效性做出评价及完善等。

薪酬管理包括薪酬体系设计和薪酬日常管理两个方面。薪酬体系设计是指薪酬水平设计、薪酬结构设计和薪酬构成设计；薪酬日常管理是由薪酬预算、薪酬支付、薪酬调整组成的循环，这个循环可以称为薪酬成本管理循环。

薪酬管理对任何一个组织来说都是一个重要而棘手的问题，因为企业的薪酬管理系统一般要同时保证公平性、有效性和合法性，从而达到吸引和留住优秀员工，提高员工工作效率等目标。企业经营对薪酬管理的要求越来越高，但就薪酬管理来讲，受到的限制因素却越来越多，除了基本的企业经济承受能力、政府法律法规外，还涉及企业不同时期的战略、内部人才定位、外部人才市场以及行业竞争者的薪酬策略等因素。

2. 薪酬管理的特点

相比人力资源管理中的其他模块而言，薪酬管理具有一定的自身特点。

（1）敏感性

薪酬管理是人力资源管理中最敏感的内容，因为它牵扯到每位员工的切身利益。另外，薪酬是员工在企业中工作能力和水平的直接体现，员工往往通过薪酬水平来衡量自己在企业中的地位。

（2）特权性

薪酬管理是员工参与最少的人力资源管理模块，管理层认为员工参与薪酬管理会使企业管理增加矛盾，并影响投资者的利益。因此，员工对于企业薪酬管理的过程几乎一无所知。

（3）特殊性

由于敏感性和特权性，因此每个企业的薪酬管理差别很大。此外，鉴于薪酬管理本身就有很多不同的管理类型，如岗位工资型、技能工资型、资历工资型和绩效工资型等，所以不同企业之间的薪酬管理有时缺乏参考性。

3. 薪酬管理的内容

完整的薪酬管理应包括以下五个方面内容。

①薪酬目标，即薪酬应该怎样支持企业战略，如何满足员工的需要、吸引和留住组织需要的优秀员工。

②薪酬水平，即薪酬要满足内部一致性和外部竞争性的要求，并根据员工绩效、能力特征和行为态度进行动态调整，包括确定管理团队、技术团队和营销团队薪酬水平，确定跨国公司各子公司和外派员工的薪酬水平，确定稀缺人才的薪酬水平，确定与竞争对手相对的薪酬水平。

③薪酬体系，包括基本工资、绩效工资、期权期股的管理，以及如何为员工提供个人成长、工作成就感、良好职业预期和就业能力的管理。

④薪酬结构，即正确划分合理的薪级和薪等，确定合理的级差和等差，还包括如何适应组织结构扁平化和员工岗位大规模轮换的需要，合理确定工资宽带。

⑤薪酬政策，即薪酬决策应在多大程度上向所有员工公开和透明化，谁负责设计和管理薪酬制度，薪酬管理的预算、审计和控制体系如何建立和设计。

综合薪酬管理的上述内容，并从管理实践的角度考查薪酬问题，薪酬管理实际主要涉及五个层面的十个基本问题，如表 11-5 所示。

表 11-5　薪酬管理的基本问题

五个层面	十大基本问题
战略层面	1. 应采取何种策略以配合企业战略
基本薪酬层面	2. 如何对每个职位及从事该职位的人准确付酬
	3. 如何保证外部公平性
	4. 如何确立报酬结构
奖金层面	5. 凭什么支付奖金
	6. 支付多少奖金
	7. 如何支付奖金
福利层面	8. 如何设计一套符合法律的福利体系
	9. 如何充分发挥福利的人力资源管理功能

五个层面	十大基本问题
制度层面	10. 如何使工资体系制度化

4. 薪酬管理的原则

薪酬作为价值分配形式之一，应遵循以下六个原则。

（1）竞争性原则

高薪对优秀人才具有不可替代的吸引力，企业在市场上提出相对较高的薪酬水平，无疑会增强对人才的吸引力。在薪酬体系的竞争力方面，除了较高的薪资水平和正确的薪酬价值取向外，灵活多样的薪资结构、劳动力市场供求情况等也会影响企业薪酬的竞争力。

（2）公平性原则

公平性是实施薪酬管理时应遵循的最重要原则。公平性体现三个方面：一是外部公平，即在不同企业中，类似职位或技能员工的薪酬应当基本相同；二是内部公平，即在同一企业中，不同职位或技能员工的薪酬应当与各自对企业的贡献成正比；三是个人公平，即在同一企业中，相同或类似职位员工的薪酬应当与其贡献成正比。企业的薪酬管理之所以出现问题，多是由于公平性（特别是后两种）没有做好所导致。

（3）激励性原则

在公平性原则中，外部公平与薪酬的竞争原则相对应，内部公平则与薪酬的激励原则相对应。对企业而言，通过薪酬设计激励员工工作积极性和责任心是一种最常用的方法，其薪酬分配制度应做到按绩定薪，奖优罚劣；薪酬水平要适当拉开差距，工资结构有一定的弹性。

（4）经济性原则

薪酬是企业很重要的一项支出，应当在自身可承受的范围内支付。虽然高水平的薪酬有利于吸引和激励员工，但超出承受能力的过高薪酬必然会给企业带来沉重负担。有效的薪酬管理应当在竞争性与经济性之间找到恰当的平衡点。

（5）动态性原则

企业面临的外部环境处于不断变化之中，因此薪酬管理应当坚持动态性的原则，即根据环境变化随时进行调整，确保企业薪酬的适应性。具体表现为：一是企业整体的薪酬水平、薪酬结构和薪酬形式要保持动态性；二是员工个人薪酬要具有动态性，根据其职位变动、绩效表现进行薪酬的调整。

（6）合法性原则

企业的薪酬管理政策要符合国家法律和政策的有关规定。任何企业的薪酬设计必须以合法性为前提和基础，特别是国家的有关强制性规定，如国家有关最低工资规定、员工加班工资支付等问题，在企业的薪酬管理中是不能违反的。

（三）薪酬管理的基本流程

薪酬管理的基本流程主要包括如下六个环节：薪酬策略与需求分析、工作分析与职位评价、市场薪酬调查、薪酬水平与结构确定、薪酬分级与定薪、薪酬体系实施与修正。

1. 薪酬策略与需求分析

制定薪酬战略就是要确定薪酬的价值判断准则以及能够反映企业战略需求的薪酬分配策略。薪酬战略是根据企业总体发展战略和企业人力资源战略制定的，同时薪酬战略也与企业文化密切相关。因此制定企业薪酬政策必须与企业战略、人力资源战略以及企业文化相一致。薪酬政策明确了企业薪酬设计的目标和原则，使薪酬结构设计和薪酬水平确定有了科学依据。企业的薪酬策略通常包括薪酬水平策略和薪酬结构策略两个方面。

薪酬水平是指企业内部各类职位和人员平均薪酬的高低状况，它反映了企业薪酬的外部竞争性。常见的企业薪酬水平策略如表 11-6 所示。

表 11-6　企业薪酬水平策略比较

策略类型	策略特征
领先型薪酬策略	薪酬水平高于竞争对手或市场薪酬水平的策略。这种薪酬策略以高薪为代价，在吸引和留住员工方面具有明显优势，并将员工对薪酬的不满降到较低程度
跟随型薪酬策略	力图使薪酬成本接近竞争对手的薪酬成本，使本组织吸纳员工的能力接近竞争对手吸纳员工的能力
滞后型薪酬策略	薪酬水平低于竞争对手或市场薪酬水平的策略。采用该策略的企业大多处于竞争性的产品市场，边际利润率比较低，成本承受能力很弱
混合型薪酬策略	针对企业不同部门、不同地位、不同人员采用不同的薪酬政策。例如，对核心职位采取市场领先型策略，而在其他职位中实行市场跟随型或相对滞后型的薪酬策略

薪酬结构是对同一组织内部不同职位或者技能之间的工资率所做的安排，主要是企业总体薪酬中的固定部分薪酬和浮动部分薪酬的占比，强调的是不同职位或技能等级的数量、薪酬差距及其标准。可供企业选择的薪酬结构策略如表 11-7 所示。

表 11-7 企业薪酬结构策略比较

策略类型	策略特征
高弹性结构策略	绩效工资占主体，基本工资处于次要地位，且所占比例非常低。该策略对员工的激励性很强，员工薪酬完全依赖于其工作绩效的好坏，但是员工收入波动很大，员工缺乏安全感及保障
高稳定性结构策略	基本工资是薪酬主体，绩效工资等处于非常次要的地位，所占比例非常低。这种策略使得员工收入波动很小，员工安全感比较强，但缺乏激励功能，容易导致员工懒惰
调和型结构策略	绩效工资和基本工资各占一定比例，对员工既有激励性又有安全感，但是必须制定科学合理的薪酬系统

2. 工作分析与职位评价

工作分析是薪酬设计的首要工作和基础，是全面了解工作并提取各种有关信息的基础性活动。只有对工作有了客观认识，企业才能有效地发现、挑选、培养和奖励员工。职位评价是建立薪酬结构内部一致性过程的重要环节，重在解决薪酬的对内公平性问题。薪酬结构所关注的是企业内部薪酬水平等级的多少和不同薪酬水平之间级差的大小。这就需要系统地确定各种职位的相对价值，在工作分析基础上，划分职位类型，参照岗位说明书，以工作内容、所需技能、对组织的价值以及外部市场为基础，对职位进行综合测定和评价。

其目的有二：①比较企业内部各个职位的相对重要性，得出职位等级序列，进行职位归级，确定职位工资系数，进而为确定工资收入差别提供量化依据；②为进行薪酬调查建立统一的职位评估标准，消除企业内部由于职位名称不同或者即使职位名称相同，但实际工作要求和工作内容不同所导致的职位难度差异，使不同职位之间具有可比性，为确保工资的公平性奠定基础。

3. 市场薪酬调查

市场薪酬调查是指企业通过收集信息来判断其他企业所支付的薪酬水平及相关信息，并对收集到的信息进行分类、汇总和分析，形成调查报告的过程。市场薪酬调查是薪酬设计中的重要环节，重点解决薪酬的外部竞争力问题。企业通过薪酬调查，了解市场薪酬水平、调整本企业薪酬水平、保持外部竞争力、优化薪酬结构、整合薪酬要素、确定人工成本标准等。市场薪酬调查内容主要包括以下三个方面。

（1）目标企业的薪酬政策

具体包括薪酬的策略是控制成本还是激励或吸引员工；薪酬管理模式是高弹性、稳定模式还是折中模式；薪酬的其他政策，包括加班费计算、试用期限及薪酬标准等。

（2）薪酬的结构信息

主要包括企业职位或岗位的组织结构体系、薪酬等级差、最高等级与最低等级差、薪酬的要素组合（基本工资与浮动工资的比例）、货币工资与福利工资的比例、绩效工资的设计等。

（3）薪酬的纵向与横向水平信息

包括基本薪酬信息、可变薪酬信息及福利薪酬信息等。

4. 薪酬水平与结构确定

（1）确定薪酬水平

薪酬水平反映了企业薪酬相对于当地市场薪酬行情和竞争对手薪酬绝对值的高低。它对员工的吸引力和企业的薪酬竞争力有着直接影响。影响企业薪酬水平的因素主要有当地劳动力市场状况、企业性质与特征、相关法律法规以及物价、地区与行业、企业负担能力等。

在进行薪酬市场调查基础上，将价值相同的若干种工作或技能水平相同的若干员工划分薪酬等级后，就需要绘制市场薪酬曲线，即以市场调查得到的薪酬水平为纵轴，以薪酬等级为横轴，建立各种工作薪酬市场水平线。

一个企业可以使其员工的薪酬水平高于、相当于或低于自己竞争对手的薪酬水平。外部公平要求企业在设计和管理薪酬时充分考虑外部市场薪酬水平。同时，薪酬管理部门需要不断关注外部的薪酬变化情况，特别是主要竞争对手的薪酬变动。

（2）确定薪酬结构

薪酬结构是指企业中各项职位的相对价值及其与对应的薪酬之间保持怎样的关系。它强调薪酬水平等级的多少，不同薪酬水平之间级差的大小以及决定薪酬级差的标准。薪酬结构设计首先要符合公平原则，即决定薪酬的过程要公平，实际结果要公正。过程公平强调薪酬设计和管理决策的制定过程是否合理、依据是否科学；结果公正强调内部薪酬之间实际差异的大小是否合理。在薪酬设计中，要综合考虑风俗习惯、经济环境、法律法规、组织战略、工作设计、政府政策等外在因素的影响。薪酬结构重在解决企业内部一致性问题，即内部公平性问题。具体所要强调的是职位或者技能等级的数量、不同职位或者技能等级之间的薪酬差距以及用来确定这种差距的标准，但并不意味着员工薪酬结构决策就可以脱离外部竞争性而独立进行。事实上，薪酬结构决策是在内部一致性和外部竞争性两种有效性标准之间进行平衡的结果。

企业薪酬结构反映了企业的分配哲学，即依据什么原则确定员工的薪酬。确定员工薪酬时，要综合考虑三个方面的因素：员工职位等级，员工技能和资历，员工工作绩效。

在工资结构上，与其对应的分别是职位工资、能力（技能）工资和绩效工资。薪酬结构实际是指企业里各种工作之间薪酬差异的绝对水平。一般来说，企业薪酬结构要实现内部一致性，至少应具备以下三个特征：对实现企业整体目标贡献越大的员工，所得到的薪酬越多；完成工作所需要知识和技能越多的岗位，所得到的薪酬越多；所处职位风险越高的员工，所得到的薪酬越多。

5. 薪酬分级与定薪

薪酬等级是在职位价值评估结果基础上，将职位价值相近的职位归入同一个管理等级，并采取一致的管理方法处理该等级内的薪酬管理问题。企业的薪酬等级类型主要有分层式薪酬等级和宽泛式薪酬等级。分层式薪酬等级由于等级较多，所以每个等级薪酬浮动幅度一般较少，在成熟的、等级型的企业中较常见。宽泛式薪酬等级的特点是企业包括的薪酬等级少，呈平行形，员工薪酬水平的提高既可以是因为个人岗位级别向上发展而提高，也可以是因为横向工作调整而提高。宽泛式薪酬等级类型在不成熟的、业务灵活性强的企业中较常见。

建立薪酬等级，首先要将各个职位划分成不同的等级，划分的依据是职位评价的结果。每个等级中的职位，其职位评价的结果应当接近或类似。职位等级确定后，还需要确定各个等级的薪酬变动范围，即薪酬区间。

6. 薪酬体系实施与修正

企业薪酬体系建立后，投入正常运作的基础和前提是建立客观、科学的绩效考核机制，对各层级员工的工作业绩等进行认真的考核评估。同时，在实施过程中，要及时沟通，不断地反馈在操作过程中出现的问题，并不断地予以修正和调整，使薪酬体系设计尽量趋于合理或使员工满意。因此，在薪酬制度运行中要形成有效的反馈机制，全面把握其实施效果，及时分析总结，发现问题及时修正与调整，尽量做到相对公平，从而促进企业有效地实现薪酬目标和经营战略。

二、基本的薪酬体系设计

企业基本的薪酬体系设计主要有职位（岗位）薪酬体系、能力（技能）薪酬体系、绩效薪酬体系以及组合薪酬体系。职位薪酬体系突出职位价值，以职位评价为基础；能力薪酬体系以职位执行能力的评价为基础；绩效薪酬体系以对员工绩效的考核为基础；组合薪酬体系是以职位、能力和绩效三者的不同组合为主体形成的薪酬体系。下面对职位薪酬体系、能力薪酬体系和绩效薪酬体系逐一进行介绍。

（一）职位薪酬体系

1. 职位薪酬体系的含义及特点

职位薪酬体系是对每个职位所要求的知识、技能以及职责等因素的价值进行评估，根据评估结果将所有职位归入不同薪酬等级，每个薪酬等级包含若干综合价值相近的一组职位，然后根据市场上同类职位的薪酬水平确定每个薪酬等级的工资率，并在此基础上设定每个薪酬等级的薪酬范围。

职位薪酬体系是企业使用最多的薪酬制度，其最大特点是薪酬的给予"对岗不对人"。薪酬水平差异来源于员工职位（岗位）不同，很少考虑员工的年龄、资历、技能等个人因素。职位薪酬体系的特点：根据职位（岗位）支付薪酬；以职位分析为基础；具有较强的客观性。

职位薪酬体系是建立在"每个职位上的人都是合格的"以及"不存在人岗不匹配情况"的假设基础之上，而且这种薪酬制度体系并不鼓励拥有跨职能的其他技能。可见，职位薪酬体系既有明显的优点，同时也存在一定的缺点（见表11-8）。

表 11-8　职位薪酬体系的优点和缺点

优点	缺点
①实现了真正意义上的同工同酬，体现了按劳分配原则 ②按照职位系列进行薪酬管理，操作比较简单，管理成本低 ③晋升和基本薪酬之间的连带性增强了员工提高自身技能和能力的动力	①薪酬与职位直接挂钩，当员工晋升无望时，其工作积极性必然会受挫，甚至出现消极怠工或者离职的现象 ②职位稳定，薪酬也相对稳定，不利于企业对多变的外部经营环境作出迅速反应，也不利于及时激励员工

2. 职位薪酬体系的类型

职位薪酬体系的类型主要有职位等级薪酬制和职位薪点薪酬制两种形式。

（1）职位等级薪酬制

职位等级薪酬是指将岗位按重要程度进行排序，然后确定薪酬等级的薪酬制度。

职位等级薪酬制有两种主要形式：一岗一薪制和一岗多薪制。

①一岗一薪制。一个岗位只有一个薪酬标准，岗内不升级，同岗同资。新员工上岗采用"试用期"的办法，试用期满即可执行岗位薪酬标准。这种薪酬制度简便易行，但岗位内部难以体现差别，缺乏激励。一岗一薪制比较适用于专业化、自动化程度高、流水作业、工作技术比较单一的工作岗位。

②一岗多薪制。一个岗位内设置几个薪酬标准，以反映岗位内部员工之间的劳动差别。岗位级别是根据不同工作的技术复杂程度、劳动强度、责任大小等因素确定，薪酬的确定同样是依据岗位要求而确定。实行一岗多薪制，员工在一个岗位等级内可通过逐步考核升级，直到其薪酬达到本岗位最高标准。其优点在于员工薪酬增长渠道和机会增多，不晋升或变换岗位也能增加薪酬；在企业需要缩减人工成本时，可以灵活控制员工的薪酬增长速度和水平。

（2）职位薪点薪酬制

在职位评价基础上，用点数和点值来确定员工薪酬的一种弹性薪酬分配制度。其主要特点是薪酬标准不是以金额表示的，而是用薪点表示，并且点值的大小由企业或部门的经济效益确定。职位薪点薪酬制的关键是确定员工的薪点数和薪点值，其优点是每个岗位的价值直接以工资报酬形式标出，可以使劳动所得与劳动付出更相符。这种薪酬制度适用于岗位比较固定、以重复性劳动为主的岗位。

3. 职位薪酬体系的实施条件

企业在选择实施职位薪酬体系时，应满足以下条件。

①职位内容是否已经明确化、规范化、标准化。职位薪酬体系要求纳入本系统中的职位本身必须明确具体，企业必须保证各项工作有明确的专业知识要求，责任清晰，同时这些职位所面临的工作难点是具体的、可以描述的。

②职位工作内容基本稳定，在短期内不会有太大变动。只有这样，企业才能使工作序列关系的界限比较明显，不至于因为职位内容频繁变动而使职位薪酬体系的相对稳定性和连续性受到破坏。

③具有按个人能力安排职位的岗位配置机制。企业选择职位薪酬体系时，必须能够保证按照员工个人能力安排其合适的职位，既不能存在能力不足以担任高等职位的现象，也不能出现高者担任低等职位的情况。

④存在相对较多的职位等级。企业确保能够为员工提供一个随着个人能力提升从低级职位向高级职位晋升的机会和通道，否则会阻塞员工的薪酬提升通道，加剧员工晋升竞争，损伤员工工作积极性。

⑤薪酬水平要足够高。员工的主要收入来自职位本身，其他收入所占比重很少，通过晋升提高薪酬水平机会有限，如果企业总体薪酬水平不高，职位等级有很多处于职位序列最底层的员工得到的薪酬就会较少，薪酬的激励功能更无从谈起。

（二）能力薪酬体系

1. 能力薪酬体系的含义及特点

能力薪酬体系是指企业根据员工所掌握的与工作有关的技能、能力以及知识的深度和广度来支付薪酬的一种基本薪酬制度。该体系认为员工薪酬差异主要来自其能力水平差异，而非职位等级（价值）高低，主要适用于企业中的技术工人、技师、科技研发人员、专业管理者等。

能力薪酬体系的特点：第一，企业关注的是员工在获取组织需要的知识、技能和能力方面的差异，而不是员工所从事的工作差异；第二，薪酬与员工的技能和能力紧密相连；第三，能力薪酬奖励的是员工作出贡献的潜能。该体系的假设条件是：员工掌握的知识和技能越多，其工作效率就越高，灵活性也越强。实际上，掌握工作所需要的知识、技能和能力只是员工作出贡献的必要条件，不是充分条件。能力薪酬体系的优缺点如表11-9所示。

表 11-9　能力薪酬体系的优点和缺点

优点	缺点
①激励员工掌握企业所需要的知识、技能	①能力是一种潜在生产力，企业需要在培训方面给予更多的投资
②员工注重能力提升，职业发展路径更加宽广	②高能力员工未必有高的产出，即能力薪酬的假设未必成立，关键看员工是否投入工作
③员工能力不断提升，增强企业应对内外部环境变化的能力，岗位配置弹性提高	③能力薪酬体系因人而异，造成了薪酬体系设计和管理困难，加大了工作难度
④有利于优秀专业人才安于本职工作，而不去一味地谋求晋升或管理职位，确保关键员工的稳定	

2. 能力薪酬体系的类型

能力薪酬体系的类型主要有技术工资制和能力工资制。

（1）技术工资制

技术工资制是以应用知识和操作水平为基础的工资，主要用于专业技术人员和"蓝领"员工。员工获得技术工资的前提是从事企业认可的专业技术工作，未从事企业认可的专业技术工作的员工，企业不向其发放技术薪酬。技术工资制多用于生产制造业企业。

（2）能力工资制

能力工资制是依据员工对能力的获得、开发和有效使用来支付工资，是建立在比技术范围更广泛的知识、经验、技能、自我认知、人格特征、动机等综合因素基础上的工资体系，现已成为提升员工基本素质、增强企业综合竞争力的重要手段。

在实践中，能力薪酬体系的形式主要表现为基于技术、知识、岗位胜任能力、岗位任职资格等要素来确定薪酬。

3. 能力薪酬体系的设计流程

能力薪酬体系常与宽带薪酬结合在一起，将若干个以能力素质定价的工资等级划分在一个宽带之中，一个薪酬宽带包括几个甚至十几个工资等级。工作性质大体类似的职位归入同一个薪酬宽带中，从而使薪酬更具有竞争力和激励性。能力薪酬体系设计的基本流程如下。

（1）构建能力素质模型

企业可通过战略导向法、行为事件访谈法和标杆研究法等方法构建企业的能力素质模型。

（2）能力素质定价

对每种能力素质及其组合进行定价。定价方法有两种：①基于市场的定价，根据相同素质在其他企业所能获得的报酬来确定能力素质价格；②基于绩效的定价，根据每项能力素质与绩效的相关性来确定能力素质的价格。

（3）建立基于能力素质的薪酬结构

多采用宽带薪酬结构，基本步骤如下：①确定宽带个数；②根据每个宽带平均能力素质水平，并结合能力素质定价水平，确定该宽带的中点值；③确定每个宽带的上限和下限；④确定每一水平能力素质的工资。

（4）评估员工能力素质，确定其薪酬水平

企业可以使用评价中心或基于能力素质模型的360度评估等方式对员工的能力进行评估，以充分了解员工的能力状况，与其所任职位的能力素质等级进行相应匹配，从而可确定该员工的薪酬水平。

4. 能力薪酬体系的实施条件

能力薪酬体系的有效实施一般应具备以下条件。

（1）扁平化的组织结构

该组织结构基于工作流程为中心构建；纵向管理层次简化，大幅削减了中层管理者；组织资源和权力下放于基层，采取顾客需求驱动，快速响应市场变化。能力薪酬体系适应扁平化组织结构的上述特点，使员工注意力从职位晋升转向技能的学习和运用。

（2）工作结构性高、专业性强的岗位

该类岗位所需技能相对确定，因此员工技能水平高低将直接影响工作完成效率和质量。组织根据员工技能高低为员工发放薪酬，可以促进员工努力提高技能水平。

（3）需要员工掌握深度或广度技能的岗位

深度技能培养的员工是专家，广度技能培养的员工是通才。如果岗位所要求的技能水平高、范围广，但当前技能基准很低，员工技能水平急需大幅度提高时，采用能力薪酬体系可以鼓励员工持续学习，不断提高技能。

（4）高度的员工参与

在设计和实施能力薪酬体系的过程中，需要不断从员工那里获取真实的信息反馈和建议，以便修改和完善方案。同时，能力分析与评价、能力模块的定价等都离不开员工的积极参与。

（5）管理者的支持

能力薪酬体系的实施需要管理层和员工对双方的关系持有一种长期的态度，只有这种长期的态度才能保持对能力的长期强调，这恰恰是能力薪酬体系有效运作的前提条件之一。

（三）绩效薪酬体系

1. 绩效薪酬体系的含义及特点

绩效薪酬体系是对员工超额工作部分或工作绩效突出部分所支付的奖励性报酬，旨在鼓励员工提高工作绩效。它是对员工过去工作行为和已取得成就的认可，通常随员工业绩的变化而调整。常用的形式有绩效加薪、一次性奖金和个人特别绩效奖。

绩效薪酬的前身是计件工资。绩效薪酬体系是以对员工绩效的有效考核为基础，将薪酬与考核结果相挂钩，注重对员工绩效差异的评价。企业利用绩效薪酬对员工进行调控，通过对绩优者和绩劣者收入的调节，激发员工积极性。绩效薪酬体系的优缺点如表 11-10 所示。

表 11-10　绩效薪酬体系的优点和缺点

优点	缺点
①有利于企业目标与个人目标协同发展，提高人力资源使用效率 ②员工薪酬与其业绩直接挂钩，使企业薪酬的支付更具客观性和公平性 ③有利于工资向业绩优秀者倾斜，提高企业效率和节省工资成本 ④激励效果明显，有利于吸引和留住高绩效员工	①在绩效标准不公平情况下，很难做到科学并准确 ②过分强调个人绩效回报，对企业的团队合作精神产生不利影响 ③刺激高绩效员工与实际收入相背离的现象，难以确定提高绩效所需的薪酬水平 ④破坏组织和与员工之间的心理契约，增加管理层与员工、优秀员工与普通员工之间的摩擦

2. 绩效薪酬体系的类型

绩效薪酬的种类选择与组织经营战略、经营状况、人员及结构等密切相关。绩效薪酬具有多种类型，根据激励对象可分为个体绩效薪酬和群体绩效薪酬（团队绩效薪酬）；根据时间维度可分为短期绩效薪酬和长期绩效薪酬。在实践中，根据绩效与薪酬挂钩的方式不同可分为业绩工资和激励工资。业绩工资侧重于对过去工作的认可，激励工资则以支付工资的方式影响员工将来的行为；业绩工资往往不会提前被员工所知晓，激励工资制度在实际业绩达到之前就已确定；业绩工资通常加到基本工资里，是永久的增加，激励工资往往是一次性支付，对劳动力成本没有永久的影响。业绩下降时，激励工资也会自动下降。

（1）业绩工资

业绩工资是指员工的基本薪酬可以根据其工作业绩或成就而得到永久性增加的一种薪酬制度，是绩效薪酬体系的一种基本形式。常见的业绩工资类型有业绩加薪和业绩奖金两种。

①业绩加薪。基本薪酬的增加与员工在某种绩效评价体系中所获得的评价等级联系在一起，以对员工绩效的有效考核为基础，实现工资与考核结果的挂钩。

②业绩奖金。也称一次性奖金，从广义上来讲，它属于业绩加薪的范畴，但不是在基本薪酬基础上的累积性增加，而是一次性支付的业绩加薪，因为员工年终依据本人或组织绩效得到的奖金并不计入基本薪酬。

（2）激励工资

激励工资是指组织根据员工是否达到组织与员工事先商定的标准、个人或团队目标，或者组织收入标准而浮动的薪酬。它是根据绩效评价结果支付的旨在激励员工绩效的组合薪酬形式，激励工资也和业绩直接挂钩。根据激励对象和目标的不同，可分为个人激励计划、群体（团队）激励计划和组织激励计划。

①个人激励计划。根据员工工作绩效决定其奖金多少。主要有两种形式：个人工作成果直接决定奖金的模式和绩效考核结果决定奖金的模式。

②群体（团队）激励计划。根据团队或部门的绩效确定奖金发放的奖励计划，有利于引导员工之间的合作。主要包括利润分享计划、收益分享计划和成功分享计划。

③组织激励计划。将企业中全体员工纳入奖励对象的激励计划，根据组织整体绩效确定奖金发放事宜，通常根据关键绩效指标完成情况确定整个企业奖金发放额度。主要包括股票期权计划和员工持股计划。

3. 绩效薪酬体系的设计流程

基于岗位价值和业绩导向的薪酬结构即岗位绩效薪酬形式是当前薪酬设计的主流之

一，其具体设计流程如下。

（1）梳理工作岗位

分析不同岗位之间划分的合理性：工作职责是否明确；各岗位间工作联系是否清晰、合理。工作分析结果是形成岗位清单和各个岗位的工作说明书。

（2）进行岗位价值评估

选择岗位价值评估工具，组织企业内外部专家逐个对岗位进行评价。评价岗位较多时可优先考虑计分法，其优点是结果量化直观，便于不同岗位间的价值比较。

（3）岗位分类与分级别等

①对岗位进行横向职系分类；②根据评价结果按照一定分数段进行纵向岗位分级；③考虑不同岗位级别的重叠幅度。分级时应考虑两个平衡：不同职系间岗位的平衡和同类职系岗位的平衡。不同职系和级别的岗位薪酬水平不同。

（4）确定薪酬水平与薪酬结构

根据岗位分等列级结果，对不同级别岗位设定薪酬水平。

以设定的岗位薪酬水平为该岗位的薪酬总额，依据不同职系的岗位性质确定薪酬结构，包括确定固定部分与绩效浮动部分比例以及工龄工资各种补贴等其他工资构成部分。

（5）进行薪酬测算

基于各岗位确定的薪酬水平和员工人数，对薪酬总额进行测算，做到既兼顾公平又不能出现较大幅度的偏差。

（6）对薪酬定级与调整等做出规定

从制度上规定员工工资入级和岗位调整规则。在岗位绩效薪酬中明确对员工薪酬调整和绩效考评的关系、薪酬发放时间以及发放形式是否采取密薪制等。

4. 绩效薪酬体系的实施条件

为有效发挥绩效薪酬体系的优势，企业实施时需要满足以下条件。

（1）具有一整套有效的绩效管理体系

科学有效的绩效管理体系能够客观、真实地反映员工业绩，确定考核结果，并进行工资的计算和发放。

（2）岗位的工作业绩、工作产出容易量化

如果员工的工作业绩不易量化，就很难确定工作绩效和薪酬之间的关系，进而难以计算和发放工资。

（3）薪酬变动幅度和范围足够大，各档次之间能够拉开距离

只有这样才能发挥绩效薪酬的激励性。如果增加工资的幅度不如其他结果（休假）有

吸引力，绩效薪酬就无法对员工起到激励作用。

（4）企业文化氛围支持业绩评估系统的实施和运作

只有形成以追求高绩效为核心的绩效文化，绩效理念才能深入人心，绩效评估系统实施和运作才能落到实处，绩效薪酬才能成为真正引导和调整员工行为的有效管理手段。

在实践中，企业可以选用一种薪酬体系，也可同时选用两种或三种薪酬体系。由于不同的薪酬体系有其不同的使用对象、特点和导向性，且优缺点各异，因此企业应根据自身特点分情况加以采用。

三、奖金与福利管理

奖金与福利是员工薪酬的重要组成部分。由于奖金常根据员工工作绩效进行浮动，因而属于可变薪酬的重要内容。此外，企业需要经常检查自己的福利计划，以了解这些福利项目是否适合当前员工的需要。这里主要介绍奖金与福利的含义、功能、类型等内容。

（一）奖金管理

1. 奖金概述

（1）奖金的含义

奖金是为了奖励那些已经超额或超标准完成某些绩效标准的员工，或为了激励员工去完成某些预定的绩效目标，而在基本工资基础上支付的可变的、具有激励性的报酬。简单地说，奖金是企业对员工超额劳动部分或劳动绩效突出部分所支付的奖励性报酬，其支付依据是绩效标准。

奖金的作用主要体现在以下三个方面：

一是激励作用。奖金能增加员工收入，体现组织对员工工作结果的认可，因而对员工有激励作用，使员工能够更好地发挥积极性、主动性和创造性。

二是提高效率。由于奖金计划主要用来考查员工工作结果及其对组织的贡献，因此，有效的奖励机制能促使员工提高工作效率，改善绩效水平。

三是稳定人才。合理的奖励机制有助于组织留住优秀人才。当员工的付出与其收入相一致时，员工就会有成就感，就会增加对组织的忠诚度。

（2）奖金的类型

从总体奖励报酬的角度来看，可以把奖金分成货币化奖金和非货币化奖励两种类型，而非货币化奖励又可以分为五种基本形式，即社会强化激励（如表扬）、实物奖励、旅行奖励、象征性奖励、休假奖励。

2. 针对特殊人员的奖酬计划

特殊人员一般具有两个特征：一是在企业中处于矛盾冲突交接位置，或者说其工作性质和环境有着特殊的要求，面临的工作压力较大，需要有更专业的知识和技能；二是其工作完成的好坏对整个企业经营状况有着很重要的影响。因此，对特殊人员的激励有着全局的重要意义，并且这种激励具有很强的针对性。

（1）公司董事的奖励报酬

内部董事的奖励报酬包括在高层经理人员的奖励报酬中。外部董事的奖励报酬主要有聘金（年薪）、董事会会议费、委员会会议费、委员会委员津贴。目前董事股票激励计划越来越流行。

（2）高层经理人员的奖励报酬

对高层经理人员的奖励报酬主要有四类：①一次性绩效奖金，包括非固定奖金、活动绩效奖金、预定分配奖金、目标计划奖金；②短期激励计划，包括利润分享计划、收益分成计划、一次性绩效奖；③长期激励计划，包括非法定股票期权、激励性股票期权、附加期权、股票增值权、限制性股票、业绩股票、虚拟股票等，有利于员工与组织形成利益共同体；④特权奖励，包括体检、公司提供交通用车、金融咨询、乘头等舱外出、俱乐部会员资格、个人资产管理、伤残保险、携配偶外出旅行、专用司机和车位、家庭保险计划、低息或无息贷款等。

（3）技术研发人员的奖励报酬

对技术研发人员的奖励报酬有以下四种：①基于双重职业发展通道（技术晋升阶梯和管理晋升阶梯），将一些运用于管理人员的分享计划和股票增值计划施行于技术研发人员；②对技术研发人员技能认证等级提升、专利发明等进行奖励；③为技术研发人员提供轻松、富有校园氛围的工作环境；④灵活安排技术研发人员的工作时间和方式等。

（4）销售人员的奖励

销售人员的奖励方式包括纯基薪计划、纯佣金计划、基薪+佣金计划、基薪+奖金计划。企业实践中，前两者比较少用，而后两者较为常用。

①基薪+佣金计划。基薪部分是公司为销售人员的经验、技能、知识和服务素质所支付的报酬；佣金部分是将实现的销售业绩对个人进行分享性的支付，其目的在于将风险性和保障性结合在对销售人员的薪酬支付之中。

②基薪+奖金计划。与"基薪+佣金计划"的区别在于体现激励性的报酬是奖金而不是佣金，其奖金与事先订立好的绩效目标紧密联系，只有在销售业绩达到目标或定额后，企业才会按一定比例给予奖励。

3. 奖金的发放程序

（1）确定奖金总额

奖金总额是将多少收入作为全体员工奖金的分配基金，奖金总额的确定一般有三种方法。

①按组织实际经营效果和实际支付的人工成本确定奖金总额。公式为：奖金总额＝生产（或销售）×标准人工成本费用－实际支付工资总额

②按组织年度产量（销售量）的超额程度计提奖金。奖金是对目标产量（销售量）的超额程度等比例提取，或按累计比例提取。其公式为：

奖金总额＝（年度实际销售额－年度目标销售额）×计奖比例

③按照成本节约量的一定比例提取奖金总额。其主要目的是激励员工为组织生产和经营成本节约作出贡献。其公式为：

奖金总额＝成本节约额×规定奖金比例

（2）确定奖金比例

确定奖金比例的内容包括两方面：奖金提取的额度和奖金分配的各种比例关系。奖金比例的确定需要注意以下几点。

①奖金与标准工资的比例关系。奖金是超额贡献的报酬，工资是定额劳动的报酬。奖金不应超过薪酬总额的一定比例，如比例过高，说明劳动定额太低，员工很容易完成任务，造成人力资源闲置；如比例太低，则不能够发挥奖金的激励作用。

②奖金占超额贡献的比重。奖金是部分超额贡献的报酬，但不是全部超额贡献的报酬，应考虑适当的比例。一般来说，奖金在超额贡献报酬中所占比重，应高于基本工资所占比重。

③各类人员的奖金标准比例。主要是指共同创造的超额劳动成果在集体成员之间的报酬分割。在一般情况下，根据指标完成情况和工作责任两个因素，即主要职务高于辅助职务、复杂劳动高于简单劳动来确定内部奖金分配比例。

（3）确定奖金发放方法

常用的奖金发放方法有计分法和系数法。

①计分法。将各项奖励条件规定最高分数，有定额的员工按照超额完成情况进行评分，无定额的员工按照任务完成情况评分；最后按照奖金总分求出每位员工奖金的分值。

②系数法。在对岗位进行工作评价的基础上，根据岗位贡献大小确定岗位得奖系数，然后根据个人完成任务情况，按系数进行分配。

（二）员工福利设计与管理

1. 员工福利的含义及特点

员工福利就是非货币奖励，属于边缘薪酬。就类别而言，它可以分为如下三类：员工所能获得的非工作时间报酬（如假期）；为雇员提供的各种服务（如日托补助）；企业的各种保障计划（如医疗保险）。

福利是员工薪酬中的重要组成部分，包括退休福利、健康福利、带薪休假、食物发放和员工服务，它有别于根据员工的工作时间计算的薪酬形式。福利具有如下两个特征：福利通常采用延期支付或实物支付的方式；福利具有类似固定成本的特点，因为福利与员工的工作时间之间并没有直接的关系。

可见，员工福利是总报酬的重要组成成分，多表现为非现金收入和非劳动收入。它是一种普惠制的报酬形式，通常采取间接支付的形式。

员工福利具有以下特点：

①补偿性。福利是一种对员工为组织提供劳动的物质补偿，也是员工薪酬收入的补充分配形式，只起到满足员工有限生活需要的作用。

②均等性。福利与工资、奖金不同，它不是以员工对企业的相对价值或自身绩效为基础，而是只要符合享受条件的组织员工，不论职位高低都可以享受。

③集体性。员工通过集体消费或共同使用公共设施的方式分享员工福利。集体消费或共同使用企业的公共物品在满足员工的某些物质需求外，还可以强化员工的团队意识和对组织的归属感。

2. 员工福利的功能

（1）激发员工工作积极性

完善的企业福利制度可以满足和保证员工生活上的需要，解除员工的后顾之忧，这有助于激发员工的进取心，提高员工的工作积极性。同时，一个企业福利搞得好，可以提高组织声誉，吸引更多优秀人才加入，有助于激活组织的动态性和创造性，增强组织内部的协作精神。

（2）增加员工隐性收入

福利多为非货币和延期支付形式，可以享受税收的优惠，相比货币收入能够提高员工的实际收入水平，尤其是实物福利。事实上，员工福利中的许多内容是员工工作或生活所必需的，即使企业不为员工提供，员工也要花钱去购买，在许多商品和服务的购买方面，团体购买显然比个人购买更具有价格方面的优势。

（3）满足员工多样化需求

员工福利既可以满足员工在生理和安全上的需要，也能满足员工的平等和归属感的需要，既可以是实物，也可以是服务或学习成长。如各类社会保险和企业补充性保险都可以满足员工的安全需要；带薪休假、集体旅游和企业内部各种宴会等项目则可以使员工在紧张的工作之余调整生活节奏，放松身心，获得感情上的满足。

（4）营造和谐的企业文化

福利体现了企业对员工的情感投入和人文关怀，借助于它可以传递企业的经营理念和企业价值观。企业通过福利为员工提供各种形式的照顾和实惠，从工作保障、工作条件和其他经济利益上提高员工满意度，让员工感受到企业的关怀和重视，提高员工的向心力和凝聚力。

3. 员工福利的种类

员工福利按照其指定的依据可分为法定福利和非法定福利。

（1）法定福利

法定福利亦称基本福利，是指依据国家法律法规和政策规定，企业必须为员工提供的各种福利，其特点是企业只要建立并存在，就必须按照国家统一规定的福利项目和支付标准支付，不受企业所有性质、经济效益和支付能力的影响。在我国，法律规定的企业必须提供的福利包括法定的社会保险、住房公积金、法定假期以及其他假期等。

法定的社会保险主要包括养老保险、失业保险、医疗保险、工伤保险和生育保险。

住房公积金是单位及其在职职工缴存的长期住房储金，主要包括个人缴存的住房公积金和员工所在单位为员工缴存的住房公积金，它属于员工个人所有。

法定假期是指根据国家、民族风俗习惯或纪念要求，由国家法律统一规定的用以进行庆祝及度假的休息时间。法定假期的休假安排，为居民出行、购物和休闲提供了时间的便利，为拉动内需、促进经济增长作出了积极贡献。我国的法定假期主要包括公休假日、法定休假日、带薪年休假和其他假期。除了上述法定假期外，还有一些假期如病假、探亲假、婚丧假、产假、配偶生育假等，也属于法定福利范畴。

（2）非法定福利

非法定福利，也称为自愿性福利，它是企业根据自身经营状况、管理特色和员工内在需求而有目的、有针对性地设置的一些符合企业实际情况的福利。企业的非法定福利种类较多，形式灵活，主要的非法定福利包括企业补充保险计划和员工服务福利。

①企业补充保险计划。企业补充保险与强制性的法定社会保险不同，是由企业自主设立的、具有针对性的员工福利计划。一般包括补充养老保险计划、补充医疗保险计划、补

充性住房计划等。

②员工服务福利。员工服务福利是指企业向员工提供的各种服务福利。通常包括员工帮助计划、咨询服务、教育援助计划、家庭援助计划、饮食服务、健康与文体娱乐服务、员工住宿设施、交通服务、金融性服务等福利。

员工帮助计划（Employee Assistance Program，EAP）是由企业为员工设置的一套系统的、长期的福利与支持项目，即通过专业人员对组织的诊断、建议和对员工及其直系亲属提供专业指导、培训和咨询，旨在帮助解决员工及其家庭成员的各种心理和行为问题，提高员工在企业中的工作绩效。咨询服务主要包括财务咨询、家庭咨询、职业生涯咨询、法律咨询、重新谋职咨询以及退休咨询等。教育援助计划是指通过一定的教育或培训手段，提高员工素质和能力的福利计划，可分为内部援助计划（在企业内部进行培训和学习）和外部援助计划（学费报销计划，鼓励员工提高知识和技能）。家庭援助计划主要包括企业为员工提供的儿童看护帮助和老人护理服务。

4. 福利制度的设计

（1）影响员工福利设计的因素

员工福利设计受到多种因素影响，这些因素既有来自组织内部的因素，也有来自组织外部的因素，主要有以下几种：①国家的政策法规；②竞争对手和行业福利水平；③企业经营者的经营理念；④企业文化；⑤员工的生活成本；⑥对企业薪酬发放的控制；⑦工会组织的要求。

（2）员工福利设计的流程

员工福利设计不仅要与企业发展目标相适应，与国家有关法律、法规相协调，还涉及企业各部门的参与、员工福利信息的沟通等。一般而言，员工的福利设计流程包括以下六个环节：①确定员工福利宗旨和目标；②员工福利需求分析；③员工福利成本分析；④制订员工福利计划；⑤员工福利计划实施；⑥员工福利效果评估与反馈。

一套好的福利管理制度的评价标准有如下五点：①恰当的。对外具有竞争力，对内符合企业战略、企业规模和经济实力。②可支付的。福利项目要在企业可以支付的范围内进行设计。③可理解的。各个福利项目的设计和表述能够很容易地为员工所理解，选择时不会产生歧义。④可操作的。福利项目是切合实际的、可实施的。⑤可变动的。福利方案要灵活设计，能够尽量满足各类员工的不同需求，具有自我调节能力。

第十二章 职业生涯规划与劳动关系管理优化

第一节 职业生涯规划管理优化

一、职业生涯管理的目的和作用

(一) 组织进行员工职业生涯管理的目的

企业的竞争优势与企业人力资源的管理效果密切相关，人力资源优势是企业维持高的经营绩效，获取竞争优势的保证。企业进行员工职业生涯管理也正是为了优化企业人力资源管理效果，提高企业竞争力。人力资源管理效果通常通过两个方面来衡量：一是人力资源行为，即工作满意度、缺勤率、流失率和生产率；二是人力资源能力，即员工的知识、技能水平。员工职业生涯管理能够有效提高人力资源管理效果，主要表现在以下三个方面：

1. 改善员工的工作环境和生活质量，提高员工工作满意度

工作满意度是指员工个人对他所从事的工作的一般态度，员工整体的工作满意度是影响企业绩效的重要因素之一。一个人的工作满意度较高，对工作就可能持积极的态度；对工作不满意的人，就可能对工作持消极态度。长期以来，管理者有一种信念：对工作满意的员工的生产率比不满意的员工要高，因此，员工工作满意度高的企业相对而言经营绩效要好，而企业员工职业生涯管理正是为了改善员工工作环境和生活质量，从而提高员工对工作的满意度。

影响员工工作满意度的因素主要有如下几个方面：具有心理挑战性的工作、公平的报酬、支持性的工作环境、融洽的同事关系及人格与工作的匹配。企业进行员工职业生涯管理，鼓励员工关注自身的发展，同时提供机会、采用各种手段帮助员工自我发展，鼓励员

工承担更具挑战性的工作，使员工有机会展示自己的技能和能力，这样，就会在企业内部营造出一个富有竞争性和挑战性的工作环境。在这种工作环境中，员工会感觉到凭借自己的实力就能够获得公平的晋升机会和成长机会，就能够承担更多的责任，并提高自身的社会地位，他们将更能够从工作中获得满足感。

员工职业生涯管理的原则之一是鼓励员工找到自己的职业锚，发现自身稳定的、长期的贡献区，从而为企业作出更大贡献，并获得自身职业发展。员工在这样的职位上，将发现自己有合适的才能和能力来适应这一工作的要求，并且在该岗位有可能获得成功，从而使员工更有可能从工作中获得较高的工作满意度，提高工作效率。同时，企业鼓励员工的职业发展，对于得到晋升或自身能力提高的员工，企业将提高其收入水平，收入的提高带来员工生活质量的提高，反过来，这又会使员工工作满意度得到进一步提升。可见，企业进行员工职业生涯管理可以通过提高员工工作满意度来改善员工绩效，从而提高企业经营绩效。

2. 提高员工的工作效率，降低流失率和缺勤率

企业进行员工职业生涯管理可以提高员工的工作参与程度及员工的工作效率。工作参与是测量一个人在心理上对他的工作的认同程度，工作参与度与员工的工作效率呈正相关。企业进行员工职业生涯管理时最重要的考虑因素之一就是人与岗匹配，即将员工放到最合适的位置上，这样员工才能发挥出聪明才智，作出更大贡献。当人格与职业相匹配时，则会产生最高的满意度和最低的流动率，此时员工对工作的认同感最高，因此工作效率也最高。工作水平是满意度与工作绩效之间关系的一个重要的中介变量。对于工作水平较高的员工来讲，工作满意度越高，工作绩效就越高。企业中的专业人员和管理人员均属于工作层次水平较高的人员，他们的工作绩效某种程度上决定了整个企业的经营绩效，因此，企业侧重于对这部分员工进行职业生涯管理，而这又进一步促进了这部分员工工作绩效的提升。

除此之外，企业进行员工职业生涯管理还有助于降低缺勤率和流失率。降低缺勤率对企业来说非常重要。而在企业中，流失率高意味着招聘、培训等费用提高，组织必须重新寻找能够替代的人来充实空缺岗位，企业的有效运作要受到影响。当流动过度，流走的又都是优秀员工时，将会严重影响企业的经营绩效。

缺勤率和流失率与工作满意度呈负相关，企业进行员工职业生涯管理，可以提升员工对工作的满意度，员工对工作的满意度越高，缺勤率和流失率相对则越低，从而为企业节约了相应的成本开支，保持了员工队伍的稳定性。

3. 帮助员工掌握最新知识技能，使企业保持竞争力

在知识经济时代，变化是企业经营环境的一个重要特征。知识的更新是非常迅速的，企业在这样的竞争环境中要生存、发展，必须拥有具有不断学习的人才。员工不仅要掌握现有工作岗位所必需的技能，还必须及时更新知识，掌握最新的技能，以满足企业未来战略规划的需要。

员工职业生涯管理将鼓励员工终身学习，紧跟时代变化的步伐，及时更新自己的知识，开发新的技能。同时，通过有效的手段对员工进行培训、开发，培养关键职位的接班人，能够为企业未来竞争提供人力资源保证，使企业在需要时有合适的人才可以用。企业进行职业生涯管理不仅是为了维持现在的经营绩效，也是在为未来的变化做准备，使企业在未来的竞争中能够保持高的经营绩效和竞争力。

（二）职业生涯管理对组织的作用

职业生涯管理不仅决定个人一生事业成就的大小，也关系到组织目标的实现与否。组织通过对员工的职业生涯管理，不但保证了对未来人才的需要，而且能使人力资源得到有效的开发。

1. 职业生涯管理可以对组织未来的人才需要进行预测及开发

组织可以根据发展需要，预测未来组织的人力资源需求，通过对员工的职业生涯设计，为员工提供发展的空间、培训的机会和职业发展的信息。使员工的发展和组织发展结合起来，有效地保证组织未来发展对人才的需要，避免职位空缺而找不到合适人选的现象。

2. 职业生涯管理帮助企业留住优秀的员工

组织的优秀人才流失有多方面的原因，比如专长没有得到发挥，薪酬不理想，没有晋升的机会，等等。组织进行职业生涯管理，重视对员工职业生涯的设计和发展，将会增加员工工作的满意度，留住和吸引优秀的人才。对员工来说，最关心的就是自己的事业发展，如果自己的才能得到发挥和肯定，他就不会轻易地转换组织。

3. 职业生涯管理可以使组织的人力资源得到开发

职业生涯管理能使员工的个人兴趣和特长受到企业的重视，员工的积极性得到提高，潜能得到合理的挖掘，从而有效地开发企业的人力资源，使企业更适合社会的发展和变革的需要。

（三）个人参与职业生涯管理的意义

职业发展是员工的重要人生需要。一种未满足的需要会带来紧张，进而在身体内部产生内驱力，这些内驱力会产生寻求行为，去寻找能满足需要的特定目标，如果目标达到，需要就会满足，并进而降低紧张程度。马斯洛提出了著名的需要层次理论，他假设每个人内部都存在着五种需要层次。

生理需要：包括饥饿、干渴、栖身、性和其他身体需要。安全需要：保护自己免受生理和心理伤害的需要。社会需要：爱、归属、接纳和友谊。尊重需要：内部尊重因素（如自尊、自主和成就）和外部尊重因素（如地位、认可和关注）。自我实现需要：一种追求个人能力极限的内驱力，包括成长、发挥自己的潜能和自我实现。当任何一种需要基本上得到满足后，下一个需要就成为主导需要。个人需要顺着需要层次的阶梯前进。

马斯洛把生理需要和安全需要归纳为较低层次的需要，社会需要、尊重需要和自我实现需要是较高层次的需要。较高层次的需要从内部使人得到满足，较低层次的需要从外部使人得到满足。马斯洛认为每一层次的需要都是与生俱来的，而非后天获得，他发现自我实现这样的高级需要也是人性所固有的。随着社会的进步和人们生活水平的提高，员工已经不仅仅停留在低层次需要的满足上，而是向更高层次的需要靠近。相对于个人的生命周期而言，职业生命周期占据了个人整个生命周期的大部分时间，员工不只是满足于找到一份工作，而是越来越关心自己的职业发展，希望在职业的发展过程中满足自己与他人交往、被接纳、受到尊重的需要，通过对职业成功的追求实现自我成长、施展潜能、得到认可、实现人生的价值。职业生涯关系到社会、尊重、自我实现等较高层次需要能否得到满足，职业发展已成为员工个人的人生需要之一。

企业进入 21 世纪以后，将面临三大竞争性挑战，它们是竞争的全球化挑战、满足利益相关群体需要的挑战以及高绩效工作系统的挑战，其中利益相关群体包括股东、顾客和员工。为赢得竞争优势，企业不仅要关注股东的投资收益、顾客的满意度，还必须关注员工的期望，满足员工的需要，提高他们的工作满意度和工作效率。

为了满足员工对职业发展的需要，企业通过有效的职业生涯管理对员工进行激励，以满足企业和员工的共同目标。激励是指通过高水平的努力实现组织目标的意愿，而这种努力以能够满足个体的某些需要为条件。真正对员工起到激励作用的是一些与职业发展相关的内部因素，如工作富有成就感、工作成绩得到认可、工作本身、责任大小、晋升、成长等，这些因素被称为激励因素，而其他一些如公司政策、人际关系、工作环境等导致不满意的因素即使被消除，也不一定对员工有激励作用，这样的因素称为保健因素。

职业发展本身对员工的工作满意度起着重要作用，是激励员工的重要因素。企业通过职业生涯管理系统，可以创造出激励员工追求自身职业发展的氛围，让员工通过职业发展得到成长，在工作中得到晋升或承担起更大的责任，从而使工作满意度大大增强，工作效率大大提高。而职业生涯管理通过整合企业的目标与员工个人发展的需要，可使两者在某种程度上达成一致。在这种前提下，企业通过对员工职业生涯的管理来激励员工为实现自己未被满足的职业发展需要而努力，同时，员工努力工作的行为将促进企业目标的实现。企业进行员工职业生涯管理，不仅有利于企业的发展，也完全符合员工个人的人生需要，具有强大的生命力。对员工个人而言，参与职业管理的重要性体现在以下三个方面：

1. 增强员工对工作环境的把握能力和对工作困难的控制能力

职业计划和职业管理既能使员工了解自身的长处和短处，养成对工作环境和工作目标的困难程度进行分析的习惯，又可以使员工合理计划、分配时间和精力，完成任务，提高技能。这有利于强化员工对环境的把握和对困难控制的能力。

2. 利于个人过好职业生活，处理好职业生活和其他生活的关系

良好的职业计划和职业管理可以帮助个人从更高的角度看待工作中的各种问题和选择，将各分离的事件结合联系，服务于职业目标，使职业生活更加充实和富有成效。它更能考虑职业生活同个人追求、家庭目标等其他生活目标的平衡，避免顾此失彼、两面为难的困境。

3. 可以实现自我价值的不断提升和超越

工作的最初目的可能仅仅是找一份养家糊口的差事，随着时间的推移，进而成为追求财富、地位和名望的途径。职业计划和职业管理对职业目标的多次提炼可以使工作目的超越财富和地位之上，实现追求更高层次自我价值的目标。

二、个人职业生涯管理与优化

个人职业生涯管理与优化又称职业生涯设计，是指个人确立职业发展目标，选择职业生涯路径，采取行动和措施，并不断对其进行修正，以保证职业目标实现的过程。

职业生涯设计按照时间长短可以划分为短期、中期、长期和人生四种规划。短期规划是指两年以内的职业生涯规划，目的主要是确定近期目标，制订近期应完成的任务计划。中期规划是指 2~5 年内的职业生涯规划。长期规划是指 5~10 年内的职业生涯规划，目的主要是设定比较长远的目标。人生规划是指对整个职业生涯的规划，时间跨度可达 40 年左右，目的是确定整个人生的发展目标。

人的职业生涯是一个漫长的过程，每个人都应该有一个整体的规划，但完整的人生职

业生涯规划由于时间跨度大，会因为境遇变迁而难以准确掌控，也难以具体实施。因此，我们可以把整个人生职业生涯规划分成几个长期规划，长期规划再分成几个中期规划，中期规划再分成几个短期规划，这样既便于根据实际情况设定可行目标，又可随时根据现实的反馈进行修正和调整。

（一）个人职业生涯管理与优化的原则

在做职业生涯设计时既要有挑战性，又要避免好高骛远，同时还应保持一定的灵活性，便于根据自身和环境的变化适时做出调整。实施规划时应遵循以下原则，避免走不必要的弯路。

第一，清晰性原则。考虑职业生涯目标、措施是否清晰、明确，实现目标的步骤是否直截了当。

第二，挑战性原则。目标或措施是否具有挑战性，还是仅保持其原来状况而已。

第三，动态性原则。目标或措施是否有弹性或缓冲性，是否能根据环境的变化进行调整。

第四，一致性原则。主要目标与分目标是否一致，目标与措施是否一致，个人目标与组织发展目标是否一致。

第五，激励性原则。目标是否符合自己的性格、兴趣和能力，是否能对自己产生内在激励作用。

第六，全程原则。拟定职业生涯规划时，必须考虑到职业生涯发展的整个历程，基于全程去考虑规划。

第七，具体原则。生涯规划各阶段的路线划分与行动计划，必须具体可行。

第八，可评量原则。规划的设计应有明确的时间限制或标准，以便评量、检查，使自己随时掌握执行状况，并为规划的修正提供参考依据。

（二）影响个人职业生涯规划的因素

1. 个人方面

影响职业生涯规划个人方面的因素包括：个人的心理特质，如智能、性格、兴趣等；生理特质，包括性别、身体状况以及外貌等；学历经历，包括所接受的教育程度、训练经历、社团活动、工作经验等。下面主要介绍性格、兴趣以及能力对职业生涯规划的影响。

（1）性格与职业

性格是指表现在人对现实的态度和相应行为方式中比较稳定的、具有核心意义的个性心理特征，是一种与社会关系最密切的人格特征。性格表达了人们对周围世界的态度，并体现在人们的行为举止中。每个人可以根据自己的职业性格来选择适合的职业。

（2）兴趣与职业

兴趣是人们认识与研究某种事物或从事某种活动的积极态度和倾向，是在一定需要的基础上，在社会实践中发生和形成的，因人而异，各有不同。兴趣在人的职业选择过程中具有重要作用，是人进行职业选择的重要依据。

当一个人对某种事物产生兴趣时，就能敏锐地感知事物，积极思考，情绪高涨，想象丰富，并具有克服困难的意志。兴趣也能影响工作满意度和稳定性，一般来说，从事自己不感兴趣的职业，很难让人感到满意，并因此感到工作不稳定。

（3）能力与职业

能力是指人们能够从事某种工作或完成某项任务的主观条件。这种主观条件受两方面因素影响：一是先天遗传因素；二是后天的学习与实践因素。人们的能力可分为一般能力和特殊能力两大类。一般能力通常又称为智力，包括注意力、观察力、记忆力、思维能力和想象力等，是人们顺利完成各项任务必须具备的一些基本能力。特殊能力是指从事各项专业活动的能力，也可称为特长，如音乐能力、语言表达能力、空间判断能力等。能力是一个人完成任务的前提条件，是影响工作效果的基本因素。因此，了解自己的能力倾向及不同职业的能力要求对合理地进行职业选择具有重要意义。

从能力存在差异的角度来看，在职业选择时应遵循以下原则：①能力类型与职业相吻合。人的能力类型是有差异的，即人的能力发展方向有所不同。职业可以划分为不同类型，对人的能力也有不同要求，因而应注意能力类型与职业类型的吻合。②一般能力与职业相吻合。不同职业对人一般能力的要求各有不同，如律师、科研人员、大学教师等要求从业人员具备较高的智商。③特殊能力与职业相吻合。要顺利完成某项工作，除具有一般能力外，还应具备完成该项工作所必需的特殊能力。如从事教育工作须具备良好的阅读能力和表达能力，建筑工作则必须具备一定的空间判断能力等。

2. 组织方面

企业内部环境对个人职业生涯有直接的影响，个体发展与企业发展息息相关。对企业环境进行客观分析，可以准确了解企业的实际状况及发展前景，把个体发展与企业发展联系在一起，并将其融入企业发展之中，这有利于个人做出合理的职业生涯规划。

（1）企业文化

企业文化决定了企业对待其员工的态度，在一定程度上会左右员工的职业生涯。员工的价值观与企业文化有冲突，无法适应企业文化，在组织中的发展就会受到很大的影响。

所以企业文化是个人在制定职业生涯时要考虑的重要因素。

（2）企业制度

企业员工的职业发展，归根结底要靠企业管理制度来保障，比如有效的培训制度、晋升制度、绩效考核制度、奖惩制度、薪酬制度等。没有制度或者制度不完善的企业，员工的职业发展就难以顺利实现。

（3）领导人的素质和价值观

企业文化和管理风格与其领导人的素质和价值观有直接的关系。企业主要领导人的抱负及能力是企业发展的决定因素，对员工的职业发展有着重要影响。

（4）企业实力

企业在本行业中是具备了很强的竞争力，还是处于一个很快就会被吞并的地位？在激烈的市场竞争中，所谓适者生存，意思是只有适应环境，适应发展趋势的企业才能生存。选择进入有实力、有潜力的企业，对个人的职业生涯的开展非常有利。

（5）企业所在行业环境

行业环境将直接影响企业的发展状况，进而也影响到个人的职业生涯发展。健康的行业环境有助于个人职业目标的更好实现。行业环境包含以下内容：①行业发展现状。对行业发展现状进行分析，深入了解所处行业当前发展态势及存在的问题，进而预测行业的发展趋势、发展前景。②国际国内重大事件对该行业的影响。行业的发展容易受到国际国内重大事件的推动或冲击，从而影响到该行业提供职业机会的多寡。

3. 社会方面

（1）社会文化环境

社会文化是影响人们行为、欲望的基本因素，主要包括教育条件、教育水平及社会文化设施等。在良好的社会文化环境熏陶下，个人素质、个人能力会得到大幅度的提升，从而为职业生涯打下更好的基础。

（2）政治制度和氛围

政治和经济是相互影响的，政治不仅决定着一国的经济体制，而且左右着企业的组织体制，同时，政治制度和氛围还会潜移默化影响个人的志向与追求，从而直接影响到个人的职业发展。

（3）价值观念

一个人生活在社会环境中，必然会受到社会价值观念的影响，个人价值取向很大程度上被社会主体价值取向所左右，进而影响到个人的职业选择。

（三）个人职业生涯规划的步骤

个人职业生涯规划一般要经过自我剖析、职业发展机会评估、设定职业生涯目标、选择职业生涯路径、制定职业发展策略和职业生涯评估与调整等几个步骤来完成。

1. 自我剖析

自我剖析是对与职业选择相关的自身情况进行剖析、评估。它包括对人生观、价值观、受教育水平、职业锚、兴趣和特长等进行分析，达到全面认识自己、了解自己的目的。自我剖析是职业生涯规划的基础，直接关系到个人职业生涯的成功与否。

橱窗分析法是自我剖析的重要方法之一。心理学家把对个人的了解比喻成一个橱窗，将其放在一个坐标轴中加以分析。坐标的横轴正向表示别人知道，负向表示别人不知道；纵轴正向表示自己知道，负向表示自己不知道。

2. 职业发展机会评估

员工在进行职业生涯规划时，除了对自身的优劣势进行分析和评价外，还要对所处的外部环境进行评估。个人所处的环境决定了个人职业生涯发展的机会。职业生涯发展机会评估的准确与否，影响着个人对时机与机遇的把握。所以制定个人的职业生涯规划时，要分析所处环境的特点、环境的发展变化趋势、自己与环境的关系、自己在环境中的地位、环境对自己职业生涯目标有利和不利的地方等。所处的环境一般包括社会环境、组织环境、政治环境以及经济环境等。

3. 设定职业生涯目标

职业生涯目标的设定是职业生涯规划的核心。在确定职业生涯目标过程中需要注意以下几点：①目标要符合社会与组织的需要。②目标要适合自身的特点，并使其建立在自身的优势之上。③目标要高远但绝不能好高骛远。④目标幅度不宜过宽，最好选择窄一点的领域，并把全部身心力量投入进去，这样更容易获得成功。⑤要注意长期目标与短期目标间的结合，长期目标指明了发展的方向，短期目标是实现长期目标的保证，长短期目标结合更有利于职业生涯目标的实现。⑥目标要明确具体，同一时期的目标不要太多，目标越简单、越具体，就越容易实现，越能促进个人的发展。⑦要注意职业目标与家庭目标以及个人生活和健康目标的协调与结合，家庭与健康是事业成功的基础和保障。

4. 选择职业生涯路径

在确定职业生涯目标后，就面临着职业生涯路径选择的问题。所谓职业生涯路径，就是指选定职业后实现职业目标的具体方向，比如是向着专业技术方向发展，还是向着行政管理方向发展。

由于不同的职业路径对发展的要求不一样，职业路径规划是进行职业生涯规划时必须面临的选择，只有做出了明确的选择，才便于安排以后的学习和工作，并使其沿着既定的路线和方向平稳发展。个人在进行职业生涯路径选择时，可以从三个方面来考虑：①我希望沿着哪一条路径发展，即确定自己的人生目标取向。②我适合往哪一条路径发展，即确定自己的能力取向。③我能够沿着哪一条路径发展，即主要考虑自身所处的社会环境、政治与经济环境、组织环境等。

5. 制定职业发展策略

无论多么美好的理想和想法，最终都要落实到行动上才有意义，否则都是空谈。在确定职业生涯目标和路径后，行动就成为关键的环节。为保证行动与努力目标一致，需要最大限度地根据个人职业生涯发展规划来约束自己的行为，并采取措施，把目标转化成具体的行动方案。

6. 职业生涯评估与调整

由于诸多不确定因素的存在，会使既定的职业生涯目标与规划出现偏差，因此需要适时地对职业生涯目标与规划进行评估并做出相应调整，以更好地符合自身和社会发展的需要。调整的内容主要包括职业生涯路径的选择、职业生涯目标的修正以及职业生涯策略等。

（四）个人职业生涯成功的评价标准

职业生涯成功是指个人实现了自己的职业生涯目标。职业生涯成功的含义因人而异，具有很强的差异性。对有些人来讲，职业生涯成功可能是一个抽象的、不能量化的概念，例如家庭幸福、职务上的不断晋升等。职业生涯成功对于同样的人在不同的人生阶段也有着不同的含义。对于年轻员工来说，职业生涯的成功往往首先体现为在工作中产生满足感与成就感，并使工作更具挑战性。每个人都应该对自己的职业生涯成功进行明确界定，包括成功意味着什么，成功时发生的事和一定要拥有的东西，成功的时间、成功的范围、成功与健康、被承认的方式、想拥有的权势和社会地位等。要对职业生涯成功进行全面的评价，就必须综合考虑各方面因素，而每一个方面都应该有相应的评价内容和标准。

三、组织职业生涯管理与优化

组织职业生涯管理与优化是组织根据自身发展目标，及时地向员工提供在本组织内职业发展的有关信息，给予员工公平竞争的机会，并提供职业咨询，引导员工对自己的能力、兴趣以及职业发展的要求和目标进行分析与评估，使其能与企业组织的发展和需要相统一，以实现组织和个人的长远利益。

（一）组织职业生涯管理与优化中各主体职责划分

组织职业生涯管理与优化的实施是一个系统的过程，需要各个主体的有效配合，各自承担相应的职责。一般来说，员工个人负责自我评估，进行个人职业生涯规划；管理者为员工提供辅导并安排形势分析；组织则负责提供培训指导、信息资源等。

1. 员工的责任

一般而言，员工的责任包括以下内容：①对自己的能力、兴趣和价值观进行自我评价。②分析职业生涯选择的合理性。③确立发展目标和需要。④和上司交换发展愿望。⑤和上级一起制订行动计划。⑥落实并实施该行动计划。

2. 管理者的责任

管理者的责任一般包括以下六个方面：①作为催化剂，引导员工正确认识自身职业生涯发展的过程。②对员工所提供的信息，进行确认与评估。③帮助员工对其职业发展目标及规划进行分析和评价。④对员工进行指导，并达成一个与企业战略需求相一致的个人发展目标。⑤确定员工的职业生涯发展机会，包括安排培训、转岗等。⑥跟踪员工的计划，并根据形势，适时对计划进行更新。

组织的责任是提供职业生涯规划所需的样板、资源、辅导以及决策所需的信息；采取有效手段对员工、管理人员以及参与实施职业生涯规划的工作人员进行必要的培训；提供技能培训，为员工安排职业锻炼机会和个人发展空间。

（二）组织职业生涯管理与优化的意义

对于组织而言，职业生涯管理与优化的意义主要体现在以下三个方面：

第一，职业生涯管理与优化是企业资源合理配置的首要问题。人力资源是一种可以不断开发并不断增值的增量资源，因为通过人力资源的开发能不断更新人的知识、技能，提高人的创造力，从而使无生命的"物"的资源被充分利用。特别是随着知识经济时代的到来，知识已成为社会的主体，而掌握和创造这些知识的就是"人"，因此企业更应注重人的智慧、技艺、能力的提高与全面发展，通过加强职业生涯管理，使人尽其才、才尽其用，是企业资源合理配置的首要问题。如果离开"人"的合理配置，企业资源的合理配置就是一句空话。

第二，职业生涯管理与优化能充分调动人的内在积极性，更好地实现企业组织目标。

职业生涯管理的目的就是帮助员工提高在各个需要层次的满足度，使人的需要满足度从金字塔形向梯形过渡最终接近矩形，使员工的低层次物质需要和精神方面高级需要的满足度同时得到提高。因此，职业生涯管理立足于友爱、尊重、自我实现的需要。真正了解员工在个人发展上想要什么，协调其制定规划，帮助其实现职业生涯目标，这样就必然会激起员工强烈地为企业服务的精神力量，进而形成企业发展的巨大推动力，更好地实现企业组织目标。

第三，职业生涯管理与优化是企业长盛不衰的组织保证。任何企业成功的根本原因是拥有高质量管理者和高质量员工。人的才能和潜力能得到充分发挥，人力资源不会虚耗、浪费，企业的生存成长就有了取之不尽、用之不竭的源泉。发达国家的重要资本是其所积累的经验、知识和训练有素的人力资源。通过职业生涯管理努力提供员工施展才能的舞台，充分体现员工的自我价值，既是留住人才、凝聚人才的根本保证，也是企业长盛不衰的组织保证。

（三）职业生涯周期管理

从组织的角度来讲，职业生涯管理就是帮助员工协调组织与个人的职业生涯目标，为员工提供指导，帮助员工顺利实现自己的职业目标。员工的职业生涯一般可分为早期、中期和晚期三个阶段，不同阶段企业职业生涯管理的侧重点也不一样。

1. 职业生涯早期的管理

职业生涯早期阶段是指一个人由学校进入组织并在组织内逐步"组织化"，并为组织所接纳的过程。这一阶段一般发生在20~30岁，一系列角色和身份的变化，必然要求经历一个适应过程。在这一阶段，个人的组织化以及个人与组织的相互接纳是个人和组织共同面临的、重要的职业生涯管理任务。

（1）职业生涯早期阶段的个人特征

在职业生涯早期阶段，员工个人年龄正值青年时期，这一阶段任务较为单纯、简单；个人的主要任务：进入组织，学会工作，学会独立，并寻找职业锚，完成向成年人的过渡。这个阶段员工的个人特征主要有以下几个方面。

第一，职业方向不是很明晰。员工进入企业后，开始接触自己职业领域的知识、技能，并逐步尝试在自己工作中积累经验。员工除了对工作岗位缺乏经验外，对企业的文化也比较陌生，对周围的环境也不熟悉，需要逐步地适应环境。员工对自己的职业能力和未来发展还没有形成较明确的认识，尚处于职业生涯探索期，职业锚的选择常常犹豫不决或变化不定。

第二，精力充沛。处于职业生涯早期的员工，精力充沛，家庭负担比较轻；心态上积极向上、争强好胜，追求上进，对未来充满幻想，充满激情、有足够的精力来应对可能出现的工作困难。

第三，容易产生职业挫折感。这一阶段员工具有较高的工作期望。但由于缺少经验和对环境及自身的充分认知，工作中经常高估自己，一旦自己的期望与现实发生冲突，或付出了很大努力没有达到预期目标，就会产生职业挫折感。培养对挫折的抵抗力，对于个体有效地适应职业环境、维持正常的心理和行为是非常重要的。

第四，开始具有家庭责任意识。员工在这一阶段开始组建家庭，并萌生家庭责任意识，逐步学习调适家庭关系的能力，承担家庭责任，逐步学会与父母、配偶等家人和睦相处。

第五，心理上存在独立和依赖并存的矛盾。在心理方面，员工要解决依赖与独立的矛盾。刚开始参加工作，常会处于配合、支持其他有经验的人的地位，但是依赖是独立的前奏，当经过一段时间的学习和积累，工作经验和能力发展到一定程度后，就应该逐步地寻求独立。如果不能及时地克服依赖，就难以发展独立性。

（2）组织在员工职业生涯早期的管理优化策略

组织在员工职业生涯早期的管理优化策略有以下几种。

①支持员工的职业探索

员工对自我的认识有一个探索过程。员工选择进入某一企业或应聘某一职位是建立在对自己兴趣、能力等的单方面评价的基础上的，这种自我评价不可避免地带有个人的主观色彩。此外，员工对企业的了解不够深入，选择的职位有可能不适合自己的发展目标。为了实现个人与职位的最佳匹配，组织应该提供各种职位空缺的信息，并进行广泛的传播，让感兴趣的员工都有机会参与这些职位的竞争角逐。另外，企业还可以根据不同类型员工的特征，采取相应的职业支持措施，在企业的引导和资源支持下，员工可以对自身有更充分的认识，评估的客观性增强，从而完成职业的再探索和再选择过程。

②促进员工的社会化

员工的社会化是指企业中的新员工融入企业文化的过程。员工社会化一方面要靠员工自己的努力，另一方面也需要组织提供相应的条件来促进员工的社会化。培训是促进员工社会化的一种比较好的形式，组织通常选择与员工的发展相关的内容进行培训。培训内容应包括组织历史、组织使命、组织结构、与组织老成员和直接主管交谈、参观、报告会等。培训要有针对性地持续进行，培训内容要向新成员传达他们想知道的具体信息。

③安排一位好"师父"

为员工安排正式的导师（师父），这在国外已被证明是成功的经验。在员工开始职业生涯的头一年里，一位受过特殊训练、具有较高工作绩效和丰富的工作经验的"师父"，可以帮助他们更快地建立起较高的工作标准，同时也可对他们的工作提供有力支持，帮助其获得成功。

④指导员工进行早期职业生涯规划

依据马斯洛的需求层次理论，职业发展规划属于满足自我实现需求的范畴，会产生强大的激励作用。因此，企业要留人、要发展，就应该尽早为员工规划职业生涯，使员工看到未来发展的希望，增强归属感，在提高员工自身素质的同时也就提高了企业竞争力。企业应该了解员工的需要、能力及自我目标，加强个体管理；再辅以按照员工兴趣、特长和公司需要相结合的培训发展计划，充分挖掘员工潜力，使其真正安心于企业工作并发挥最大潜能，创造出企业与员工持续发展的良好氛围与条件。管理者和员工应就个体的职业需要和发展要求等问题进行沟通，企业对个体的职业发展提供咨询和建议。

2. 职业生涯中期的管理

职业生涯中期阶段是一个时间周期长（年龄跨度一般是 25~50 岁，长达 20 多年）、富于变化、正值复杂人生的关键时期，由于个人三个生命周期的交叉运行、面临诸多问题和生命周期运行的变化，以及个人特质的急剧变化，导致某些员工职业问题的存在，形成所谓的"职业生涯中期危机"。

（1）员工职业生涯中期阶段的问题

员工职业生涯中期阶段一般会出现以下问题。

第一，职业生涯发展机会减少。处于职业生涯中期的员工，面临的主要问题之一是个人的发展机会减少，即个人的发展愿望没有得到满足，组织成为制约个人发展的"瓶颈"。通常组织对各类人员的需求量不同，整个组织的人员层次分布类似于金字塔。许多人由于缺乏竞争力，争取高级职位就比较困难，会感到前途渺茫。此外，组织成熟度本身也是十分重要的制约因素。在组织的开拓时期，由于事业发展很快，不断产生新兴事业，个人发展机会比较多，一旦事业发展走向成熟期，新的岗位增加缓慢，老的岗位基本已经被占据，导致晋升机会减少，个人发展困难。

第二，出现技能老化。所谓技能老化，是指员工在完成初始教育后，由于缺乏对新兴工作的了解，而导致能力的下降。员工的技能老化使公司不能为顾客提供新产品和新服务，从而丧失竞争优势。

第三，出现工作与家庭冲突。职业生涯中期是家庭、工作相互作用最强烈的时间段。

工作家庭冲突有三种基本形式：时间性冲突，由于时间投入一个角色中从而使执行另一角色变得困难；紧张性冲突，由于一个角色产生的紧张使执行另一角色变得困难；行为性冲突，一个角色中要求的行为使执行另一个角色变得困难。处于职业生涯中期的员工，从家庭和事业角度看，对人的时间和精力的需求都在增加，而从生理角度看，个人的精力又有下降趋势，因此冲突在所难免。

（2）职业生涯中期的企业管理优化对策

①为员工提供更多的职业发展机会

组织需要为发展到一定阶段的员工创造新的发展机会，这一方面是解决处于职业生涯中期的员工职业生涯顶峰的问题，同时也是组织留住人才的关键。这一问题的解决方案有以下几种：开辟新的开发项目，以增加组织的新岗位；通过某种形式，承认员工的业绩，给予一定的荣誉；进行岗位轮换，丰富员工的工作经验，使员工的成长需求得到满足。

②帮助员工实现技能更新

组织帮助处于职业生涯中期的员工实现技能更新的方案如下：从主管的角度来说，需要鼓励员工掌握新技能，同时让员工承担具有挑战性的工作；从同事角度来说，要与员工共同探讨问题，提出想法，鼓励员工掌握新技能；从组织奖励体系来看，可以通过带薪休假、奖励创新、为员工支付开发活动费用等方法鼓励员工更新技能和知识。

③帮助员工形成新的职业自我概念

职业生涯中期，由于个人的职位、地位上升困难，许多员工经历过一些失败，使早期确立的职业理想产生动摇，因此需要重新检讨自己的理想和追求，建立新的自我。为此，个人需要获得相关的信息，比如关于职业发展机会的信息，自己的长处和不足的信息等。

④丰富员工的工作经验

工作经验丰富，本身就是职业生涯追求的目的。有意识地进行工作再设计，可以使员工产生对已有工作的再认识、再适应，产生积极的职业情感。

⑤协助员工解决工作和家庭之间的冲突

来自家庭和来自工作场所的社会支持有助于减少工作和家庭之间的冲突。工作环境的支持主要体现在组织的一些政策和管理者的行为上。组织可以采取一些政策和措施以减轻员工的部分家庭负担，帮助员工平衡工作与家庭责任。

3. 职业生涯后期的管理

一般而言，职业生涯后期可以划定在退休前5~10年的时间。由于职业性质及个体特征的不同，个人职业生涯后期阶段的开始与结束的时间也会有明显的差别。这一阶段，员工社会地位和影响力较高，凭借丰富的经验，在企业中扮演着元老的角色。但是，随着年龄的增长，进取心和创造力显著下降，工作开始安于现状。面临职业生涯的终结，员工还会产生不安全感，担心经济收入的减少、社会地位的降低、疾病的出现等，帮助员工顺利度过这段时间，是组织义不容辞的责任。

对于职业生涯后期的员工，管理内容主要是实施退休计划管理，帮助员工树立正确观念，坦然面对退休，并要采取多种措施，做好员工退休后的生活安排。组织应该帮助他们学会接受职业角色的变化，做好退休生活的准备工作。对于精力、体力尚好的员工，可以采取兼职、顾问的方式予以聘用，以延长其职业生涯；对于完全退休的员工，企业可通过书画、棋牌、钓鱼等协会活动，安排他们度过丰富多彩的退休生活。另外，职业工作衔接管理也是退休计划管理的重要内容，员工将要离开工作岗位，但组织要继续正常运转，就必须做好工作衔接。组织要有计划地分期分批安排应当退休的人员退休，绝不能因为人员退休影响组织工作的正常进行。所以组织在退休计划中，应该尽早选择好退休员工的接替者，发挥退休员工的经验优势，进行接替者的培养工作，通过老员工的传、帮、带，让接替者尽快掌握相关岗位的技能，才能确保工作的正常进行。

第二节　劳动关系管理优化

劳动关系，又称员工关系、劳资关系、雇用关系、劳务关系等，是劳动力使用者与劳动者在实现劳动过程中所结成的一种社会经济利益关系。企业的劳动关系状况，直接关系着人力资源效能的发挥，关系到企业的形象和成本，关系到员工的劳动态度和行为，从而直接或间接地影响到企业的劳动成本、生产率和利润率，最终会影响企业的市场竞争地位。

企业劳动关系最普遍的表现形式是企业内部员工与管理者之间的关系。现代企业管理重要的任务之一就是调整好人际关系，发挥人力资源的效用，而这其中，人与人之间最重要、最核心的关系就是劳动关系。加强和改善企业劳动关系管理乃是现代企业的立身之本、发展之基。

一、劳动合同管理优化

劳动合同管理是指根据国家法律、法规和政策的要求，运用组织、指挥、协调、实施职能对合同的订立、履行、变更和解除、终止等全过程的行为所进行的一系列管理工作的总称。劳动合同管理是人力资源管理中重要的一个环节。加强劳动合同管理，提高劳动合同的履约率，对于提高劳动者的绩效，激发劳动者的积极性，维护和谐的劳动关系，促进企业的健康发展具有十分重要的意义。

（一）劳动合同管理概述

劳动合同亦称劳动契约、劳动协议，是指劳动者与用人单位之间为确立劳动关系，依法协商就双方权利和义务达成的协议，是劳动关系设立、变更和终止的一种法律形式。根据这种协议，劳动者加入企业、个体经济组织、事业组织、国家机关、社会团体等用人单位，成为该单位的一员，负责一定的工种或岗位工作，并遵守所在单位的内部劳动规则和其他规章制度。用人单位则应及时安排被录用的劳动者工作，按照劳动者劳动的数量和质量支付劳动报酬，并且根据劳动法律、法规和劳动合同提供必要的劳动条件，保证劳动者享有劳动保护及社会保险、福利等权利和待遇。

用人单位劳动合同管理，即用人单位依据法律和本单位的规章制度，运用组织、指挥、协调、实施职能对劳动合同的订立、履行、变更、解除和终止等进行管理的行为。它是单位组织微观劳动管理的基本组成部分和组织劳动过程的必要手段。其内容主要包括：制定劳动合同制度的实施方案；组织和指导劳动合同的签订；监督劳动者和单位相关部门对劳动合同的履行；结合劳动合同履行情况与劳动者进行相应的劳动合同变更、解除或终止等；劳动争议的处理；总结劳动合同管理的经验和存在的问题等。

用人单位劳动合同管理的主要方式有以下几种：完善劳动合同内容；建立和运用切实有效的管理手段，促进劳动合同的履行；建立职工名册，实现对劳动者的精细管理；建立和完善与劳动合同制度相关的规章制度，包括薪酬、工时、休息休假、劳动保护、保险福利制度等；实行劳动合同管理工作责任制，把工作落实到岗位和责任人；加强劳动合同管理制度的监督工作，如工会和劳动者的监督等。

（二）劳动合同管理优化的意义

第一，有利于促使企业依法订立劳动合同并严格履行。现阶段，由于人们的法治观念和合同意识还不强，不依法订立和履行劳动合同的现象在不少地区和单位都不同程度地存在着。有的单位不尊重劳动者的合法权益，单方面拟定合同条款，包办签订劳动合同；有的劳动合同条款未能体现公平原则，只规定劳动者违约应承担的责任；有的劳动合同条款不清，标的不明，例如有的用人单位随意变更劳动合同约定的工种和期限；有的用人单位和职工违反法律规定擅自解除劳动合同。这些问题的存在，造成了用人单位和劳动者之间的矛盾和纠纷，导致劳动合同无法履行。通过加强劳动合同管理，及时发现和纠正劳动合同订立和履行中存在的问题，维护劳动合同的严肃性，可以有效地提高劳动合同的履约率。

第二，有利于提高劳动合同双方遵守和执行劳动合同的自觉性，促进劳动关系的稳定发展。随着用人制度的改革，劳动合同履行过程中的问题越来越多。在一些国有企业，劳动者"跳槽"的现象十分严重，有的劳动者没有"合同"观念，合同期限未满却不辞而别，给企业生产带来困难，影响了企业的发展；而在一些非国有企业，用人单位违反劳动合同规定，随意解雇职工的现象很严重，给劳动者的就业和生活造成很大影响。以上两种情况，都严重影响劳动关系的稳定。因此，加强对劳动合同执行情况的监督检查力度，教育劳动合同主体双方严格履行劳动合同，并对违约者给予一定的处罚，对劳动关系的稳定和健康发展，维护双方的合法权益，促进企业内部生产秩序和工作秩序的稳定，提高企业的经济效益，都具有十分重要的意义。

第三，有利于预防和减少劳动争议，促进企业劳动制度改革的深化。据对因劳动合同发生的劳动争议案件进行的分析，我们大致可以了解以下几种情况：劳动合同这种法律形式尚未被劳动关系双方所认识，体现在行动上，即双方不能按劳动合同条款办事；劳动合同制度不完善，尤其缺乏必要的劳动合同管理制度，对在合同执行中出现的问题，难以通过制度加以约束和解决；由于对劳动合同监督检查不力，无法及时发现和处理劳动合同履行各个环节出现的问题等。加强劳动合同管理，包括对合同双方进行法制教育，健全各项管理制度，开展监督检查活动等，使劳动合同制度化、规范化，就可以有效地防止劳动争议案件的发生，一旦发生矛盾和纠纷，也能及时发现并采取有效的处理办法，从而使双方的矛盾和纠纷得以缓解或解决。

作为一种新型的用人制度，劳动合同制度已在全国普遍推行，但是，其巩固和发展还有漫长的路程。加强劳动合同管理，是巩固和发展劳动合同制度的重要环节。通过加强劳动合同管理，劳动关系双方对劳动合同制度的认识可以得到提高。发挥劳动合同制度的优越性，这项制度就能在调动劳动者的积极性、提高企业的经济效益方面发挥更大的作用。

（三）劳动合同的种类

劳动合同按照不同的标准，可以分为不同的种类。

1. 按劳动合同期限分类

按照劳动合同期限的不同，劳动合同可分为固定期限劳动合同、无固定期限劳动合同和以完成一定工作任务为期限的劳动合同。

固定期限劳动合同是指用人单位与劳动者约定合同终止时间的劳动合同。期限可长可短，由当事人在订立劳动合同时商定。劳动合同期限届满，劳动关系终止。

无固定期限劳动合同，是指用人单位与劳动者约定无确定终止时间的劳动合同。用人单位与劳动者协商一致，可以订立无固定期限劳动合同。有下列情形之一，劳动者提出或者同意续订、订立劳动合同的，除劳动者提出订立固定期限劳动合同外，应当订立无固定期限劳动合同：①劳动者在该用人单位连续工作满十年的。②用人单位初次实行劳动合同制度或者国有企业改制重新订立劳动合同时，劳动者在该用人单位连续工作满十年且距法定退休年龄不足十年的。另外，用人单位自用工之日起满一年不与劳动者订立书面劳动合同的，被视为用人单位与劳动者已订立无固定期限劳动合同。

以完成一定工作任务为期限的劳动合同，是指用人单位与劳动者约定以某项工作的完成为合同结束期限的劳动合同。

2. 按用工方式分类

以用工方式为标准，广义的劳动合同可分为全日制劳动合同、非全日制劳动合同、劳务派遣劳动合同。

全日制劳动合同是劳动合同的一般形式，非全日制劳动合同与劳务派遣合同是劳动合同的特殊形式。

在我国，非全日制用工，是指以小时计酬为主，劳动者在同一用人单位一般平均每日工作时间不超过 4 小时，每周工作时间累计不超过 24 小时的用工形式。非全日制劳动合同就是非全日制劳动者与用人单位订立的有关劳动权利和劳动义务的协议。非全日制用工在劳动合同的形式、订立、终止、经济补偿等方面与劳动合同的法律规定不同，具体表现为以下几方面：①双方当事人可以订立口头协议。②从事非全日制用工的劳动者可以与一个或者一个以上的用人单位订立劳动合同，但是，后订立的劳动合同不得影响先订立的劳动合同的履行。③不得约定试用期。④当事人任何一方都可以随时通知对方终止用工，且用人单位不向劳动者支付经济补偿。⑤小时计酬标准不得低于用人单位所在地人民政府规定的最低小时工资标准。⑥非全日制用工劳动报酬结算支付周期最长不得超过 15 日。

劳务派遣合同是指劳务派遣单位（即用人单位）与劳动者订立的旨在将劳动者派遣至用工单位劳动的有关劳动权利和劳动义务的协议。在劳务派遣制度下，劳务派遣单位并不直接使用该劳动者，而是将劳动者派遣到用工单位（即接受以劳务派遣形式用工的单位）的工作场所，在用工单位的指挥监督下从事劳动，劳动关系已经从传统的劳动者与用人单位之间的两方关系，演变成劳动者、劳务派遣机构（用人单位）以及用工单位之间的三方关系。该劳动合同除应当载明一般劳动合同的内容外，还应当载明被派遣劳动者的用工单位以及派遣期限、工作岗位等情况。劳务派遣单位应当与被派遣劳动者订立两年以上的固定期限劳动合同，按月支付劳动报酬。被派遣劳动者在无工作期间，劳务派遣单位应当按照所在地人民政府规定的最低工资标准，按月向其支付报酬。劳务派遣单位派遣劳动者应当与接受以劳务派遣形式用工的单位（即用工单位）订立劳务派遣协议。劳务派遣协议应当约定派遣岗位和人员数量、派遣期限、劳动报酬和社会保险费的数额与支付方式以及违反协议后应承担的责任。

3. 按劳动者一方人数多少分类

以劳动者一方人数的多少为标准，劳动合同可分为个体劳动合同和集体合同。一般的劳动合同指的是个体劳动合同，即劳动者个人与用人单位达成的有关劳动权利和劳动义务的协议。集体合同是指劳动者集体或者工会与用人单位或者用人单位代表就有关劳动报酬、工作时间、休息休假、劳动安全卫生、保险福利等事项达成的协议。根据集体合同调整的层次不同，可以分为全国性集体合同、区域性集体合同、行业性集体合同及企业集体合同。

4. 按劳动合同是否典型分类

以用工形式为标准，劳动合同可以分为典型劳动合同与非典型劳动合同。随着社会经济的发展及科学技术的进步，各种适用于非典型劳动合同的工作开始出现。如劳务派遣、非全日制工作、临时工作、家内劳动以及远程工作等。我国《中华人民共和国劳动合同法》首次以法律的形式规定了劳务派遣与非全日制工作这两种非典型劳动合同。

（四）劳动合同的内容和形式

劳动合同的内容是指劳动者与用人单位双方通过平等协商所达成的关于劳动权利和劳动义务的具体条款，是劳动合同的核心部分，具体表现为劳动合同的条款。

劳动合同的形式是指劳动合同当事人双方所达成协议的表现形式，是劳动合同内容的外部表现和载体。《中华人民共和国劳动法》和《中华人民共和国劳动合同法》均规定，劳动合同应以书面形式订立，排除了口头及其他形式。已建立劳动关系，未同时订立书面劳动合同的，应当自用工之日起一个月内订立书面劳动合同。用人单位自用工之日起满一年不与劳动者订立书面劳动合同的，视为用人单位与劳动者已订立无固定期限劳动合同。如未订立书面劳动合同，用人单位自用工之日起超过一个月不满一年未与劳动者订立书面劳动合同的，应当向劳动者每月支付两倍的工资。

（五）劳动合同的订立

劳动合同的订立是指劳动者与用人单位为建立劳动关系，依法就双方的劳动权利义务协商一致，达成协议的法律行为。订立劳动合同，应当遵循合法、公平、平等自愿、协商一致、诚实信用的原则。

用人单位招用劳动者时，应当如实告知劳动者工作内容、工作条件、工作地点、职业危害、安全生产状况、劳动报酬，以及劳动者要求了解的其他情况。用人单位有权了解劳动者与劳动合同直接相关的基本情况，劳动者应当如实说明。用人单位招用劳动者，不得扣押劳动者的居民身份证和其他证件，不得要求劳动者提供担保或者以其他名义向劳动者收取财物。

劳动合同的订立经过要约与承诺两个阶段。

所谓要约，是指劳动者或用人单位向对方提出的、希望订立劳动合同的表示。发出要约的一方称为要约人，接受要约的一方称为受要约人。要约人可以是劳动者，也可以是用人单位。

一般来说，受要约人应该是特定的人。但实践中常见的劳动合同订立程序，往往是先由用人单位公布招工（招聘）简章，其中载明录用（聘用）条件、录用（聘用）后的权利义务、报名办法等内容，然后由劳动者按照招工（招聘）简章的要求报名应招（应聘）。用人单位公布招工（招聘）简章的行为是针对不特定的多数人发出的，因而不是要约，而是希望他人向自己发出要约的表示，其性质为要约邀请。劳动者应招（应聘）的行为符合要约的条件，应为要约。用人单位与劳动者进行反复协商、谈判的行为，则为反要约，或称之为新要约。直到任何一方同意了对方提出的条件，即构成承诺。

所谓承诺，是指受要约人同意要约的表示。承诺必须由受要约人在要约有效期限内向要约人发出，其内容应当与要约的内容一致。在实践中，用人单位对经过考核合格的应招（应聘）的劳动者决定录用（聘用），并向本人发出书面通知的行为即为承诺，该通知到达劳动者，劳动合同即告成立。下一步，双方签订书面合同，劳动合同的订立过程即告完成。

（六）无效劳动合同

无效劳动合同是指由于欠缺生效要件而全部或部分不具有法律效力的劳动合同。

（七）劳动合同的履行、变更和终止

劳动合同的履行是指劳动者和用人单位按照劳动合同的约定，履行其所承担的义务的行为。只有双方当事人按照合同约定全面、正确地履行其所承担的义务，劳动过程才能顺利实现。劳动合同的履行应遵循亲自履行原则、全面履行原则和协作履行原则。具体包括以下内容：第一，用人单位与劳动者应当按照劳动合同的约定，全面履行各自的义务。第二，用人单位应当按照劳动合同约定和国家规定，向劳动者及时足额支付劳动报酬。第三，用人单位应当严格执行劳动定额标准，不得强迫或者变相强迫劳动者加班。用人单位安排加班的，应当按照国家有关规定向劳动者支付加班费。第四，劳动者拒绝用人单位管理人员违章指挥、强令冒险作业的，不视为违反劳动合同，劳动者对危害生命安全和身体健康的劳动条件，有权对用人单位提出批评、检举和控告。第五，用人单位变更名称、法定代表人、主要负责人或者投资人等事项，不影响劳动合同的履行。第六，用人单位发生合并或者分立等情况，原劳动合同继续有效，劳动合同由承继其权利和义务的用人单位继续履行。

劳动合同的变更是指在劳动合同依法成立后，尚未履行或尚未履行完毕之前，当事人就合同的内容达成修改或补充的协议。劳动合同订立后，用人单位与劳动者协商一致，可以变更劳动合同约定的内容。变更劳动合同，应当采用书面形式。变更后的劳动合同文本由用人单位和劳动者各执一份。

劳动合同的终止是指劳动合同关系在客观上已不复存在，劳动合同当事人的权利义务归于消灭。劳动合同终止后，合同效力消灭，当事人不再受合同约束。

（八）劳动合同的解除

劳动合同的解除是指在劳动合同依法成立后，尚未履行或尚未履行完毕之前，当事人协商一致或者依法终止合同的行为。合同解除后，双方当事人不再受合同内容的约束。为了平衡劳动者与用人单位的利益，建立和发展和谐稳定的劳动关系，法律对劳动合同的解除做了严格的限制。

劳动合同的解除依法可以分为两类：协商解除和法定解除。协商解除是指用人单位与劳动者任何一方提出解除合同的请求，经协商另一方最终同意解除劳动合同的行为。法定解除是指用人单位与劳动者无须对方同意，依据法律规定直接解除劳动合同的行为。

1. 劳动者单方解除劳动合同

劳动者单方解除劳动合同的情形包括以下几方面。

第一，劳动者提前 30 日以书面形式通知用人单位，可以解除劳动合同。劳动者在试用期内提前 3 日通知用人单位，可以解除劳动合同。该条规定赋予了劳动者无条件地单方预告解除劳动合同的权利，其目的主要是维护劳动者的职业选择权，充分发挥劳动者的积极性、主动性和创造性，有利于劳动力的合理流动，优化劳动力资源配置。

第二，用人单位有过错，有下列情形之一的，劳动者可以解除劳动合同：①未按照劳动合同约定提供劳动保护或者劳动条件的。②未及时足额支付劳动报酬的。③未依法为劳动者缴纳社会保险的。④用人单位的规章制度违反法律、法规的规定，损害劳动者权益的。⑤以欺诈、胁迫的手段或者乘人之危，使对方在违背真实意思的情况下订立或者变更劳动合同致使劳动合同无效的。⑥法律、行政法规规定劳动者可以解除劳动合同的其他情形。用人单位以暴力、威胁或者非法限制人身自由的手段强迫劳动者劳动的，或者用人单位违章指挥、强令冒险作业危及劳动者人身安全的，劳动者可以立即解除劳动合同，不需事先告知用人单位。

2. 用人单位单方解除劳动合同

用人单位单方解除劳动合同的情形包括以下几种情况：

第一，劳动者有过错，即劳动者有下列情形之一的，用人单位可以解除劳动合同：在试用期间被证明不符合录用条件的；严重违反用人单位的规章制度的；严重失职，营私舞弊，给用人单位造成重大损害的；劳动者同时与其他用人单位建立劳动关系，对完成本单位的工作任务造成严重影响，或者经用人单位提出，拒不改正的；因《中华人民共和国劳动合同法》第二十六条第一款第一项规定的情形致使劳动合同无效的；被依法追究刑事责任的。

第二，劳动者无过错，但有下列情形之一的，用人单位提前30日以书面形式通知劳动者本人或者额外支付劳动者一个月工资后，可以解除劳动合同：劳动者患病或者非因工负伤，在规定的医疗期满后不能从事原工作，也不能从事由用人单位另行安排的工作的；劳动者不能胜任工作，经过培训或者调整工作岗位，仍不能胜任工作的；劳动合同订立时所依据的客观情况发生重大变化，致使劳动合同无法履行，经用人单位与劳动者协商，未能就变更劳动合同内容达成协议的。

第三，经济性裁员，有下列情形之一，需要裁减人员20人以上或者裁减不足20人但占企业职工总数10%以上的，用人单位提前30日向工会或者全体职工说明情况，听取工会或者职工的意见后，裁减人员方案经向劳动行政部门报告，可以裁减人员：依照企业破产法规定进行重整的；生产经营发生严重困难的；企业转产、重大技术革新或者经营方式调整，经变更劳动合同后，仍需裁减人员的；其他因劳动合同订立时所依据的客观经济情况发生重大变化，致使劳动合同无法履行的。

裁减人员时，应当优先留用下列人员：与本单位订立较长期限的固定期限劳动合同的；与本单位订立无固定期限劳动合同的；家庭无其他就业人员，有需要扶养的老人或者未成年人的。用人单位依照上述第一款规定裁减人员，在6个月内重新招用人员的，应当通知被裁减的人员，并在同等条件下优先招用被裁减的人员。

劳动者有下列情形之一的，用人单位不得依照上述第二、三项的规定解除劳动合同：从事接触职业病危害作业的劳动者未进行离岗前职业健康检查，或者疑似职业病病人在诊断或者医学观察期间的；在本单位患职业病或者因公负伤并被确认丧失或者部分丧失劳动能力的；患病或者非因工负伤，在规定的医疗期内的；女职工在孕期、产期、哺乳期的；在本单位连续工作满 15 年，且距法定退休年龄不足 5 年的；法律、行政法规规定的其他情形。

用人单位单方解除劳动合同，应当事先将理由通知工会。用人单位违反法律、行政法规规定或者劳动合同约定的，工会有权要求用人单位纠正。用人单位应当研究工会的意见，并将处理结果书面通知工会。

（九）解除和终止劳动合同时的经济补偿

经济补偿按劳动者在本单位工作的年限，每满一年支付一个月工资的标准向劳动者支付。6 个月以上不满一年的，按一年计算；不满六个月的，向劳动者支付半个月工资的经济补偿。劳动者月工资高于用人单位所在直辖市、设区的市级人民政府公布的本地区上年度职工月平均工资三倍的，向其支付经济补偿的标准按职工月平均工资三倍的数额支付，向其支付经济补偿的年限最高不超过 12 年。此处所称月工资是指劳动者在劳动合同解除或者终止前 12 个月的平均工资。

（十）违反劳动合同的法律责任

违反劳动合同的法律责任，是指劳动者或用人单位不履行劳动合同义务，或者履行劳动合同义务不符合约定时，所应承担的法律后果。违反劳动合同的法律责任，可以由当事人协商约定，但不得违反《中华人民共和国劳动合同法》的强制性规定，否则为无效条款。同时，《中华人民共和国劳动合同法》也规定了用人单位和劳动者在违反劳动合同时所应该承担的法律责任。

二、劳动者的组织与劳动保护

（一）劳动者的组织

当劳动者与用人单位之间存在利益冲突时，与任何冲突一样，其结果通常有利于拥有更大影响力（权力）的一方。在劳动者与用人单位之间，劳动者显然在绝大多数情况下都处于弱势地位。因此，劳动者为保护自己的利益，必须团结起来，以集体的力量同用人单位讨价还价，保护自身利益。

在劳动关系的发展历史上，工会一直是劳动者组织的主要形式。当整个社会倾向于盲目地追求经济利益，激烈地竞争，资方在政治上的发言权倾向于扩大的时候，工会就会经历困难时期。相反，在整个社会风气都在强调人的权利，强调草根阶层的权益应该受到保护，社会风气倾向于限制资方的特权和资本触角的无限膨胀时，工会或者其他劳动者的组织会得到更多的社会支持。近年来，国际社会在整体上向右倾斜，工会的艰难岁月正是这种社会倾向的反映。

在我国，职工代表大会作为全民所有制企业重要的机构之一，其在这类企业的管理中发挥非常重要的作用。这里简单介绍工会和职工代表大会的基本情况。

1. 工会

在市场经济条件下，劳动者完全处在劳动力市场之中。劳动者寻求工作的形式与劳动力市场的供求状况有很大关系。一般而言，在经济快速增长，劳动力相对短缺的情况下，劳动力市场对雇员是有利的。然而，在多数情况下，雇主具有控制雇用人数的优势以及抵挡来自个人压力的经济实力，并且对劳动力市场有更好的了解。因此，从讨价还价方面来说，雇主的优势大于雇员。企业在对它本身有利的情况下会对雇用条件做出调整。雇员用来抵消资方讨价还价的力量来自雇员联合的产物——工会。

在讨价还价中，工会的作用是代表劳动者的利益，平衡雇主的经济实力。为了维护劳动者的利益，工会还扮演更为复杂的角色，在公众、政府机构和政党中寻求同情，因此，工会具有一定的政治特性。工会的核心作用是使劳动者联合起来与资方进行集体谈判。

2. 职工代表大会

职工代表大会（以下简称"职代会"）制度是公有制企业中职工实行民主管理的基本形式，是职工通过民主选举组成职代会，在企业内部行使民主管理权力的一种制度。实行职代会制度是中国国有企业的另一特点。职代会具有五项职权：

①定期听取厂长的工作报告，审议企业的经营方针、长远计划和年度计划、重大技术改造和技术引进计划、职工培训计划、财务预决算、自有资金分配和使用方案，针对以上计划和方案提出意见和建议，并就上述方案的实施做出决议。

②审议厂长提出的企业经济责任制方案、工资调整计划、奖金分配方案、劳动保护措施方案、奖惩办法以及其他重要的规章制度。

③审议决定职工福利基金使用方案。职工住宅分配方案和其他有关职工生活福利的重大事项。

④评议、监督企业各级领导干部，并提出奖惩和任免的建议。对取得卓越工作成绩的干部，可以给予奖励，包括晋级、提职；对不称职的干部，可以免职或降职；对工作不负责任或者以权谋私，造成严重后果的干部，可以给予处分，直至撤职。

⑤主管机关在任命或者免除企业行政领导人员的职务时，必须充分考虑职代会的意见。职代会根据主管机关的部署，可以民主推荐厂长人选，也可以民主选举厂长，报主管机关审批。

（二）劳动保护

劳动保护是指国家和用人单位为了防止劳动过程中的安全事故，采取各种措施来保护劳动者的生命安全和健康。在劳动生产过程中，存在着各种不安全、不卫生的因素，如不采取措施对劳动者加以保护，很可能会发生工伤事故。如矿井作业可能发生瓦斯爆炸、冒顶、水火灾害等事故；建筑施工可能发生高空坠落、物体打击和碰撞等事故。所有这些，都会危害劳动者的安全和健康，妨碍工作的正常进行。国家为了保障劳动者的身体安全和生命健康，通过制定相应的法律和行政法规、规章，规定劳动保护，用人单位也应根据自身的具体情况，规定相应的劳动保护规则，以保证劳动者的安全和健康。

1. 劳动保护的特点

（1）劳动保护政策性强

社会主义的性质决定了社会主义国家的劳动保护的出发点首先是保护劳动者在生产过程中的安全和健康，即保护生产力中的最重要和最活跃的部分。

（2）劳动保护法律较完善

加强劳动保护，改善劳动条件是我国宪法明确规定的，它是社会主义制度下的一种国家立法的体现。党和国家为维护广大职工在生产中的安全和健康，先后颁布了一系列的法律、法规、条例、规程和规定。随着我国由计划经济向社会主义市场经济的过渡，劳动保护的立法得到进一步的充实和完善。

（3）劳动保护技术性强

劳动保护是一门综合性学科，因此在劳动保护的实际工作中，用人单位往往要充分利用已掌握的科学技术，去解决生产实际当中遇到的安全卫生问题，可以说正是由于科学技术的进步，促进了劳动保护的发展。劳动保护工作利用社会科学，解决了劳动保护的性质问题和如何提高劳动保护管理的问题；劳动保护工作通过科学技术，解决了如何从根本上消除工伤事故和职业病的问题。

（4）劳动保护群众性强

做好劳动保护工作除了依靠管理人员和工程技术人员，更离不开广大的生产第一线的职工。在生产现场发生的事故中98%的事故发生在生产第一线。改革开放以来，我们的党和政府始终注意抓好群众性的劳动保护工作，并对此项工作做了很多具体指示。各级工会组织认真贯彻党的方针、政策，把通过各种途径开展群众性的劳动保护工作作为一项重要的任务去抓，并取得了很好的成绩。

2. 劳动保护的主要内容

（1）劳动保护管理

劳动保护管理的主要目的是采取各种组织手段用现代的科学管理方法组织生产，最大限度地避免因人的主观意志和行为造成事故，其主要内容包括以下方面。

第一，为保护劳动者的权利和人身自由不受侵犯，监督企业在录用、调动、辞退、处分、开除工人时，按照国家的法律法规办理。

第二，参与国家及地方政府部门、行业主管部门的劳动保护政策、法律、法规的起草制订，切实做好源头参与工作，同时监督政府部门与行业主管部门认真执行上述法律、法规、规章制度，做好劳动保护工作。

第三，监督企业执行《中华人民共和国劳动法》中的有关劳动安全卫生条款，为职工提供符合国家标准的劳动安全卫生条件，保证劳动者的休息权利，监督企业认真执行上下班和休假制度，严禁加班加点。

第四，监督企业不允许招聘使用未成年人。

第五，监督企业执行对女职工的特殊保护规定。

第六，监督并参与重大伤亡事故的调查、登记、统计、分析、研究、处理工作，通过科学的手段对事故的原因进行调查，找出事故的规律，提出预防事故的意见和建议，防止同类事故的再次发生。

第七，监督并参与劳动保护的政策、法律、法规的宣传教育工作，做好劳动保护基本知识的普及教育工作，加强对企业经营管理者及职工的安全知识教育，增强企业管理者的安全意识及提高职工的安全技术水平。

第八，加强劳动保护基础理论的研究，把先进的科学技术和理论知识应用到劳动保护的具体工作中，通过运用行为科学、人机工程学，使用智能机器人，计算机控制技术等手段逐步实现本质安全。

第九，加强劳动保护经济学的研究，揭示劳动保护与发展生产力的辩证统一关系，用经济学的观点，通过统计分析、经济核算，阐述各类事故造成的经济损失的程度以及加强事故经济投入的科学性、合理性，最终达到促进生产力的良性发展。

第十，进行劳动生理及劳动心理学的研究，研究发生事故时职工的生理状态及心理状态，揭示人的生理及心理变化造成过失的程度，减少诸如冒险蛮干、悲观消极、麻痹大意、侥幸等不良心理和疲劳、恍惚、情绪无常、生物节律作用等生理原因造成的事故。使劳动者以健康的状态和良好的心态从事生产劳动。

（2）安全技术

安全技术是在吸取前人大量的教训基础上逐步发展并不断完善的实用技术。它包括的内容十分广泛，主要有以下方面：①机械伤害的预防。②物理及化学性灼伤、烧伤、烫伤的防护。③电流对人体伤害的预防。④各类火灾的消防技术。⑤静电的危害及预防。⑥物理及化学性爆炸的预防。⑦生产过程中各种安全防护装置、保护装置、信号装置、安全警示牌、各种安全控制仪表的安装、各种消防装置的配置等技术。⑧各种压力容器的管理。⑨依照国家有关法律、法规，制定各种安全技术规程并监督企业严格按规程进行施工及作业。⑩进行各种形式的安全检查，制定阶段性的安全技术措施和计划，下拨安全技术经费，保证安全工作的顺利进行。⑪按时按量发放个人防护用品及保健食品，教育职工认真佩戴防护用品及按时食用健康食品。

（3）工业卫生

工业卫生，也称为劳动卫生或生产卫生，是为防止各种职业性疾病的发生而在技术上、设备上、法律上、组织制度上以及医疗上所采取的一整套措施，其主要研究和解决的是如何保障职工在生产过程中的身体健康问题。其具体内容包括以下方面：①在异常气候环境下对劳动者健康的保护。②在异常气压作业条件下对劳动者健康的保护。③在具有各种放射性物质的环境下对人体健康的保护。④对抗高频、微波、紫外线、激光等的防护技术。⑤对抗噪声的防护技术。⑥对抗震动的防护技术。⑦工业防尘技术。⑧预防各种毒物对人体造成的急性或慢性中毒。⑨为改善劳动条件，保护劳动者的视力，合理设计的照明和采光条件。⑩预防各种细菌和寄生虫对劳动者健康的危害。⑪研究对各种职业性肿瘤的预防及治疗。⑫研究各种疲劳及劳损对劳动者身体的危害及其防治；⑬监督企业按照国家颁布的《工业企业设计卫生标准》进行各种工业设计、施工、改建、扩建、大修、技术革新和技术改造等。⑭普及劳动卫生知识，加强对劳动卫生专业人员的培养以及做好职工个人防护和保健工作。

三、劳动协商、谈判和争议

（一）劳动协商和谈判

劳动协商和谈判是针对工作报酬、工作时间及其他雇用条件，由雇主和员工代表在适当时间以坦诚态度进行的谈判。劳动协商和谈判的主要内容是工资标准、劳动条件、解雇人数以及其他有关职工权益的问题。劳资双方的代表，一方是工会，另一方是雇主。

中国也应逐步建立和完善劳动协商谈判制度，以确保企业和职工双方的权益均受到尊重，使所有的企业经营者同所有的职工群众之间，形成一种正常的、民主的新型工资分配协调机制，使企业内部分配关系实现协调发展，从而调动、发挥、保护职工群众的劳动积极性。例如，集体谈判能够帮助解决部分企业中存在的侵犯劳动者权益的问题。

在中国目前的社会环境下，可以考虑以企业内部劳动协商谈判为主。谈判的一方是工会，另一方是企业经营者，双方各自选派名额对等的代表。劳动协商谈判会议是双方进行磋商的主要形式，每年或每半年召开一次，会议主席由双方轮流担任。协商谈判的内容包括职工工资福利增长幅度，工资结构如基本工资、奖金、补贴结构，工资的年龄结构，工资的岗位结构等。双方达成的协议主要由企业管理部门负责履行，由工会（或职代会）监督企业管理者的履行情况。

随着市场经济的发展，企业内部劳动协商谈判解决的劳动关系问题的范围也应逐步扩大，诸如用工与辞退工人、工作时间及休假、补充保险与职工福利、劳动保护等，都应纳入协商谈判的议程。

（二）解决劳动争议的途径和方法

劳动争议是指劳动关系当事人之间就劳动权利问题发生分歧而引起的争议。在劳动关系的发展中，劳动关系各方出现矛盾是不可避免的。正确地处理劳动争议，是维护和谐的劳动关系，发挥人力资源潜力的重要举措。

劳动争议可以通过调解、仲裁或法院判决来解决。这三种途径对应的组织部门分别是劳动争议调解委员会、劳动争议仲裁委员会和人民法院。解决劳动争议需要遵循三个原则：第一，着重调解，及时处理；第二，在查清事实的基础上，依法处理；第三，当事人在法律上一律平等。

1. 通过劳动争议调解委员会进行调解

劳动争议处理条例规定，用人单位内部可以设立劳动争议调解委员会。劳动争议调解委员会由职工代表、用人单位代表、工会代表三方组成。在企业中，职工代表由职工代表大会（或职工大会）推举产生；企业代表由厂长（经理）指定；企业工会代表由企业工会委员会指定；调解委员会组成人员的具体人数由职代会提出并与厂长（经理）协商确定，企业代表的人数不得超过调解委员会成员人数的1/3；调解委员会主任由企业工会代表担任，其办事机构设在企业工会委员会。

劳动争议调解委员会进行的调解活动是群众自我管理、自我教育的活动，具有群众性和非诉性的特点。调解委员会调解劳动争议应当遵循当事人双方自愿原则，经调解达成协议的，制作调解协议书，双方当事人应当自觉履行；调解不成的，当事人在规定的期限内，可以向劳动争议仲裁委员会申请仲裁。

劳动争议调解委员会调解劳动争议的步骤如下：

申请。申请是指劳动争议当事人以口头或书面方式向本单位劳动争议调解委员会提出调解的请求，是自愿的申请。

受理。受理是指劳动争议调解委员会接到当事人的调解申请后，经过审查，决定接受申请的过程。受理包括三个过程；第一，审查发生争议的事项是否属于劳动争议，只有属于劳动争议的申请才能被受理。第二，通知并询问一方当事人是否愿意接受调解，只有双方当事人都同意调解，该申请才能被受理。第三，劳动争议调解委员会决定受理申请后，应及时通知当事人做好准备，并告知当事人调解时间、地点等事宜。

调查。通过深入调查研究，了解情况，掌握证据材料，弄清争议的原委以及调解争议的法律政策依据等。

调解。调解委员会召开准备会，统一认识，提出调解意见；找双方当事人谈话；召开调解会议。

制作调解协议书。经过调解，双方达成协议，由调解委员会制作调解协议书。

在劳动争议的调解过程中，调解委员会一定要找出双方冲突的根本原因，从双方的根本利益着手，而不是从冲突的立场上入手让双方进行简单的让步。帮助冲突双方充分认清各自的利益，有助于找到创造性地解决冲突的方法。

2. 通过劳动争议仲裁委员会进行裁决

劳动争议仲裁委员会是依法成立的、独立行使劳动争议仲裁权的劳动争议处理机构，它以县、市、市辖区为单位，负责处理本地区发生的劳动争议。世界各国对于劳动争议的处理虽因各国国情的不同而有所区别，但以仲裁解决劳动争议的方式则为世界各国所普遍采用。

在我国，劳动争议仲裁委员会由劳动行政主管部门、同级工会、用人单位三方代表组成，劳动争议仲裁委员会主任由劳动行政主管部门的负责人担任。劳动行政主管部门的劳动争议处理机构为仲裁委员会的办事机构，负责处理仲裁委员会的日常事务。劳动争议仲裁委员会是一个带有司法性质的行政执行机关，其生效的仲裁决定书和调解书具有法律强制力。

劳动争议仲裁一般分为以下五个步骤：

受理案件阶段，即当事人申请和委员会受理阶段。当事人应在争议发生之日起 60 日内向仲裁委员会递交书面申请，委员会应当自收到申请书之日起 7 日内做出受理或不予受理的决定。

调查取证阶段。此阶段的工作分三个步骤；第一，拟定调查提纲；第二，有针对性地进行调查取证工作；第三，审查证据，去伪求真。

调解阶段。调解必须遵循自愿、合法的原则。调解书具有法律效力。

裁决阶段。调解无效即实行裁决。

执行阶段。落实裁决结果，使各方利益符合裁决的规定。

按照劳动争议处理条例的规定，当事人对仲裁裁决有异议的，自收到裁决书之日起15日内，可以向人民法院起诉；期满不起诉的，裁决书即发生法律效力。当事人应当依照规定的期限履行发生法律效力的调解书和裁决书。一方当事人逾期不履行的，另一方当事人可以向人民法院申请强制执行。

按照国际上通行的原则，仲裁有三种形式：传统仲裁、"一揽子"方案以及逐项选用。所有的形式都要求争议双方向仲裁者陈述各自的立场，即冲突解决方案，并要提供详尽的支持，以证明自己的解决方案是合理的。仲裁者要向冲突双方询问有关问题，甚至允许双方辩论。在传统仲裁中，仲裁者独立地做出关于所有争议事项的仲裁结论。在"一揽子"方案仲裁中，仲裁者通过听取双方陈述并通过询问等方式来了解情况，然后选用争议双方中某一方的解决方案。在逐项选用的仲裁过程中，仲裁者在要求冲突双方明确争议事项并充分了解情况后，可以逐项地选择两方的解决方案，选择的选项加在一起就构成了最终的解决方案。不同的仲裁方法，冲突双方的战略、对冲突双方造成的利益影响以及对仲裁者的要求是不同的。

3. 通过人民法院处理劳动争议

人民法院只处理如下范围内的劳动争议案件：

争议事项范围。因履行和解除劳动合同发生的争议；因执行国家有关工资、保险、福利、培训、劳动保护的规定发生的争议；法律规定由人民法院处理的其他劳动争议。

企业范围。国有企业、县（区）属以上城镇集体所有制企业、乡镇企业、私营企业、"三资"企业。

职工范围。与上述企业形成劳动关系的劳动者；经劳动行政机关批准录用并已签订劳动合同的临时工、季节工、农民工；依据有关法律、法规的规定，可以参照本法处理的其他职工。

人民法院受理劳动争议案件的条件如下：劳动关系当事人之间的劳动争议，必须先经过劳动争议仲裁委员会仲裁，必须是在接到仲裁决定书之日起15日内向人民法院起诉的，超过15日，人民法院不予受理。属于受诉人民法院管辖。

第十三章　社会保障与社会服务

第一节　社会保障与社会组织

除收入保障等项目外，社会服务体系也是社会保障体系的有机组成部分。社会保障的供给按资源提供方式可将社会保障项目分为三类：分别是实物给付、现金援助和服务提供。实物给付的形式包括提供政府派发的食物券、教育券，政府兴建的文化体育设施等。社会保险、社会救助和社会津贴项目主要是以现金方式援助，以达到调节收入和社会再分配的目标。但在很多情况下，实物给付和现金援助并不能解决人们生活的基本保障问题，因为对许多处在困境群体中的人来说他们缺乏的更多是服务的提供问题，还需要服务提供者把资源输送给服务对象以完成福利的供给。这些服务的内容包括医疗卫生服务、文化教育服务、劳动就业服务、住宅服务、孤老残幼服务、残疾康复服务、犯罪矫治及感化服务/矫治社会工作、心理卫生服务、公共福利服务等。其服务对象可以包括老年人、残疾人、妇女、儿童、青少年、军人及其家属、贫困者，以及其他需要帮助的社会成员和家庭等。研究社会服务问题就要涉及一系列的议题，包括社区服务，社会组织，慈善组织和志愿者服务，对老年人、儿童、残疾人等的社区矫治已成为社会保障事务中的一项重要内容，贯穿于社会保障议题的方方面面。

一、社区组织与社会保障

社区组织和其他各种社会福利组织，是我国社会保障体系中提供社会服务的关键主体。社区组织为社区居民提供管理服务，发挥着管理、服务和托底等多种保障的功能。社区组织与城市街道和农村乡镇政府相对接，是中国社会管理体系中的重要组成部分。其资金有的来自政府财政拨款，也有的来源于街道经济退税，还有的来自社区自身具有的资源。社区社会保障的事务是通过申报和核减等方式为社区居民提供社会救济，也在社区医疗服务、养老服务以及生活便民服务等方面进行工作。这些工作主要包括社会救助资格核定、审核调查、张榜公布、民主评议、救助金发放、制定台账等。其内容既有低保家庭和低保边缘家庭（低边）的资格认定，也有针对农村"五保"和城市"三无"对象的管理与服务。此外，社区组织也从事对特困人群的帮扶和专项救助，并进行探访慰问或上门服务。对居住于社区内的残疾人也提供相应服务，包括确保医保系统录入正确无误，为残疾人建立盲道等无障碍设施等。社区康复机构也为精神障碍患者提供场所和条件，指导患者服药和开展康复训练。

社区组织承担着公共卫生事业的宣传管理工作，社区机构在发展城乡医疗卫生服务体系中起到关键作用。它们推进当地居民医疗保险的参保登记、健康信息的采集和证卡申领工作，以及对居住在社区中的残疾人和精神障碍患者的服务。随着智慧医疗和智慧社区建设的推进，社区组织有责任建立社区医疗卫生平台，与当地医院通过建立协同关系强化医养结合，构造护理联合团队，提高护理服务能力。同时，社区组织也在针对全体社区居民的日常生活所需，大力发展以社区为平台、居家为基础的养老服务和护理服务体系，并发展家庭医生制度。

社区在维护治安、调解纠纷、人口统计、计划生育、招商引资、环境改善等社会管理方面发挥着重要的作用。社区可以对成员进行综合性管理与服务，办理涉及社会管理的相关事务，这些服务包括社区综合治理和平安小区建设，加强对外来人员的管理和权益保护，为他们提供信访接待、咨询等日常服务，也提供妇女儿童权益保护的服务。同时，社区设立和发展各种形式的便民服务，包括水电维修、送餐服务以及家政服务等。此外，社区组织还组织文化体育活动，培育社区意识，形成"乡规民约"，提升当地居民的文明程度和社区凝聚力。

在社区就业服务方面，社区组织承担着失业人员失业金的申请和发放，以及退休职工的认定工作，协助街道保障服务平台做好相关的服务。通过与劳动部门合作进行岗位开发。社区开展职业介绍和培训，提供大量的如管理、家政、保安、保洁、绿化等服务性的社区公益性岗位；为失业求职人员提供信息、搭建平台，对暂时无力解决困难的失业人员给予适当的救济，帮助灵活就业人员申请社保补贴和办理再就业优惠证等。

此外，社区组织可以在社区中进行社会保障和就业创业政策的宣传，将再就业的各项优惠政策、优惠条件、就业信息、社会保障规定等宣传材料送到相关人员的手中。同时，大力开展失业人员技能和创业培训，增强他们的就业能力。在及时向他们宣传各项优惠政策的同时，推荐他们参加市、区组织的创业培训，并为他们的创业提供便利。

二、社会组织与社会保障

社会组织在帮助个人和家庭面对生活风险和社会风险或无法解决的风险时起到关键作用。各种在社区内或社区外进行工作的社会组织是投递福利服务的各种社会主体。它们具有广泛的横向联系，形成跨社区、跨区域、跨省份或者在全国层面上进行活动。它们与社区组织一起构成了社会服务的网络体系，形成了全方位服务提供的整体图景。社会组织所具有的互济互惠作用，能够在一定程度上缓解人们在社会保障方面的需求。例如在收入保障方面，一些行业协会可以自愿成立一些互助会，能够在这些组织的会员遇到困难时给予及时的救助。特别是当信息不透明或面对信息传递的困境，使一些迫切需要支持的人群无法得到公共资源的帮助时，社会组织的帮助显得尤为重要。

针对儿童、青少年、妇女、老人、贫困家庭、残障人士等不同利益群体，许多社会组织发展出多层次、多途径的社会帮扶渠道。它们针对特定群体进行针对性的公益项目设计并提供专业的和非专业化的服务，从而满足这些特殊群体的需求，对国家社会保障体系的运作起到补充和协同的作用。

社会组织的类型多种多样，除了非政府组织外，也有准政府组织或非政府组织。工会、共青团、妇联、红十字会以及残联等群团组织可以被看成是准政府组织，而非政府组织包括从行业协会到志愿者团体以及社会机构。如商会类的行业协会、科技类研究团体、公益慈善类的基金会、城乡社区服务类的福利组织和各类民办非企业单位（如教育机构、医疗机构、康养保健机构、文化体育机构，以及福利院、敬老院、托老所、老年公寓等机构）。这些组织和机构可以为提升社会福利和保护困境群体组织各种活动，对社会保障和社会福利事业的提升作出积极的贡献。它们是福利市场的中坚力量，也是发展社会公共事业的各种载体。

为了促进社会组织的健康发展，国家制定扶持鼓励政策支持社会团体发展，并依照税收法律、行政法规的规定享受税收优惠。对于基金会，我国也设立制定了《基金会管理条例》，对设立基金会的项目性质，全国和地方性公募基金的原始基金数额，基金会的名称、章程、组织机构、固定住所、与开展活动相适应的专职工作人员、管理人员的任免以及民事责任等方面有着明确的规定。同时，《社会团体登记管理条例》，对全国性和地方性团体的登记和运作管理都做出了一系列的规定，包括成立社会团体应当具备的成员人数和单位数条件、组织机构名称的规范、固定的住所、专职和兼职工作人员等。依据这些法律法规，各地方政府积极鼓励和规范社会组织的发展，使社会组织在应对特定的社会群体的需求，解决个人或政府无法解决的问题时，发挥关键作用。

为了鼓励社会组织在社会服务的提供中发挥积极作用，政府也制定了一些鼓励和优惠政策。例如通过政府购买服务支持社会组织发展，一些地方也展开公共服务需求征集机制，明确政府向社会组织购买服务的支持重点，特别是要优先购买与民生保障和公益慈善等领域密切相关的公共服务。对于新增的公共服务需求，社会组织可以在发现和促进供需衔接方面起到作用。在推进社会组织能力建设的进程中，一些地方鼓励社会组织联合会和社区基金会的发展，并联合业务范围内的社区社会组织承接政府购买服务。充分发挥社会组织的积极性，对于扩大社会福利资源、缓解社会保障方面的人力、财力、物力的短缺，都具有重要意义。

近年来，各地政府大力推进购买服务的政策，为社会组织的专业性服务发展带来了诸多契机。通过购买服务的方式，地方政府将一些专业化的职能"外包"给社会组织，提高服务的专业化水平和效率，使社会组织的发展得到公共财政的支持，壮大了社会组织的运作资源。中央政府鼓励各级政府部门在同等条件下优先向社会组织购买民生保障、社会治理、行业管理、公益慈善等领域的公共服务，并规定政府在新增公共服务支出通过政府购买服务安排的部分，向社会组织购买的比例原则上不低于这些项目总数的30%。一些政策明确了社会组织参与承接政府购买服务事务的条件，规定只有当社会组织符合相关资质要求时才能参与承接政府购买服务。对成立未满三年，在遵守相关法律法规、按规定缴纳税金和社会保障资金、年检等方面无不良记录的社会组织，应当允许参与承接政府购买服务。这些要求旨在推广政府购买服务与社会组织健康发展形成可持续的良性互动。

与此同时，地方政府也正在积极探索简化政府购买服务采购方式变更的审核程序和申请材料要求，并积极探索推进第三方评价。按照要求，购买主体应当加强政府购买服务项目履约管理按照合同约定向承接主体支付款项，及时监控绩效，对于实施进度和绩效目标实现情况进行及时掌握和关注。各地方政府和有关部门在进行政府购买服务时要注重社会组织专业化优势，如一些应急救助类的社会组织，它们可以给予困境群体物质上的扶助，也可给予参加者相互扶持的心理支持。

三、慈善组织与社会福利

慈善事业是爱心事业，能够推动社会关爱互助，营造友爱、互助的社会氛围。作为"第三次分配"的形式，慈善事业的发展有助于通过对社会资源的有效配置来提高社会的整体福利。同时，慈善也是进行社会再分配手段，实现社会公平。慈善组织可分为三类：基金会、社会团体和社会服务机构。基金会是利用捐赠财产从事公益事业的非营利性法人，这些基金会涵盖了准政府的社会组织（如中国青少年发展基金会）和民间慈善组织

（如中国残疾人福利基金会）、爱佑慈善基金会等以及在社区层面上运作的社区基金会。社会团体是指中国公民为实现会员共同意愿自愿组成，按照其章程开展活动的非营利性社会组织。社会团体以社会公共利益为宗旨而不是服务于会员群体的利益，这些组织可以是准政府的（如中华慈善总会、中国扶贫开发协会），或不具有政府背景的民间组织（如中国社会工作教育协会等）。社会服务机构（民办非企业单位）是指利用非国有资产举办从事非营利性社会服务活动的社会组织，包括各种慈善机构、养老机构、护理或幼托机构，以及慈善网络平台，等等。

近年来，各种慈善组织快速发展，法律制度的建设和相关的推进政策不断出台。特别是 21 世纪 10 年代颁布的《慈善法》，规范了慈善组织的设立、运作及管理，保障慈善组织健康发展，强化了慈善事业的法制基础。依据《慈善法》，慈善组织在性质上和组织上是面向社会以开展慈善活动为宗旨的非营利性组织。由此，慈善组织具有公益性、非营利性、财产独立性和公共性以及自治性。慈善组织可以采取基金会、社会团体、社会服务机构等组织形式，是在现有的社会组织基础上按照设定的条件对相关社会组织的组织性质进行的认定。目前，我国已经形成了包括慈善捐赠、监督管理、税收激励和慈善信托为基本内容的法律规范体系，涉及公民或有关组织的慈善活动的法律制度和基本行为规范。

在慈善捐赠方面，要求捐赠应当遵守法律、法规，不得损害公共利益和其他公民的合法权益。同时，尊重捐赠人的意愿并符合公益目的，捐赠的财产不得擅自挪作他用。《公益事业捐赠法》也对捐赠者能够享有的优惠鼓励政策做了基本规定，包括企业所得税优惠、个人所得税优惠、对境外捐赠减免关税和进口所得税、地方政府的优惠政策等。而对捐赠财产的使用和管理，《公益事业捐赠法》规定受赠人接受捐赠后应向捐赠人出具合法、有效的收据，将受赠财产登记造册并妥善保管。捐赠人也有权向受赠人查询捐赠财产的使用、管理情况，并提出意见和建议。

在各类慈善组织的运作和监督管理方面，其法律依据包括《社会团体登记管理条例》《基金会管理条例》和《民办非企业单位登记管理暂行条例》。这些法律法规对慈善组织的设立条件、组织构成、运行规则和财产管理等方面做了明确规定，为规范慈善组织的行为和监督管理慈善事业的发展奠定了坚实的法律基础。例如在慈善组织的登记方面，按照《基金会管理条例》，在县级人民政府民政部门登记的基金会注册资金不低于 200 万元；在市级人民政府民政部门登记的不低于 400 万元；在省级人民政府民政部门登记的不低于 800 万元。同时，在登记的程序上，目前的社会组织登记是双重管理，即要接受登记管理机关和业务主管单位的管理。在慈善组织的登记问题上对属于直接登记范围且被认定为慈善组织的社会组织，按照直接登记社会组织的管理方式进行管理。慈善组织的资金既可以来自公共资源，也可以来自社会资源和私有资源。

在对慈善组织的监管方面，《慈善法》要求慈善组织应当每年向其登记的民政部门报送年度工作报告和财务会计报告，包括年度开展募捐和接受捐赠情况、慈善财产的管理使用情况、慈善项目实施情况以及慈善组织工作人员的工资福利情况。社会团体和社会服务机构的工作报告内容包括遵守法律法规和国家政策的情况、依法履行登记手续的情况、按照章程开展活动的情况、人员和机构变动的情况以及财务管理的情况。特别是在信息透明和公共监管的事宜上，《慈善组织信息公开办法》要求慈善组织应当建立信息公开制度，明确信息公开的范围、方式和责任。慈善组织应当对信息的真实性负责，不得有虚假记载、误导性陈述或者重大遗漏，不得以新闻发布、广告推广等形式代替应当履行的信息公开义务。

在税收激励和慈善信托方面，国家通过税收减免促进慈善事业的发展。国家鼓励慈善组织通过合适的方式和手段，对所拥有的资产进行保值增值，并对慈善公益活动和项目的增值部分免征所得税。这些鼓励政策主要体现在《企业所得税法》《增值税暂行条例》《房产税暂行条例》《事业单位、社会团体、民办非企业单位企业所得税征收管理办法》和《扶贫、慈善性捐赠物资免征进口税收暂行办法》等多部法律、法规和各级政府及其部门制定的规章和规范性文件中。慈善信托是近年来讨论较多的慈善讨论的新议题。《中华人民共和国信托法》中专章规定了"公益信托"的内容，对慈善信托的设立、撤销、信托财产使用和管理、信托当事人的权利和义务方面，做了详细的规定，规范以信托财产为核心而形成的委托人、受托人与受益人三者之间的管理，维护慈善信托人当事人的合法权益，促进了慈善事业的发展。

为了鼓励慈善组织发挥其作用，各级政府通过购买服务等方式支持慈善组织向社会提供服务，也为慈善组织活动提供各种优惠政策和鼓励政策。政府还鼓励慈善组织与企业联合打造品牌项目，鼓励企事业单位为开展慈善活动提供场所和其他便利条件，通过建立公募基金会将慈善活动作为公益与商业利益的连接器。政府也鼓励运用媒体和互联网新技术辅助开展工作。按照《慈善法》规定，慈善组织可以在政府指定的慈善信息平台发布募捐信息，通过互联网开展公开募捐。网络慈善的发展为慈善组织的工作提供了新方法；同时，随着社会工作方法的引入，慈善组织的救助水平也能得到相应的提升。当前越来越多的社会工作者介入慈善组织的协调、组织、运作和评估中，不断建构专业化的慈善体系。通过专业化的项目设计让受助者能获得尊严，通过社会工作者的介入，提升受助者的行动能力，从根本上摆脱困境。

四、志愿者团体与社会互助

与慈善活动和福利组织密切相关的议题是志愿主义和互助组织，社会保障体系的运作需要各种社会力量参与，形成多元化的福利服务供给机制，推进志愿主义的发展。围绕着反贫困和社会福利项目设立的服务目标，志愿者组织在各个福利相关领域中开展扶贫、济困、扶老、救孤、恤病、助残、优抚、救助自然灾害、事故灾难和公共卫生事件等各种活动。这些活动主要发生在社会福利、公益事业、志愿者服务和社工服务等方面，采取慈善基金会、社区基金会以及各种慈善组织和非营利组织的方式展开工作。在福利服务的提供方面，社区服务志愿队伍或互助组织，开展咨询、义诊、义务维修、家庭照顾等无偿互助活动，逐步形成社区服务和照顾机制，都是社区服务和福利活动的基本内容。这些活动也体现在日常的便民服务中，包括病员护理、家庭服务、临时照看小孩、烹调、家电修理、购物、园艺等。显然，志愿者组织一方面能够整合资源，弥补政府提供服务的不足；另一方面，也直接参与福利生产并提供服务。

在志愿者管理方面，志愿者应进行登记注册，对志愿者的年龄、技能、身体素质做出了规定。注册志愿者必须是年满18周岁或16~18周岁以自己劳动收入为主要生活来源者，或者经其法定代理人同意的14~18周岁公民。志愿者须具备参加志愿服务相应的基本能力和身体素质，须遵守国家法律法规和注册机构的相关规定，并按照一定的程序进行注册。注册机构对申请人进行审核，审核合格后向申请人颁发注册志愿者证章。不管是青年志愿者活动、社区志愿者活动还是党员志愿者活动，志愿者应以各种方式进行社会公益活动，并为需要帮助的社会群体提供社会服务

志愿活动的内容十分丰富，形式多种多样，互动的目标也各不相同，从社会福利事业和社会保护的目的来讨论志愿者活动，可以把这些活动作为社会公益事业来讨论。对此，《公益事业捐赠法》对"公益事业"这一概念做了界定，明确公益事业是指非营利的下列事项：第一，救助灾害、救济贫困、扶助残疾人等困难的社会群体和个人的活动；第二，教育、科学、文化、卫生、体育事业；第三，环境保护、社会公共设施建设；第四，促进社会发展和进步的其他社会公共和福利事业。在这些领域中进行的以保护和倡导公共利益为目的的活动成为我们所讨论的志愿者组织活动的内涵。

在对志愿者组织的互动的界定中，这些互动应该是自愿的、公益的和遵守法规，不违背社会公德的。志愿者组织的活动宣传普及慈善文化，提高慈善组织能力和社会公信力，发展各种慈善机构，提升志愿服务理论和完善慈善法规。这些组织通过强化公众宣传的手段，普及慈善文化，也提高了慈善组织能力和社会公信力。同时，整个社会也需要通过社

会政策的研究形成良好的政策和法制环境，完善与慈善相关的法律法规，使社会公众理解捐赠人及其权利与义务的规定（如决策、冠名、订立协议等），使慈善行为受到更多的保护，依法推进慈善事业的健康发展并激发公众和社会团体参与慈善事业的积极性。

志愿者组织的志愿行为可以反映在捐款资助等形式中，也可能采取义务贡献时间和技能的方式。其服务内容丰富，既可以体现在一般性的日常服务（如送午餐、咨询服务、安慰电话等），又可以包括有一定专业水平的服务（如理发、心理咨询、医学检查等）。在捐款捐物方面，近年来网上参与日益普及。在线下，志愿者助残扶贫行动通过"结对帮扶"的模式帮助建档立卡贫困户结对帮助。志愿者还在一些街道和社区开展关爱空巢老人、"邻里相伴"、关爱残疾人等活动。此外，在文化扶贫中，志愿服务活动也开展以"送政策、送技术、送文化、送健康、送温暖、送法律援助"为内容的志愿服务活动。一些社区搭建志愿助残服务平台，组织动员专业技术人员为农村贫困残疾人提供专业志愿服务。

当然，在志愿者组织的运作中，由于其自愿的性质，其具有组织化程度较低，组织经费短缺和服务专业化程度较低等方面的问题，政府部门和社会机构对于志愿者组织资源的使用越来越普遍，但建立稳定的制度性联系就有待加强，可持续发展能力较为薄弱。特别是志愿者组织的日常管理、人员培训、项目策划缺乏必要的经费、场所等物资支持，严重制约其服务水平、服务能力的提高。但志愿者组织在各种重大社会事务中、在基层社会组织中发挥着重要作用。同时，志愿者活动对于倡导慈善理念和助人的精神，培养人们的社会情操和社会氛围，都具有重大意义。

第二节　社会弱势群体的保护

一、老年保障政策

老年群体，特别是高龄老人、失能老人、孤寡老人和离退休后需要专门照顾的老人，是弱势群体中的群体。从社会保障的视角来讨论老年人的服务保障，需要关注国家支持养老服务的相关政策和养老服务的提供。这些政策既有有关老年人发展的总体性政策及其相关理念，例如，《老年人权益保障法》设立的"老有所养、老有所医、老有所为、老有所学、老有所乐"的政策原则；也有关于老年人生活保障和照顾服务的相关政策。在这些政策中，针对老年人生活的养老保险和困境老人的社会救助是保障老年人生活的基本政策手段；此外，各地设立的高龄津贴也是给老年人提供收入保障的基本项目。

除了高龄津贴外，一些老年群体也能享有包括补充养老金、老年长期照护津贴、住房补贴、交通优惠等各种收入保障的政策，以及医疗政策和项目。随着衰老，医疗需求会不断加大，医疗开支也会提升。特别是老人的照顾和护理的需要在不断增大，发展护理服务的压力会越来越大。

在护理保险服务的提供方面，一些城市的试点项目为失能人员提供专护、院护、家护及巡护四种服务方式的选择，护理费用报销比例从70%到90%不等。失智人员可选择长期照护、日间照护和短期照护三种服务方式，其医疗护理费用由社保经办机构与定点护理服务机构实行定额包干结算。对于其间发生的生活照料费用，入驻机构的参保职工根据评估等级不同，每月可享受生活照料待遇不同：按照"三、四、五级"计算评估等级发生的生活照料费。对选择居家照护的参保职工（含家护、巡护），同样依据评估等级享受不同的生活照料待遇。评估等级为三、四、五级的参保人，每周分别可享受由护理服务机构提供的3、5、7个小时的照护服务，社保经办机构对发生的生活照料费与护理机构按照50元/小时的标准结算。因此，这一制度的缴费与享受的待遇都是根据年龄、护理类型、健康情况等方面分等级制定的。

当然，除了经济保障，医疗和护理这些老年人生活的核心问题外，老年人也需要有精神文化生活的支持和进行社会生产生活各项活动的参与，使老年人能够生活得更为充实并发挥积极的作用。因此，中国政府大力倡导积极老龄化政策理念，推进延长退休年龄使老年人继续对社会作贡献，也支持已经退休的老年人继续从事正式的或非正式的工作。

二、儿童福利政策

（一）儿童监护政策

根据各项儿童保护的法律规定，儿童的父母或者其他监护人应当依法履行对儿童的监护职责和抚养义务，不得虐待、遗弃儿童，禁止虐婴、弃婴。父母或者其他监护人应当以健康的思想、品行和适当的方法教育儿童，引导他们进行有益身心健康的活动，预防和制止儿童吸烟、酗酒、流浪以及聚赌、吸毒等。对于无人抚养的孤儿，儿童福利院为收养孤儿的主要福利机构。儿童福利院需要配备有医生、护士、护理员和文化教员，负责儿童、弃婴和残疾儿童的生活护理、康复训练和文化教育，确保这些儿童的生活水平保持在当地居民中等生活水平。

（二）教育服务政策

凡年满 6 周岁的儿童，不分性别、民族、种族，应当入学接受规定年限的义务教育。条件不具备的地区，可以推迟到 7 周岁入学。实施义务教育所需事业费和基本建设投资，由国务院和地方各级人民政府负责筹措，予以保证。各级人民政府应当合理设置小学、初级中等学校，使儿童、少年就近入学。对接受义务教育的学生免收学费，对于贫困学生要设立助学金，帮助贫困学生就学，也要为盲、聋、哑和智障儿童举办特殊教育学校（班）。学校应当尊重未成年学生的受教育权，不得随意开除学生。

（三）医疗服务政策

发展针对儿童健康服务对儿童实行预防接种制度，积极防治儿童常见病、多发病，并对托儿所、幼儿园卫生保健进行业务指导。兴办儿童医院，开展儿童保健工作，定期进行儿童健康检查、预防接种。设立残疾儿童康复服务中心，开展各种功能训练和医疗、教育，职业培训，帮助他们恢复生活自理和劳动能力。此外，根据儿童身体和精神障碍的具体情况设立康复机构，对伤残儿童进行综合性医疗和救治。

（四）文化活动政策

国家和社会负责建立和普及托儿所、幼儿园为婴幼儿提供良好的活动、生活条件和保育服务；建立儿童活动中心、少年宫、少年活动站以及儿童公园、儿童乐园等儿童活动学习场所。国家也鼓励各种社会力量兴办哺乳室、托儿所、幼儿园，提倡和支持兴办家庭托儿所，并且开展多种形式的有利于儿童健康成长的社会活动。博物馆、纪念馆、科技馆、文化馆、影剧院、体育馆、动物园、公园等场所必须对中小学生实行优惠开放。

（五）人身权利保护政策

将事实孤儿、受暴儿童、受灾儿童和艾滋病儿童等需求群体列入社会福利救助的对象群体，通过社会组织开展"免费午餐"计划和贫困地区儿童营养改善计划，为儿童的营养保障提供了基础资金。学校、幼儿园的教职人员应当尊重未成年人的人格尊严，不得对未成年学生实施体罚、变相体罚或者其他侮辱人格尊严的行为。学校不得使未成年学生在危及人身安全、健康的校舍和其他教育教学设施中活动。适龄儿童要接受义务教育，对招用儿童就业的组织和个人，政府要给予批评教育，情节严重的可罚款或者吊销营业执照。

三、残疾人保护政策

在对残疾人的健康帮助方面，政府有关部门相继发布政策文件，对维护残疾人健康、加强基层医疗康复能力建设等提出明确要求。同时，也在促进残疾人按比例就业，残疾人辅助性就业以及残疾人自主就业创业等议题形成了一系列扶持政策。这些政策可以归纳为以下几个方面。

（一）生活保障政策

除了采用低保低边和专项救助等各种社会保障项目对残疾人提供帮助外，政府还对贫困残疾人家庭给予专项生活补贴。在农村，符合条件的失去劳动能力的残疾人由集体经济组织给予"五保"待遇（保吃、保穿、保住、保医、保葬或保教），并为盲、聋、哑、智力残疾等老人提供养老服务。一些地区实施了"阳光家园计划"，对低收入残疾人家庭生活用水、电、气、暖等基本生活支出费用出台优惠和补贴政策。同时，21世纪10年代中期以来我国对残疾人群设置了两项基本津贴项目，即对重度残疾人的护理补贴和对困难残疾人家庭的生活津贴。困难残疾人的认定标准由县级以上地方人民政府制定，其补贴是为补助残疾人因残疾产生的额外生活支出。

（二）医疗服务

通过设置一些医疗救助专项项目，帮助残疾人提升健康水平。地方政府有义务帮助残疾人参加各项社会保险项目并逐步扩大基本医疗保险支付的医疗项目。切实提高建档立卡贫困残疾人医疗保障受益水平，将农村贫困残疾人纳入基本医保、大病保险、医疗救助范围，充分发挥三项制度综合保障作用。完善重度残疾人医疗报销制度，提高资助标准，国家对患有先天性心脏病儿童提供免费治疗和心脏搭桥手术，也对聋哑儿童提供帮扶，鼓励开发适合残疾人的补充养老、补充医疗等商业保险产品，并鼓励残疾人个人参加相关商业保险。

（三）残疾人护理津贴和康复服务

在护理方面，政府按照伤残等级来确定护理的需要，根据国务院关于建立重度残疾人护理补贴制度的意见，重度残疾人护理补贴主要补助残疾人因残疾产生的额外长期照护支出，对象为残疾等级被评定为一级、二级且需要长期照护的重度残疾人，有条件的地方可扩大到非重度智力、精神残疾人或其他残疾人。此外，对伤残军人等伤残人员的休养、治疗、生活、学习、工作给予特殊保障。在康复服务政策方面，近年来，国家要求加强县级残疾人康复服务中心建设，建立医疗机构与残疾人专业康复机构协调配合的工作机制。一些地方政府建立了康复服务档案，提供康复评估、训练、心理疏导、护理、生活照料、辅具适配、咨询、指导和转介等服务。政府对残疾人康复辅助器具的购置，以及贫困残疾人家庭无障碍改造也予以补贴，对残疾人搭乘市内公共交通工具不同程度地给予便利和优惠。对符合住房保障条件的城镇残疾人家庭给予优先选房等政策。公园、旅游景点和公共文化体育设施对残疾人免费或者优惠开放。此外，农村危房改造同等条件下也会优先安排，有条件的地方政府可以采用集体公租房、过渡房等多种方式解决贫困残疾人家庭的基本住房问题。

（四）教育服务保障

针对残疾儿童设置青少年教育项目，实施义务教育，免收学费，减免杂费并设立助学金，帮助贫困残疾学生就学。政府有关部门、残疾人所在单位和社会应当对残疾人开展扫除文盲、职业培训等成人教育。国家开办残疾人教育机构，兴办盲童学校、聋哑学校等特殊教育学校，改善残疾人中等职业学校办学条件，或在普通教育机构附设特殊教育班或设立特殊教育学校开展残疾人特殊教育。依托特殊教育、成人教育和残疾人集中就业等机构，加强实训基地建设。对失聪和失明的残疾人，开展国家通用手语和通用盲文研究与推广，各地政府也制定和实施盲人、聋哑人特定信息消费支持政策，加强政府和公共服务机构网站无障碍改造，推进电信业务经营者、电子商务企业等为残疾人提供信息无障碍服务。

（五）残疾人就业政策

国家对残疾人就业、创业采取优惠政策和扶持保护措施，包括税费减免、设施设备扶持、政府优先采购、信贷优惠以及资金支持、岗位补贴和社会保险补贴等。各地设立"残保金"以鼓励企业雇用具有劳动能力的残疾人就业，为残疾人就业提供就业机会。对于残疾人自主创业的，按规定给予税费减免和社会保险补贴，帮助安排经营场所，提供启动资金支持。同时，对符合条件的残疾人创业提供担保贷款支持和配套金融服务。例如，盲人医疗按摩人员可以个人开业，国家对盲人按摩提供培训和就业服务，对其创业予以免税待遇的支持。一些地方建立了残疾人创业孵化示范基地和文化创意产业基地建设项目，为残疾人创业者提供低成本、便利化、全要素、开放式的综合服务平台和发展空间，从而扶持和吸纳较多残疾人从业，并构建具有较好市场发展前景的残疾人文化创意产业基地。

第三节　社会边缘群体的保护

一、农村贫困群体的帮扶

农村贫困群体是中国社会发展面临的最大的困境群体。社会救助体系的发展使困境群体大多能够实现应保尽保的要求，但仍然存在许多事实贫困和支出性贫困的家庭。因此，反贫困和社会救助仍然是中国社会保障的重点问题。同时，这一群体面临的不仅仅是收入缺乏，也因为疾病、失业、孤寡而缺乏服务等，因此，对这一贫困群体的帮扶需要采取多维视角。结合近十年来的反贫困经验，我国目前针对农村贫困群体的帮扶政策主要有以下几个方面。

（一）设立社会投资项目改善基础设施

在我国贫困人口中，有许多因生活自然条件恶劣、区域经济不发达、自我发展能力不足而导致贫困。对于这些人群，脱贫扶贫的政策首先要突破制约他们摆脱贫困的自然条件这一瓶颈，发展贫困地区基础设施建设的各种项目和政策是解决区域贫困问题的关键。因此，加强农村电网改造，帮助这些不发达地区解决人畜饮水困难，使贫困乡都能够通公路，是扶贫政策的基本内容。在精准扶贫实践中，一批国家扶贫重点县都实现了通水、通公路、通电、通电话、通电视网络的"五通"，基础设施条件显著改善。此外，近年来，西部开发计划和各种社会项目的建立，广大中西部地区也提升铁路路网密度和干线等级，提升公路网络联通和畅达水平并且进一步改善了水利基础设施以及扩展信息基础设施的建设。

（二）发展农村经济，进行开发式扶贫

通过各种社会帮扶和经济政策，推进地方经济的发展，挖掘当地资源，增强自我积累、自我发展的能力，是脱贫致富的关键。为此，采用以发展型社会政策为主导的开发政策，把发展生产、脱贫致富与当地的产业扶贫和美丽乡村建设的公共项目结合起来是解决农村贫困问题的根本道路。为此，在新农村建设或美丽乡村计划中，各地政府采取金融扶贫政策，推广扶贫小额信贷，为建档立卡贫困户提供以基准利率放贷、扶贫资金贴息、建立风险补偿的小额信贷。同时发展科技教育和文化项目，通过与科技人员下乡服务对接来

提升农村经济发展的潜力，与市场对接。通过教育救助的各种项目来实现，也可以通过东西部扶贫协作和中央单位定点帮扶的示范优势，发挥企业帮扶的补充作用，形成脱贫攻坚的强大合力。

（三）易地扶贫搬迁和生态补偿

在经济发展落后且自然环境难以改变的情况下，采取易地搬迁政策是脱贫帮扶的最基本的手段。易地扶贫搬迁对象主要是居住在深山、石山、高寒、荒漠化、地方病多发等生存环境差、不具备基本发展条件、生态环境脆弱，以及限制或禁止开发地区的农村建档立卡贫困人口。也有一些农村贫困家庭居住在自然生态保护区或水源地，发展农业或其他产业的开发都为政策所限制。针对这一群体可以通过生态补偿或易地搬迁来帮扶。在安置方式上，易地搬迁要充分统筹考虑水土资源条件和当地城镇化进程，以及搬迁对象的意愿，采取集中与分散相结合的安置方式。在易地搬迁进程中既要充分考虑农村贫困户的安置地所具有的生活便利程度和文化适宜程度，又要考虑到不同区域地方政府的筹资能力，实行区域差异化补助政策，对农户的重新安置进行补偿。通常，建筑补偿面积为人均25平方米，也可以采取货币补贴和实物补贴等多种方式。通过这些政策能够有效地帮助农村贫困群体脱贫致富。

为此，不仅要提供收入保障，实现"应保尽保"，也要大力发展社会服务的提供。各级农村社区综合服务加大社会工作专业组织的介入，为解决农村孤寡老人、贫困家庭、残缺家庭、空巢家庭、隔代家庭提供支持。自21世纪20年代起，民政部要求在每个乡镇都建立社会工作站，为带动农村社会工作服务、缓解农村留守老人和留守儿童的生活困境及摆脱贫困。

关于收入保障和医疗保障。对于无劳动能力、无生活来源和无法定抚养人的老年人、未成年人和残疾人等，社会保障项目的兜底保障是为这些收入难以维持最基本生活的贫困人口提供的基本保障。对于那些缺少劳力、收入低下又因病灾及残疾致贫的家庭，需要通过发展农村公共服务特别是医疗服务来解决，并采用支出型贫困项目的救助。

二、流动人口权益的保护

中国经济的发展和快速城市化进程导致大量的人群从农村涌向城市，致使农民工群体权利保护成为突出的问题。为回应这种社会需要，中央政府对进城务工就业管理和服务、解决农民工工资拖欠和完善安全监察体制等，都进行过专项整治。形成了农民工群体权益保护的一系列政策，这些政策可以从以下方面梳理。

（一）流动人口的居住管理和身份登记问题

为了有序推进农业人口向城市转移，并推进流动人口市民化进程，各地政府都扎实推进户籍制度改革，取消暂住证制度，全面实施居住证制度。根据《居住证暂行条例》的规定，公民离开常住户口所在地到其他城市居住半年以上，并符合有合法稳定就业、合法稳定住所、连续就读条件之一的即可向所在居住地派出所申领居住证。这一制度确立了居住证的性质和申领条件，也突出了居住证的赋权功能，为流动人口提供了更好的服务，推进了新生代农民工的社会融合，加快促进了城市化进程和社会整合。

（二）流动人口劳动合同签署的问题

对于流动人口群体的社会保障权益主要体现在劳动合同的签署，社保缴费的异地支付等问题，特别是用人单位与受雇方规避劳动合同的签署，或企业以试用期的低工资来支付流动人员就业的工作。根据《中华人民共和国劳动合同法》的相关规定，劳动合同期限三个月以上不满一年的，试用期不得超过一个月；劳动合同期限一年以上不满三年的，试用期不得超过两个月；三年以上固定期限和无固定期限的劳动合同，试用期不得超过六个月；以完成一定工作任务为期限的劳动合同或者劳动合同期限不满三个月的，不得约定试用期。且同一用人单位与同一劳动者只能约定一次试用期。试用期的工资不得低于本单位相同岗位最低档工资或者劳动合同约定工资的80%，并不得低于用人单位所在地的最低工资标准。此外，在法定工作时间内提供了正常劳动，其所在的用人单位应当支付其不低于最低工资标准的工资。

（三）社会保险费用异地支付问题

《中华人民共和国劳动法》规定，用人单位和劳动者必须依法参加社会保险，缴纳社会保险费。例如，《工伤保险条例》要求我国境内的企业单位、社会团体和有雇工的个体工商户等组织和机构，都应当依照本条例规定参加工伤保险，为本单位全部职工或者雇工缴纳工伤保险费。目前，流动人口参保比重还不高，其中一个基本的问题是雇主在给农民工缴费方面存在问题。

（四）流动人口社会保险关系转移接续的问题

流出地、流入地社会保障基金不均衡，使流动人口个人养老金受损从而降低了个人参保的热情。在新的政策下，参保人员在流动就业时能够连续参保，社会保障关系能够顺畅接续，保障了参保人员的合法权益。以流动就业人员基本医疗保障关系的转移接续为例，新就业地有接收单位的，可以参加新就业地城镇职工基本医疗保险，并由新就业地社会（医疗）保险经办机构通知原就业地社会（医疗）保险经办机构办理转移手续。

（五）关于灵活就业人员的社会保障缴费问题

全国各地灵活就业人员社保缴费基数已大致确定，其缴费比例普遍下调。灵活就业人员在社保缴费方面亦有其缴费时间规定。灵活就业参保人员办理退休手续时，缴费年限（含视同缴费年限）须男满30年、女满25年，且基本医疗保险连续缴费年限不少于10年，方可享受退休人员的基本医疗保险待遇。灵活就业参保人员的基本养老保险缴费年限（含视同缴费年限、实际缴费年限），可视作基本医疗保险缴费年限，但不计算连续缴费年限。灵活就业参保人员以自由职业者身份或在用人单位参加本市基本医疗保险，只要未中断缴费，连续缴费年限可合并计算。

灵活就业参保人员办理退休手续时，凡未达到规定缴费年限的，应按公布的本市上年度社会平均工资的10%，在办理退休手续的当月25日（含25日）之前一次性足额补缴所差年限（按所差的最长缴费年限计算）的基本医疗保险费，补缴部分不补划个人账户。若中断缴费的，其医疗保险实际缴费年限将从再次缴费之月起重新计算；也就是说，其再次缴费之月以前的实际缴费年限将不再计算。逾期或未足额补缴所差年限基本医疗保险费的，从次月起停止享受医疗保险待遇；3个月内补足所差年限基本医疗保险费的，从补缴的次月起享受退休人员基本医疗保险待遇，但逾期或在未足额补缴期间发生的医疗费用全部由个人承担。

（六）劳动条件保护问题

流动人口作为一个弱势群体，常常从事较为繁重的体力劳动或一线工作，因而改善劳动环境和做好工伤预防是保护他们劳动利益的重要内容。在此，政府法律和法规要求用人单位对农民工劳动环境和劳动安全问题做出保障。用人单位必须为劳动者提供符合国家规定的劳动安全卫生条件和必要的劳动防护用品，对从事有职业危害作业的劳动者应当定期进行健康检查。用人单位必须建立、健全劳动安全卫生制度，严格执行国家劳动安全卫生规程和标准，对劳动者进行劳动安全卫生教育，防止劳动过程中的事故，减少职业危害。劳动者对用人单位管理人员违章指挥、强令冒险作业，有权拒绝执行；对危害生命安全和身体健康的行为，有权提出批评、检举和控告。用人单位拖欠或者未足额支付劳动报酬的，劳动者可以依法向当地人民法院申请支付令，人民法院应当依法发出支付令。未及时足额支付劳动报酬的，劳动者可以解除劳动合同，并要求用人单位向劳动者支付经济补偿。

（七）社会融入问题

目前我国城市基本公共服务的供给体制是按照户籍人口进行规划和配给的，具有很强的属地化特征。由于部分城市和地区人口流入规模比较大，当地政府和社会提供的公共服务设施、资源和保障有限，且流动人口服务渠道较窄，服务资源比较单一，服务能力和水平起点比较低，因此流动人口的社会融入就需要获得当地公共服务体系的支持。近年来，医疗、教育、社保等转移接续政策发展起来后，情况出现积极的变化，各地公共服务体系不断加大对流动人口开放的准入性，包括在儿童的义务教育，公租房的申请资格等问题上，流动人口在登记注册为当地常住人口并满足居住时间和缴税缴费（社保）的相关条件后也能享有当地的公共服务。特别是近年来我国政府要求逐渐改革户籍制度，有序推进农业转移人口市民化，努力实现城镇基本公共服务常住人口全覆盖。目前，中国政府明确提出流动人口在城市难以享受与户籍人口同等的基本公共服务。要深化户籍制度改革，健全以居住证为载体、与居住年限等条件相挂钩的基本公共服务提供机制，鼓励地方政府提供更多基本公共服务和办事便利，实现城镇基本公共服务常住人口全覆盖正在被提上政策进程中。

具体来说，这些促进社会融合的社会政策表现在：第一，放松城市户籍准入的门槛。各地采用积分制，对外来人口进行积分入户的政策，放宽农民工入户限制，降低入户门槛，对参与积分并达到一定分值的人员，可凭积分享受相关公共服务，积分达到规定分值时，可申请入户城镇；第二，提供职业技能培训的权利，做好农民工进城务工就业管理和服务工作，委托具备一定资格条件的各类职业培训机构为农民工提供形式多样的培训；第三，流入地政府应采取多种形式接收农民工子女在当地的全日制公办中小学入学，在入学条件等方面与当地学生一视同仁，不得违反国家规定乱收费，对家庭经济困难的学生要酌情减免费用；第四，做好农民工外出前的基本权益保护、法律知识、城市生活常识、寻找就业岗位等方面的培训，提高农民工遵守法律法规和依法维护权益的意识；第五，建立农民工权益保障政策体系，消除对农民工的歧视性政策以及不合理的限制等。

三、社区矫正和问题青少年群体

社区矫正是指针对被判处管制、宣告缓刑、裁定假释、暂予监外执行这四类犯罪行为较轻的对象实施的非监禁性矫正刑罚。针对犯罪者或具有犯罪倾向的违法人员（包括吸毒群体和违规青少年群体），社区矫正通过社区组织进行社会化的教育，使接受矫正者适应并顺利回归社会。社区矫正要体现对人的尊严的尊重，更要满足罪犯再社会化和实现自我发展的需求，其目的是预防犯罪，维护社会稳定，实现国家的长治久安。根据《社区矫正法》，人民法院、人民检察院、公安机关和其他有关部门依照各自职责，依法做好社区矫正工作。地方人民政府根据需要设立社区矫正委员会，负责统筹协调和指导本行政区域内的社区矫正工作。

社区矫正服务人员对社区内的刑满释放、解除劳教和曾被治安行政处罚的青少年，以及正在假释、取保候审、监视居住、保外就医和缓刑考验期间的青少年，实行"一对一"的跟踪帮教。除配合司法机关做好监管工作之外，还应当主动家访、谈心，以交友善导的方式采取具体帮教措施，督促他们自觉学法守法，接受改造，重塑人生。对于那些人生观显著错位、价值观严重扭曲的问题青少年群体来说，心理辅导、思想引导是目前最有用的矫正方法之一，也是预防青少年重新犯罪的根本。近年来，一些社区形成了对青少年矫正对象的"五帮"工程：帮学，对未完成义务教育的，督促其继续接受义务教育；帮困，使青少年矫正对象树立远大志向，也争取民政部门落实社会救济等政策，做到应济尽济；帮教，对青少年矫正对象跟踪教育转化，教育他们遵纪守法；帮富，开展职业技能培训，发动专业户、养殖户等结对帮带，进行技术指导；帮家，定期家访，帮助青少年矫正对象重新融入家庭生活。这些工作力求使这类特殊群体尽早地回归正常的社会生活。

吸毒群体也是一个特殊的问题群体。对吸毒成瘾人员，公安机关可以责令其接受社区戒毒，为期三年。社区戒毒工作由乡镇政府指定社区组织进行。他们根据戒毒人员本人和家庭的情况，与戒毒人员签订社区戒毒协议，落实有针对性的社区戒毒措施。在此过程中，公安机关和司法行政、卫生行政、民政等部门应当对社区戒毒工作提供指导和协助。对违反社区戒毒协议的戒毒人员进行批评、教育；对在社区戒毒期间又吸食、注射毒品的，及时向公安机关报告；对拒绝接受社区戒毒，在社区戒毒期间吸食、注射毒品的，严重违反社区戒毒协议的，由县级以上人民政府公安机关做出强制隔离戒毒的决定。

此外，对违规青少年的社区矫治，将收容教养和工读学校矫正对象纳入社区矫正体系，也是社区矫治工作的基本对象。对未成年罪犯采取行政强制措施，采用社区矫正制度适用于所有的非监禁刑，适用于因犯罪情节轻微、危害不大而被判处免予刑事处罚的青少年，这样做既有助于体现惩罚的公平性，提高矫正效率，又有利于青少年矫正对象的改造和成长。在此，社区矫正机构应当根据未成年社区矫正对象的年龄、心理特点、发育需要、成长经历、犯罪原因、家庭监护教育条件等情况采取针对性的矫正措施。同时，为了保障未成年人的隐私，社区矫正机构工作人员和其他依法参与社区矫正工作的人员对履行职责过程中获得的未成年人身份信息应当予以保密。该法还要求未成年社区矫正对象在复学、升学、就业等方面依法享有与其他未成年人同等的权利，任何单位和个人不得歧视。这一法律也要求，未成年社区矫正对象的监护人应当履行监护责任，承担抚养、管教等义务，而不是将所有的责任交给社区。

艾滋病群体是另一个困境群体。这一群体往往经济收入不足、生活困难，而且这一群体身体脆弱，内心敏感，存在歧视内化的特点。这一群体也面临着种种社会困境，如家庭不接纳、社会歧视、心理无所寄托，其中许多人具有不同程度的人格缺陷或危险心理倾向。为此，国家制定相关法律政策来保护艾滋病人的合法权益并为其提供医疗救助与社会帮助。《艾滋病防治条例》规定，任何单位和个人不得歧视艾滋病病毒感染者、艾滋病病人及其家属。艾滋病病毒感染者、艾滋病病人及其家属享有的婚姻、就业、就医、入学等合法权益受法律保护。同时，加强艾滋病社区矫正对象反歧视宣传，宣传普及有关艾滋病的传播防治常识，普及有关法律法规基本内容，创造善待艾滋病患者社区矫正对象的舆论氛围至关重要。

同时，国家也为艾滋病群体提供医疗检测的服务。根据《传染病防治法》《艾滋病防治条例》《艾滋病监测管理的若干规定》等法律法规的规定，县级以上地方人民政府卫生主管部门指定的医疗卫生机构，应当为自愿接受艾滋病咨询、检测的人员免费提供咨询和初筛检测。医疗卫生部门除对艾滋病社区矫正对象进行定期检查和医学随访外，还应给予抗艾滋病病毒治疗药物的补贴，向农村艾滋病病人和城镇经济困难的艾滋病病人免费提供抗艾滋病病毒治疗药品，对农村和城镇经济困难的艾滋病病毒感染者、艾滋病病人适当减免抗机会性感染治疗药品的费用；向感染艾滋病病毒的孕产妇免费提供预防艾滋病母婴传播的治疗和咨询。另外，对于生活困难的艾滋病病人遗留的孤儿和感染艾滋病病毒的未成年人接受义务教育的，应当免收杂费、书本费；接受学前教育和高中阶段教育的，应当减免学费等相关费用。县级以上地方人民政府应当对生活困难并符合社会救助条件的艾滋病病毒感染者、艾滋病病人及其家属给予生活救助。

参考文献

［1］张燕娣. 人力资源培训与开发［M］. 上海：复旦大学出版社，2022.

［2］范围，白永亮. 人力资源管理理论与实务［M］. 北京：北京首都经济贸易大学出版社，2022.

［3］杨光瑶. 人力资源管理高效工作法［M］. 北京：中国铁道出版社，2022.

［4］张洪峰. 现代人力资源管理模式与创新研究［M］. 延吉：延边大学出版社，2022.

［5］焦艳芳. 人力资源管理理论研究与大数据应用［M］. 北京：北京工业大学出版社，2022.

［6］钱玉竺. 现代企业人力资源管理理论与创新发展研究［M］. 广州：广东人民出版社，2022.

［7］束军意. 社会保障理论与实践［M］. 北京：机械工业出版社，2022.

［8］彭良平. 人力资源管理［M］. 武汉：湖北科学技术出版社，2021.

［9］陈平. 人力资源经营系统［M］. 武汉：武汉大学出版社，2021.

［10］彭剑锋. 人力资源管理概论（第3版）［M］. 上海：复旦大学出版社，2021.

［11］张利勇，杨美蓉，林萃萃. 人力资源管理与行政工作［M］. 长春：吉林人民出版社，2021.

［12］郎虎，王晓燕，吕佳. 人力资源管理探索与实践［M］. 长春：吉林人民出版社，2021.

［13］金艳青. 人力资源管理与服务研究［M］. 长春：吉林人民出版社，2021.

［14］孙鹏红，王晖. 现代人力资源管理优化研究［M］. 长春：吉林人民出版社，2021.

［15］赵晓红，臧钧菁，刘志韧. 行政管理与人力资源发展研究［M］. 长春：吉林人民出版社，2021.

［16］张蕊. 社会保障学概论［M］. 西安：西安交通大学出版社，2021.

［17］苏保忠. 中国农村社会保障研究［M］. 武汉：华中科技大学出版社，2021.

［18］吴伟东，吴杏思，陈淑敏. 社会保障与劳动力市场参与［M］. 天津：南开大学出版社，2021.

［19］林卡，易龙飞，李骅. 现代社会保障理论、政策与实务［M］. 武汉：华中科技大学出版社，2021.

［20］吕学静. 现代社会保障概论修订（第4版）［M］. 北京：北京首都经济贸易大学出版社，2021.

［21］李燕萍，李锡元. 人力资源管理（第3版）［M］. 武汉：武汉大学出版社，2020.

［22］宋岩，彭春凤，臧义升. 人力资源管理［M］. 武汉：华中师范大学出版社，2020.

［23］王文军. 人力资源培训与开发［M］. 长春：吉林科学技术出版社，2020.

［24］朱舟. 人力资源管理（第3版）［M］. 上海：上海财经大学出版社，2020.

［25］诸葛剑平. 人力资源管理［M］. 杭州：浙江工商大学出版社，2020.

［26］黄建春. 人力资源管理概论［M］. 重庆：重庆大学出版社，2020.

［27］褚吉瑞，李亚杰，潘娅. 人力资源管理［M］. 成都：电子科技大学出版社，2020.

［28］闫志宏，朱壮文，李贵鹏. 人力资源管理与企业建设［M］. 长春：吉林科学技术出版社，2020.

［29］尹秀美. 人力资源管理新模式［M］. 北京：中国铁道出版社，2020.

［30］潘颖，周洁，付红梅. 人力资源管理［M］. 成都：电子科技大学出版社，2020.

［31］温晶媛，李娟，周苑. 人力资源管理及企业创新研究［M］. 长春：吉林人民出版社，2020.

［32］许云萍. 现代人力资源管理与信息化建设［M］. 长春：吉林科学技术出版社，2020.

［33］张邦辉. 社会保障［M］. 重庆：重庆大学出版社，2020.

［34］郑春荣. 社会保障政策比较［M］. 上海：复旦大学出版社，2020.

［35］李若青，何灵. 城乡社会保障理论与实践［M］. 昆明：云南大学出版社，2020.

［36］田斌. 人力资源管理［M］. 成都：西南交通大学出版社，2019.

［37］祁雄，刘雪飞，肖东. 人力资源管理实务［M］. 北京：北京理工大学出版社，2019.

［38］陈锡萍，梁建业，吴昭贤. 人力资源管理实务［M］. 北京：中国商务出版社，2019.

［39］刘燕，曹会勇. 人力资源管理［M］. 北京：北京理工大学出版社，2019.

［40］周艳丽，谢启，丁功慈. 企业管理与人力资源战略研究［M］. 长春：吉林人民出版社，2019.

［41］闫培林. 人力资源管理模式的发展与创新研究［M］. 南昌：江西高校出版社，2019.

［42］陈元刚，罗静，张军. 社会保障学［M］. 大连：东北财经大学出版社，2019.

［43］段宇波. 社会保障与福利［M］. 北京：中国社会出版社，2019.